■ 탐라문화학술총서 11집

제주도 본풀이와 주변 신화

허남춘 著

보고사

서문

제주에 와서 20년을 살았다. 원래 고전시가가 전공이었는데 신화의 바다에 들어와 살면서 나도 모르게 서서히 신화 속에 빠져들었다. 제주 신화를 연구하면서 조금씩 그 결과를 세상에 알리기 시작했다. 박물관대학이나 문화유산 해설사 교육, 전교조 교사 간담회, 시민강좌 등에 가서 제주문화와 제주신화의 보편성과 독자성에 대해 이야기하면서 신화에 대해 대단히 알고 있다고 자부한 적이 있었다. 그러나 시간이 지날수록 모르는 것이 많다는 생각이 들었다. 벼가 익은 것처럼 겸손해졌기 때문에 이런 생각이 든 것은 아니다. 제주 신화는 너무 엄청나서 단시일에 그 신비를 알아낼 수 없다. 그리스·로마신화보다 폭이 넓고 깊다. 더구나 시간이 지날수록 자신이 없어지는 이유는 언어 때문이다. 제주어는 정말 외국어 수준이다.

그리스·로마신화는 책 속에 있지만, 제주의 신화는 말과 노래 속에 살아 있다. 무당의 노래 속에 신들의 내력을 담은 이야기가 살아 있다. 그래서 신화라 하기보다는 '서사무가(敍事巫歌)'라 해야 하고, 신들의 근본(根本)을 풀어내는 것이니 '무가 본풀이'라고 불러야 옳다. 무당(제주에서는 심방)과 단골들이 함께 공유하는 것이어서 그냥 '본풀이'라고 해도 좋겠다. 그래서 이 책에서는 신화란 보편적 용어 대신 본풀이를 제목으로 걸었다. 제주 바깥에 있는 것들은 여전히 신화라고 해야 한다. 나는 안과 밖을 함께 살폈다. 그래서 안쪽의 본풀이와 바깥쪽의 신화를 함께 아우르는 '제주도 본풀이와 주변 신화'라고 제목을 정했다. 신화에 관한 한 제주가 세계의 중심이고 나머지는 주변이라 보았다.

　그런데 신화의 중심지에서 신화를 연구하는 사람들이 별로 없다. 관심을 갖는 사람도 많지 않다. 다만 신화로 돈벌이를 하는 데에는 관심이 있다. 문화콘텐츠 운운 하면서 정작 문화 원형의 수집과 정리, 해석과 평가는 뒷전이다. 이 엄청난 보물들이 사라지고 있어 마음이 아프다. 근대 자본주의의 물결은 수천 년 역사와 문화를 송두리째 파괴하고 있다. 더 사라지기 전에 채록해야 하고, 그 중요성을 알려 지금 수준으로 보존해야 한다. 더 좋은 것은 신화가 부활하여 모든 생명들이 다시 신성성을 회복하는 일이다.

　신화 속에는 생명을 존중하는 마음이 있다. 인간을 비롯한 만물이 대등하다. 인간과 자연이 서로 교감한다. 신화 속에서 인간은 자연의 혜택에 고마워한다. 그리고 자연의 심술에 좌절하거나 거역하지 않고 겸허하게 받아들인다. 자연의 경이로움 속에서 인간도 그렇게 닮아 간다. 자연을 파괴하여 지구 종말을 눈앞에 두고도 오만방자하기 이를 데 없는 현대 문명인의 그 잘난 문명(文明)과는 다르다. 거기는 신과 인간과 만물이 함께 공존하는 신명(神明) 세상이다. 신화는 인간의 무의식을 다루는 법을 가르쳐 주었는데, 근대가 신화를 파괴하면서 무의식을 다루는 방법마저 잃게 되었다. 미쳐 날뛰는 현대인을 치유하기 위해서는 다시 신화여야 한다.

　신화의 세계가 잔인하다고 말하는 경우도 있다. 인간을 죽여 제단에 바치고 그 피를 제단에 뿌리는 잔혹함을 두고 그렇게 말한다. 정말 원시 혹은 고대의 제의는 잔인한가? 소와 돼지 수백 만 마리를 산 채로 땅에 묻는 21세기 인간들의 잔혹사를 떠올리면 정말 무섭다. 땅은 인간을 먹여 살렸다. 그 대지의 신에 대한 고마움을 어떻게 표현해야 좋을까 고민했다. 가장 중요하고 귀한 것을 바쳐 그 고마움에 보답하려 했다. 그래서 사람을 죽여 제단에 바치면서 인간의 정성을 땅과 신에게 표시했던 것이다. 인간을 제물로 바치는 의식을 무지하다고 바라보는 우리는 땅에 대해 과연 어떤 보상을 했는지, 땅이 주는 혜택에 대해 어떤 고마움을 표했는지 반문해 볼 일이다.

　신화를 비과학적이라고 했다. 21세기 눈부신 과학의 진전에 놀라움을 느끼지만, 과학의 덕택으로 인간이 행복해지지는 않았다. 유전자를 조작하는 그 대단한 과학이 생명을 파멸로 이끌고 있다. 인류는 오히려 불안에 떨고 있다. 우리는 현실계와 초월계를 오가는 신화에서 위안을 받는다. 근대의 과학이 비과학적이라 처단했던 신화 속에 인간을 행복하게 해 주는 과학이 숨어 있다. 그것은 현대 과학과는 구별되는 오래된 과학이다. 둘의 만나는 방식이 잘못되어 하나는 미신이 되었는데, 그 책임은 현대 과학에 있다. 현대 문명의 오만함에 있다. 서구적 근대만을 추종하는 우리의 사고 방식에도 문제가 있다. 이제 우리의 전통, 원시적 고대적 사유를 온전하게 보존하고 있는 제주의 신화 본풀이 속에서 새로운 대안을 마련해야 한다. 신화에는 인간과 인간, 인간과 자연이 만나는 방식이 있다. 모든 생명이 어우러져 행복해질 수 있는 사유가 담겨 있다. 이 책에서 그런 향기를 맡을 수 있었으면 좋겠다.

　조금 쉬고 다시 신화의 바다로 떠나려한다. 신화의 역사, 과학, 철학을 살폈는데 정작 문학의 향기는 미진하였다. 신화 속에서 문학의 흥미진진함을 찾아보려 한다. 인간이 모든 생명과 어우러져 사는 행복한 세상을 발견하려 한다. 신화를 근거로 삼아 생명 평화에 대한 글을 준비할 것이다. 제목은 '환경과 평화, 그리고 슬로시티'가 될 것이다.

　나도 너무 급히 달려왔다. 주변에 상처를 주기도 했다. 깊이 반성한다. 우리집 아이들에게 가르쳐 준 가훈이 있다. 천 분의 삼(3/1,000)의 기울기로 천천히 흘러가야겠다. 탐라문화연구소장으로 소임을 다했다. 이제 본연의 자리로 돌아가 학생들과 더 잘 어울리고 더 열심히 연구하겠다. 그 동안 연구소 일을 하면서 탐라문화에 대한 애정을 키웠었다. 그 결과가 이 본풀이 연구다. 이 책을 주변에 있었던 한국학협동과정 여러분에게 선물로 바친다. 특히 강소전과 한진오, 윤순희, 송정희가 곁에 있어 주어 행복했다.

제주학이 중요하다는 이야기를 경청해준 국문학과 학생들에게 고마움을 표한다. 연구소 일을 거들어 준 조성윤, 이창익, 김동전, 이경원, 손명철, 최현 교수께 감사드린다. 일을 만들어오는 소장을 도우면서 한 번도 푸념하지 않고 고생한 임승희 조교에게도 고마움을 표한다. 연구와 술로 늘 늦게 들어가는데도 이해해 준 아내 최봉희에게 경의를 표한다. 마지막으로 책을 만드는 데 정성을 기울여 준 보고사 김홍국 사장과 이경민 씨에게 감사드린다.

2011년 3월 허남춘

차례

3장. 제주도 본풀이의 역사·철학

4장. 탐라국 건국신화

5장. 제주학과 제주문화

6장. 한국·일본 신화 비교

동아시아 지중해 교류지도

1장
제주도 본풀이의 특성

영등굿

탐라 신화의 지역적 문화적 특성

◉

1. 서

　탐라는 가진 것이 없던 섬이었다. 산과 화산지대와 돌섬을 둘러싸고 있는 바다가 전부였다. 오래 전부터 먼지가 날아 와 쌓이듯 탐라의 원천이 세월의 켜 속에 하나하나 자라났고, 바다도 저 먼 곳에서부터 문명의 씨앗을 날아 와 그것들이 싹을 틔우기 시작했다. 어느 하나도 버려지지 않았고 귀하지 않은 게 없었다. 그렇게 원시의 풍만한 삶이 마련됐다. 자연 앞에서 두려워하던 존재들이 조금씩 당당해지기 시작하고, 자연의 이법(理法)들을 깨우치면서 그 거대한 힘을 숭배하기도 하고 이법을 알아챈 만큼 자연의 일부를 다루기도 하면서 탐라의 삶을 윤택하게 만들어 나갔다.

　결정적인 변화는 자연의 순환적 질서를 좇으면서 인간의 삶 속에 생산과 풍요를 견인하면서부터다. 인간들이 모여 살고 사냥을 하고, 그러다 가축을 기르고, 식물을 재배하고 드디어 농사를 짓는 데까지 이르렀다. 그 다음은 바다를 이용하는 방법을 터득하고 바다를 오가는 능력을 키우고 주변 국가와 교류하면서 탐라는 고대국가의 면모를 서서히 갖추게 되었다. 청동기문명과 철기문명이 도래하여 생활에 큰 변화를 야기하였지만, 외부세력에 지배력을 넘기지는 않은 듯하다. 그 후 중국으로부터 중세문명이 밀려왔지만 완강하게 버티고 고대적 자기중심주의를 지켰다. 중세화에 더뎠기 때문에 탐라는 망했다. 그리고 백제에 이어 신라, 고려에 복속되었다.

중앙 제국은 탐라를 제주라고 바꿨다. 제국은 중앙 관리를 파견하여 지속적으로 제주를 중세화시키기 위해 애썼고, 그 결과 토호세력이 중앙과 결탁하여 지방권력으로 바뀌었다. 불교가 기존 무교와 습합하면서 상륙에 성공하고 훨씬 뒤에는 유교도 제주에 뿌리를 내리게 된다. 아주 오랜 기간을 거쳐 중세화를 이루었다지만 제주에는 원시적·고대적 문화의 뿌리가 여전히 강하다.

서구 열강들의 아시아 침탈과 함께 중세는 허물어지고 근대가 시작된다. 중세적 불교나 유교는 서구적 종교나 과학에 의해 철저히 잠식당하고 '전근대적'이라 비판되기에 이르니, 항차 고대적 전통이야 말해 무엇 하랴. 일제 침탈기부터 미군정, 그리고 근대 대한민국 정부에 이르기까지 원시적이고 무속적인 전통은 낱낱이 비난의 대상이 되고 고대 신화조차도 검열의 대상이 되고 만다. 근대의 눈으로 제주를 보면 수천 년 전 고리타분한 유물을 지닌 미개한 지역이었고, 그곳에는 그 어떤 자랑거리나 가능성도 발견할 수 없다고 했다. 처음에는 외세가 우리를 그렇게 가르쳤고, 다음에는 근대화된 조국에서 그렇게 가르치며 스스로를 자학하도록 만들었다. 그러나 근대가 비판되면서 주눅 들었던 과거의 '전근대'가 다시 복원되기 시작했다.

탈근대를 위해서는 근대 이전으로 거슬러 올라가 보아야 한다. 제주에는 중세적 요소뿐만 아니라 중세 이전의 원시적·고대적 뿌리가 완강하다고 앞에서 말하지 않았던가. 그것들이 재조명받아야 할 문화이고, 거기서 인류의 오랜 지혜를 발견해야 한다. 선진이 후진이 되고 후진이 선진이 되는 순환의 원리가 여기에 있다. 제주는 지금껏 후진이었지만 원시적·고대적 문화의 원천을 잘 지켰기 때문에 이제 선진이 될 차례다. 제주는 가진 것이 많은 섬으로 재탄생되었다. 그 대표적인 문화는 바로 신화와 굿이다.

본고는 굿 속에 녹아 있는 탐라국 시대의 신화를 조명하고자 한다.

2. 탐라신화의 역사적 의의

역사학계는 아직도 '탐라국'의 실체에 대해 인색한 입장이다. 한반도의 고대국가보다는 훨씬 늦은 시기인 AD 3-4세기에 고대국가가 형성되었을 것으로 추정하고 신라·백제에 견주어 볼 때 미약한 추장사회였을 것으로 본다. 5세기 탐라가 백제에 복속되었고(476년) 신라 통일 이후에는 신라에 복속되었다는 정도로 이해하고 더 이상 고대국가로서의 면모를 언급 하지 않는 것이 한국사의 보편적 서술 태도다. 잠시 존재하던 지방정권이고 이후 중앙에서 관리가 파견되는 변방으로 보는 것은 상식이 되었고, 탐라국이 한국사에 처음 등장하는 것도 13세기 몽고의 침입 이후 삼별초의 난이다. 정말 어처구니없는 처사다. 한국사는 이처럼 고대사를 제대로 담지 못하고 있고, 탐라국을 능멸하고 있다.

한국사 연구는 지나치게 실증주의에 사로잡혀 있다. 증거가 있어야 믿고, 증거가 사라지거나 없으면 사실로 인정하지 않는다. 과학적인 태도라고 할 수도 있지만 꽉 막힌 태도이기도 하다. 정황을 포괄적으로 통찰하여 얻는 결론을 역사학계는 부정하지 말아야 한다. 신화는 역사학계가 제대로 주목하지 못해 온 고대사의 중요한 증거이고, 특히 지금까지 말과 노래로 전해지는 '본풀이'는 탐라국의 실체를 더욱 명료하게 할 단서라 하겠다. 우리는 신화를 통해 한반도의 고대국가와 대등한 시기에 탄생한 탐라국의 실체를 만나게 된다.

그렇다고 역사학계의 성과를 전부 부정하겠다는 취지는 아니며, 지금까지 이룩한 성과를 토대로 논의를 시작하고자 한다. 고고학 자료의 발굴과 신화에 대한 새로운 해석을 바탕으로 탐라국의 형성과 발전에 관한 연구가 다양하게 전개되어 왔다. 고고학 자료로는 한국 신석기문화의 기원을 밝힐 수 있는 고산리 신석기유적에 대한 발굴 조사, 청동기~철기유적에 해당하는 삼양동유적, 곽지패총 등 탐라국의 형성을 밝힐 수 있는 다양한 자료가 확보되었다. 또한 제주지석묘가 남·북방 절충형식인 독특한 제주도의 특징을 지닌 '제주도식 지석묘'로 나타났으며, 중국 한대의 철기문화가 제주에 유입된 것으로 학계에 보고되었다. '섬나라'라는 의미를 지니는 탐라국은 고구려·백제·신라뿐만 아니라, 중국의 한·당 및 일본 등 주변국가와 해상교류를 해 왔고, 국제관계 속에서 고대국가의 족적을 남겼다고 보고 있다.[1)

탐라의 '건국신화'(삼성신화)는 고·양·부 3신인이 사냥을 하면서 지내다가, 3여신과 혼인하고 그들이 가져온 오곡종자로 농경을 시작했다고 한다. 이 신화는 남성신의 수렵문화와 여성신의 농경문화를 보여 준다. 두 문화의 결합은 큰 힘을 발휘하게 하였고, 고대국가의 건설에까지 미치게 된다. 특히 삼성신화의 기원이 되는 송당본풀이에서, 문곡성과 같은 주인공이 부모에게 버려진 후 강남천자국에 표착하여 난리를 평정하고 군사를 거느리고 제주에 돌아온 내력은, 주인공의 해상능력을 보여주는 바이다. 그래서 조동일 교수는 '탐라국 건국서사시'는 "재래의 수렵민과 외래의 농경민이 결합되어 생산력을 발전시킨 토대 위에서 안으로 정치적인 통합을 이룩하고 밖으로 주권을 지키는 영웅이 해상활동을 통해 힘을 키워 작지만 당당한 나라를 세운 위업을 나타냈다"고 하였다. 그리고 탐라국의 위상에 대해 다음과 같이 논하고 있다.

탐라국이 동아시아 국제사회의 일원이 되어, 백제·신라·일본·중국 등과 외교관계를 가지고 왕래하면서 교역을 했다. 상대방에 비해 모자라지

---

1) 김동전, 「제주 지방사 연구현황과 과제」, 『한국 지방사연구의 현황과 과제』, 경인문화사, 2000, 230-254쪽.

않는 정치적 역량, 군사력, 항해능력 등을 두루 갖추었기 때문에 그럴 수 있었다.[2]

이런 발견과 해석은 과거 탐라사에 대한 한국사의 왜곡되고 편협한 서술 태도를 비판하고 본토 위주의 역사관을 불식시키는 대단한 견해다. '탐라국'을 고구려·백제·신라·가야 등 고대국가와 대등하게 바라볼 수 있게 하였고, 탐라사를 자리매김하는 계기를 마련해 주었다. 역사 쪽에서 못하는 일을 신화 연구를 통해 문학 쪽에서 먼저 실마리를 풀었다고 생각한다.

탐라국이 일찍부터 고대국가 체제로 발전하여 그 정치적 역량과 군사력[3]을 지니고 있었으며, 해양문화권의 주도적 역할을 담당하였음을 주목해야 한다. 이 고대국가의 형성과정이 신화 본풀이에 반영되어 있다. 강남천자국을 평정하고 군사를 이끌고 제주로 돌아오는 문곡성의 내력은 바로 동아시아 해양문화권의 해상능력을 암시하는 것이라 하겠고, 삼여신이 농경과 목축의 문화를 가지고 들어온 것 역시 고대문명의 전래와 탐라국의 형성과정을 상징하는 문맥이라 하겠다. 물론 농경과 같은 중요한 기술적 전환이 바로 탐라국과 같은 사회조직의 변화와 직결되지 않는다[4]고 하겠지만, 철기와 비단과 오곡으로 대표되는 고대문명의 문화적 충격은 컸다고 하겠다. 재래의 수렵민과 외래의 농경민이 갈등을 벌이다가 서서히 결합하여 생산력을 증대하고 국가적인 토대를 마련하였을 것으로 보인다.

---

2) 조동일, 「탐라국 건국서사시를 찾아서」, 『제주도연구』19집, 제주학회, 2001, 102쪽.
3) 진영일 교수는 탐라는 해상활동을 통해 군사력을 기르고 대내외적 통합을 하여 건국했다고 하는 조동일 교수의 견해를 정면에서 반박한다. "이도 사실과 반대되는 것으로서 탐라는 대외교역을 통해 재부·정보를 축적하면서 해상 소국을 세웠다. 또한 탐라인이 무기를 소유하지 않았음도 『당회요』에 보인다"고 했다.(진영일, 『고대 중세 제주 역사 탐색』, 제주대학교 탐라문화연구소, 2008, 320쪽.)
4) 진영일, 「고려기 탐라의 星主와 三神人 탐색」, 『탐라문화』26, 탐라문화연구소, 2005, 45쪽. 그는 대부분의 경우 사회기구의 변화가 선행되고 그 후에 기술, 생계, 그리고 기타 변화가 발생할 수 있다고 한다. 그래서 탐라국의 형성을 조동일, 이청규, 전경수 교수들보다 늦은 시기로 상정하고 있다.

제주. 고려 중엽부터 불린 이 지명은 제주로서는 타자의 이름이다. 서울에서 저 멀리 바다 건너 있는 땅이란 의미의 제주. 이제는 '탐라'란 고유명사를 회복해야 한다. 고구려, 신라, 백제, 가야와 함께 탐라국도 고대국가였다. 해상활동을 통해 한반도와 중국, 일본과 교류하면서 타문명을 수용하면서도 독자적인 문명을 일구었던 고대국가였다. 삼국시대 이전에 **5국시대**가 있었다. 역사 교과서는 탐라국을 고대국가의 반열에 넣고 온당한 평가를 해야 한다. 삼별초의 잔당이 머물던 지역 혹은 죄인을 유배 보내는 지역이라는 편협한 지식을 불식시켜야 한다. 고대 건국신화가 남아 있고, 선주민이 이주민에 의해 지배당하지 않고 독자적인 문화를 중세 이전까지 꽃피웠던 고대국가로 인정해야 한다.

3. 탐라신화의 문화적 특성

탐라의 지정학적 위치는 여러 문화를 섭렵하는 전제 조건이 된다. 단순하게 한반도의 끄트머리 혹은 변방으로 단정해서는 안 된다. 우리나라 지도를 뒤집어 놓으면 탐라는 해양을 향해 전진하는 교두보의 위치이고, 좌우 일본과 중국의 지도를 함께 놓고 보면 한·중·일의 중심부가 되기도 한다. 과거에도 탐라는 북방의 대륙문화와 남방의 해양문화가 만나는 지점이었다.

그렇다면 탐라문화는 한국문화의 전반적 성격과 가까운 것인가, 아니면 동떨어진 것인가. 과거에서 현재로 진행되는 시간에 비례하여 탐라와 육지는 더욱 긴밀해졌다. 고대에서 중세로 갈수록, 중세에서 근대로 갈수록 한반도와의 친연성은 짙어진다. 고대의 신화에도 상당한 정도의 친연성을 드러낸다. 그러나 지정학적인 여건 속에서 한반도의 문화적 영향도 컸지만 남방계 문화의 영향도 상당하였고, 그 다양한 문화를 섭렵하며 제주만의 독자적인 문화를 형성하기도 하였는데, 그 독자성을 주목할 필요가 있다.

신화 주인공의 탄생담에서 문화적 차이를 극명하게 확인할 수 있다. 북방의 신화 속 주인공은 천상에서 하강한다. 그래서 부계는 천(天) 혹은 해(日)다. 서 시베리아에서 동진하다가 한반도 쪽으로 남진한 유목민족이 토착 농경부족을 복속시키고 지배의 정당성을 하늘에서 찾았던 리얼리티가 천강신화로 반영되었을 것이다. 일부 신화 주인공은 알로 태어나는데 알은 태양의 정령으로 볼 수 있을 것이고 한반도 남북에 두루 존재한다. 남방의 신화 속 주인공은 땅에서 솟아나거나 바다를 통해 도래한다. 탈해와 허왕후는 바다를 통해 도래한 주인공이고 땅에서 솟아난 주인공은 탐라를 비롯해 유구와 대만, 그리고 태평양 해양 도서에 두루 분포한다.

그런데 땅에서 솟아난 내력은 탐라에 가장 확고하다. 그러므로 땅에서 솟았다는 모티프는 탐라만의 독자성을 말해주는 증거다. 한반도의 신화는 하늘에서 온 주인공에 의해 복속되는 데 반해 탐라의 신화는 하늘에서 온 주인공에게 복속되지 않는다. 청동기 혹은 철기문명이 탐라에 도래하였지만, 유목민의 지배를 받지 않았고 오히려 토착 지배자가 그들을 융화시킨 증거다. 그래서 토착민의 '땅에서 솟은 이야기'가 그대로 남아 있다. 탐라는 한반도 지역과는 다른 독자적인 문화를 지니고 있다. 탐라는 한반도와 다른 점이 또 있다.

한반도의 신화는 건국신화 위주고, 여타의 신화는 미미한 데 반해 탐라에는 다양한 신화가 남아 있다. 신화의 전승이 한반도 지역과 달리 탐라에서는 왕성한 이유는 무엇인가. 탐라의 공동체 삶 속에 무속이 뿌리 깊게 남아 있기 때문이다. 그렇다면 육지와 달리 무속이 계속 남아 있게 된 이유는 무엇일까. 고대에서 중세로의 시대적 전환 속에서 정치적 중심부와 정치적 입김이 미치는 지역은 불교·유교란 중세 보편주의 문화의 영향을 입게 된 데 반해, 탐라는 섬이라는 지정학적 특성 때문에 그 영향력이 미약하였다고 볼 수 있다. 탐라는 부족공동체의 고유성을 강하게 지키며 당본풀이를 유지할 수 있었고, 중세사회로의 전환 속에서도 고대 자기중심주의의 전통을 오랜 동안 유지할 수 있었다. 그리고 서서히 중세적 요소를 받아들이며 성장했다. 탐라가 중세 국가의 직접적 통치를 받게 된 것은 고려 후반 혹은 조선 전반이기 때문에 상대적으로 중세 이념의 강요와 침투가 미약했고, 이런 까닭에 무속이 배척당하기보다는 무속 안에 유교와 불교를 포용하는 변화가 일어났다고 할 수 있다.

조선 전기 지배층은 유교적 이념을 정착시키기 위해 불교와 무속을 이단(異端) 혹은 음사(淫祀)로 배척하기 시작했고 무당과 승려를 성 밖으로 내쫓는 법령을 실시하였으나 민간 속의 무속신앙은 쉽게 단절되지 않았다. 무속을 도성과 사대부로부터 격리시키게 된 시기는 인조 즈음이다. 탐라에서 무속이 큰 시련을 당한 시기는 18세기 이형상 목사가 부임한 직후이다. 그러나 그것은 일시적인 충격이었던 듯하다. 무속을 근절시키지 못하고, 포제와 같은 유교식 제사와 기존의 무속 제사를 병행하는 선에서 타협이 이루어진 것으로 사료된다.

굿은 미신이고 전근대의 산물이다. 근대의 과학적이고 합리적인 것에 의해 그 가치가 무시되어 왔다. 그러나 근대성이 비판받게 되면서 새삼 그 가치를 재고하게 되었다. 근대가 파탄을 맞게 되었다고 지금의 근대적 가치를 모두 부정할 수는 없다. 마찬가지로 전근대의 사유와 방식 모두가 비판받았던 것 자체도 문제다. 새로운 세상은 앞선 시대의 사유와 근대의 사유 중 긍정적인 요소를 결합하는 가운데 만들어질 것이다. 인간과 자연의 관계, 현실과 초현실, 정신과 물질의 가치를 균형적으로 바라보아야 한다.

굿에는 아주 많은 정보가 담겨 있다. 특히 신화가 그득 담겨 있다. 탐라는 바로 그 신화의 보고다. 그것들은 다른 지역에는 없고 탐라에만 남아 있는 것들이 대부분이다. 다른 지역에서는 중세화·근대화하면서 소실되었는데, 탐라에서는 그것들을 잘 간직하였기 때문에 값진 것이다. 그렇다고 탐라에 남겨진 신화가 탐라만의 **특수성**을 담보하는 것은 아니다. 그것은

인류의 보편성이기에 귀한 것이다. 세계 대부분에서 사라졌지만 탐라에 남겨진 신화를 통해 인간 사고의 중요한 자취를 발견하고, 이 원시적·고대적 사유의 의미를 재구할 수 있을 것이라는 이유 때문에 탐라 신화가 소중하다.

탐라의 무속의례 - 굿은 무엇 때문에 소멸되지 않고 생명력이 강했던가. 중세화를 강하게 경험하지 않았던 이유 이외에, 그 유연성을 우선 들 수 있을 것이다. 제의의 장소가 헐리거나 훼손되는 등 문제가 생기면 가차 없이 이전을 하는 유연성, 의례의 까다로운 절차를 줄여 평상복으로도 의례를 담당할 수 있는 임기응변이 탐라 굿의 특징이다. 그리고 사제자가 권위적이지 않아 단골의 요구에 적절히 부응하고, 세속적인 요구에 대해서도 유연한 태도를 취하고 있다. 탐라 굿이 지속성을 가진 가장 중요한 이유는, 굿이 제의의 기능 이외에 놀이의 기능을 적극적으로 담당하였고, 신화도 또한 신성한 신의 기원이란 측면 이외에 재미있는 이야기란 흥미성의 측면을 충족하였기 때문이라 보인다. 굿이 민초들과 소통의 끈을 유지하며 현실적 욕구도 풀어내고, 현실을 넘어서는 고뇌와 염원의 차원을 해결하였으니, 그 소통성과 민중성 또한 중시해야 할 것이다.

4. 제주도 본풀이의 의의[5]

제주는 1만 8천 신이 산다는 신들의 고향이다. 신들의 내력을 담은 신화가 많이 남겨져 있어서 신화의 수도라고 할 만하다. 그리스·로마 신화가 기록된 것으로 최고라면 제주의 신화는 구비전승되는 것으로 최고라 할

---

5) 다시 독자의 편의를 위해 '탐라'라는 용어 대신 '제주'라는 용어를 쓴다. 여기에 서술한 내용은 제주대학교 한국학협동과정 편, 『이용옥 심방 본풀이』(제주대학교 탐라문화연구소, 2009)의 서문에 썼던 내용을 고쳐 실었다.

만하다. 기록된 신화는 책 속에 죽어 있는 신화다. 제주의 신화는 말과
노래 속에 살아 있다. 무당의 노래 속에 신들의 내력을 담은 이야기가
살아 있다. 그래서 신화라 하기보다는 '서사무가(敍事巫歌)'라 해야 하고,
신들의 근본(根本)을 풀어내는 것이니 '무가 본풀이'라고 불러야 옳다. 무당
(제주에서는 심방)과 당골들이 함께 공유하는 것이어서 그냥 '본풀이'라고
해도 좋다.

인류의 역사가 근대를 맞으면서 종교와 신화와 미신을 극복했다고 한다.
합리적이고 논리적인 사고를 갖고 과학적 명징성 속에서 우리의 일상이
꾸려지고 있다. 초월적이고 비현실적인 것들을 청산하고 현실적 사유방식
으로 무장하고 살아간다. 꿈 혹은 이상 속에서 무언가를 갖는 것은 중세의
방식이고, 현실에서 무언가를 소유해야 진정 갖는 것이라고 믿고 산다.
이상도 현실화시켜야 만족한다. 너무 많은 것을 꿈꾸고, 현실 속에서 너무
많은 것을 소유하기 위해 우리는 몸부림친다. 자본이 이념과 주의(主義)가
되는 이상한 세상이다.

왜 현실 속에서 가져야만 진정 갖는 것인가. 꿈으로 간직하고 동경(憧憬)
으로 만족하는 세상은 어떤가. 현실 속에서만 부비고 사는 세상은 너무
좁다. 현실과 초현실을 넘나드는 자유분방함을 잃고 사는 세상은 너무 가
볍다. 신을 죽여 버리고 인간은 신이 지녔던 거대한 힘과 지혜를 갖고자
했다. 그러나 그 힘을 감당하지 못하고 파탄의 경계선에 와 있다. 인간이
인간을 핍박하고 있다. 인간은 과학적 규명의 대상이 되었고, 풀과 개처럼
하나의 생명체로 존재한다. 그렇다고 곁에 있는 생명체들을 인간처럼 고귀
하다고 여기지도 않는다. 인간 스스로가 인간의 존엄성을 버린 마당에,
곁의 생명체야 인간을 위한 하나의 도구에 불과하게 되었고, 어디에 영혼
의 신비가 남아 있더란 말이냐.

신이 살아 있던 시대에 인간은 인간에게서 신의 존엄성 발견했었다.
신을 모시는 그 경건함으로 인간을 경배하였던 적이 있다. 삶의 도처에

신이 존재한다고 여기고 경건하게 살았던 적이 있다. 나무에도 풀에도 신이 있고, 집에도 대문에도 장독대에도 부엌에도 신이 있다고 여기며 살았다. 그런 과거형으로 끝나고 마는 것이 우리 현대인의 삶이다. 그런데 제주에는 아직 그 신들이 정낭에도 부엌에도 심지어 화장실에도 살아 있고, 그런 신들의 이야기가 남아 있어, "그랬었다"의 과거형에 그치지 않고 "지금도 그렇다"의 현재진행형이다. 그래서 제주의 삶은 경건하다. 현대의 과학으로는 만날 수 없는 존엄성과 엄숙성이 '지금, 여기'에 있다. 현대의 과학과는 다른 야생의 과학과 철학이 신들의 이야기 - 본풀이 속에 살아 숨쉬고 있다.

신화 속에는 고대사에서부터 중세사, 근대사가 망라된다. 그래서 신화 속에는 고대적 사유에서부터 근대적 사유까지 통시적 접근을 가능하게 한다. 고대 이전의 원시시대의 인간의 삶과 경험을 반영하고 있는 홍수신화는 세계 보편적이다. 홍수신화를 통해 우리는 약 8000년 - 1만 년 전의 지구의 경험을 유추할 수 있었다. 제주에는 해가 둘이고 달이 둘인 신화가 나타나는데, 이를 통해 인류가 경험했던 자연현상과 인문현상까지 유추해 낼 수 있다. 그리고 지구의 고난에 대처하는 인간의 의식 발달과정을 찾아낼 수 있다. 더불어 고대적 사유에서부터 서서히 합리적 사유를 하게 되는 과정이 신화 속에 온전히 남아 있다. 제주신화를 통해 인간 사유의 발달과정을 탐구할 수 있다는 점은 행운이다.

제주의 본풀이 신화 속에는 음악, 미술, 문학, 춤, 연극이 공존하고 있다. 우리는 서사물인 신화, 서정시, 희곡의 다양한 문학 장르가 어떻게 변화해 왔으며, 주변의 예술장르와 어떻게 교섭하면서 발전해 왔는가 하는 점을 확인할 수 있게 된다. 그리고 특히 민중문화의 실체에 접근할 수 있다. 굿은 민중 공동체 속에서 살아 있었고, 굿의 구술상관물인 신화에는 민중의 고난과 고난 극복의 의지, 좌절된 꿈과 부활하려는 의지, 현실 일탈과 초월의 꿈이 다채롭게 반영되어 있다. 결국 제주 신화 속에는 역사시대 이전의 오랜 과거에서부터 근대에 이르기까지의 예술사가 담겨 있고, 인생사가 담겨 있음을 확인한 셈이다.

미래지향적 효용성을 하나 더 들어 본다. 제주도 본풀이를 매개로 한국문화의 다양성을 정립할 수 있다. 제주문화의 독자성을 한국문화의 보편성으로 확장하고, 한국문화의 독자성을 동아시아 문화의 보편성과 대비시킬 수 있다. 동아시아가 두루 지녔던 문화인데 우리에게는 남아 있고 저들에게는 사라진 문화현상을 파악하여 그것을 동아시아의 보편성으로 만들어 가고, 더 나아가 세계적 보편성으로 만들어가는 것이 바로 한류문화 보급 전파과정일 것이다. 제주문화는 한국문화의 다양성을 가능케 하고, 한국문화가 세계사적 보편성을 획득하는 데 지대한 역할을 할 수 있을 것이다. 제주에는 세계 신화에 대응하는 풍부한 신화가 남아 있기 때문이다.

5. 마무리

지금 제주는 개발과 개방의 광풍 속에서 전통문화를 잃어 가고 있다. 민족문화를 풍부하게 만들 수 있는 많은 탐라문화가 사라지고 있다. 국가 차원에서 '탐라문화권'의 역사와 문화를 정립해 나가야 할 시기이다. 건물과 성곽을 복원하고 보존하는 차원을 넘어 언어·역사·민속을 대대적으로 조사하고 연구할 때이다.

국가 획일주의 아래에서 지방의 언어와 문화가 억압당하는 상황 속에서도 제주는 전통적 요소를 많이 지니고 있는 편이다. 이제 21세기는 국가주의와 중앙 중심에서 벗어나 지방학과 한국학이 함께 성장해야 하는 시기를 맞았다. 제주에는 한국 어느 곳보다 풍부한 신화와 민요와 무속과 민속이 풍부하게 남아 있고, 이는 민족 문화를 다양하고 풍부하게 하는 원천으로 활용될 것이다.

그러나 굿과 신화는 매우 중요한 문화유산인데 일부 학자를 제외하고 별로 관심이 없다. 제주도에는 문화 관련 부서가 있지만 문화의 가치를 모르고 있어 안타깝다. 발굴 보고서는 중요한 줄 알면서 구비자료의 기록화에는 아무런 관심을 기울이지 않는다. 신화 연구자에 대한 재정 지원도 거의 미비한 실정이다. 그런 사이 굿과 신화도 시들해져가고 있다. 굿을 관장하는 심방의 숫자도 줄어들고 있고, 단골의 숫자도 줄어들고 있다. 단골의 나이를 보면 대개 50-60대 이상이다. 굿이라는 의례가 내리막길을 가고 있다는 증거다. 앞으로 10년 뒤면 구연되는 살아 있는 신화를 만나기 힘들 것이다.

제주라고 근대화의 물결을 피할 수는 없다. 그래서 전통문화도 사라지고 있고 오래 지녀왔던 신앙체계도 죽어가고 있다. 본향당의 굿도 예외는 아니다. 하루 빨리 이 본풀이를 기록하지 않으면 인류의 귀중한 자산을 잃어버리게 될 지도 모른다. 본풀이는 원래 말과 노래로 살아 있어야 하는데, 기력이 떨어져 숨을 거두려고 하니 서둘러 기록에 나서야 한다. 사명감을 갖고 제주 굿과 신화를 기록하고 연구하고 그 속에 담긴 인류의 유산을 해석해 내야 할 것이다.

본풀이와 한국 신화 비교

◉

1. 서

　제주는 기록문학이 빈약한 대신 구비문학이 풍부한 땅이다. 민요·설화·무가는 가히 한국의 중심부라 할 만하다. 그런데 무가(巫歌)는 문학적으로 논의할 만한가. 그것들은 지금에도 가치가 남아 있는 것인가. 무가가 무속 혹은 무교(巫敎)의 종교적 논리나 규범을 담고 있는 것만은 아니고, 과거에서 현재에 이르기까지의 인간의 보편적 삶을 담고 있음을 부인하진 못 한다. 무속은 고대국가가 발생하기 이전의 원시사회로부터 부족 공동체 사회의 중심 이념이었고, 고대국가가 건설된 이후 천신사상(天神思想)에 밀려 주변 이념으로 떨어져 나가 민간신앙의 주된 장이 되고, 불교와 유교의 중세적 사상이 밀려온 후에도 민중의 애호 속에서 지속된다. 서구적 근대성이 우리를 침범한 이후 무속은 미신으로 전락하여 비합리의 대명사가 되고 말았지만, 무속의 의의와 가치를 무화시키는 근대의 독선을 무조건 신봉하던 삶에 대해 반성하게 되었다. 그리고 그 속에 인간의 삶이 어떻게 규정되고 있는가라는 질문을 던지며, 무가의 가치를 새로이 인정하게 되었다.

　서사무가는 원래 신의 내력을 풀어내는 이야기 위주의 노래다. 그러나 신을 불러 즐기는 내용이 배가되고, 신과 인간이 즐기는 과정에 인간 삶의 모습을 많이 담게 되었다. 그래서 신이 인격을 지닌 존재로 등장하여 잘못된 인간의 삶을 나무라기도 하고, 스스로 비웃음의 대상이 되어 우리의 무지를 일깨우기도 한다. 서사무가를 들으며 우리는 현 사회의 병폐를 근심하게 되고 그것을 차단할 방식을 고뇌하게 된다. 그러면서 우리들이 인간으로서 지녀야 할 임무를 각성하는 계기를 갖기도 한다.

서사무가 속에는 생활의 지혜가 담겨 있고, 하여야 할 일과 해서는 안될 금기가 제시되고 있다. 천지왕본풀이에서는 수명장자를 징치하고, 초공본풀이에서는 유 정승 따님아기의 시련을 통해 양반을 징치하고, 이공본풀이에서는 재인장자(또는 자현장자)를 징치하며 권선징악의 규범을 일깨운다. 나아가 개인적 삶의 문제를 고민하며 공동체적 삶의 문제에 접근하고, 마을 단합 등 인간 결속의 기능을 그곳에서 배우게 된다. 인간의 생노병사와 생산과 안전과 평화를 주재하는 신의 내력을 통해 묘한 자긍심을 느끼게 된다. 그런 신화가 없는 척박한 땅의 삶을 연상하면 쉽게 그 자긍심을 이해할 수 있을 것이다. 신이 인간의 최선의 모습을 띠고 있으며, 인간은 그런 신의 심성을 닮으려는 땅에서 피어나는 자긍심일 것이다. 신화가 살아 있는 이 땅에서 인간은 서로 신의 심성을 닮은 인간으로 만난다. 인간성 상실의 시대에 사는 우리에게 커다란 각성의 메세지를 전해 주고 있다.

서사무가 속에는 인간과 언어와 세계의 소통구조가 있다. 서사무가는 그 관계 속에 질서를 부여하고 당대의 삶을 규정한다. 이것은 과학의 역할을 해 왔고, 철학이 지고의 선을 지향했던 점과 일치한다. 그러나 근대과학과는 괴리되고 상반되는 면이 있다. 그렇다면 서사무가에 녹아 있는 삶의 정신은 근대정신에 위배되는 것이고, 더 이상 그 효용성이 남아 있지 않은 것일까. 혹시 근대성이 잘못된 것은 아닐까. 아니면 과거의 과학이 근대의 과학과 만나는 방식이 잘못된 것은 아닐까. 이런 반성 속에서 서사무가의 가치와 의의를 새롭게 탐색하고자 한다. 그리고 서사무가의 최후의 집결지라 할 제주의 서사무가를 검토하며 그 문학적 위상을 설정해 보려 한다.

2. 서사무가와 신화

서사무가 본풀이는 신화의 근원이며, 신화는 서사문학의 원형이라 하겠다. 그래서 서사문학의 원형성을 밝히려는 작업은 신화로 향했고, 신화의 구조를 밝히려는 작업은 당연히 서사무가로 향했다. 일찍이 주몽신화의 근원을 제석본풀이에 찾으려는 작업이 서대석 교수에 의해 시도되었고[1], 제주 삼성신화(三姓神話)의 근원을 제주 당본풀이에서 찾으려는 작업이 현용준·장주근·조동일 교수에 의해 전개되었다.[2] 제주의 무속과 무가 속에 한국신화의 본래적 모습이 있다고 전제하며 제주 서사무가에는 창조신화에서부터 완벽하게 짜인 많은 신화를 지니고 있다고 한 이수자 교수의 논문도 특기할 만하고,[3] 서사무가와 신화와의 관련성을 깊이 있게 다룬 권태효 교수의 논문도 중요하다.[4] 서사무가와 신화와의 상관성을 폭 넓게 집대성한 김헌선 교수의 업적은 제주 무가를 치밀하게 분석하는 데까지 미치고 있는데, 그의 <한국의 창세신화>[5]에서 얻어진 결과를 토대로 이 논문의 주제에 접근하고자 한다. 그래서 우선 천지왕본풀이를 분석의 대상으로 삼고자 한다.

---

1) 서대석, 「제석본풀이 연구」, 『한국무가의 연구』, 문학사상사, 1980.
2) 현용준, 「삼성신화연구」, 『무속신화와 문헌신화』, 집문당, 1992.
   장주근, 「구전신화의 문헌신화화 과정」, 『한국신화의 민속학적 연구』, 집문당, 1995.
   조동일, 『동아시아 구비서사시의 양상과 변천』, 문학과지성사, 1997.
3) 이수자, 「제주도의 무속과 신화 연구」, 이화여대 박사학위논문, 1989.
4) 권태효, 「건국신화와 당신신화의 상관성 연구」, 경기대 박사학위논문, 1990.
5) 김헌선, 『한국의 창세신화』, 도서출판 길벗, 1994.

한국신화 속에는 창세신화가 드물거나 거의 없다고 논해 왔다. 그러나 그것은 문헌신화를 두고 이르는 말일 뿐이다. 무당들에 의해 전승되는 우리의 서사무가 속에는 천지창조·일월창조·인류창조의 신화소가 다양하게 발견된다. 육지에서는 김쌍돌본·강춘옥본·정운학본·전명수본·이종만본·박용녀본·최음전본·권순녀본 등의 창세본풀이가 전하고 있는데, 그 내용상 제석본풀이와 뒤섞여 있는 것도 존재한다. 제주에는 안사인본·이무생본·김두원본 등이 있는데, 본고는 현용준 교수가 채록한 안사인본의 '초감제'를 중심으로 살필 것이다. 우선 천지개벽의 신화소를 든다.

천지혼합으로부터 말하자. 천지혼합을 말하자면 천지혼합시 그 시절에는 하늘과 땅이 경계가 없어 사면이 캄캄하여 있을 때 천지가 한 묶음이 되어 있습니다. 천지가 한 묶음이 되어 있을 때 개벽을 하게 되었는데, 비로소 세상의 시초가 되옵니다. 개벽의 시초부터 말하자.

개벽의 시초 때 하늘은 자방으로 열리고, 땅은 축방으로 열리고, 사람은 인방으로 열렸습니다. 하늘이 머리를 열고 땅이 머리를 열어올 때는 갑자년 갑자월 갑자일 갑자시였는데, 하늘 땅 사이가 떡징같이 틈이 벌어졌습니다. 삼경이 넘어 천지가 시작될 때를 말하면, 하늘에선 청이슬이 내리고 땅에선 흑이슬, 중앙에서는 황이슬이 내려 서로 합해질 때, 천지인황이 시작됨을 말하자.

인황이 시작됨을 말하니, 하늘에서 동으로 청구름, 서로는 백구름, 남으로는 적구름, 북으로는 흑구름, 중앙에서는 황구름이 떠 올 때에 수성이 시작되었음을 말하자. 이 하늘에서 천황닭이 목을 들고, 지황닭이 날개를 펴고, 인황닭이 꼬리를 칠 때, 갑을동방이 잇몸을 들어 먼동이 틀 때 동쪽에서 별이 시작됨을 말하자.[6]

---

6) 현용준·현승환, 『제주도무가』, 고려대 민족문화연구소, 1996. 513쪽. 이 책에서는 왼편에 제주어, 오른편에 현대어로 되어 있는데, 편의상 현대어를 인용문으로 제시한다. 위 인용문은 안사인 심방(男巫)이 부르는 '초감제' 중 베포도업침의 부분이다. 이 베포도업침에 이어 천지왕본풀이가 불린다.

천지개벽이 일어날 때의 상황이다. 천지가 한 덩어리였고 어둠이었는데 하늘과 땅이 열리고, 그 사이가 떡의 켜(떡을 찔 때 소를 넣어 뗄 수 있게 한 층계)와 같은 틈이 벌어지다 닭이 울고 난 후 완전히 세상이 밝아졌다고 묘사하고 있다. 천지개벽은 닭의 울음소리와 함께 이루어진다.

> 한라 영산에 들어와 보니 천지가 캄캄하니
> 하늘과 땅이 왁왁하고 동서남북을 구분할 수가 없습니다.
> 구상나무를 꺾어 층하절벽에 꽂아놓고 있으니,
> 천왕닭이 목을 꺾고, 지왕닭이 날개를 벌리고
> 계명닭이 소리가 나고, 세상이 밝아집니다.[7]

천지개벽이 특히 닭의 울음소리와 함께 이루어진다는 사유는 새벽이 닭의 울음과 함께 시작된다는 경험의 반영이고, 나아가 태초의 새벽도 닭 울음과 함께 시작되었을 것이라는 상상의 반영이다. 초공본풀이에서 3 아들 중 첫째 본멩두와 둘째 신멩두는 과거시험에서 답안지에 '천지혼합(天地混合)' '천지개벽(天地開闢)'을 써서 장원을 하는데, 초공의 신이 천지혼합과 천지개벽과 연관된 측면을 비유적으로 보여주고 있다. 차사본풀이에서도 "벌딱 깨여난 보난 천앙둑이 즈지반반 울고 머언 동이 늬염 들르게 뒈였고 나"[8]라 하여 천황닭이 울고 난 후 먼동이 트게 되었다고 한다. 명왕에 가던 한 대사가 소사중을 깨우며 아침이 되었으니 바삐 일어나라고 하는 상황인데, 이때의 닭은 아침을 알리는 일반 닭일 텐데 천황닭이 울었다고 한다. 새벽이 오는 것은 그저 닭이 울어서라기보다 천황닭이 울기 때문이라 사유한 것이고 이런 사유가 다른 일반신본풀이에 널리 분포되어 있기 때문일 것이다. 인간의 삶은 질서와 혼돈이 반복되는데, 어둠을 물리치고

---

7) 진성기, 『제주도무가 본풀이사전』, 민속원, 1991, 497쪽.
8) 현용준·현승환, 『제주도무가』, 110쪽. "벌떡 깨어나 보니 천황닭이 크게 울고 먼동이 트게 되었구나"

밝아오는 하루의 새벽과, 태초의 혼돈을 물리치고 개벽하는 첫 새벽을 동
일시한 당대인의 사유가 포착된다. 그러므로 이 본풀이를 불렀던 고대인의
닭 토템사상을 미루어 짐작할 수 있다.[9]

제주의 서사무가는 고대·중세를 거치며 당대의 삶과 사상을 받아들이
고 많은 변이를 가져왔지만, 그 원형이 어느 정도 잘 보존된 신화소를 지니
고 있다. 우리의 고고·인류학적 견해로 볼 때 한반도에 토템사상이 명확
히 잘 드러나지 않는다고 하는데, 제주의 서사무가에서는 닭을 개벽을 주
재하는 신성한 동물로 사유한 흔적이 명료한 편이다. 그러나 닭 토템사상
은 제주의 서사무가에만 국한된 것은 아닌 듯하다. 오랜 동안 구비전승
되고 후에 문헌으로 정착되며 그 원형적 요소들이 많이 산실되긴 하였겠지
만, 신라인의 닭에 관한 관념은 토템사상을 유추하게 한다.

敬鷄神而取尊 (『三國遺事』 卷4, 歸竺諸師)

계신(鷄神)을 공경하고 존귀하게 여겼다는 신라인의 신 관념은 건국신화
의 사유와 맥락이 통한다. 혁거세의 비 알영은 계룡의 갈비뼈에서 출생하
였으며, 입술이 닭 부리와 같았다고 한다. 신성한 주인공의 탄생이 닭과
연관되고 그녀의 모습도 닭의 부리를 닮았다고 한 점에서 닭을 신성동물로

---

9) 전승과정에서 많은 변화를 겪었던 일반신본풀이를 당본풀이보다 후래형으로 보는 조동
일 교수는, 어떤 서사무가가 변이가 진행되다 중세에 완성되었으면 그것의 기원이 원시
서사시라 하더라도 고대 혹은 중세서사시로 보려고 한다.(조동일, 『동아시아 구비서사시
의 양상과 변천』) 실제로 창세본풀이에서는 석가나 미륵이 등장하고, 초공본풀이에서는
자지멩왕아기씨의 조부모가 석가여래와 석가모니이고 그녀는 주자대선생과 연분을 맺고
있으며, 앞에서 인용한 천지왕본풀이에서도 5색 구름(적, 황, 청, 백, 흑)이 찬연한 가운데
개벽이 일어나는 것으로 되어 있어 유교의 5행사상을 반영하고 있고, 여타의 일반신본풀
이에는 대사 등 승려의 등장이 빈번하다. 이와 같은 불교나 유교의 침륜은 본풀이의 후대
적 변형일텐데, 그런 요소를 벗겨놓으면 그 원형이 재구될 수 있을 것이다. 그리고 일반신
본풀이는 農神·門神·産育神·巫祖 등 신격의 좌정과 연관된 원시·고대서사시적
요소가 다분하므로, 여기서 '고대인의 사유'라 하였다.

여긴 신 관념을 알 수 있다. 그리고 김알지의 탄생과정을 보면, 나무에 금궤가 걸려 있고 이때 흰 닭이 울어 그곳에 가보니 상자에서 알지가 탄생하였다고 하고 그 탄생처를 계림(鷄林)이라고 한다. 박씨·석씨를 이어 신라를 지배한 김씨의 시조 알지의 탄생은 닭이라는 상서로운 동물과 연관되었음을 알 수 있다. 이런 사유는 면면히 흘러 근대시에도 이어지는 것이 아닐까.

> 까마득한 날에
> 하늘이 처음 열리고
> 어데 닭 우는 소리 들렸으랴.
>
> 모든 산맥들이
> 바다를 연모해 휘달릴 때도
> 차마 이곳을 범하던 못하였으리라.
>
> 지금 눈 나리고
> 매화향기 홀로 아득하니
> 내 여기 가난한 노래의 씨를 뿌려라. (이육사, <광야>)

하늘이 처음 열리는 날에 닭 우는 소리가 들리는 것은 당연하다. 그러므로 이 시의 사유의 원천은 '천지개벽'이며, 혼돈을 물리친 닭 소리가 진동하는 이 땅은 어떤 혼란이나 침범을 허용하지 않을 것이라는 확신에 차 있다. 비록 지금은 겨울의 상황을 맞이하고 있지만 다시 부활할 것을 확신하고 있다. 이는 식물의 순환적 삶에 기대어 인간 삶의 정상적 복원을 꿈꾸고 있으며, 자연의 생명력을 인간세계에 전이하려는 신화적 상상력이 저변을 흐른다. 이 시의 전체를 지배하는 분위기는, 닭 소리와 함께 천지가 깨어나는 역동적인 상황과 태초의 신비감이다. 결국 원초적 생명력에 기대어 고난에 찬 현실을 극복할 수 있다는 확신을 갖게 되는데, 이는 신화성의 현실적 현현이 빚은 성과이다.

김헌선 교수는 천지가 분열되는 것은 '조화에서 대립으로'(1에서 2로) 전 개된다고 했고, 그 '대립은 조화로' '조화는 대립'으로 변화한다는 2원적 틀을 제시했다.[10] 이로 볼 때 <광야>는 천지개벽 뒤의 '대립을 조화'로 수렴하려는 의지의 표현이라 하겠다. <천지왕본풀이>에서 수명장자의 악 을 징치하는 내용도 천지개벽의 혼돈에서 질서로 회귀하고자 하는 의지인 데, 수명장자의 악을 징치하는 데는 성공했지만 인간세상의 악 전체를 징 치하는 데는 패배하여 인간세상에는 지금도 악이 창궐한다고 한다. 그러나 이 신화는 패배로 끝나는 것은 아니다. 혼돈이 질서로, 대립이 조화로 수렴 되듯이 언젠가는 인간세상의 악의 징치도 성공할 것이라는 가능성을 열어 놓고 있다.

다음 천지왕과 지상국 총맹부인의 결연은 한국신화에 널리 분포된 천신 족의 남성과 지신족 여성의 결합이다. 하늘에서 내려온 환웅 혹은 해모수 가 지상의 웅녀 혹은 유화와 혼인하는 신화의 원초형이 서사무가 천지왕본 풀이 속에 녹아 있다고 하겠다. 천지왕과 총맹부인의 결합으로 탄생한 대 별왕과 소별왕은 성장하여 삼천선비가 공부하는 서당을 갔더니 '아비 없는 호로자식'이라고 놀림을 받자 어머니에게 와서 아버지를 찾게 해달라고 조른다.[11] 주몽신화에는 주몽과 결연한 예씨는 유리를 낳아 혼자 기르는 데, 유리가 돌팔매질로 아낙의 물동이를 깨자 '아비 없는 호로자식이어서 이리 무례한가'라는 꾸지람을 받고 어머니에게 돌아와 아버지의 종적을 묻는 대목이 있는데, 천지왕본풀이와 유사하다. 유리는 신표로 일곱 모가 난 나무 아래 섬돌 위에 감춘 칼을 찾아 주몽에게 가서 아들임을 확인받는 다. 창세본풀이에서는 미륵이 돌과 나무 사이에 불씨를 감춰 두는 것을

---

10) 김헌선, 「무속신화 연구의 방향과 과제」, 『인문과학』 28집, 성균관대 인문과학연구소, 1998, 179–180쪽.(<한국민족신화의 개점검> 특집)

11) 현용준·현승환, 『제주도무가』, 19쪽.

메뚜기가 보아 두었다가 석가에게 확인시켜 주어 석가가 돌과 나무를 비벼서 불씨를 얻었다는 내용이 전하는데, 이런 화소가 일본 여론도(與論島)에까지 전승된다고 한다.[12] 신물의 종류가 칼과 불로 다르지만 그것이 돌과 나무 사이에 감춰진다는 점을 볼 때 그 영향관계를 점칠 수 있다. 대별왕과 소별왕은 아버지가 준 증거물 박씨를 심어 천상국에 오른다.[13] 신물(信物)을 찾아 부친을 탐색한다는 점에서는 동일하다.

대별왕과 소별왕은 천상에 오른 후, "인간세상으로 월광 둘이 비치고 일광 둘이 비쳐 인간 백성들이 살 수 없으니, 천근 활 백근 살을 받아 앞에 오는 햇님 하나는 두고 뒤에 오는 햇님 하나 쏘아 동해바다에 던져 두고 앞에 오는 달 하나 남겨 두고 뒤의 달은 서해바다에 던져버리니, 그 법으로 해는 하나 동방으로 뜨고 달은 하나 서방으로 지는 법, 그런 법을 하나 마련"[14]하였다고 한다. 일본이나 중국신화를 보면 9개의 태양이 있었는데 8개를 쏘아 떨어뜨리니 모두 까마귀였다고 하거나, 10개의 태양이 있었는데 9개를 쏘니 일중(日中)의 까마귀가 모두 떨어져 죽었다는 내용이 전한다. 우리나라에는 '해와 달의 조정' 신화소가 창세본풀이에 일부 전하고, 그 외에는 월명사의 <도솔가>에 전한다. 창세본풀이에서 그 조정의 주체는 미륵이고, 도솔가에서는 미륵좌주로 나타나는데, 그래서 김헌선 교수는 도솔가가 일월 제치의례일 가능성이 높다고 한다.[15]

---

12) 편무영, 「생불화를 통해 본 무불습합론」, 『비교민속학』 13집, 비교민속학회, 1996, 599쪽.; 박종성, 『한국창세서사시 연구』, 태학사, 1999, 184쪽.

13) 『동국여지승람』에 의하면, 주몽은 기린굴을 통해 朝天石에 가서 그곳에서 천상으로 올랐다가 다음 날 내려오곤 했다고 한다. 부친 해모수는 천상계의 존재이고 주몽은 천상계로 부친을 탐색하기 위해 올라간 것으로도 해석할 수 있다. 부친이 계신 하늘에 조회한다는 의미에서 '朝天石'이라 했는데, 북제주군의 조천포에도 조천석이 있었다는 구비전승이 있고 이 또한 고구려의 신화와 연관성이 있는 것은 아닐까 의심된다. 다만 조천이 배를 띄우기 위해 아침에 하늘(기상)을 살핀다는 의미는 아니다. 지금도 조천포에는 戀北亭이 있는데 이는 왕이 계신 북쪽을 향해 배알하는 장소이다. 조천이란 의미도 후에는 임금(즉 天子)을 朝會하는 장소란 의미로 전이된 듯하다.

14) 현용준·현승환, 『제주도무가』, 19쪽.

그러나 해가 둘 나타났다는 것은 왕권에 도전하는 새로운 왕권의 출현으로 해석되기도 한다. 당시 35대 경덕왕은 무열계로서 화랑들의 지지 속에서 왕권을 유지하고 있었고, 무열계에 도전하는 내물계는 김양상(후에 37대 선덕왕)을 중심으로 한화정책을 주장하였다. 두 세력이 첨예한 갈등을 보이자 해가 둘 나타나는 변괴 외에 귀신의 북소리가 들리고, 삼산오악의 신이 궁정에 나타나 춤을 추기도 하고, 혜성이 나타나는 등 심한 자연계의 재이(災異)가 있게 된다. 자연계의 변괴는 인간세계의 위기를 조짐하는 것으로 받아들였던 고대인들은 인간세계를 정비하고 민심을 수습함으로써 자연계의 변괴를 해결할 수 있다고 사유하였다. 그러므로 무열계와 내물계가 다투는 과정은 "인문현상의 혼란이지만 천문현상의 혼란과 더불어서 나타나고 있다"[16]고 하겠다.

해와 달이 둘 나타났다는 것은 해와 달이 지나치게 가까움을 의미하니, 해가 가까우면 가뭄이 들고 달이 가까우면 홍수가 들었다는 지구의 경험을 반영하는 것이고, 이를 우주론적 차원에서 조정하는 과정이 바로 두 개 중 한 개를 활로 쏘아 떨어뜨렸다는 내용으로 본풀이에 반영되었다고 한다.[17] 이처럼 거리를 조정함으로써 우주론적 차원의 해결을 도모하는 것이 제의이고, 중세에 이르러서는 유교적 예악인 것이다. 자연계의 재이가 생기면 왕은 근신하며 반찬 수를 줄이고, 옥에 갇힌 죄수 중에 억울한 자가 없는가를 살펴 민심을 수습하였고, 놀이를 절제하였다고 한다. 천문현상과 인문현상을 동일시하는 당대의 세계관을 극명하게 읽을 수 있다. 천지왕본풀이에서 천문현상을 조절하는 근본적인 이유도 "인간 백성들이 살 수 없어서"이고, 이는 인간세계의 부조리나 모순을 제거한다는 인문적 노력을 함유하고 있다고 볼 수 있겠다.

---

15) 김헌선, 『한국의 창세신화』, 208-209쪽.
16) 조동일, 『한국문학통사』1, 지식산업사, 1982, 146쪽.
17) 김헌선, 『한국의 창세신화』, 208-218쪽.

근대의 풍요를 누리며 문명을 자랑해왔지만 이상기온이나 환경파괴와 같은 자연계의 변괴에 직면하게 된 현대인들이 이 위기를 대처하는 방식은 과연 무엇인가. 아직도 무한히 생산하고 소비하는 가운데 인간의 행복과 풍요가 있다고 믿는 오만한 현대인과, 자연계의 조그만 조짐에도 근신하고 하늘의 뜻을 따라 겸허하게 행동했던 고대인들의 심성을 비교하게 되면 우리의 갈 길이 정해질 것이고, 아울러 신화 속에 놓인 삶의 가치를 새삼 느끼게 될 것이다.

해와 달의 조정과정에서 활로 쏘아 떨어드리는 능력은 주몽의 활솜씨나 유리의 돌팔매질에 견줄 수 있다. 서사무가의 영웅적 주인공이 지닌 성격은 후에 신화의 영웅적 주인공상을 형성하는 밑바탕이 된다. 다음 대별왕과 소별왕의 인세차지경쟁의 신화소는 후에 주몽과 송양의 경쟁, 수로와 탈해의 경쟁으로 이어진다고 할 수 있다. 소별왕이 위계로 승리를 차지한다는 화소는, 탈해가 숯과 숯돌을 호공의 집에 감추었다가 호공의 집을 빼앗는 위계나, 주몽이 고각을 훔치고 썩은 기둥으로 궁실을 만들어 기득권을 차지하는 위계와 깊은 연관성을 지닌다고 하겠다. 한편 대별왕과 소별왕은 꽃 키우기 경쟁을 벌이는데, 이는 농경생활이나 식물재배능력을 상징한다고 한다.[18] 그런데 고대국가 건설기의 신화시대에 이르면 그들의 경쟁은 수로와 탈해의 변신술이나, 해모수와 하백의 변신술로 변한다. 고대국가 이전에는 생산을 관장하는 것이 지배자의 주요한 권위 장치였지만, 고대국가 건설기에는 전투력이 지배자의 주요한 권위 장치로 바뀐 것이 아닌가 한다. 변신술이란, 자신을 위장하거나 상대를 속여 소기의 목표를 달성하는 방식인데, 전투력을 상징적으로 묘사한 듯하다.

앞에서 거론하였듯이 제석본풀이는 부여족의 신화와 깊은 연관을 맺는다. 부여족의 신화에는 특히 고구려 건국신화에서처럼 1대 주몽과 2대 유

---

18) 박종성, 『한국창세서사시 연구』, p.280. 김헌선, 『한국의 창세신화』, 167쪽.

리에 걸친 시조전승이 서술되는데, 호남지역에서는 유리신화의 신화소가 전해지지 않으며, 영남(신라, 가야)에서는 제석본풀이가 전승되지 않는다. 그런데 제주에는 제석본풀이가 초공본풀이란 제명으로 전승되고 있고, 여타의 일반신본풀이 속에도 주몽·유리의 신화소가 다양하게 전승된다. 이런 사정으로 볼 때 제주의 서사무가는 고구려계의 신화와 긴밀한 연관성을 갖는 것으로 판단된다.

3. 제주도 본풀이와 고구려계 신화

제주 용담동의 석곽묘는 압록강 유역 고구려 지역의 무덤 형식과 유사하다고 한다. 그리고 석곽무덤 안에서 출토된 철제 장검은 만주·한반도 지역에서는 대동강 유역의 서북한 지역과 멀리 중국 길림성의 목관·목곽묘 유적에서 다량 발견된 바 있다고 한다.[19] 그리고 최근 삼양동의 유적에서는 요령식 동검과 비파형 동검이 출토된 바 있는데, 이런 발굴을 두고 신용하 교수는 "이것은 BC 2세기 - AD 1세기 경에 고조선의 왕족, 또는 맥족(貊族)(부여·고구려·양맥)의 왕족 일부가 제주도에 들어왔음을 증명하는 유물로 추정할 수 있다."[20]고 하며 BC 1세기 - AD 1세기에 제주도에 들어와 탐라국을 개국한 3을라는 양맥족의 족장인 양을라(良乙那), 고구려족의 족장인 고을라(高乙那), 부여족의 족장인 부을라(夫乙那)라고 추정하고 있다. 흥미있는 제안이다. 고구려의 고씨와 부여의 부씨는 국호와 연관된 성이어서 그 신빙성이 다소 높다. 그런데 양맥은 국가로서의 체제를 제대로 갖추지 못한 부족으로서, 역사 속에 자주 등장하지 않는 낯설은 이름이

---

19) 이청규, 「제주도와 남해안지방의 초기 철기문화 교류」, 『동아시아의 철기문화』 제5집, 문화재관리국 문화재연구소, 1996.
20) 신용하, 「탐라국의 형성과 초기 민족이동」, 『한국학보』 제90집, 일지사, 1998년 봄, 12쪽.

다. 그러므로 박종성 교수는 고을라와 부을라를 내도세력으로 보고, 양을
라는 토착족으로 보는 견해를 피력하고 있다.

『삼국사기』 고구려의 문자왕 13년(514년)에는 탐라가 백제에 병합되어
고구려에 조공하지 않은 사연이 기록되어 있다. 백제 문주왕 2년(476년)에
탐라가 백제에 조공을 하면서 고구려와 단절되었기 때문에 탐라의 특산물
을 구할 수 없다는 내용인데, 이를 유추해 보면 백제에 복속되기 이전에는
고구려와 긴밀한 관계를 가지고 있었다는 의미이다.

『신당서』에는 섬라(儋羅)가 '북부여지예(北扶餘之裔)'라 기록되어 있고
고구려가 부여를 멸하자 나하(那河)를 건너 좌정하게 되었다고 한다.[21]
이런 역사적 정황을 염두에 두고 박종성 교수는 제주에는 북부여계와 고구
려계 출자집단의 입도가 많았을 것이라 하고 "제주 창세서사시 변천의
양상이 동명전승이나 제석본풀이를 수용하는 쪽으로 나타남"[22]을 볼 수
있다고 한다.

언어적인 측면에서도 제주어의 근원은 북방의 부여계라고 한다.

> 1) 탐라의 羅는 고구려어 '奴·內·惱'와 더불어 '나'의 표기로 보고, 만주
> 어 '나'와 여진어 '나'와 동계어로 영역·토지의 뜻을 나타낸다.
> 2) 백제어 곰·고마, 제주도 지명 加麻·甘水·巨馬·琴의 기원은 고조
> 선의 언어이고, 고조선 시대의 말이 고구려를 거쳐 제주도에까지 들어온
> 것이다.
> 3) 제주도 지명 '屹'은 삼국 지명 중 고구려의 '忽'과 근사하다.
> 4) 제주도 지명 '月郞·月羅·月角·月山·遠山·多栗'의 표기는 모두
> '달' '돌'을 나타낸 것인데, 이 말은 고구려어 '達'과 같은 계열의 말이다.[23]

---

21) 『新唐書』, 東夷列傳 儋羅條.
22) 박종성, 『한국창세서사시 연구』, 307쪽.
23) 현평효, 「지명을 통해서 본 탐라언어의 원류」, 『濟友文化』 4호, 한국방송통신대 제주총
   학생회, 1990. 34-42쪽. 성읍이나 촌락의 의미를 신라에서는 火 혹은 伐이라 하고, 백제에
   서는 夫里라 하는데 반해, 고구려에서는 忽, 제주에서는 屹이라 하여 매우 유사한 어휘임

　　지명을 통해서 제주어의 원류를 살피고, 몇 어휘를 통해 볼 때 한어계(韓語系)라기보다 부여어계라고 추론하고 있다. 그러나 진영일 교수는 고구려, 부여, 여진족, 그리고 탐라 성주층의 언어가 동일했다는 어떤 근거도 없다고 말하며 위의 견해를 부정하고 있다.[24] 『삼국지』 위서 동이전에는 주호(州胡)를 소개하고 있는데, 그 위치가 마한의 서쪽 바다 가운데의 큰 섬에 있다고 하니 제주임에 틀림없다. 그런데 주호인의 말은 한과 같지 않다고 한다.[25] 하지만 "배를 타고 왕래하며 한 가운데에서 물건을 사고 판다"[26] 라는 기록에서 알 수 있듯이 한어계와 부여어계가 아주 다르지는 않았고 장사할 수 있을 정도로 언어가 소통되었던 것 같다.

　　그렇다면 신용하 교수가 추정한 대로 BC 1세기에서 AD 1세기 사이에 고구려계에서 출자한 집단이 제주에 들어와 지배층을 형성하고, AD 1세기 – 2세기 사이에 한반도 남부의 한(특히 마한)에서 출자한 집단이 제주에 입도한 것으로 볼 수 있겠다.[27] 제주의 서사무가나 『탐라기년(耽羅紀年)』 을 보더라도 지배층의 도래 시기를 AD 1세기로 추정할 수 있다.

　　　　漢明帝 永平八年乙丑 紫氣浮於南溟 三姓之出 疑其時歟(金錫翼, 『耽羅

을 알 수 있다. 그리고 '羅'나 을라의 '那'는 고구려의 5부족의 호칭인 消奴 · 絶奴 · 順奴 의 奴와 같은 말로, 집단 · 부족 혹은 那國의 의미다.(박종성, 위의 책, 311쪽) 乙那의 '乙'이 '於乙' '於羅'과 같은 존귀하고 신성한 것, 존장의 호칭이라 하니, 乙那는 존장이 다스리는 나라라 할 수도 있고 집단과 부족을 다스리는 존장이란 의미라 하겠다.

24) 진영일, 『고대 중세 제주 역사 탐색』, 제주대학교 탐라문화연구소, 2008, 189쪽. 진영일 교수는 고려에 조공하는 과정에서 여진식 이름을 갖게 되었다고 한다.

25) 又有州胡 在馬韓之西海中大島上 其人差短小 言語不與韓同 (『三國志』 魏書, 東夷傳 韓條) 신용하 교수는, 주호인이 머리를 삭발하고 가죽 상의만 입은 모습은 고구려계 이주족이 아니라 후에 입도한 노예의 모습이라고 해석하고 있다. (신용하 위의 논문, 22 쪽) 그러나 주호인에 대한 묘사는 다수의 모습을 기록한 것으로써, 소수의 노예에 대한 설명일 수는 없다고 생각한다.

26) 乘船往來 市買韓中 (『三國志』 魏書, 東夷傳 韓條)

27) 신용하, 「탐라국의 형성과 초기 민족이동」, 26-27쪽.

紀年』)

영평 팔년 을축 삼월 열사을 날 ᄌ시 셍천 고의왕(高爲王) 축시 셍천 양의양(良爲王) 인시 셍천 부의왕(夫爲王) 고량부 삼성 모은골(毛興穴)로 솟아나 도업ᄒ던 국이웨다.(安仕仁, 「초감제」)28)

영평 팔년 을축 삼월 열사을날 ᄌ시에는 고의왕 축시에는 양의신충(良爲臣忠) 인시에는 북의면(夫爲民) 설립ᄒ던 섬이우다.(男巫 金氏, 「초감제」)29)

우리나라의 고구려 臣 베포도업 제이르자. 왕이 나사 국입고, 국이 나 왕입네다.(정주병, 「천지왕본풀이」)

초감제나 탐라기년 모두 영평 8년(AD 65년)을 탐라국 기원으로 잡고 있다. 한나라 명제 때에 붉은 기운이 남쪽 바다에서 떠오르니 고을라·양을라·부을라 삼성이 이때 나타난 것 같다고 했고, 초감제에서는 모홍혈로 솟아나 나라를 세웠다고 했다. 한편 남무 김씨의 초감제에서는 고을라·양을라·부을라의 서차를 적고 있는데, 고을라가 왕이고 양을라가 신하이고 부을라가 민이 되었다고 했다. 영주지 계열에서는 고·양·부의 서차를 보이지만『고려사』에서는 양·고·부의 서차를 드러내는데, 그 순서는 그리 중요하지 않다. 다만 국가의 기틀이 성립되었다는 의미이고, 국가가 3 기능으로 분화·발전하였다는 의미로 받아들여야 한다. 그리고 세 부족은 국가의 유지와 안녕을 기원하는 제사를 맡고(君), 행정을 담당하며 부족을 외적으로부터 보호하는 책임을 맡고(臣), 생산을 담당(民)하였으며, 세 부족의 대표인 3을라는 주권신(君)·전신(臣)·풍요신(民)으로 숭앙의 대상이 되었다.30)

28) 현용준, 『제주도무속자료사전』, 신구문화사, 1980, 44쪽.
29) 현용준, 「삼성신화연구」, 『탐라문화』 2호, 제주대 탐라문화연구소, 1983, 55-56쪽.

정주병의 천지왕본풀이에서는 제주에 처음 도업한 왕은 고구려의 신(臣)
이라 하고 있다. 그냥 지나칠 언급이 아니다. 탐라가 고려에 복속된 후에
고려 왕실에 영합하기 위해 나타나는 부회 혹은 변이일 수도 있지만, 위의
고고학적 증거와 언어학적 동질성, 지배집단의 성씨 등을 고려해 볼 때
고구려 출자는 명료하다고 하겠다.

앞 장에서 천지왕본풀이와 고구려 건국신화인 주몽신화와의 연관성을
일부 살폈는데, 그런 연관성은 초공본풀이에서 더욱 두드러진다. 일찌기
제석본풀이와 주몽신화의 연관성은 인정되는 바이므로, 제석본풀이의 제
주본이라 할 초공본풀이와 주몽신화와의 친연성은 더 이상 언급하지 않기
로 한다. 다만 젯부기 삼형제가 과거에 합격한 후 중의 자식이라 해서
재시(再試)를 보는데 활쏘기로 능력을 발휘한다는 측면은 주몽신화와 부합
하여 부기한다.31) 그리고 제석본풀이나 초공본풀이에서는 3인 유형이 등
장하는데, 이 서사무가가 완성되어 불리던 시기는 고대국가 건국 이전의
부족연맹사회의 반영이다. 고구려 건국 이전의 소노부·절노부·관노
부·순노부·계루부의 5 부족 체제에서 주도권을 획득한 소노부의 지배체
제로 변화하기 때문에, 주몽신화에서는 1인 개국의 형태로 나타나게 된
것이다. 제석본풀이와 초공본풀이의 3인 유형은 탐라국 건국신화의 고을
라·양을라·부을라의 3인 유형으로 그대로 계승된다. 탐라국 건국신화인
삼성신화는 부족연맹사회의 체제를 그대로 고대국가 체제로 계승한 사회

---

30) 이에 대한 자세한 논의는 허남춘, 「삼성신화의 신화학적 고찰」, 『탐라문화』 14호, 탐라
문화연구소, 1994.
31) 초공의 성할아버지 성할머니가 석가여래와 석가모니, 아버지는 주자대선생으로 되어
있어 불교·유교적 요소의 침투가 심함을 알 수 있다. 그리고 과거를 본다는 구성도 변이
된 요소이다. 노가단풍아기씨가 송낙과 장삼조각을 信標로 제시한 점도 불교적 변이라
하겠다. 여러 영웅적 인물들 속에서 3형제가 특별히 글재주가 있었고 활쏘는 능력이 탁월
하여 巫祖가 되었다는 원형이, 중세를 거치며 과거에 급제하는 내용으로 변화하였을 것이
다. 3형제 본멩두·신멩두·삼멩두는 가난해 잿물로 글씨를 썼다 하여 젯부기 형제라
불린다.

적 상황의 반영이고, 치열한 주도권 다툼 없이 3 부족의 조화로 탐라국이 건국되었다는 의미를 담고 있다.

<이공본풀이>도 주몽신화의 주몽-유리 2대의 신화소를 그대로 간직하고 있다. 초공이 주몽의 일대기와 통한다면 이공은 유리의 일대기와 가깝다.

원강도령이 꽃감관을 살러 서천으로 떠나다 원강암이가 배가 불러와 더 이상 함께 갈 수 없게 되자 원강암이를 자현장자 집에 맡기고 떠난다. 원강암이는 그곳에서 할락궁이를 낳는데, 이 아이가 자라 15세가 되니 아버지를 찾아 서천꽃밭으로 간다. 신표로 가져간 빗을 아버지의 것과 맞추어 보고 아들임을 확인받은 후 할락궁이는 서천 꽃감관의 대를 잇게 된다.[32] 주몽이 부인 예씨를 두고 떠난 후 유리가 탄생하여 15세 즈음이 되자 아버지를 찾아 고구려로 가서, 신표로 가져간 단검을 맞추어 보고 아들임을 확인한 후 주몽의 대를 잇게 된다는 주몽신화와 그대로 부합한다. 그 유사 모티프를 열거하면 다음과 같다.

① 아버지와 어머니의 이별 후 아이가 탄생
② 아들이 신표를 갖고 아버지를 찾아 감
③ 물을 건너 他界로 떠남
④ 자식임을 확인한 후 아버지의 대를 이음

대부분의 경우 유리왕대에 일어난 여러가지 갈등 - 화희·치희의 쟁총이나 아버지와 아들의 불화를 제대로 해결하지 못한 역사적 인물로 보려한다. 그러나 주몽의 대를 이어 왕위에 등극하는 과정은 신화 그 자체이고, 서사무가 본풀이의 신화적 계승임이 자명하다. 유리가 아버지와 신표를 맞추어 보고 피를 합해 부자임을 확인한 후, 좀더 능력을 보이라 하자 공중으로 높이 솟구쳤다 내려오는 신이함을 보여 준다. 이공본풀이에서 할락궁

---

32) 현용준·현승환, 『제주도무가』, 83–93쪽.

이는 붉은 피 세 방울을 떨어트려 연못을 말리기도 하고, 환생꽃을 가져다 죽은 어머니를 살리는 신이한 능력을 보여 준다는 점에서 유리와 통한다.

그런데 이공본풀이에서 할락궁이가 자현장자의 질시를 받고 떠날 결심을 한다거나, 자현장자가 어머니 원강암이가 취하려 하는 점은 주몽의 행적과 닮아 있다. 주몽이 금와왕의 질시를 받고 남하할 결심을 하는 점, 금와왕이 유화를 자신의 궁실에 두었던 점, 어머니를 두고 홀로 떠난다는 점이 그렇다. 그래서 이공본풀이가 주몽의 일대기와 통한다고 할 수도 있을 것이다. 그러나 이 부분은 원래 유리의 행적에도 있었던 부분인데 주몽의 행적과 중첩되어 생략되거나 시간이 흐르며 잊혀진 듯하다. 즉 유리의 어머니 예씨가 부여의 실력자에게 의탁하여 살았을 것이고, 유리는 그 실력자의 질시를 받고 아버지 주몽을 찾을 결심을 하게 되는 부분이 주몽의 행적과 같아 생략되고, 대신 아비 없는 자식이라 핍박을 받고 아버지를 찾아 떠나는 문맥(삼국사기)으로 변화된 듯하다. 이처럼 신화에는 1대 2대에 걸쳐 반복되는 신화소가 있는데, 후에 간략화한다.

탐라국 건국신화인 삼성신화에는 고·양·부 3신인이 종지용출(從地湧出 : 땅에서 솟아남)하였다는 신화소가 있는데, 이런 모티프는 북방계 신화에서는 쉽게 찾아볼 수 없는 남방계 신화의 모티프이고, 화산의 폭발과 같은 경험을 가진 섬 지역에 많은 분포를 보인다. 그리고 3신인의 배필인 3여신이 상자에 넣어져 표착한다는 모티프도 역시 한반도 남해안이나 해양문화권에 분포한다. 탈해가 용성국으로부터 상자에 넣어져 동해안에 표착했고, 가야 수로왕의 배필인 허왕후는 아유타국이란 곳에서 배를 타고 김해에 표착한다.

괴내깃당본풀이나 송당본풀이와 같은 당본풀이에는 이런 두 신화소가 그대로 들어 있어 삼성신화의 원형이 되는 서사무가로 보고 있다.[33] 괴내깃당본풀이에서 소천국과 백주또는 모두 땅에서 솟아난 것으로 되어 있고,

---

33) 조동일, 『동아시아 구비서사시의 양상과 변천』, 문학과지성사, 1997.

백주또는 강남천자국에서 표착하여 소천국의 배필이 되는데, 삼성신화에서 3신인이 땅에서 솟아난 점과 3여신이 표착하여 배필이 되었다는 점이 같다.[34] 송당본풀이에서 딸 여덟을 낳은 후 사냥하던 소천국에게 백주또가 사냥 대신 농사를 권유하는 모티프는, 삼성신화에서는 3여신이 오곡종자를 가져와 농경을 하게 되었다는 내용으로 전하여 당본풀이와 신화의 유사성을 가늠케 한다.

그런데 괴내깃당본풀이나 송당본풀이에 담긴 신화소가 삼성신화에서는 많이 생략되거나 혹은 소략화한 듯하다. 당본풀이에 전하는 내용은 이보다 더 풍부하다. 괴내깃당본풀이에서는 소천국과 백주또 둘 사이에 괴내깃도가 있는데 이 아이는 아버지 소천국에 버림받아 위기를 넘기고 투쟁에서 승리하여 나중에 신으로 좌정한다는 영웅의 일대기를 보인다. 괴내깃당본풀이가 지역 전승을 보인다면 송당본풀이는 이를 발전시켜 탐라국 전체의 신으로 그려내고 있다. 송당본풀이에는 백주또가 낳아서 데리고 온 문곡성을 의붓아버지인 소천국이 미워해 무쇠철갑에 넣어 떠내려 보내고, 동해용왕국의 사위가 되었다가 밥을 많이 먹는다 하여 다시 강남천자국으로 떠나게 되고, 그곳에서 천자국을 평정하고 제주에 들어와 한라영산 산신으로 좌정하여 탐라국 전체를 지배한다는 내용이다.

송당본풀이의 문곡성은 주몽의 일대기와 매우 유사하다. 유화가 임신한 상태에서 금와왕에 의탁했다가 주몽을 낳는다는 점, 주몽이 금와왕의 질시를 받고 부여국을 떠나게 되는 점, 위기를 극복하고 투쟁에서 승리하여 고구려를 건국하고 왕이 된다는 점이 일치한다. '기아 - 고난 - 고난극복·승리 - 신 혹은 왕으로 좌정'한다는 영웅의 일대기를 갖춘 점에서 제주의 당본풀이와 고구려계 신화와의 관련성을 논할 수 있다고 하겠다.

제주 당본풀이·탐라국 삼성신화·고구려 주몽신화에 공통적인 것은

---

34) 용담의 천자또마누라본풀이에서도 유사한 모티프가 전한다. 세화천자또신은 한라산 백록담에서 솟아난 신이다.(현용준, 「제주도 당신화고」, 『무속신화와 문헌신화』, 163쪽)

여성신의 곡모적 성격이다. 송당본풀이에서 백주또는 사냥을 업으로 삼던 소천국에게 사냥 대신 농사를 권유하고 있으니, 백주또는 농경신으로서의 면모를 지닌다. 제석본풀이의 당금애기도 농경 생산신으로서의 성격을 지닌다.[35] 주몽신화에서 유화는 주몽에게 오곡종자를 보내는 곡모·농경신적 성격을 지니고 있다는 것은 주지의 사실이다. 반면 주몽은 활을 잘 쏘았고 그의 아들 유리는 돌팔매질을 잘 하였다고 하니 전투에서 탁월할 뿐만 아니라 수렵·유목과 관련된 능력을 지닌 존재이다. 고구려는 장수왕이 평양으로 남하하기 전(5세기 초 광개토대왕)까지는 만주의 드넓은 평원을 무대로 이루어지는 수렵·유목을 중시했던 흔적이 역력하다. 그러니 수렵·목축과 농경을 아우르는 생산체제를 중시하였던 문화를 지닌다고 하겠다.

삼성신화에서 3신인은 사냥을 하면서 가죽옷을 입고 육식을 하였는데[36] 3여신이 오곡종자와 송아지·망아지를 가져와 농경·목축 경제체제를 갖추게 되었다고 했으니, 3여신은 곡모신적 성격을 지닌다고 하겠다. 그런데 3신인이 활을 쏘아 거주지를 정하였다(射矢卜地)고 하니 수렵적인 능력이 드러나고, 주호(앞에서 살폈듯이 耽羅의 異稱)인들이 소와 돼지를 잘 길렀다[37]고 하니 목축 문화가 드러나고, 3여신이 오곡을 들여와 농경이 시작되었을 것이니 농경의 문화가 드러난다. 초기 탐라국은 고구려와 마찬가지로 수렵·목축·농경을 아우르는 경제체제를 지니고 있었던 듯하다.

4. 제주도 본풀이의 독자성

서사무가 본풀이의 전승이 한반도 지역과 달리 제주에서는 왕성한 이유

---

35) 서대석, 『한국무가의 연구』, 문학사상사, 1980, 88~89쪽.
36) 遊獵荒僻 皮衣肉食(『高麗史』 卷41, 地理志2)
37) 好養牛及猪(『三國志』 魏書, 東夷傳 韓條)

는 무엇인가. 우리는 우선 제주에 무속이 풍부하게 남아 있다는 조건을 해답으로 들 수 있을 것이다. 그렇다면 육지와 달리 무속이 계속 남아 있게 된 이유는 무엇일까. 고대에서 중세로의 시대적 전환 속에서 정치적 중심부와 정치적 입김이 미치는 지역은 불교·유교란 중세 보편주의 문화의 영향을 입게 된 데 반해, 제주는 섬이라는 지정학적 특성 때문에 그 영향력이 미약하였다고 볼 수 있다. 제주는 부족공동체의 고유성을 강하게 지키며 당본풀이를 유지할 수 있었고, 중세사회로의 전환 속에서도 고대 자기중심주의의 전통을 오랜 동안 유지할 수 있었다.[38] 그리고 서서히 중세적 요소를 받아들이며 성장했다. 제주가 중세 국가의 직접적 통치를 받게 된 것은 고려 후반 혹은 조선 전반이기 때문에 상대적으로 중세 이념의 강요와 침투가 미약했고, 이런 까닭에 무속이 배척당하기보다는 무속 안에 유교와 불교를 포용하는 변화가 일어났다고 할 수 있다.[39]

조선 전기 지배층은 유교적 이념을 정착시키기 위해 불교와 무속을 이단(異端) 혹은 음사(淫祀)로 배척하기 시작했고 무당과 승려를 성 밖으로 내쫓는 법령을 실시하였으나 민간 속의 무속신앙은 쉽게 단절되지 않았다. 무속을 도성과 사대부로부터 격리시키게 된 시기는 인조 즈음이다. 제주에서 무속이 큰 시련을 당한 시기는 18세기 이형상 목사가 부임한 직후이다. 그러나 그것은 일시적인 충격이었던 듯하다. 무속을 근절시키지 못하고,

---

38) 조동일 교수는 <토산당본풀이>나 <양이목사본>을 들어 탐라국이 멸망한 후 신령·영웅이 참혹한 시련을 겪는 노래라 하고, 중세국가 성립과정에서 제주도가 소외되고 억압당한다고 하며 "제주도민이 자주성을 상실한 시기"라 했다.(『동아시아 구비서사시의 양상과 변천』, 93쪽) 고대국가인 탐라국이 멸망한 것은 사실이나 제주도는 상당 기간 동안 독립적 체제를 유지했고, 중앙정부의 간섭에서 어느 정도 자유로웠을 것이다.

39) 초공신의 조부모가 석가여래와 석가모니라거나, 초공신의 아버지가 주자대선생인데 그의 신분은 승려라는 점을 보더라도 巫祖의 가계 속에 유교와 불교를 섭렵한 흔적이 역력하다. 물론 육지의 제석본풀이에서 부의 가계가 미륵 혹은 석가로 되어 있어 무불습합의 정황이 없는 것은 아니나, 제주 서사무가에서는 유·불을 포용한 흔적이 더 많고 더 오래 지속된다는 점이 특이하다.

포제와 같은 유교식 제사와 기존의 무속 의례를 병행하는 선에서 타협이 이루어진 것으로 사료된다.

그렇다면 제주문화는 한국문화의 전반적 성격과 가까운 것인가, 아니면 동떨어진 것인가. 과거에서 현재로 진행되는 시간에 비례하여 제주와 육지는 더욱 긴밀해졌다. 앞에서 살폈듯이 고대의 서사무가에도 상당한 정도의 친연성을 드러낸다. 그러나 지정학적인 여건 속에서 한반도의 문화적 영향도 컸지만 남방계 문화의 영향도 상당하였고, 그 다양한 문화를 섭렵하며 제주만의 독자적인 문화를 형성하기도 하였다. 그 특성을 제주 서사무가에서 간략히 살피면 다음과 같다.

첫째, 기존의 문화를 지키려는 대단한 집착성이 드러난다. 지금 전해오는 서사무가의 양이 방대하고, 그 무가 속에는 한국신화의 원형을 그대로 담지하고 있다. 물론 고대적·중세적 변이를 겪기도 하지만, 이미 육지에서는 사라지거나 미미해진 천지개벽과 인류창조, 만물의 유래를 담고 있는 창세신화를 다수 보유하고 있고, 고구려계 신화의 원형이라 할 초공본풀이와 이공본풀이를 전승하고 있으며, 이미 사라진 백제신화를 재구할 수 있는 단서를 삼공본풀이에서 찾을 수도 있다. 삼공본풀이의 전반부는 백제의 무왕설화와 연관성을 갖기 때문에 일찍부터 백제신화와의 관련성이 논해지기도 했다. 삼승할망본풀이는 천지왕본풀이 '꽃피우기 경쟁'의 신화소를 따로 떼어낸 듯한 독자적 전승이라 할 수 있어, 생명관장의 신격에 대한 신화가 별도로 존재했을 가능성을 제시해 준다.

둘째, 본풀이 속의 여성 주인공이 지닌 자발성·능동성·적극성을 들수 있다. 세경본풀이에서 자청비는 문도령에 반해 남장을 하고 서당에 쫓아가 함께 공부를 하면서 자신의 여성성을 알리려 하고, 문도령이 천상계로 돌아가려 하자 자신의 주관으로 문도령과 결연을 맺고, 후에 온갖 고초를 이겨내고 천상계로 문도령을 찾아가 결합하는 적극적인 여성이다. 이공본풀이에서 원강암이는 서천꽃밭의 꽃감관을 살러 가는 원강도령을 따라

길을 떠나다 배가 불러와 함께 갈 수 없게 되자 스스로 자현장자의 종이 되길 자청하여 원강도령의 부임을 돕는 적극적 여성이다. 천지왕본풀이에서 천지왕의 요청에 바구왕이 고민을 하자 딸 총맹부인은 남자의 방에 자발적으로 찾아가는 적극성을 보인다. 고대와 중세를 거치며 대부분의 신화가 여성을 부수적이고 보조적인 인물로 그려냄에 반해 제주의 서사무가는 여성을 남성 주인공보다 더 주동적인 인물로 형상화시키고 있다.

셋째, 고유명사가 주는 즐거움이다. 백주또나 한라산또·괴내기또라는 이름에서의 '또'는 신격을 뜻하는 고유어인 듯하여 생기를 느끼게 한다. 이공본풀이의 할락궁이도 재미난 이름이다. 특기할 것은 초공본풀이에서 임정국 대감이 딸의 이름을 짓는 과정인데, "느진덕정하님아, 마당을 나서서 저 산 앞을 바라보아라. 때는 어느 때가 되었느냐. 나서 보니 저 산이 산 줄줄마다 산천초목에 구시월 단풍이 지어 있습니다. 이 아가씨 이름을 '저 산 줄이 벋고 이 산 줄이 벋어 왕대월석 금하늘 노가단풍 자지멩왕 아기씨'라고 이름 짓는 것이 어찌 하겠느냐."라고 하면서 노가단풍 아기씨의 긴 이름이 지어진다. 제주의 서사무가에도 임정국·김진국·소천국·문곡성 등의 한자식 이름이 등장하지만 중국식으로 변하지 않은 순수 우리말 신격이 자주 등장한다. 중세문화에 크게 침륜당하지 않은 증거이다.

넷째, 고대의 질서·가치관을 느낄 수 있다는 점이다. 천지왕본풀이에서 일월과 인간·귀신과 짐승을 구별하는 법을 만드는데, 귀신과 생인은 저울을 달아서 백 근이 차는 것은 생인, 못 차는 것은 귀신으로 분별하고, 새·짐승은 송피가루 닷 말 닷 되를 뿌리니 혀가 굳어져 말을 못하고 사람만 말을 하게 되었다고 한다. 이리하여 자연의 질서를 바로 잡았는데, 인간세계의 질서는 바로 잡아주지 않아 인간 세상엔 역적·살인·도둑·간음이 많은 법이고 저승법은 밝고 공정하다고 했다. 그래서 인간세계의 한계가 있다는 말이지만, 결국 우리가 이런 혼탁한 삶을 극복해야 한다는 가르침을 주고, 신을 믿는 신성한 마음이 있다면 밝고 공정한 법을 실현할 수 있다는 가능성을 제시한 것이라 하겠다.

　다섯째, 시련 극복의 의지를 일깨우는 점이다. 갖은 고초를 견뎌내고 굴욕을 참아내며 자신의 목표를 달성하고 자아완성을 하는 신화적 주인공의 모습을 통해 우리의 갈 길을 제시하고 있다. 그리고 인간의 생산·풍요·건강·죽은 자의 편안한 저승길을 주재하는 신들의 일대기를 통해 이타적 세계관을 일깨우고 있다. 서사무가는 무속의 노래에 그치지 않고 우리에게 자아완성의 의지를 북돋거나 이타적 세계관을 갖게 만든다.

　이 글은 천지왕본풀이·초공본풀이·이공본풀이·괴내깃도(계)본풀이를 주 대상으로 삼아 고구려계 신화와의 연관성을 살피고, 아울러 제주문화의 독자성을 살펴보았다. 그러나 대상 자료가 일부 본풀이에 국한되기 때문에 보편적 특성을 추출하는 데까지 미치지는 못했다. 하지만 이 작업은 여기에서 그치지 않을 것이다. 좀더 많은 서사무가 본풀이를 고찰의 대상으로 삼아, 본풀이에 담긴 신화적 원형성과 제주문화의 독자적 특성을 계속 탐구해 나갈 것이다.

2장
열두본풀이 개요

양창보 심방 구연

이용옥 심방 본풀이

◉

1. 제주도 〈본풀이〉의 가치와 중요성

　기록 신화로서 그리스·로마의 신화가 중심이라면, 구비 신화로서는 제주가 세계의 중심이다.[1] 제주에서 전승되는 '본풀이'는 구비 신화이다. 그만큼 제주에는 다양하고 풍부한 본풀이가 구전되고 있고, 이는 우리나라의 자랑이다. 언어에는 말과 글이 있다. 이제까지 세계 학자들은 기록문화만을 놓고 문화의 우열을 논했고, 기록을 토대로 역사의 실증을 논했다.

　그러나 20세기부터 그런 편중된 사고는 청산되었다. 기록보다 오히려 구전이 과거의 삶과 문화를 온전하게 전하는 증거물로 삼게 되었다. 글로 된 것도 중요하지만, 말로 된 것이 더욱 중요한 실증자료로 부각되었다. 20세기까지는 유럽 중심의 세계관이 세계를 지배했다. 그러나 유럽의 제국주의가 청산되고, 제3세계 즉 아시아와 아프리카의 역사와 문화를 소중하게 여기게 되었고, 제3세계의 구전 자료와 비기록적 표징 속에서 인류의

---

[1] 조동일, 『동아시아 구비서사시의 양상과 변천』, 문학과지성사, 1997, 110쪽. 그는 서구중심주의에서 탈피하고, 민족국가 지상주의에서 탈피하여 어느 곳이든 자기 나름의 주체적 의식을 가지고 세계를 상대하는 것이 당연하다고 하면서, "제주도의 구비서사시는 그렇게 하는 데 최상의 자산이 된다. 구비서사시에 관해서는 제주도가 세계의 중심이라고 해도 좋다"고 하였다.

이용옥 심방

유산을 찾는 작업이 중시되고 있다. 아시아와 아프리카의 구전자료들이 단편적인 전승을 보여주는 데 반해, 제주에는 무당들의 노랫가락 속에 풍부한 본풀이가 전승되고 있고, 이 본풀이 속에는 오래된 인류의 기억들이 온전하게 남겨져 있어 우리의 자랑이 된다. 이를 토대로 인류문화의 흔적을 재구할 수 있게 되니, 제주는 신화의 수도(首都)라고 할 수 있을 것이다.

한국신화는 건국신화 위주여서 세계 신화와 견주어 볼 때 빈약하다고 하겠다. 『삼국유사』, 『삼국사기』의 기록을 토대로 단군신화, 고주몽(고구려)신화, 박혁거세(신라)신화, 김수로(가락국)신화가 신화 반열에서 논의될 뿐 창세신화, 인류창조신화, 만물창조신화, 인간 운명을 관장하는 신에 대한 신화가 미미하다고 평가된다. 결국 3국의 건국시기인 BC. 1C~AD. 1C 고대국가의 출현이나, 단군조선의 건국시기인 BC. 10C~BC. 7C(BC. 23C는 무시됨) 역사를 언급하는 수준이다. 5000년의 오랜 역사에 비추어 민족의 기원과 활약에 대한 정보는 보잘 것 없는 수준이고, 5000년 역사의 앞부분에 대한 현실적 접근과 규명이 어려운 상황이다. 그러다 보니 중국의 기록에 의해 우리의 역사와 문화가 침해당하고 종속되기도 한다. 기록이 부족하면 구비전승에서 보완하면 된다. 역사를 보완하는 신사고가 바로 구비(口碑)에 대한 관심에서 비롯된다. 제주에는 육지와 주변 국가가 지니지 못한 구비전승이 매우 풍부하다. 3만 년에서 만 년 사이의 중석기 시대의 사유와 이후 신석기 시대의 사유가 신화 속에 남아 있다. 말로 전하는 제주 서사무가를 주목해야 하는 이유가 여기 있다.

제주의 본풀이 속에 장구한 한민족의 삶과 역사가 담겨 있고, 고대사를 유추할 수 있는 근거 구술들이 가득하다. 창세와 운명, 만물창조의 화소도 풍부하고, 공동체문화를 담보한 당신본풀이, 동일 직업집단(혹은 조상 집단)의 조상본풀이가 있어 우주와 개인을 잇는 다양한 신화체계가 존재한다. 이를 활용하여 한국신화의 다양하고 풍부함을 주장할 수 있고, 한국 고대 사유체계에 대한 탐구를 깊이 있게 할 수 있다.

서사무가의 전승이 한반도 지역과 달리 제주에서 왕성한 이유는 무엇인가. 우리는 우선 제주에 무속이 풍부하게 남아 있다는 조건을 해답으로 들 수 있을 것이다. 그렇다면 육지와 달리 무속이 계속 남아 있게 된 이유는 무엇일까.

고대에서 중세로의 시대적 전환 속에서 정치적 중심부와 정치적 입김이 미치는 지역은 불교·유교란 중세 보편주의 문화의 영향을 입게 된 데 반해, 제주는 섬이라는 지정학적 특성 때문에 그 영향력이 미약하였다고 볼 수 있다. 제주는 부족공동체의 고유성을 강하게 지키며 당신본풀이를 유지할 수 있었고, 중세사회로의 전환 속에서도 고대 자기중심주의의 전통을 오랜 동안 유지할 수 있었다. 그리고 서서히 중세적 요소를 받아들이며 성장했다. 제주가 중세 국가의 직접적 통치를 받게 된 것은 고려 후반 혹은 조선 전반이기 때문에 상대적으로 중세 이념의 강요와 침투가 미약했고, 이런 까닭에 무속이 배척당하기보다는 무속 안에 유교와 불교를 포용하는 변화가 일어났다고 할 수 있다.

제주의 서사무가 속에는 오래된 과학의 기억이 담겨 있기도 하다. 천지왕본풀이에서 해와 달이 두 개인데 이를 조절하였다는 것은 자연현상의 기억이다. 해가 둘이어서 인간들이 더워 살 수 없었다는 것은 지구가 경험한 혹서기를 의미하고, 달이 두 개여서 인간들이 추워 살 수 없었다는 것은 혹한기의 기억이라 하겠다. 오래 전 인간들이 경험한 자연현상을 신화는 인문현상으로 그리고 있는데, 인간들이 지혜로 그 자연조건을 해결한 과학의 측면이 상징적으로 담겨 있다.

이러한 제주 본풀이에 담긴 역사와 민속, 과학과 철학을 탐구함으로써 제주문화가 지닌 특성을 밝히고 더 나아가 그 사유의 원천을 이해함으로써 현대인이 가져야 할 가치와 덕목을 일깨울 수 있다고 생각한다. 특히 국가주의에 의해 지역의 문화와 정체성이 심각하게 훼손되고 획일화된 현실에서, 지역학의 중요성과 지역문화의 정체성을 재정립하기 위해서는 제주의 삶과 사유와 지향이 담긴 제주 서사무가에 대한 고찰은 더없이 중요하다.

2. 이용옥 심방 본풀이 개요[2]

천지왕 본풀이

1) 내용

태초에 세상은 암흑과 혼돈의 상태였는데, 하늘의 천지왕이 지상에 내려와 총명부인과 결합한다. 이 과정에서 수멩이 제인장제의 악한 행동을 벌한다. 천지왕은 총명부인과 결연한 후에 증표만 남기고 다시 하늘로 돌아간다. 얼마 후 대별왕과 소별왕이 탄생한다. 대별왕과 소별왕은 수수께끼와 꽃 피우기 내기를 통해 저승과 이승을 차지하는 경쟁을 하는데, 부정한 방법으로 이긴 소별왕이 이승을 차지하고 대별왕은 저승을 차지하게 된다. 하지만 소별왕은 세상을 속여 이승을 차지했기 때문에 역적과 살인과 도둑이 판치는 혼란스러운 인간세상이 되었고, 이에 반해 대별왕이 차지한 저승은 맑고 공정한 법이 적용되었다. 한편 하늘에는 해도 둘이 뜨고 달도

---

2) 본풀이 전개는 이용옥 심방의 구연 순서를 따랐다.

둘이 떠서, 낮에는 더워서 죽을 지경이고 밤에는 추워서 죽을 지경이었다. 그리고 사람과 귀신이 뒤섞여 있었고, 초목과 새와 짐승이 말을 하여 혼란스러웠다. 대별왕이 해 하나와 달 하나를 없애 지금처럼 해와 달이 하나가 되고 살기가 편해졌다. 또한 초목과 새와 짐승이 말을 못하도록 만들어 자연의 질서를 잡게 되었다.

2) 천지개벽

하늘과 땅이 갈라지고 산과 물이 생겨났으며, 하늘에서 내린 물과 땅에서 솟은 물이 합수하여 세상만물이 만들어졌다고 한다. 이 물은 생명수이고, 정액이다. 음양의 태초 원리가 작동하고 있고, 그때 천지가 개벽한다. 닭의 울음으로 태초의 어둠과 혼돈이 사라졌다. 우리들의 아침은 닭의 울음소리로 시작되듯이, 태초의 아침도 천황닭의 울음소리로 밝아온다. 만물 중에 별이 제일 먼저 만들어졌다고 하니, 우주의 형성과정에 대한 선조들의 과학 지식이 놀랍다. 그 후 인간이 탄생한 이야기도 있을 법한데, 사라지고 말았다. 다른 이야기에서는 하늘에서 금벌레 은벌레가 떨어져 금벌레는 남자가 되고, 은벌레는 여자가 되어 결합하였다고 한다.

3) 천지왕과 총명부인의 결합

하늘과 땅이 아득하게 멀어졌지만, 하늘에서 내려온 천지왕과 땅의 총명부인은 결합하여 두 아들을 낳는다. 두 아들은 아버지가 준 박씨를 심어 넝쿨을 타고 하늘나라로 올라가게 되는데, 이 넝쿨은 하늘과 땅을 연결하는 통로역할을 한다. 옛날에는 하늘과 땅의 통로가 있었다. 후에 사악해진 인간 때문에 이 통로는 사라지고 만다. 하늘의 뜻을 모르고 사니 하늘의 재앙이 임박한 것도 모르는 것은 당연하다. 박씨 넝쿨을 타고 하늘로 올라간 이야기는 서양 동화 '재크와 콩나무'에서 익히 들어왔다. 우리 것은 모르고 서양 것은 잘 아는 우리의 천박함을 반성해야 한다.

4) 이승과 저승 차지 경쟁

대별왕과 소별왕은 인간세상을 차지하기 위해 내기를 한다. 수수께끼 내기는 지혜를 겨루는 과정일테고 지혜 있는 자가 인간세상을 다스려야 함을 일깨운다. 꽃피우기 경쟁은 생산력을 가늠하는 과정이다. 옛 사람들은 생산과 풍요가 통치의 근본이라고 알고 있다. 그런데 이 경쟁에서 트릭을 쓴 소별왕이 이겼다. 그래서 세상은 역적과 살인과 도둑과 간음이 판치게 되었다고 한다.

5) 해와 달의 조절

태초에는 해와 달이 둘 떠 있어서, 낮에는 더워서 죽을 지경이고, 밤에는 추워서 죽을 지경이었다고 한다. 그 더위는 인간이 경험한 혹서기의 기억이고, 추위는 인간이 경험한 혹한기의 경험이다. 지구가 한 때 무진장 더웠던 적이 있었다고 한다. 또 지구는 4~5회의 빙하기를 지내왔는데, 현생인류의 시조들은 뇌의 혁명, 지혜를 축적하여 그 추위를 무사히 견뎠다. 신화는 이렇게 지구의 경험을 고스란히 담고 있다. 초목과 새와 짐승이 말을 못하게 되었다는 것은 인간 중심의 사회가 만들어진 상황을 뜻하는 것은 아닐까. 대별왕이 지배하는 세상은 신명(神明)세상이고, 소별왕이 지배하는 세상은 문명(文明)세상이라 말할 수 있다.

인간만 중시되는 문명세상에서 자연이 엄청나게 파괴될 수밖에 없고 급기야 지구 멸망의 어두운 그림자를 보게 된다. 인간과 자연과 온생명이 함께 어우러져 사는 신명세상은 저승에서나 가능한 것인가. 쓰는 것을 아끼고 나눌 줄 알면 이승에도 신명세상이 가능할 것이다.

명진국할마님본풀이 · 마누라본풀이 · 동이용궁할망본풀이

1) 내용

명진국할마님본풀이와 마누라본풀이, 동이용궁할망본풀이는 내용상 서로 밀접한 관련을 가지는 본풀이다. 생불을 주는 명진국할마님을 중심으로 마누라신과 동이용궁할망의 관계가 다채롭게 펼쳐진다. 명진국할마님은 자신의 자손들에게 가혹하게 마마를 주는 마누라신을 혼쭐낸다. 한편 명진국할마님은 동이용궁할망과의 경쟁을 통해 생불할망으로서의 자신의 지위를 돈독히 하고, 반면에 경쟁에서 패배한 동이용궁할망은 구천왕으로 들어서 아이들을 저승 서천꽃밭으로 데리고 가는 존재가 된다.

이용옥 심방은 이 세 가지 본풀이를 정확히 구분하여 본을 풀고 있다. 각각의 본풀이는 저마다 구연되는 목적을 달리 가지고 있다. 명진국할마님본풀이는 자손의 포태와 해산, 15세까지의 양육을 기원하기 위한 목적으로 구연된다. 마누라본풀이는 마마인 홍역을 무사히 넘기고 고운 얼굴과 신체로 자라기를 바라는 목적으로 불려진다. 동이용궁할망본풀이는 어린 아이들이 태어나고 성장하는 과정에서 무탈하기를 기원하기 위해, 동이용궁할망에게 인정을 바치며 범접하지 않기를 바라기 위해 구연한다. 세 본풀이의 내용을 아래에 간단히 살펴보자.

명진국할마님은 명전대왕 따님아기로 하늘의 옥황상제로부터 인간 세상에 자손을 점지해 주는 생불할망으로 들어서라는 임무를 부여받게 된다. 명진국할마님은 인간 세상에 내려서 모든 이들에게 포태를 주고 무사히 해산을 시키며 15세까지 잘 자라날 수 있도록 보살펴준다. 말하자면 출산과 양육에 관련된 여러 가지 법을 마련하는 존재이다. 그러니 인간들은 명진국할마님에게 간절한 기원을 드리며 자손들의 무탈한 성장을 도모하게 된다.

마누라신의 이름은 홍진국 대별상이다. 홍진국은 명진국할마님이 포태

를 준 자손들에게 가혹하게 마마를 치르게 해서, 궂은 얼굴을 만들어 놓는
다. 그러자 명진국할마님이 홍진국에게 엎드리며 마마를 잘 넘길 수 있도
록 해달라고 부탁을 했는데, 홍진국은 이에 아랑곳하지 않고 오만한 태도
를 보인다. 격분한 명진국할마님은 홍진국의 며느리에게 포태를 주고 해산
을 시키지 않음으로써 앙갚음을 한다. 며느리가 죽을 사정이 되자 다급해
진 홍진국은 명진국할마님에게 가서 잘못 하였다고 깊은 사죄를 하였고,
명진국할마님은 아이들의 마마를 잘 넘길 수 있도록 하겠다는 홍진국의
다짐을 받고난 후에야 홍진국 며느리의 해산을 시켜준다. 인간들은 마누라
배송으로 홍진국 대별상에게 인정을 걸어 축원한다.

한편 동이용궁할망은 동해용궁의 셋째딸아기로 태어났는데, 그 행실이
나빠서 부모에 의해 무쇠함에 담겨져 용궁에서 쫓겨나게 된다. 바다를 떠
다니던 동이용궁할망은 결국 임박사를 만나게 되고, 임박사의 부탁에 따라
임박사의 부인에게 포태를 준다. 하지만 해산을 시키지는 못해 임박사의
부인이 죽을 사정이 되자, 임박사는 하늘 옥황상제에게 이를 해결해달라고
애원한다. 그러자 옥황상제는 명진국할마님에게 해산을 시키도록 하였고,
명진국할마님은 인간 세상에 내려서서 안전하게 출산을 시킨다. 그런데
해산 사실을 뒤늦게 알게 된 동이용궁할망이 명진국할마님과 다툼을 벌이
고, 이에 옥황상제는 둘에게 꽃 피우기 등의 경쟁을 하도록 했고 그 결과에
따라 각각의 역할을 달리 부여한다. 경쟁에서 이긴 명진국할마님은 인간
생불할망으로 들어서고, 패배한 동이용궁할망은 어린 아이들을 저승으로
데리고 가는 구천왕 저승할망으로 들어섰다. 인간들은 이런 저승할망이
아이들에게 따라들지 않도록 인정을 걸며 기원한다.

2) 생불꽃

명진국할마님이 생불꽃을 가지고 다니며 아이를 잉태시킨다고 한다. 여
기서 생불은 生佛(살아 계신 부처님)을 뜻한다고 하여 불교적인 꽃으로 해석

하기도 한다. 그러나 생불은 '아기' '인간' '자식'을 의미하는 것으로 보면 좋겠다. 그러니 생불꽃은 아기를 잉태시키는 꽃을 말한다. 동이용궁할망과 명진국할마님은 둘 다 생불왕이다. 그런데 해산시키는 데 실패한 동이용궁할망은 구할망이고, 아이를 잘 해산시켜 주는 명진국할마님은 생불할망이다. 둘의 경쟁은 꽃씨를 뿌려 누가 번성하는 꽃을 피우는가 하는 것인데, 하나의 꽃씨를 피우는 능력이 아이의 잉태를 가능케 하는 능력으로 전이된다. 생불할망은 아이의 탄생만이 아니라 양육까지 책임지는 신이다. 15세 어른이 되기 전까지 모두 할망의 덕으로 아이가 자란다. 그 할망은 천지자연이다.

3) 탄생

아버지 몸에 흰 피 석 달 열흘, 어머니 몸에 검은 피 석 달 열흘, 살을 만들며 석 달, 뼈를 만들어 석 달, 아홉 달 열 달 준삭 채워 어머니의 자궁으로 해산이 이루어진다. 우리의 몸은 아버지와 어머니의 피와 살과 뼈를 받아 이루어졌으니, 내 생명이 부모의 은공임을 알게 해 준다. 그러나 어찌 아버지와 어머니의 공이기만 하랴. 하늘이 도와 생불할망을 냈으니 탄생의 공덕은 하늘에도 있고, 땅이 우리를 실어주고 땅이 키운 만물을 먹고 자라니 천지만물이 모두 우리의 부모인 셈이다. 결국 하나의 꽃씨가 곡식이 되고 풀이 되고, 인간을 키우는 근원이다. 우리는 하나의 꽃씨에서 시작된다. 그리고 천지부모의 덕으로 산다.

4) 마마신의 방해

아이의 잉태와 해산, 그리고 양육을 책임지는 명진국할마님은 마누라신의 행동을 바로 잡기도 한다. 홍진국 대별상은 마마신으로 인간 자손에게 천연두를 내려 명진국할마님의 양육을 방해하는 신이다. 예전에 마마를 앓게 되면 치사율도 높았을 뿐만 아니라, 낫게 되더라도 얼굴이 얽어 곰보가 되었다. 마마(천연두)는 이제 지구상에서 사라진 질병이지만, 인간이 가장 무서워하던 병마였다. 이 마마라는 병(악마)을 해결하는 또 다른 신이 처용이다. 처용가도 무속의 노래다. 근대 이전의 사람들에게 무서운 병마를 해결할 다른 방도가 존재하지 않았고, 다만 무당의 굿에 의존할 수밖에 없었으니, 당대인에게 무당의 굿은 과학 이상이었을 것이다. 굿을 하면 그래도 70% 이상의 사람들이 죽지 않았으니 굿의 효용성을 무시할 수 없다. 육지에서는 마마를 방지하기 위해 처용의 형상을 대문에 걸었고, 제주에서는 명진국할마님의 공덕에 의지하였다. 세상의 두려움에서 벗어날 방도를 무속인 굿과 신에게서 찾았다는 측면에서 그 의의가 크다 하겠다.

초공본풀이

1) 내용

임정국 대감과 짐정국 부인 사이에 자식이 없더니 절에 빌어 늦게 여자아이를 얻었는데, 가을 단풍이 드는 철에 태어났다고 하여 그 이름을 '녹하단풍 ㅈ치명왕아기씨'라 했다. 임정국 대감과 짐정국 부인이 옥황상제의 명으로 벼슬을 살러 떠나게 되자 아기씨는 집에 홀로 남겨지고, 살창을 만들어 자물쇠를 단단히 잠그고 구멍으로 밥을 넣어주었다. 어느 날 시주를 받으러 온 주접 선생은 아기씨가 갇힌 살창의 자물쇠를 열고, 전대에 쌀을 붓는 아기씨의 머리를 쓰다듬고 떠났는데 그때부터 태기가 있게 되었다. 급한 전갈을 받고 온 부모는 아기씨를 집에서 내쫓고 아기씨는 방랑의 처지가 되었다. 여러 고생 끝에 용왕의 사자인 거북의 도움으로 바다를 건너 주접선생을 만나고 불도 땅에 내려가 세 형제를 낳았으니, 맏이는 본명두, 둘째는 신명두, 셋째는 살아살축 삼명두라 했다.

그들은 집이 가난하여 어렵게 서당에 다니고, 아궁이 재를 모아 글씨를 썼기 때문에 젯부기 삼형제라는 별명으로 불렸다. 이들 삼형제는 삼천선비와 함께 과거를 보러 가서 선비들의 갖은 방해와 모략을 극복하고 장원급제한다. 그러나 삼천선비의 위계로 어머니가 삼천천제석궁에 갇히자, 세 아들은 벼슬을 버리고 온갖 시련을 견뎌 어머니를 구한다. 그리고 유정승 따님아기에게 육간제비를 주어 삼천선비에게 복수한다. 삼형제는 어머니를 구하기 위해 팔자를 그르쳐 무당(심방)이 되었으며, 무구(巫具)를 만들고 굿하는 법을 시작하게 되었다. 그 굿법이 오늘날까지 이어지고 있다고 한다.

2) 고구려 건국신화와 유사

<초공본풀이>는 육지의 <제석본풀이>와 유사하다. 부모가 집을 비운 사이 홀로 남겨져 있던 당금애기가 스님에게 시주를 하다가 손을 접촉하고 임신하여 아들 셋을 낳고 온갖 시련을 극복하여 자신은 삼신(탄생을 주재하는 신)이 되었고 아들은 삼태성이 되었거나 삼산(三山)의 신이 되었다는 이야기다. 고구려 건국영웅인 <주몽 신화>는 제석본풀이가 역사화 된 흔적을 보인다. 해모수와 사통하여 임신한 유화가 주몽을 낳았고, 아비 없이 자란 주몽은 젯부기 삼형제처럼 아비 없는 자식이라고 놀림을 받고, 주변 금와왕의 아들에게 죽을 위협을 당하지만, 시련을 극복하고 왕위에 오른다는 영웅의 일생이다. 유화는 햇빛에 접촉하여 임신하였다고 기록되어 있기도 한데, 그 탄생의 신성함을 드러내기 위해 신비화시킨 흔적이다. 중이 머리를 쓰다듬었다거나 손을 잡아 여인(당금애기와 ᄌᆞ치명왕 아기씨)가 임신하였다는 것은 불교가 들어온 후에 변모한 내용이다. 애초에는 해모수와 같은 신성한 영웅과 결합한 내용이었을 것이다.

<초공본풀이>는 신성한 인물과 접촉하여 낳은 삼형제가 시련을 극복하고 무당의 조상(巫祖)가 되었다는 신화다. 이런 신화가 생성될 때 무교 즉 샤머니즘은 지배층의 종교였고, 그 당시 지배자는 무당의 역할을 함께 하였다. 후에 불교가 들어와 무당이 민간 무당으로 전락되고 말았지만, 애초

무당은 국가 무당으로서 지배자의 권능을 함께 지닌 존재였다. 그러니 삼형제는 <삼성신화>의 고·양·부 삼신인(三神人)과 같은 국가의 지배자다.

3) 대장장이와 쇠를 다루는 능력

ᄌ치명왕아기씨가 낳은 삼형제는 아버지를 만날 때 하늘과 땅과 문을 보며 왔다고 했고, 과거에 급제할 당시 천지혼합(天地混合)과 천지개벽(天地開闢)이란 글을 썼다고 하는데, 이는 삼형제가 천(天)·지(地)와 통하는 문(門)을 관장하는 신격이고, 천지가 혼합되어 있던 것을 개벽시킨 능력과 연관되는 존재다. 삼형제는 동해바다의 쇠철이(대장장이) 아들을 불러와 여러 기구를 만들었다고 하니, 쇠를 다루는 철기문명의 주역이기도 하다. 신라의 탈해는 숯과 숫돌을 감추었다가 호공의 집을 빼앗고 나중에 왕이 되는데, 그도 대장장이 ‐ 쇠를 다루는 능력을 지닌 자다.

삼형제가 중의 자식이어서 과거에 낙방했다는 내용은 후에 덧붙여진 것이니, 과거제도란 유교가 들어온 후의 것이고, 스님이란 불교가 들어온 후의 것임에서 잘 알 수 있다. 애초에는 삼형제보다 큰 권력을 지닌 방해꾼들에 의해 시련을 당하다가, 온갖 역경을 극복하고 투쟁에서 승리한다는 영웅의 이야기였을 것이다. <초공본풀이>는 기이하게 탄생한 자가 탁월한 능력을 보이고 기존의 세력을 제압하여 승리자가 되는 영웅의 일생이다.

4) 어머니 'ᄌ치명왕아기씨'의 능력

아기씨가 집에서 쫓겨나 방랑하다가 자기를 임신시킨 주접선생을 만나게 되는 대목에서 우리는 즐거운 해후를 기대했다. 그러나 주접선생은 아기씨에게 세 동이의 벼를 까라는 시련을 준다. 아기씨가 손톱으로 껍질을 까다가 힘이 들어 잠깐 잠이 들었을 때 새들이 날아와 모든 벼의 껍질을 까주고 간다. 이 모습을 본 주접선생이 아기씨를 인정하게 된다.

우리는 여기서 콩쥐팥쥐와 신데렐라 이야기를 만난다. 의붓어미는 콩쥐가 왕실의 파티에 참석하지 못하도록 벼의 껍질을 까는 일을 부과하였는데, 참새들이 날아와 모두 해결해주었다는 이야기다. 서양에서는 요정의 도움이고 우리나라에서는 선녀의 도움이 있다. 하늘의 은혜를 입는 주인공은 왕비가 되거나 신격이 된다. 하늘의 권능과 여주인공의 능력이 닿아 있다. <초공본풀이>의 아기씨는 곡식을 먹을 수 있도록 해주는 곡모신의 모습이 아닐까. 앞에서 살핀 주몽의 어머니 유화는 아들에게 오곡의 종자를 보내는 곡모로서의 능력을 갖는데, 삼형제의 어머니인 아기씨는 유화의 권능과 대비된다. <제석본풀이>에서 당금애기는 아이의 탄생을 주재하는 삼신이 되었듯이, <초공본풀이>의 아기씨는 곡식과 연관되는 생산신의 모습을 애초에 지녔는데, 후에 어머니의 역할은 축소되고 삼형제 무조신의 능력만이 남게 되었던 것으로 보인다. 제주에는 아이의 탄생을 주재하는 <생불할망>이 이미 있기 때문에 <초공본풀이>의 아기씨는 직업을 잃어 버린 것 같다.

이공본풀이

1) 내용

옛날에 가난한 짐진국 대감과 부자인 원진국 대감이 한 마을에 살았는데 늦도록 자식이 없자 불공을 드려, 짐진국은 아들을 얻고 원진국은 딸을 얻었다. 짐진국의 아들 사라도령과 원진국의 딸 월광암이는 어린 아이 시절에 이미 배필을 맺어, 15세가 된 후에 부부가 되었다. 이후 사라도령이 서천꽃밭에 꽃감관을 살러가게 되었는데, 월광암이는 임신을 한 처지인데도 사라도령을 따라가겠다고 나선다. 하지만 길을 가다가 배가 너무 무거운 월광암이는 제인장제(천연장제 만연장제)의 집에 종으로 팔아두고, 사라도령만 서천꽃밭으로 향하게 된다. 제인장제 집에 남은 월광암이는 아들을 낳고, 사라도령의 말에 따라 할락궁이로 이름을 짓는다. 이후 끊임없이 잠자리를 요구하는 제인장제의 탐욕을 기지로 넘겼지만, 월광암이와 할락궁이에 부과되는 노역은 힘겨운 지경이었다.

성장한 할락궁이는 어머니에게 아버지의 존재를 묻고 아버지를 찾아간다. 제인장제집의 개 천리둥이와 만리둥이가 쫓아오는 것을 짜디 짠 범벅을 던져 모면하고 서천꽃밭에 다다른다. 할락궁이는 아버지 사라도령을 만나고, 함께 피를 내서 합하여지는 모양과 본메본짱인 은토시를 보고 부자 사이임을 확인한다. 사라도령은 아들에게 월광암이가 제인장제에게 죽임을 당한 것을 말하고, 이에 할락궁이는 아버지로부터 서천꽃밭의 꽃을 얻는다. 집에 돌아간 할락궁이는 '웃음 웃을 꽃'과 '싸움 싸울 꽃', '씨멸족할 꽃'을 뿌려 제인장제의 일가친척을 죽인다. 이후에 제인장제의 셋째딸이 일러준 곳에서 어머니 시신을 수습하여 '환생꽃'을 뿌리니 어머니가 되살아나게 된다. 할락궁이는 어머니를 서천꽃밭으로 들어가게 하고, 자신은 꽃감관이 된다.

2) 서천꽃밭

서천꽃밭은 다른 본풀이에도 여러 번 등장한다. 탄생을 주재하는 꽃도 있고 죽음으로 몰아가는 꽃도 있고, 죽은 이를 살리는 꽃도 있다. 억울하게 죽은 사람을 살릴 수도 있고 악한 이를 죽일 수도 있는 꽃은 자연의 생명력으로 인간의 생명을 좌우할 수 있다는 생각이고, 우주와 자연과 인간의 운명이 결합되어 있다는 사유의 반영이다. 천상과 지상의 중간 쯤(석해산 같은 곳)에, 혹은 강을 몇 번 건넌 수평적 공간에 서천꽃밭이 있다. 하늘에서 정한 운명과 염왕이 정한 운명에 순종하지 않고, 죽은 이를 살릴 수 있고 악인을 징벌하여 죽일 수도 있는 도구가 서천꽃밭의 환생꽃과 멸망꽃이다. 제주 신화의 서천꽃밭은 생사의 운명을 극복하려는 소박한 운명 창조 의지라 하겠다. 서천꽃밭은 죽음에 대한 극복의지이고, 그들이 살고 있는 세상과 그것을 넘어선 세상에 대한 이미지의 투영이다. 그곳은 지상의 생명원리와 관련되는 장소로서, 지상에서 가까운 곳에 있다. 강을 건너면 되기도 하고, 거기를 지키는 꽃감관의 허락을 받으면 환생꽃을 가져와 죽은 어머니를 살리고, 죽은 남편을 살릴 수 있다. 수평적 '저기'일 수도 있고, 하늘과 땅의 중간일 수도 있다.

3) 할락궁이와 고구려 유리왕

할락궁이는 아버지 없이 태어나 홀어머니 밑에서 자라고, 제인장제의 핍박 속에서 집을 떠나 아버지를 찾아 나선다. 아버지가 남겨 준 신표를 가지고 가서 맞춰보거나, 피를 내서 합하는 것으로 부자간을 확인한다. 그리고 아들임을 인정받은 후 아버지의 대를 이어 서천꽃밭의 꽃감관이 된다.

고구려 주몽의 아들 유리왕의 일대기도 매우 유사하다. 유리는 아버지 주몽이 부여로부터 남하하여 고구려를 건국하러 떠난 상황에서, 홀어머니 예씨부인에게서 태어난다. (주몽도 그랬다. 하늘에서 내려온 해모수가 유화부인을 잉태시키고 떠난 상황에서 태어나, 홀어머니 밑에서 자라고 의붓아버지인 금와왕의 핍박 속에서 살해의 위협을 느끼고 집을 떠나 새로운 세상을 건설하게 된다.) 유리는 아버지가 남겨 준 신표(단검 반쪽)를 가지고 가서 맞춰보고, 피를 내서 합하는 것으로 부자간을 확인한다. 그리고 아버지 주몽의 대를 이어 고구려의 왕이 된다. 할락궁이의 일대기는 고구려 유리왕의 성장기와 거의 흡사하다. 할락궁이 이야기 유형이 떠돌다가 유리왕 신화를 낳았고, <안락국태자전>과 같은 고전소설로 바뀌기도 하였다. 이야기의 원형이 제주에 남겨 있다는 의의를 살피면, 본풀이가 얼마나 중요한 이야기인지를 가늠할 수 있을 것이다.

4) 꽃과 사랑

말 한마디에 천량 빚을 갚는다고 했는데, 꽃 한송이에 무량의 미움과 반목을 씻을 수 있다는 것을 생각하면, 인생이 그리 어려운 것은 아니다. 꽃 한송이에 실어 보내는 겸허함과 염치와 용서, 그리고 사랑이 있다면 인생은 아름다울 수 있고 행복할 수 있다. 꽃 한송이로 큰 사랑을 성취한 일이 동서양에 두루 흔한 일 아니던가. 이름을 불러 주지 않아도 꽃은 무한한 생명의 에너지다. 제인장제처럼 월광암이의 인생을 억압하고 남의 인생을 손아귀에 쥐려 한다면, 역으로 꽃 한송이의 힘에 의해 멸망할 수도 있는 것이 인생이다. 살리는 힘은 죽이는 힘이 될 수도 있다.

삼공본풀이

1) 내용

간이영성은 윗마을에 살았고 홍문수천은 아랫마을에 살던 거지였는데, 부부가 되어 함께 구걸로 연명하였다. 얼마 후 태기가 있어 첫째 딸아이를 낳았다. 마을 사람들이 은그릇에 밥을 주어 먹인 것으로 인해 '은장아기'라 부르게 되었다. 둘째 딸아이가 태어나자 동네 사람들이 놋그릇에 밥을 해 먹이니, 이로 인해 '놋장아기'라 불렀다. 셋째 딸이 태어나 나무바가지에 밥을 해다 먹이니, 이로 인해 '가믄장아기'라 부르게 되었다. 세 딸이 태어나고 이상하게 운이 틔어 거지 부부는 부자가 되었다. 세월이 흘러 딸들도 성장하니, 하루는 부부가 심심하여 딸들을 불러 누구 덕에 먹고 사는지 물었다. 큰딸과 둘째 딸은 하늘과 땅의 덕, 부모의 덕으로 산다고 대답했다. 하지만 셋째는 하늘과 땅의 덕, 부모의 덕도 있지만 '내 배꼽 아래 음부' 덕으로 먹고 산다고 대답한다. 부모는 화가 나 셋째 딸을 내쫓고, 얼마 후 걱정이 되어 나가보려다 눈이 벽에 부딪혀 둘 다 봉사가 되었다.

한편 집을 나간 가믄장아기는 밤이 되어 한 초가에 기숙하게 되었는데, 마를 캐서 들어온 마퉁이 삼형제를 만나게 된다. 첫째와 둘째는 마를 삶아 대가리와 꼬리를 부모와 손님에게 주지만, 셋째는 살이 많은 복판을 손님인 가믄장아기에게 주었다. 가믄장아기는 셋째가 쓸 만한 사람임을 깨닫고 그와 연분을 맺게 된다. 가믄장아기와 셋째 마퉁이는 마를 파던 곳에 가서 금덩이를 발견하고 부자가 되었다. 살림이 좋아지면서 가믄장아기는 부모 생각을 간절히 하게 되었다. 이에 부모가 거지가 되어 방랑하고 있을 것이라 여겨 거지 잔치를 열었고, 결국 백 일이 되는 날에 부모를 만나게 된다. 가믄장아기가 자신이 쫓겨났던 딸임을 밝히자 부모는 깜짝 놀라 받아들고 있던 술잔을 떨어트리는 순간 눈이 번쩍 뜨이고, 딸의 배려로 여생을 편안히 살게 되었다고 한다.

2) 전상(前生)신

삼공본풀이는 삼공맞이(전상놀이)와 연관된다. 전상이란 전생(前生)에서 왔을 것 같은데, 그 의미는 다르게 쓰인다. 전상은 술을 많이 먹거나 도박과 도둑질을 하여 가산을 탕진하는 행위와 마음가짐을 뜻하고, 한편으로는 이런 행위나 마음가짐을 나쁜 전상이라고도 한다. 삼공신은 이런 '전상'을 차지한 신이다. 이런 점을 미루어 볼 때 '전상'은 전생인연의 뜻인 듯하고, 따라서 '삼공'은 전생인연을 차지하고 있는 신인 듯하다고 현용준 선생은 추정한다. 전상놀이에서는 거지 잔치 장면과 눈 뜨는 장면이 주가 된다. 그 다음 가믄장아기 부모는 동네 사람들을 막대기로 때리며 인정(돈)을 받으며 다닌 후 비를 들고 다니며 '사록'(나쁜 기운)을 풀어낸다. 악한 사록을 내몰고 좋은 사록을 불러들이는데 '사록'은 나쁜 기운이란 의미에 머무르지 않고, 인연과 운명을 지칭하는 '전상'과 같은 면이 있다. 좋은 사록이 집안으로 들어오도록 하고 모질고 악한 사록을 쫓아버리면 천하 거부가 된단다. 삼공신은 나쁜 인연을 털어내고 좋은 인연을 만들어주는 신, 행운의 신이다.

3) 백제의 〈서동설화〉

삼공본풀이의 앞부분은 가믄장아기의 부모가 거지였다가 세 딸을 얻은 후 부자가 되었지만, 가믄장아기를 쫓아낸 후 다시 거지가 되고 봉사가 되는 이야기다. 중간 부분은 가믄장아기가 마퉁이(마를 캐는 아이)를 만나 금을 발견하고 부자가 되는 이야기인데, 선화공주가 마퉁이(서동)를 만나 금을 발견하고 부자가 되는 〈서동설화〉와 매우 비슷하다. 삼공본풀이에 서는 가믄장아기(여자)가 적극적으로 마퉁이를 자기 남편으로 만드는데, 서동설화에서는 마퉁이(남자)가 적극적으로(혹은 트릭으로) 선화공주를 자 기 아내로 만든다. "선화공주님은 남 몰래 사랑하고 서동을 밤에 안고 가 다."라는 노래로 선화공주를 얻게 된다. 아이들에게 마를 나누어주고 헛소 문을 퍼트려 공주를 아내로 삼는 서동설화의 마퉁이는 똑똑하고 기지가 넘쳐난다. 삼공본풀이의 마퉁이는 부모를 잘 섬기는 착한 아이고 기회를 잘 포착하는 영리한 아이다. 허나 바보처럼 금인지 똥인지 모르는 점은 두 이야기에서 같다. 마퉁이는 영리한 바보이고 똑똑바보다. 서동설화에서 마퉁이는 금을 진평왕에게 보내 사위로 인정받고 나중에 백제의 무왕이 된다. 남성 중심의 이야기다. 그러나 삼공본풀이는 여성 중심 이야기다. 제주에는 여성이 소외되지 않고 운명의 주인공인 경우가 많다. 제주는 남 녀가 평등한 섬이다.

4) 〈심청전〉

삼공본풀이의 후반부는 거지 잔치 혹은 맹인 잔치로 부모를 다시 만나고 부모가 눈 뜨는 이야기인데, 우리가 잘 아는 〈심청전〉과 흡사하다. 왜 이렇게 소설 속 이야기가 제주에서는 인연을 관장하는 신의 이야기(신화) 로 전할까. 제주의 삼공본풀이는 무가(무당의 노래)이고 고대로부터 오래도록 전해져 온 신들의 이야기니, 이것이 육지에 올라가 소설을 만드는 구실을 한 것일까. 아니면 육지의 소설이 제주에 전해지고, 여기에 신성한 힘이 덧보태져 신화가 된 것일까. 잘 모르겠다. 애초 '눈을 뜨게 하는 신비한 이야기'가 효성 깊은 심청의 정성으로 맹인 부모가 눈을 뜨는 이야기로 바뀌었고, 그 신비한 이야기에 신성한 힘이 덧보태져 인연을 관장하는 신의 이야기(신화)로 재탄생하였다고 보면 좋겠다. 앞이 보이지 않던 상황에서 눈이 떠 개명천지(開明天地)가 되었다는 것은 이전에 살던 답답한 인생을 청산하고 밝고 명랑한 삶이 새로 시작되었다는 의미다. 새로운 운명이 펼쳐지는 내력은 신비하고 신성한 힘의 신인 가믄장아기에서 비롯된다. 제주에는 답답한 인생을 떨쳐내고 새로운 인생을 살게 만드는 신이 있어 행복하다.

우리 인생은 전생의 인연에 지배되기도 하지만 과거 인연의 사슬을 끊고 새로운 인연을 만들 수도 있는 셈이다. '시절 인연'을 바꿀 수 있는 것이 인간이다. 국화 씨앗에서 나팔꽃이 피게 할 수는 없지만, 가을에 피는 꽃을 봄에 피게 할 수 있는 것이 인간의 힘이다. 나쁜 전상을 버리고 좋은 전상을 만나 보자. 스스로 노력하면 얻어진다. 전상신이 있다는 것은 스스로 운명을 개척할 수 있는 가능성이 열려 있다는 증거다.

지장본풀이

1) 내용

옛날 남산과 여산이 자식이 없어서 탄복을 하다가 절에 불공을 드려 지장의 아기씨가 태어났다. 하지만 아직 어린 나이에 부모가 모두 죽는다. 그러자 외삼춘 집으로 수양을 가게 되고 가난한 생활을 하다가 집을 나오게 된다. 하늘과 땅, 새들의 도움을 받아 살다가 15세가 되니 착하다는 소문이 나서 서수왕에서 청혼이 와 혼인을 하여 아들을 낳았다. 그러나 18세 되던 해부터 시부모와 가족들이 모두 죽었다. 신세를 한탄한 지장의 아기씨는 시누이의 핍박을 견디던 생활을 하던 가운데, 지나가던 중(僧)에게 자신의 사주팔자를 묻는다. 중은 전새남굿·후새남굿을 하라고 하였고, 지장의 아기씨는 그 말에 따라 굿을 하게 되었다. 신에게 바칠 '드리'와 시루떡 등 갖가지 제물을 준비하고 정성스레 굿을 하였다. 지장의 아기씨는 좋은 일을 하였기 때문에 이후에 서천꽃밭에 통부체 몸으로 환생을 하였다.

2) 죽음과 죽임, 연민과 증오

다섯 살에 어머니가, 여섯 살에 아버지가, 일곱 살에 할머니가, 여덟 살에 할아버지가 죽는 비극을 경험한 지장 아기씨는 외삼촌 밑에서 성장하여 시집을 가게 된다. 허나 열여덟 살에 시아버지가 죽고, 열아홉 살에 시어머니가 죽고, 스무 살에 남편과 자식이 연달아 죽는다. 우연히 그들이 죽게 되었다면 지장아기씨는 연민의 대상이 될 것이요, 재수 없는 여인에 의해 필연적으로 일어난 일이라면 지장아기씨는 증오의 대상이 될 것이다. 우연이라고 하기엔 너무할 정도로 가족이 씨몰살한다. 이런 비극 앞에서 지장아기씨는 쫓아낼 대상이다. 그런데 왜 지장아기씨가 신으로 숭앙되는가.

3) 새드림

지장아기씨는 자신도 모르는 새에 벌어진 운명에 난감해한다. 그러다가 전새남굿과 후새남굿을 하며 억울하게 죽은 영혼을 달래는 굿을 한다. 정성스럽게 옷을 준비하고 떡을 준비하여 제를 올린다. 명주로 신 길을 마련하여 신 맞이를 하고, 음식을 올려 신 맞이를 한다. 오죽하면 이 지장본풀이를 시루떡을 찌는 과정의 노래라고 할 정도로 떡 찌는 과정이 상세하고 그만큼 정성이 내비친다. 그래서 새(邪氣)를 쫓아낼 수 있게 된다. 쫓겨날 대상이 쫓아낼 주체가 되는 것이 고대 신화의 보편적 특성이다.

　이 이야기는 불교를 덧칠하게 된다. 기구한 팔자의 지장아기씨는 머리를 깎고 송낙을 쓰고 장삼을 입고 목탁을 들고 쌀 시주를 받는 승려가 된다. 그리고 시주를 받아 정성스런 제를 드려 억울하게 죽은 혼령을 달래게 된다. 그리고 죽음의 공간, 지하의 공간을 주재하는 지장보살이 되어 죽은 혼령들을 저승으로 잘 천도하는 역할을 한다. 애초에는 식구를 죽음에 몰아넣는 팔자로 태어났지만, 불교적 정화를 거쳐 죽은 영혼을 구제하는 신격으로 승화되었다.

4) 죽음을 직시함

　지장아기씨는 백정들의 수호조상신으로 모셔진다. 백정의 삶 주변에는 무수한 동물의 죽음이 있고 그 죽음을 달래는 일도 만만치 않으리라. 큰굿 시왕맞이에서 강림차사, 멩감, 지장본 이후에 삼천군병(군졸)지사귐이 행해지는데, 삼천 군병은 전란에 죽은 군병이다. 죽은 영혼을 달래는 이 제차가 저승사자본과 지장본과 함께 있다는 것을 보더라도 지장본의 성격이 가늠된다.

　죽음은 어디에서나 있는 것이고, 운명의 반전은 어디에건 있는 것이다. 지장아기씨는 죽음의 원인이면서 치유의 주체이기도 하다. 전후의 반전이 극심하여 그 본풀이의 핵심이 무엇인지 아직도 혼동되는 게 사실이다. 지장본풀이는 죽음을 직시하게 만든다.

멩감본풀이

1) 내용

　옛날 스만이가 살고 있었는데 어렸을 때 부모를 여의고 거지처럼 가난하게 살았다. 스만이는 성장하여 혼인을 하게 되었고, 자식은 늘어나건만 살림살이는 어려웠다. 스만이의 아내는 머리카락을 잘라 주면서 자식들을 먹일 쌀이나 사오라고 남편에게 권한다. 하지만 스만이는 장에 가서 쌀 대신 조총(鳥銃)을 사서 '먹고 살아갈 도리'를 구한다. 스만이는 총을 메고 사냥에 나섰지만 허탕을 치자 집에 올 수가 없어 계속 돌아다니다가 굴 속에 들어가 몸을 쉬게 된다. 거기서 스만이는 잠결에 백년 해골이 자신을 부르는 소리를 듣게 된다. 백년 해골은 자신을 모셔 주면 부자로 만들어 주겠다고 하였고, 이에 스만이는 해골을 수습하여 자신의 집에 조상으로 모시게 된다. 그후부터 사냥을 나가기만 하면 갖가지 짐승의 사냥에 성공해 순식간에 부자가 되었다.

한편 저승에서 염라왕이 저승문을 열고 영혼들이 자손에게서 명절을 받아먹고 오게 하였는데, 스만이 부모 조상만 얻어먹으러 내려가지 못하였다. 염라왕이 이유를 묻자 그 부모 조상은 스만이가 자신들은 제쳐두고 백년 해골만 위한다고 대답하였다. 이를 괘씸히 여긴 염라왕이 스만이의 정명을 확인하고 삼차사를 보내어 잡아오게 한다. 그러나 이를 감지한 백년 해골이 스만이에게 삼차사를 대접하는 법 등 피할 방도를 알려준다. 스만이는 음식을 차려 차사를 잘 대접하고 부인에게는 시왕맞이를 하게 하여 저승으로 잡혀 갈 위기를 모면하게 한다. 뜻하지 않게 스만이에게 얻어 먹은 삼차사는 할 수 없이 저승 문서를 위조해 스만이의 정명을 삼천 년으로 바꾸어놓는다. 스만이의 정명이 삼십(三十)이었는데 거기에 한 획을 그어 삼천(三千)으로 바꾸어 놓은 것으로, 스만이는 해골 조상의 덕에 액을 막고 삼천 년을 살게 되었다고 한다. 한편 삼차사는 스만이 대신 동박섹이 삼천년을 저승으로 데리고 간다.

2) 명감(命監) 또는 명관(冥官), 그리고 산신(山神)멩감

멩감본풀이는 신과세제(新過歲祭)와 큰굿의 시왕맞이 때 불리는데, 풍요를 기원하는 의미와 죽을 액운을 물리치는 의미를 지닌다. 30세로 정해진 운명을 타고난 소만이는 차사(저승사자)에게 잡혀갈 처지였는데 차사를 잘 대접해서 죽을 운명을 벗어났다. 여기서 맹감은 '목숨을 살피는' 직위의 명감(命監)일 수도 있고 저승세계에서 인간을 잡으러 온 관리인 명관(冥官)일 수도 있다. 젊은 나이에 죽어야 할 운명을 잘 극복한 이 본풀이는, 운명을 관장하는 신을 잘 위해서 액을 막았다는 이야기로 볼 수도 있다. 집안에서 사람이 죽는 액(厄)을 막는 데 <시왕맞이>를 하는 이유가 여기 있다. 또한 '멩감코스'와 결부시킬 수도 있다. 멩감고사는 생업의 풍요를 비는 신년제로, 농신인 세경이나 수렵신인 산신을 청해 농사와 수렵이 잘 되도록 기원하는 것이기 때문에, <세경본풀이>와 함께 <멩감본풀이>가 불린다. 특히 산신을 청해 사냥이 잘 되기를 비는 의례를 '산신멩감고사'라고 하는데, 이때의 맹감은 수렵의 풍요신이다. 위의 이야기에서 해골 조상이 사냥이 잘 되도록 도와주었다고 하니 그가 바로 '산신멩감'이다.

3) 백골(白骨)을 조상신으로

소만이는 사냥을 하다가 백년 해골과 결연을 맺고 집으로 가져와 고방에 모셔 조상님이라 위했으며 그 결과 큰 부자가 되었다. 길 위에 구르는 해골을 잘 위해서 부자가 되었다는 말을 곱씹을 필요가 있다. 특히 사냥꾼은 사냥감을 잡아먹은 후, 동물의 뼈를 살아 있던 모습으로 맞추어 거기에 가죽을 씌우고 동물의 넋을 달래기도 하고 재생을 기원하기도 하던 의례가 있었는데, 이 관례에 비추어 본다면 해골을 모시는 행위는 사냥을 업으로 삼는 이들에게 매우 보편적이었을 것이다.

여타의 이야기에서도 해골을 잘 장사지내 주었다가 발복했다는 경우도 있다. 무덤을 쓸 수 없던 주인 없는 해골을 위해 정성을 들였다면 복을 받을 만하다. 조상신을 잘 모셔서 복을 받았다는 이야기는 많다. 여기 소만이는 남의 해골을 조상처럼 잘 위해서 복을 받았다. 장독대 위에 정안수를 떠 놓고 자식의 건강과 행운을 위해 비는 어머니의 손길마냥 따듯하다. 길 위에 구르는 돌 하나, 집 뒤의 나무 하나에도 정성을 쏟으면 복을 받을 것이다. 다른 사람을 위해 정성으로 비는 일도 또한 그러하리라.

어린 나이에 고아가 된 스만이로서는 딱히 모실 조상이 없었을 것이고 기댈 곳도 없었을 것이다. 그래서 백골을 조상신으로 모시고 부자가 되었다. 한편 부모 조상을 공경하지 않고 백골 조상만 위하였기 때문에, 저승사자가 스만이를 잡으러 오게 되었다고도 한다. 조상신에게 잘 대접하지 않으면 자손이 해를 입을 수도 있다는 것을 보여주는 사례일 것이다. 우선 조상부터 잘 모시라는 충고로 들으면 족하리라. 조상신 숭배란 우선 혈연 조상을 모시는 것이고, 모실 만한 존재가 없으면 밖에서 모셔 들이는 것이 이곳의 법도다. 제주의 <조상신본풀이>에서는 혈연조상이건 아니건 함께 조상신으로 모셔진다. 조상신은 집안 수호신이고 직업 수호신이기도 하다.

4) 먹고 살아갈 도리

스만이는 가난에 찌들어 자식들을 먹여 살릴 도리가 막막했다. 아내는 머리카락을 끊어 자식을 먹일 양식이라도 사 가지고 오라고 남편에게 당부하였는데, 양식 대신에 총을 구해온다. 잠시 먹어치우면 사라질 양식 대신 '먹고 살아갈 도리'를 선택을 한 것이다. 눈앞의 이익보다 먼 미래를 내다보는 선택이 중요함을 일깨우는 것은 아닐까.

머리카락을 팔아 얻은 석 냥으로 집을 사거나 밭을 살 수 없으니 사냥에 나선 것이다. 농경은 안정적인 삶이긴 하지만 밑천 없는 사람들에겐 그림의 떡이다. 막노동 같은 힘든 일에 뛰어드는 것은 우리 시대의 서민이나 스만이나 마찬가지다. 스만이는 서민의 다른 이름이다. 그러나 누구도 거들떠보지 않는 백골을 모시는 한바탕 굿으로 부자가 되었으니, 그는 샤먼(shaman)의 다른 이름이기도 하다. 스만이의 처는 저승사자를 대접하기 위해 많은 제물을 준비하고 시왕맞이를 하여 액을 막았다. 큰 정성으로 살면 부자도 되고, 사람이 죽어갈 액을 막기도 한다는 의미로 읽힌다.

세경본풀이

1) 내용

옛날 짐진국 대감 부부가 부자로 잘 살아도 자식이 없어 탄식하는 날을 보내다가, 절에 시주를 하고 불공을 드리면 자식이 있을 것이라는 말에 정성을 기울였다. 그러나 시주가 백 근에서 한 근이 모자라 딸을 얻게 되고 '자청비'라 이름 지었다. 자청비의 나이 15세에 빨래를 하러 나갔다가, 거무선생에게 글공부 하러 가는 하늘의 문도령에게 반하여 남장을 하고 함께 글공부하러 떠나게 된다. 둘이 한 방에서 보냈지만 문도령은 자청비가 여자인 줄 모른 채 3년을 보낸다. 서당을 나오면서 비로소 자신이 여자임을 고백하고 문도령과 남녀의 정을 나눈 뒤 재회를 약속하고 헤어진다.

약속한 기한 내에 소식이 없자 초조해진 자청비는 굴미굴산에 문도령이 내려와 놀이를 벌인다는 정수냄이의 말에 유혹되어 산에 올랐다가 봉변을 당하고 결국 정수냄이를 죽인다. 집에 돌아와 부모에게 종을 죽였다는 질책을 듣고 서천꽃밭에 가서 환생꽃을 얻어 정수냄이을 살리지만, 사람을 죽였다 살렸다 한다고 꾸중을 듣고 쫓겨나게 된다. 길을 가다 주모 할머니를 만나 수양딸이 되어 베 짜는 일을 돕는다. 그들이 만드는 비단옷은 하늘 문도령이 서수왕 따님에게 장가드는 데에 쓸 폐백이었다. 문도령은 자청비가 짠 비단임을 알고 자청비를 만나러 인간세계에 내려온다. 하지만 자청비가 문도령의 손가락을 찔러 피를 내는 바람에 문도령은 떠나고, 방정맞은 짓을 했다고 하여 자청비는 다시 주모 할머니 집에서 쫓겨나게 된다. 자청비는 다시 방랑하다가 하늘 옥황 궁녀를 만나 그들과 하늘에 올라가 꿈에 그리던 문도령을 만나 회포를 푼다. 그리고 자청비는 문도령

과의 혼사를 인정받기 위해 문도령의 부모가 내건 시험을 무사히 통과하여
며느리로 인정받는다. 하지만 문도령과의 혼인이 파기되어 실망한 서수왕
따님아기는 죽어 새 몸으로 환생한다.

한편 강남천자국에 큰 변란이 일어나자, 자청비가 나서서 난을 수습한
다. 또 나쁜 무리들의 꾀임에 빠져 문도령이 죽자 서천꽃밭의 도환생꽃으
로 남편을 살린다. 이후에 자청비는 문도령에게 자신과 보름을 살고, 또
서천꽃밭의 따님아기와도 각각 보름씩 살라고 하였다. 그런데 문도령은
서천꽃밭에서 잘 대접받고 살다보니 자청비를 깜박 잊어버렸고, 뒤늦게
깨달아 부랴부랴 달려왔지만 자청비는 신세를 한탄하며 인간세상에 내려
간다. 인간세상에 내려와 오곡의 씨앗을 가지고 농사를 잘 되게 해 주는
신으로 들어선다.

2) 세경신

이 이야기의 주인공은 분명 자청비다. 그녀야말로 곡식의 신이고 풍요의
신이다. 서천꽃밭을 수시로 드나들며 환생꽃으로 죽은 자를 살리고, 무질
서한 변란을 멸망꽃으로 해결하는 생명의 신이고 조화의 신이다. 문도령은
아무 역할을 하지 않았는데도 왜 세경신으로 좌정하는가. 농사가 하늘의
자연적 기후에 따라 좌우되기 때문에, 문도령은 하늘의 존재로 자연운행의
상위질서를 상징하고, 자청비는 땅의 존재로 하늘의 조화에 따라 적절히
대응하는 자연의 힘을 상징하는 것 같다. 정수냄이는 말썽꾸러기다. 그러
나 온갖 악행을 저지르고 죽임을 당하는 정수남은 온갖 액운을 지고 버려
지는(祓除) 제웅과 닮아 있다. 정수냄이는 소도 아홉 마리 말도 아홉 마리를
먹는 대식가다. 그의 식성은 궤네깃도와 같은 거인영웅을 상징한다. 그리
고 소와 말을 키우는 일은 단순히 목축만을 의미하지만 않고 농사와 직결
된다. 제주의 뜬땅은 파종 후 밟아주어야 하는데 이때 마소의 힘이 필요하
고, 마소는 농업에 반드시 필요한 도구다. 그래서 마소를 관장하는 정수냄

이도 세경신의 하위 자리를 차지한다.

3) 오곡종자와 메밀

자청비가 오곡씨를 장만하다가 씨앗 한 가지를 잊어버린 것을 알고 다시 뒤늦게 받아온 것이 메밀씨다. 메밀은 늦게 가져와 늦게 파종하더라도 다른 곡식과 같이 가을에 거둘 수 있다고 했으니, 다른 농사가 망치면 대신 심어 흉년을 면할 수 있는 구황식품이다. 보통 농사가 망칠 것을 대비해 구원 투수를 준비해 놓은 것을 보면 자청비는 가난한 민초의 편에 서 있는 신이다. 정수냄이의 배고픔을 해결하기 위해 큰 농사를 짓는 이에게 먹을 것을 부탁하지만 거절당하자 대흉년이 들게 하고, 작은 농사를 짓는 가난한 이에게 먹을 것을 구하자 선뜻 내주는 모습을 보고 그들에게는 대풍년이 들게 해주었다. 큰 농사는 망하게, 작은 농사는 흥하게 하는 세경신은 민초들을 위한 신이다. 자청비가 오곡과 꽃으로 사람을 살린다는 것은 식물의 성장을 주재하는 지모신의 성격이다. 자청비는 자연의 생명을 주재하는 신격이다. 아울러 가난한 백성을 살리는 생명의 신이다.

4) 고전소설의 여성영웅

옛소설을 보면 늦도록 자식이 없는 부모가 부처에 지극정성으로 빌어 여성 주인공이 태어나는데, 뭔가 정성이 하나 부족하여 딸로 태어난다. 그리고 훌륭한 신랑감과 혼사가 약속되었지만 쉽게 성사되지 않는다. 숱한 장애를 극복하고 난 뒤에야 행복한 결혼이 이루어진다. 이를 혼사장애 모티프라 한다. 제주의 자청비를 보면 고전소설의 여성 주인공과 흡사하다. 조선 후기를 보면 여성 영웅소설이 대유행한다. <여장군전>에서는 부모가 기도를 드려 낳은 만득의 무남독녀 정수정이 남장을 하고 도술을 배워 전쟁에 대원수로 출장하고 큰 공을 세운다. <홍계월전>에서는 여주인공이 전란을 만나 위기에 빠진 남주인공을 구하고 천자 앞에서 뛰어난 능력을 보인 후 남장을 벗고 여자의 위치로 돌아가 당당한 승리를 취한다.
여장군이 국난을 극복하고 남편을 구하는 이야기 또한 하늘나라의 국난을
구하고 남편을 살려낸 자청비의 활약담과 비슷하다. 자청비 이야기는 조선
후기 고전소설의 영향을 받은 것 같다. 그래서 고대적 신의 모습만이 아니
라, 중세의 여성영웅의 모습이 담겨 있고, 자유분방한 결혼을 하는 모습에
는 <춘향전>과 같은 근대적 로맨스의 주인공 모습도 보인다.

체서본풀이

1) 내용

동경국 버물왕에게는 아홉 아들이 있었는데, 위로 세 형제와 아래로
세 형제 모두 열다섯 살을 넘기지 못하고 죽어 버렸다. 가운데 세 형제도
명이 짧으니, 명과 복을 잇기 위하여 법당에 들어가게 되었다. 삼형제는
절에서 불공을 드리며 살다가 하루는 부모님 생각에 집으로 돌아가기를
청하였고, 소서(小師)님은 집으로 가는 길에 과양땅을 조심하라고 일러준
다. 하지만 삼형제는 가는 도중에 배가 고픈 탓에 과양생이의 집에 들렀다
가 죽게 된다. 삼형제가 지닌 비단에 욕심을 품은 과양생이의 처는 그들에
게 술을 먹여 취하게 한 후 죽이고 재물을 차지한다. 주천강 연못에 버려진
삼형제의 시체는 꽃송이로 환생하였고, 과양생이 처의 눈에 띄어 그 집으
로 옮겨졌지만 화롯불에 버려진다. 꽃은 다시 삼색 구슬이 되고, 과양생이
처가 그 구슬을 입에 넣고 놀다가 삼켜 임신이 되고 세 아들을 낳는다.
그들은 자라나면서 학문이 뛰어나 과거에 급제하여 집으로 돌아오는데,
남의 집 자제가 과거에 급제하여 금의환향하는 줄 알고 저주를 퍼부은
어머니 때문에 다시 죽게 된다.

과양생이 처는 대성통곡하다가 억울함을 풀기 위해 고을의 김치 원님을

찾아가 하소연하고 급기야 횡포를 부리자, 원님은 이 청원을 해결하기 위해 강림을 불러들이고, 염라왕을 잡아와 염라왕으로 하여금 이 사건을 판결하게 하자는 방안을 냈다. 하는 수 없이 강림이는 식구를 하직하고, 큰부인의 도움을 받아 저승으로 향한다. 험한 길에 조왕신과 문전신의 도움으로 길을 찾은 후, 저승으로 들어가 염라왕을 포박하고 자신과 함께 인간 세상으로 내려갈 것을 요구하자 염라왕은 이에 응한다. 강림이 먼저 이승으로 돌아오고 약속한 대로 염라왕이 이승에 오게 된다. 염라왕은 과양생이 부부의 그간의 죄상을 알고 문제를 해결한 후, 그들의 사지를 찢어 빻아서 바람에 날리니 각다귀와 모기 등이 되었다고 한다. 그리고 버물왕 삼형제의 뼈를 연못에서 꺼내 환생꽃으로 모두 살려냈다. 이후에 염라왕은 영리하고 똑똑한 강림을 데려가 저승차사의 일을 맡기게 되었고, 그로부터 강림은 사람을 저승으로 데려가는 인간차사가 되었다고 한다. 한편 까마귀가 강림차사의 적베지를 대신 들고 오다 떨어뜨려 잃어버리는 바람에, 인간 세상에서 어른 아이 할 것 없이 저승으로 가는 순서가 뒤죽박죽되었다.

2) 염라대왕 혼쭐내기

인간은 정해진 운명대로 죽어 염라대왕 앞에 불려간다. 저승으로 데려가는 사자도 무섭지만 염라대왕이야 더 말해 무엇하랴. 그런데 강림이는 저승에 찾아가 염라대왕을 포박하고 혼내 주어 무릎을 꿇린다. 그 장면은 장쾌하기 이를 데 없다. 눈을 부릅뜨고 팔뚝을 걷어붙이고 우뢰 같은 소리를 지르며 염라왕 행렬을 공격하니 삼만관속과 육방하인이 도망간다. 이어 가마채를 잡아 문을 열어젖히니 "염라대왕이 두 주먹을 불끈 쥐고 앉아 벌벌 떨고 있는" 모습이었다. 이어 강림이 호통을 치자 염라왕의 손목에 수갑이 채워지고 발엔 차꼬가 끼워지고 몸에는 밧줄이 감겼다. 염왕이 밧줄을 늦추어달라고 사정을 하는 장면까지 연출된다.

강림도령은 인간의 죽음을 관장하는 염라대왕을 하수인 다루듯이 하고 좀처럼 주눅 들지 않는 모습이다. 그렇게 해서 인간을 죽게 만드는 저승신에게 통쾌한 복수를 하고 죽음조차 거부한다. 운명의 굴레를 씌우는 신과 신앙을 거부하고 비판한다. 열세에 놓인 인간이 신을 거부하고 저승세계를 관장하는 왕을 조롱하고 있다. 삼만 관속과 육방 하인을 데리고 다니는 지하의 왕뿐만 아니라 지상의 왕까지도 조롱을 하고 무릎을 꿇리는 자유분방함이 느껴진다. 그러나 더 이상 운명을 거부하지는 못한다. 강림은 염라대왕을 따라가 그 밑에서 저승사자의 일을 하게 된다. 중세의 굴레는 쉽게 풀어버릴 수 없는 상황이었고, 그래서 왕이 다스리는 세상을 극복하지는 못하고 만다. 아직 신의 세계와 왕이 다스리는 세계를 뒤집을 전망이 부재한 시대였으리라.

3) 장례의 법도, 인간의 법도

채서본풀이에는 인간이 죽을 때 장례지내는 법이 다양하게 제시된다. 붉은 종이에 흰 글자를 쓰는 명정법(銘旌法), 수의를 준비하는 법, 삼혼(三魂)을 부르는 법, 밧줄로 결박하여 행상 가는 법, 성복·일포·삼우제·삭망제·소기·대기·기일의 제사법 등이다. 이 본풀이를 통해 자연스럽게 장례의 절차와 법도를 익히게 하는 교훈적인 의도도 있다.

그런데 우리를 깨닫게 하는 중요한 법이 들어 있다. '남의 음식 공으로 먹으면 목 걸리는 법'이 그것이다. 버물왕 삼형제가 과양생이 처에게 찬밥을 얻어먹고 비단으로 보답할 때 이 말을 한다. 저승의 이원차사가 강림에게 떡을 얻어먹고 저승 가는 길과 염라대왕을 만나는 방법을 일러주는 대목에서도 이 말을 한다. 그럴 만한 연유가 있으면 정당하게 보답하여야 한다. 떡을 뇌물로 주고 저승 가는 길을 알아낸 강림에게는 참으로 이원사자가 고맙다. 하지만 저승의 차사인 이원사자는 연유 없이 떡을 얻어먹고는 자신의 상관인 염라대왕을 팔아넘기고 만다. 준다고 그냥 받아먹으면 이렇게 코가 꿴다. 선의이건 호의이건 주는 것을 가려서 받아야 한다. 주는 자는 늘 기대하는 바가 있는 법이다. 떡값은 그때나 지금이나 문제다. 이렇게 본풀이는 신의 세계를 이야기하지만, 문맥 깊숙이 인간의 세계에서 지녀야 할 삶의 법도를 일러주기도 한다. 그래서 신화는 인간들의 이야기다.

칠성본풀이

1) 내용

장설룡 송설룡 부부가 천하 거부로 살지만 늦도록 자식이 없어 절에 가 자식을 빌고는 딸을 낳아 칠성아기라고 이름을 지었다. 이 아기씨가 장성하자 부모는 벼슬살이를 가게 되었고, 하녀인 늦인덕정하님에게 궁 안에서 키우고 있으라고 부탁한다. 하지만 칠성아기는 몰래 부모의 전송을 나갔다가 길을 잃어 띠밭에서 헤매게 되었다. 칠성아기가 사라진 것을 뒤늦게 알게 된 하녀는 아기씨의 부모에게 빨리 돌아오라고 편지를 보낸다. 한편 칠성아기가 띠밭을 헤매고 있을 때, 지나가던 소서(小師)가 아기씨의 상가마를 세 번 쓸어서 포태를 준다. 칠성아기의 부모는 나중에 아기씨를 찾아냈는데, 아기씨는 뱀의 몸을 하고 배 속에도 뱀 여섯 마리가 들어 있었다. 부모는 양반 집에 큰일이 났다고 여겨 아기씨를 무쇠함에 담아 바다에 버린다.

이 무쇠함은 제주에 당도해 각 마을 해안을 돌아다니며 올라오려고 하지만 가는 곳마다 내쳐지다가 결국 함덕으로 다행히 올라온다. 이때 일곱 명의 해녀가 이를 발견하고 서로 자기 것이라고 다투다가 송첨지영감의 중재 하에 무쇠함을 열게 된다. 무쇠함 속에는 아기씨와 아이들 모두 7마리의 뱀이 있었다. 일곱 해녀가 처음에는 이를 박대했다가 몸이 아파 점을 쳤더니 신을 박대했기 때문이라고 해서, 굿을 하고 칠성신을 잘 위해 큰 부자가 되었다. 그러자 함덕의 모든 해녀들이 조상으로 모시게 되었고, 이를 알게 된 함덕마을의 당신이 칠성아기에게 당장 마을을 떠날 것을 요구하였다. 칠성아기와 그 아이들은 함덕마을을 떠나 제주 성안으로 들어왔고, 송댁의 할머니가 조상으로 모셔 위하였다. 나중에 칠성아기의 제안으로 자신과 자식들이 모두 흩어져 제주도 곳곳의 장소에 칠성으로 좌정하게 되었다.

2) 풍요와 뱀

서양에서 뱀은 사악한 존재라고 한다. 우리에게도 뱀은 재수 없는 동물이란 인식이 넓다. 그러나 상반된 인식도 함께 존재한다. 그리스 · 로마신화에서 카두세우스는 두 마리의 뱀이 얽혀 있는 형상인데 이는 정신과 물질의 통일, 몸과 영혼의 통일을 나타낸다. 뱀은 허물을 벗으면 새로운 몸으로 태어나기 때문에 탄생과 죽음의 영원한 반복이라는 근원적 이미지를 갖고 있다. 체서본풀이에서 까마귀가 떨어트린 적패지를 뱀이 삼켰기 때문에 아홉 번 죽어도 열 번 되살아난다는 이야기도 뱀의 재생성을 상징한다.

그러나 뱀의 가장 두드러진 상징성은 풍요와 다산을 주재하는 여성성이다. 뱀은 지하세계와 지상세계를 오가면서 지하세계의 힘과 이미지를 실어 나르기에, 어두움과 동굴의 이미지가 여성적 속성과 관계가 깊다. 그런 어려운 측면 말고도 뱀은 용과 동일 범주로 취급되어 용사(龍蛇)신앙 – 풍농신앙과 관련된다. 용은 구름의 추상이기 때문에 비를 부르는 신격으로 농경과 밀접한데, 그 아류인 구렁이와 뱀도 같은 상징성을 획득하고 있다. 칠성본풀이의 칠성신도 뱀이고, 오공풍성을 가져다주는 신이다. 그래서 칠성신에게 고방(庫房)에 머무르며 독과 뒤주의 곡식이 가득 차기를 기원한다. 또한 칠성신은 마을사람이 자기를 위하여 제를 지내면 부자로 만들어주는 부신(富神)이다. 예전 농경사회에서야 고방에 곡식이 그득하면 부자로 사는 것이니 풍농신이 곧 부신인 셈이다.

3) 칠성신과 도교

칠성본풀이에는 '7'이란 숫자가 여러 번 겹쳐 나온다. '일곱' 명의 잠수, 뱀 자식 '일곱' 등은 '7'과 연관된 반복이다. 이런 이유로 북두칠성의 '7'을 연관시켜 칠성신이라고 한 듯하다. 북두칠성을 신격화하여 북두성군이라 하는데, 도교에서 인간의 수명을 주재하는 신이다. 문전본풀이에서도 이본에 따라서는 일곱 아들이 북두칠성이 되었다고 하는데, 이 역시 '일곱'이란 숫자와 연관된다. 호남지방에서 씻김굿이나 축원굿 중 큰굿에서 구송되고, 혹은 수명장수를 기원하는 칠석맞이에서도 구송되는 칠성풀이는 기자칠성으로 일곱 아기를 얻고 후에 이들이 칠성신이 되었다고 한다.『풍속무음』책에서 칠성단을 만들어 칠성에게 기자(祈子)하여 딸을 얻고 '칠성아기'라 이름 하였다고 하는데, 여기서는 칠성신과의 관계가 명료한 편이다.

그러나 도교적인 칠성부군과 제주도의 칠성신은 그 성격이 서로 다르다. 도교에서는 수명을 관장하는 신이고, 무속에서는 풍요와 자손의 번성을 관장하는 신으로 나타난다. 그런데 제주도 무속의 오곡풍요신인 뱀신을 왜 칠성신이라 했을까. 도교에서도 뱀신, 그중에서도 흰 뱀을 숭상하는 관습이 있고 그 신앙이 칠성신과 연관되어 후대에 영향을 끼친 것이 아닐까 생각한다.

4) 일반신, 당신, 조상신

뱀을 신으로 모시게 된 내력은 제주에 풍부하다. 칠성본풀이 이외에 토산여드렛당의 당신 본풀이가 있고, 나주 기민창 조상신본풀이도 있다. 한 집안의 조상신 혹은 마을의 신으로 모셔지던 외래신인 뱀신이 전도적(全道的)인 숭앙을 받는 일반신이 되었다. 집안의 창고에 곡식이 그득하길 비는 풍요기원 관념이 작용하여, 개인과 마을을 뛰어넘어 또 다른 풍요신인 세경신과 함께 보편신이 되었던 셈이다. 허나 세경신처럼 풍요신으로서의 위의(威儀)가 없다. 함덕 당신과 경쟁하고, 남들이 위하지 않으면 토라져서 병과 불행을 주기도 하는 통 좁은 신이다. 자기 마음에 들면 한없이 복을 주는 도깨비신과 같은 반열이라고나 할까.

문전본풀이

1) 내용

남선비와 여산국 부부는 일곱 형제를 두었는데, 집안이 가난하니 남선비는 무곡장사를 하기로 하고 배를 마련해 떠났으나 광풍을 만나 낯선 땅에 도착한다. 그곳에서 남선비는 노일저데귀일의 딸을 만나 유혹에 넘어가 장사 밑천을 모조리 탕진하고 눈까지 멀었다. 남선비는 박대를 받으면서도 노일저데귀일의 딸을 첩으로 삼아 살았다. 한편 여산국 부인은 남편의 소식이 없자, 7형제의 도움으로 배 한 척을 다시 마련해 남편을 찾으러 떠나 결국 어렵게 남편을 만나게 된다. 하지만 남선비와 함께 사는 노일저데귀일의 딸이 유인하는 대로 목욕하러 갔다가 주천강 연못에서 죽고 말았다. 노일저데귀일의 딸은 여산국 부인의 옷을 입고 여산국 부인 행세를 하며 남선비와 함께 고향으로 돌아온다.

그러나 막내아들 녹디셍인을 중심으로 일곱 형제는 자기 어머니가 아니라는 낌새를 차리고 의심하게 되니, 노일저데귀일의 딸도 눈치를 채고 일곱 아들을 없앨 흉계를 꾸몄다. 꾀병을 가장하고 남선비로 하여금 병이 나을 방도를 구해오게 하고, 자신이 변복하여 "아들 일곱의 간을 먹어야 치유된다."는 헛말을 전하니 남선비는 아들 일곱을 죽이려고 작정한다. 이에 막내아들 녹디셍인이 기지를 발휘해 형 여섯의 간 대신에 산돼지 여섯 마리의 간을 내어 노일저데귀일의 딸에게 가져다드리자 먹은 체하고 다시 녹디셍인의 간까지 요구하는 지경에 이른다. 이때 녹디셍인이 노일저데귀일의 딸의 음모를 막고 온 동네에 그 사실을 알린다. 아버지 남선비는 달아나다 정살에 걸려 죽었고, 노일저데귀일의 딸은 변소로 도망쳐 목을 매어 죽었다. 일곱 아들은 죽은 어머니를 찾아내어, 서천꽃밭의 환생꽃을 구해와 되살려내었다. 이후에 남선비와 여산국 부인, 노일저데귀일의 딸, 일곱 형제들은 각각 집안 곳곳을 관장하는 신이 되었다. 특히 녹디셍인은 일문전을 지키는 신이 되었다.

2) 시체화생(屍體化生)

여산부인의 일곱 형제가 어머니를 죽이고 자신들마저 죽이려 한 노일제대귀일의 딸에게 복수하는 장면은 우리나라 이야기에 흔치 않은 일이고 잔인하기 이를 데 없다. 말하자면 '두 다리를 찢어 드딜팡(디딤돌)으로, 대가리를 끊어 돼지먹이통으로 만들고, 머리털은 끊어 던지니 해조류가 되고, 입을 끊어 던지니 솔치가 되고, 손톱과 발톱은 굼벗으로, 배꼽은 굼벵이로, 음부는 전복으로, 육신을 빻아 날려보내니 각다귀와 모기가 되었다'고 한다.

본풀이 속에는 악인에 대한 응징의 교훈이 있고, 고대인의 지략과 지혜가 담겨 있다. 해조류나 전복 같은 해산물의 유래를 설명하는 이야기인데 그것이 사람의 시체에서 왔다는 사유다. 인간세계의 것과 자연세계의 것 중 닮은 것을 짝지어, 인간과 자연이 순환하는 관계임을 은연 중에 밝힌다. 여성의 음부와 전복을 관계 짓는 흥미담 속에 옛 사람들의 유머가 묻어난다. 시체화생신화의 대표격은 중국의 반고 신화다. 반고가 죽은 후 그의 몸에서 해와 달, 산과 강, 흙과 초목, 그리고 인간이 탄생하였다는 이야기로 창세의 내용을 담고 있다. 그런데 문전본풀이에는 그런 창세적인 화소는 없다. 창세 이야기가 화석화되어 해산물 기원 신화적 흔적을 남기고 있다.

3) 정낭과 도둑

제주의 독특한 대문 형식인 정낭은 집안에 사람이 있는지, 가까운 곳에 출타했는지, 먼 곳에 가서 한참 뒤에 돌아올 것인지를 알려주는 신호등과 같은 체계다. 이런 표식은 도둑에게 집이 비어 있으니 털어가라는 신호가 아니냐고 우려하기도 한다. 그러나 걱정 없다. 정낭을 지키는 정낭신이 있기 때문에 누군가 함부로 집안을 드나들 수 없고, 그것을 어기면 동티가 나거나 벌을 받는다고 믿고 있기 때문이다. 정낭뿐 아니라 집안을 수호하는 신들이 도처에 좌정하고 있으니 도둑과 병마가 얼씬거리지 못한다. 그래서 제주의 가옥은 신성한 구조이고, 그곳에 머무는 인간도 허튼 짓을 하지 못하고 경건하게 살아간다. 제주 가옥에서 중심은 상방의 앞문이고, 대표적 신은 역시 '문전신'이다. 육지에서는 '성주신'을 중히 여기는데, 제주에서는 대부분의 제사와 명절에 문전신을 위한 제상을 차리고 문신을 중하게 여기고 있다. 육지에는 보이지 않는 이 정낭은 필리핀, 라오스, 스리랑카에까지 분포되어 있다. 제주와 해양문화의 교류를 짐작할 수 있다. 막내 아들을 중시하는 사유는 유목문화의 잔재다. 제주에는 해양, 유목문화 복합의 흔적이 산재한다.

4) 과학과 믿음

부엌신인 조왕과 변소의 신인 측도부인은 처첩관계였기 때문에, 부엌과 변소는 마주보면 좋지 않고 멀어야 좋다고 한다. 변소의 것은 돌 하나, 나무 하나라도 부엌으로 가져오면 좋지 않다고 한다. 옛 사람들의 과학정신이라 하겠다. 부엌과 변소를 가급적 멀리 두려는 옛 사람들의 상식과 믿음이 한 덩어리가 되어 나타난다. 초식동물인 소에게 고기를 먹이고도 별 문제가 없다고 여기거나, 유전자 조작 GMO 식품이 인간에 해가 없을 것이라고 하는 현대과학의 맹신과는 분명 다르다. 현대인들은 과연 무엇을 믿고 살아야 할까. 노일제대귀일의 딸 같이 못된 짓 하면 죄 받는다고 믿고, 못된 짓 하는 사람을 귀일의 딸이라고 손가락질하면서 악행을 경계하던 과거의 일상이 훨씬 인간적이다.

양창보 심방 본풀이

◉

1. 양창보 심방 본풀이 특성

2009년 '제주칠머리당영등굿'이
유네스코가 지정하는 세계무형문화
유산에 등재되었다. 매우 기쁜 일이
지만 한편으로는 그것을 문화유산
으로 등재하여 인위적으로 보호해
야 할 만큼 소멸 위기에 처했다는 의
미여서 씁쓸하기도 하다. 곧 사라질
지도 모른다는 위기감을 책무로 삼
아, 굿의 의례와 그 속에 내장되어

양창보 심방

있는 본풀이에 대해 지속적으로 관심을 가져야 옳다. 그런 차원에서 이번
본풀이 채록 작업은 큰 의미를 지닌다.

제주의 일반신본풀이는 천지・일월・산해(山海)・생사・질병・농경・
어로・수렵・빈부 등 자연현상이나 인문현상을 차지하여 지배하는 일반적
인 신들의 내력담이다.[1] 일반신은 제주도내 전역이 같고, 그 의례방식도

---

1) 현용준, 『무속신화와 문헌신화』, 집문당, 1992, 19쪽.

같으므로 그 본풀이도 제주도내 전역에 분포한다. 일반신본풀이라고 칭하는 것은 대개 열두 본풀이로 구성된다. 제주도 전역의 심방들이 이 일반신본풀이를 알고 있지만 사설은 조금씩 다르다. 본풀이는 고정된 텍스트가 아니다. 따라서 구연을 하는 심방의 기량과 개성에 따라 다양한 형태로 펼쳐진다. 한 사람이 같은 본풀이를 여러 차례 구연하더라도 시간, 장소 등 구연상황의 영향을 받아 차이를 보이는 것이 일반적이다. 이번에 구연한 양창보 심방의 본풀이들은 실제 굿판이 아니라 연구를 목적으로 본풀이만 구연한 것이라는 점을 밝혀 둔다. 그리고 양창보 심방이 70대 후반의 연로한 남성 심방이라는 점을 염두에 두고 바라볼 필요가 있다. 사설이 다소 치밀하지 못한 점도 있고, 기억이 희미하여 부정확한 부분도 있지만, 전도를 두루 주유한 양창보 심방의 내력을 반영하듯 일반신본풀이의 정수를 소개하고 있다.

지난 2009년에 출간했던 이용옥 심방의 본풀이와 견주어 볼 때 양창보 심방의 본풀이는 상대적으로 서사가 정치하지 못하고 노래, 음영, 사설의 어울림이 다채롭지 못했던 것이 사실이다. 3일의 기간 동안 혼자서 열다섯 가지에 이르는 본풀이를 하루 종일 구연하는 것은 연로한 심방에게 상당한 무리였을 것이다. 하지만 길고 지루한 장면을 축약시켜 긴장감을 더하고 해학적인 표현을 삽입하여 흥미성을 가미하면서, 기왕의 본풀이가 지닌 기본적인 줄거리를 충실하게 구연하고 있어 하나의 각편(各篇)으로 충분히 인정된다. 2010년에 채록된 것이지만 양창보 심방의 연륜을 고려한다면 꽤나 연륜이 있는 각편이라 할 만하다.

초감제에서는 천지혼합-천지개벽-선오성별도업-상경계문도업-인왕도업-십오성인도업으로 구연되었고 월일광도업이 생략되었다. 일반적으로 해와 달이 창조되면서 이를 관장하는 신의 내력인 대별왕도업과 소별왕도업이 동시에 구성되게 된다. 삼황오제가 차례로 나타나 집 짓는 법, 농사짓는 법, 화식(火食)하는 법, 점치는 법, 배 만드는 법 등을 마련하였다는 것은 문화사의 발전단계를 신화로 보여주는 대표적인 예다.

인간이 동굴에서 살다가 집을 짓고 살게 되고, 날것을 먹다가 불로 구워 먹게 되고, 수렵과 채취의 원시적 생활을 하다가 농사를 짓고 짐승들을 길들여 가축을 기르는 생활로 점차 진화해갔다는 과정을 보여주는 것이다. 그리고 중국의 황제들을 거론하는 것은 제주와 한국의 영역 밖의 중세 제국에 대한 인식의 확장을 의미한다. 즉 제주의 신과 육지에서 출자(出自) 한 신들만 언급하던 단계에서 중세 동아시아 문명권의 중심지인 중국의 신을 함께 인식하는 태도이다. 하늘과 땅이 열리고 천황씨·지황씨·인황 씨가 공통으로 언급되는데, 이 대목에서 중국의 십오성인(十五聖人)에 대한 내력을 함께 풀어주는 것이 보편적이다. 이런 요소가 가미된 즈음의 심방 과 제주도민의 역사인식은 제주 섬에 머무르지 않고 한반도와 중국 대륙까 지 확장되어 있었다는 반증이다.

천지왕본풀이는 창세신화의 중요화소인 '해와 달의 조정' 화소가 보이지 않고 '수명장자 징치'의 화소가 많이 차지하고 있다. 이것은 인간세상의 질서를 바로잡는 천지왕의 적대자인 수명장자가 천지왕의 입장에 대치되 는 무질서의 상징임을 알려주는 단서라고 할 수 있다. 즉 인간세상의 혼돈 이나 무질서를 하늘에 있는 해와 달의 무질서로 표현하는 방식이 신화에서 자주 등장함을 생각해 볼 때, 해와 달의 조정담과 수명장자 징치담은 동일 한 역할을 하고 있다고 말할 수 있다. 이처럼 양창보 심방의 천지왕본풀이 는 수명장자 징치담을 짜임새 있게 구연하며 해와 달의 조정 화소를 대신 하고 있음을 알 수 있다. 양창보 심방 본풀이 외의 여러 각편에 '해와 달의 조정' 화소가 보이지 않는 것으로 보아, 애초에는 '초감제'에 있던 화소가 일부 '천지왕본풀이'로 편입된 것일 수도 있고, '천지왕본풀이'에서조차 사 라진 것도 있다고 보인다.

멩진국할마님본풀이는 동이용궁따님애기본풀이를 포함하고 있다. 심방 이나 구연상황에 따라 두 가지 본풀이를 따로 구연하기도 하는데, 이번에 두 가지 본풀이를 하나로 풀어낸 이유는 시간을 절약하기 위한 의도로 보인다. 여느 본풀이와 다른 점은 멩진국할마님과 동이용궁따님애기가 서로 생불할망임을 다투자 옥황상제가 불러 둘을 시험하게 되는데, 꽃가꾸기 경쟁에서 이긴 멩진국할마님이 생불할망으로 인정되는 대목이다. 천지왕 본풀이에서 대별왕과 소별왕이 꽃피우기 경쟁을 벌이는 장면과 흡사한데, 여기서는 위계와 트릭이 없다.

초공본풀이는 기존의 채록본에 비해 짧은 편이다. 하지만 서사 전개에서 중요한 사건을 빠뜨리지 않았고, 중요사건의 묘사에 있어서 세세한 표현보다는 비유적이고 함축적인 표현으로 경쾌함과 긴장감을 더했다고 볼 수 있다. 양창보 본에서 재미있는 장면은 잠을 통해 고난과 문제를 해결해 나간다는 점이다. 짐정국 부인은 잠을 통해 현몽하고 자지명왕아기씨를 갖게 된다. 아기씨는 잠을 자는 동안 새들이 나락의 껍질을 모두 까줘 문제를 해결하게 된다. 삼형제는 배죄수의 잠을 통해 문제를 해결하고 과거를 보러 가게 된다. 현실적인 문제를 꿈의 개입으로 해결하는 고소설적 전개가 느껴진다.

이공본풀이에서는 15세에 구덕 혼사를 이루는 결과는 기존의 채록본들과 같지만, 그 과정은 조금 다르다. 김진국의 아들 사레도령이 이미 혼사를 약속한 사실을 알고 아버지로 하여금 원진국에게 가서 혼사를 청하도록 하지만, 김진국의 집이 가난하다는 평계로 혼사를 거절한다. 세 번째 혼사를 청하자 딸 원강남이는 부친들의 혼인 약속을 지킬 것을 아버지에게 청하고 사람은 복력과 팔자대로 사는 것임을 역설하여 혼사가 성사된다. 그 후 사레도령이 꽃감관으로 선정되어 이 사실을 금부도사가 알려오는데, 원강남이는 이 금부도사를 저승사자로 인식하고 있다. 그러므로 양창보 심방 본풀이에서 '서천꽃밭'은 이승과 구별되는 저승으로 공간인식이 이루어진다고 볼 수 있겠다.

삼공본풀이의 경우 기존의 채록본과 비교했을 때 특별히 다른 점은 나타나지 않는다. 지난 2009년 한국학협동과정이 채록한 이용옥 심방의 본풀이와 비교할 때, 내용전개 과정은 거의 유사해 별다른 차이점을 찾을 수 없다. 그리고 양창보나 이용옥 모두 <들어가는 말미>, <본풀이>, <비념> 순으로 본풀이를 이어나가고 있다. 그런데도 본풀이의 구연시간을 보면 양창보가 이용옥보다 절반 이상 짧게 본풀이를 끝내고 있다. 그 이유를 한 예로 찾는다면 <들어가는 말미>에서도 보여지듯이 양창보는 "초공은 신뿔리~이공은 꼿불리, 삼공은 전상연ᄃ립네다."라고 간단하게 풀고있는데 반해 이용옥은 "우리 인간 백성~덜, 살아가는데, 모든게, 전상전, 아니면, 어떵 살멍 모든 게 다~전상연ᄃ리 아닙네까." 라고 반문하면서 앞으로 전개될 내용을 친절하게 알리고 있다는 점이다. 이용옥은 이 본풀이가 <전상>에 대한 본풀이임과 인간사 모든 일이 전상이 있기에 가능하다는 것을 시작부터 확실하게 전달하고 있다.

그러나 무엇보다도 구연시간이 차이가 나는 가장 큰 이유는 부모와 자식이 만나는 '놀레' 대목에 있었다. 삼공본풀이는 어느 본에서나 '놀레'가 들어가는데 이용옥의 '놀레'는 양창보보다 두 배 이상이 더 길었다. 이용옥의 '놀레' 대목에서는 전반부에 부모가 가믄장아기를 내쫓은 내력담이 이야기하듯 자세히 펼쳐지고 있고, 후반부에는 집 떠난 후의 가믄장아기의 살아온 내력담이 부모의 답가로 이어지고 있다. 하지만 양창보는 "게거들랑 할으방 할마님 잘 귀 주엉 들읍서, 나가 노렐 불르커메." 하면서 가믄장아기가 부르는 것으로 끝내버리고 있다. [소리]와 [장귀]가 번갈아가며 계속되는 '놀레' 부분이 삼공본풀이의 시간을 좌우한다고 할 만하다.

세경본풀이 역시 기존 본풀이에 비해 다소 짧다. 자청비가 천상계에 올라 여러 시련을 겪고 변란을 해결하는 대목이 극도로 축약되어 있기 때문이다. 천상계에서 전개되는 문도령과의 인연도 미미하게 표현되었다. 천상계의 암투로 문도령이 죽게 되고, 자청비가 서천꼿밭의 환생꼿으로 되살리는 대목도 생략되었다. 그 대신 자청비가 부성감네 사위가 되었으니 그 각시에게 보름 살다 돌아오라는 청을 하였더니, 문도령은 거기에 가서 돌아오지 않는다. 기별을 하여 문도령이 돌아오자 문도령에게 이별을 고하고 지상계로 내려온다. 그래서 자청비가 천상계에서 오곡종자를 가지고 지상계로 내려올 때도 문국성과 동행하지 않는 것으로 나온다. 자청비는 농사 짓는 밭에 가 제석할망으로 모셔지고, 정수넴이는 백중 마불림을 받아먹게 된다. 문도령·자청비·정수넴이가 각각 상세경·중세경·하세경으로 좌정하는 기존의 본풀이와 다르다.

체스본풀이에서는 기존의 채록된 자료들 대부분이 3년간 법당에서 공부를 해서 정명을 연장하는 것으로 되어 있는데, 양창보 심방 본풀이에서는 저승 차사를 속여서 정명을 연장하는 것으로 나타난다. 대사가 명이 짧은 아들 삼형제를 절집에 데려가 숨겨 두자, 차사들이 생각하기를 이런 비밀을 아는 분은 부처님 밖에 없으니 절의 스님들을 다그치면 알 도리가 있다고 생각하고 절에 찾아갔으나, 소사들이 너도나도 나와 자신이 버물왕의 아들이라고 하는 바람에 결국 포기하고 떠나게 된다. 본풀이 구연자 또는 수용집단은 저승 차사가 두려운 존재가 아니라 얼마든지 속일 수 있다는 인식이 반영되어 있어, 나중에 강림이가 두려운 존재라 할 염라대왕을 이승에 불러오는 장면과 호응한다. 그런데 차사들이 소사(중)의 속임수에 넘어가는 장면이 해학적이라 할 만하다. 또한, 삼형제가 과양셍이 각시 집에 찾아왔을 때 머슴을 시켜서 삼형제들을 귀를 잡아 내동댕이치는 장면도 웃음을 자아낸다. 과양셍이 각시가 아들 삼형제를 낳자 김치원님은 사람이 아들을 세 개씩 낳는 법이 없으며, 그것은 개(犬) 아들이니 쌀 말고 겨를 석 되 주라고 한다. 진지한 대목을 깨트려 긴장을 이완시키는 판소리의 '사설치레'를 연상케 하는데, 이렇게 대목 대목마다 해학이 담겨 있어 굿의 흥미성과 놀이성을 실감하게 한다.

권력자인 김치원님에 대한 풍자, 절에 다니는 중에 대한 풍자도 있다. 과양셍이 각시가 삼형제에게 술을 먹이려고 할 때 삼형제는 중이기 때문에 안 먹겠다고 하자, "중도 절간 밖에 나오면 고기도 먹고, 술도 먹는다. 다시

절에 들어가면 팥죽 삶아서 부정을 가시게 하면 아무 일이 없다."면서 설득
하고, 삼형제도 동의하여 술을 먹는다. 또한 권력자인 김치원님은 과양생
이 각시에게서 욕을 듣고는 벼슬을 그만 두고 집에 돌아가겠다고 한다.
또한 염라대왕이 내려왔을 때 겁이 나서 기둥 뒤로 숨기도 한다. 이는
각각 불교와 권력에 대한 민중들의 풍자의식을 반영한 것이다. 그리고 강
림이가 저승에 가서 염라대왕을 만나는 장면에서도 동등한 입장에서 힘을
자랑한다. 특히 염라대왕과 함께 전새남 굿을 받으러 가서 염라대왕보다
먼저 굿판에 들어가서 길을 막자, 염라대왕이 화가 나서 심방을 괴롭히는
장면도 독특하다. 다른 채록본에서는 심방이 강림이를 청하지 않자, 강림
이가 심방을 괴롭히는 것으로 나타나 있다.

체스본풀이는 죽은 자의 영혼을 위무하여 저승의 좋은 곳으로 보내는
사령공양의례(死靈供養儀禮)에서 구연되고 있다. 즉 저승 차사를 불러들이
는 의례에서 구연되고 있는데, 그 내용에서 해학과 풍자가 많다는 것은
특이하다고 하겠다. 이는 엄숙한 죽음을 치르는 의례에서 차사를 즐겁게
해 줌으로써 사자를 좋은 곳에 보낼 수 있다는 의식이 반영된 것으로 해석
할 수 있다. 또 한편으로는 비극적인 죽음을 웃음으로 극복하거나 염라대
왕이라는 권위적인 존재에 도전하는 해학과 풍자는 중세 이후 성장한 민중
의식의 반영으로 볼 수 있겠다.

칠성본풀이에는 기존 채록본과 달리 서두에 장설룡과 송설룡이 장님이
된 내력이 자세하다. 칠성제를 드렸는데 정성이 부족한 탓인지 둘 다 봉사
가 되었다. 마침 병란이 일어나 장씨와 송씨를 모두 죽이라는 명이 내렸는
데, 장설룡과 송설룡 부부는 장님이어서 죽음을 면하게 된다. 다시 칠성제
를 지내 딸을 얻게 된다. 벼슬 살러 떠난 후에 이 딸아이는 임신을 하고
부모에게 버림을 받게 되는 점은 기존 채록본과 같은데, 다른 점은 이미
하반신이 뱀의 몸으로 바뀌었다고 하고, 이는 향후 딸과 그가 낳는 여섯
아이의 운명을 예감하게 하는 장치로 설정되었다.

칠성신들은 제주 함덕에 표착하지만, 지역 당신의 방해로 상륙하지 못하고 제주를 한 바퀴 빙 돌아 다시 함덕으로 상륙하게 된다. 기존 채록본은 좌정신과의 갈등이 북촌·김녕·세화 등 몇 장소에서만 나타나는데 반해, 여기에서는 '함덕-김녕-성산-남원-서귀-중문-모슬포-고산-한림-애월-제주-함덕'의 세세한 지명까지 자세하다. 당매인심방이 아닌 양창보 심방은 제주 전역을 주유하며 굿을 했는데, 칠성신의 노정기는 마치 양 심방의 일생을 반영한 듯하다.

멩감본풀이에서 스만이는 '백년 조상'을 잘 모셔서 부자가 되었는데, 어느 날 백년 조상이 나타난 서른 정명임을 알려 주고 차사를 속일 방도를 일러 준다. 대부분의 채록본에서는 스만이가 백년 조상만 모시고 정작 자기 조상을 모시지 않자, 조상신이 염라대왕을 움직여 스만이를 징치하는 것으로 되어 있는 것과 다르다. 백년 조상이 스만이에게 이르는 말은 "아이고 너 엇이믄 나가 어찌 살고, 나가 엇이믄 느가 어찌 살겠느냐"라 하는데, 서로가 서로에게 기대고 산다는 의미이고, 백년 조상은 스만이에게 사냥의 신이고 스만이는 백년 조상에게 단골 역할이다. 멩감신의 본래 역할은 사냥의 신이었는데, 뒷부분에 차사를 속여 정명을 연장하는 이야기가 덧붙어 운명을 관장하는 신의 역할까지 갖게 된 형태로 보인다. 양창보 심방의 열두본풀이 중 멩감본풀이가 맨 뒤쪽에 놓여 있는 것도 멩감신의 성격과 무관하지 않은 듯하다. 차사본과 연관이 있다면 바로 뒤에 멩감본이 와야 정상인데, 칠성본 뒤에 온 것은 멩감신이 풍요신격과 연관되고, 농사와 곳간의 풍요와 다른 '사냥의 풍요'와 연관되는 것으로 보인다.

2. 양창보 심방 본풀이 개요[2]

초감제

태초에 혼돈 상태였던 세상이 하늘과 땅으로 나누어지기 시작했다. 갑자년 갑자월 갑자일 갑자시에 하늘이 열리고, 을축년 을축월 을축일 을축시에 땅이 생겨났다. 사람은 병인년 병인월 병인일 병인시에 생겨났다.

다시 어두웠던 하늘에 별이 생겨나니 만물이 화생하며 산과 물이 생겨났다. 이후에 삼황오제가 차례로 나타나 집 짓는 법, 농사짓는 법, 화식하는 법, 점치는 법을 마련한 뒤 사람과 귀신을 구분지어 사람이 죽으면 하늘로 보내는 법을 마련했다.

요순우탕 문무주공 시절에는 치수를 했고, 도읍을 마련해 나라를 세웠다. 인도에서는 정반왕의 태자인 부처님이 나타나 불법을 마련했고, 신전법이라고 하는 무당의 굿은 초공신 젯부기삼형제의 신력을 받은 유정승 따님애기로부터 비롯되어 오늘에 이르고 있다.

천지왕본풀이

천지가 개벽해 인간세상이 번성하게 되었다. 수명장자라는 이가 있었는데 찢어지게 가난한 가운데에도 결혼해 아들 삼형제를 낳고 어려운 살림을 이어가고 있었다. 생계가 근근한 수명장자는 가난을 이유로 칠순노모에게 하루 삼시를 다 챙기지 못하겠다고 한다. 수명장자의 어머니는 자기는 산 때에 다 먹고 갈 것이니, 죽어서는 삼년상과 기일제사를 하지 않아도 좋다

---

[2] 본풀이 전개는 양창보 심방의 구연 순서를 따랐다. 앞의 이용옥 심방 본풀이와 조금 다르다.

고 했다. 생전에 그같은 대접을 받은 수명장자의 어머니가 사후에 저승에서 명절 때를 당해도 자손들을 찾아 나가지 않고 울고 있었다. 염라대왕이 수명장자 어머니의 사연을 듣고 천지왕을 불러놓고 괘씸하니 행실을 가르치라고 한다. 이에 천지왕이 땅으로 내려와 총명부인과 유숙하게 되고, 수명장자네 집의 모래와 돌이 섞인 쌀을 꾸어다 밥을 먹은 후, 수명장자의 못된 점을 알게 된 천지왕은 수명장자네 집안을 멸문시킨 뒤 하늘로 돌아간다.

시간이 흘러 총명부인이 아들 둘을 낳으니, 아들들이 십오 세가 되자 아버지를 찾는다. 천지왕의 당부를 잊지 않았던 총명부인이 두 아들을 하늘로 올려 보낸다. 자식들과 상봉한 천지왕은 이승과 저승을 나누어 다스리라 명하고 두 아들은 수수께끼 풀이, 꽃 가꾸기, 잠자기 내기를 거쳐 이승과 저승을 나누어 갖는다. 대별왕은 동생 소별왕의 속임수에 당해 자신이 저승을 맡게 된 것을 알아차려 이승의 인간들은 겉과 속이 다를 것이라는 말을 남기고 저승으로 떠난다.

멩진국할마님본풀이

인도의 멩진국에서 스스로 탄생한 멩진국할마님은 일곱 살 때 옥황상제의 명을 받아 지상의 생불할망으로 내려오게 된다. 그리하여 지상에서 순조로운 포태와 해산을 위해 동분서주하던 중에 자기가 생불할망이라며 막아서는 동이용궁따님애기와 맞닥뜨린다. 동이용궁따님애기는 스스로 용왕의 딸이라며 부모의 심기를 거슬린 죄로 인간세상으로 귀양을 보내니 삼년 동안 바다 위를 떠다니다 임나라 임박사의 눈에 띄어 생불할망으로 들어서라는 명을 받았다고 성토한다.

마침내 지상의 분란을 알게 된 옥황상제가 두 사람을 하늘로 불러들여

시험하며 포태와 해산의 방법에 대해 각자 이야기하라며 한다. 동이용궁따님애기는 임신도 자유로이, 출산도 자유로이 할 수 있게 하겠노라고 하고, 멩진국할마님은 인간의 정리를 이야기하며 열 달을 채워 산모와 아기 모두 건강하게 출산시키겠다고 한다. 이에 동이용궁따님애기는 물러서지 않고 꽃 가꾸기 시합을 제안한다. 각자 꽃을 키우는 대결에서 멩진국할마님의 꽃은 만발하고, 동이용궁따님애기의 꽃은 한 송이가 겨우 자란다. 결국 옥황상제가 멩진국할마님을 택하니 분에 못이긴 동이용궁따님애기는 염라대왕을 찾아간다.

염라대왕으로부터 포태한 여인에게 낙태를 주고, 갓난아기들에게 질병을 퍼뜨리며 멩진국할마님을 방해하라는 명과 함께 멩진국할마님을 모시는 불도맞이굿에서 함께 대접 받으라는 명을 받는다. 염라대왕의 명대로 움직이던 동이용궁따님애기는 멩진국할마님이 옥황상제를 만나러 간 사이 서천꽃밭에 들어가 수레악심멜망꽃 씨앗을 퍼뜨리니 지상의 아이들이 병들어 죽는 일이 잦아지게 된다. 사정이 이렇게 되자 옥황상제와 멩진국할마님은 황세곤간 도세곤간 꽃감관 꽃성인으로 하여금 서천꽃밭을 지키라고 명한다.

마누라본풀이

인간세상의 포태와 해산을 점지하며 돌아다니던 멩진국할마님이 우연히 홍진국데별상마누라가 행차하는 길 앞을 지나게 된다. 멩진국할마님은 홍진국데별상마누라에게 자신이 점지한 아이들에게 질병을 내리지 말아달라고 부탁하지만 홍진국데별상마누라는 자신의 행차에 부정을 끼쳤다며 크게 나무라기만 한다. 이에 멩진국할마님은 홍진국데별상마누라의 부인에게 포태를 주고 만삭에 이르게 한다.

열 달이 지나도 해산을 못하는 부인을 걱정한 홍진국대별상마누라가 멩진국할마님을 찾아가 사정하니 멩진국할마님은 석고대죄를 명하니 홍진국대별상마누라는 별 수 없이 명을 따른다. 그 뒤로 홍진국대별상마누라는 아이들에게 큰 병을 주지 못하고 '작은 마마'만 주게 되었다.

초공본풀이

임정국 대감과 짐정국 부인이 자식이 없어 시름하던 끝에 백일불공을 치러 딸을 얻은 뒤 이름을 노가단풍아기라고 지었다. 노가단풍아기가 열다섯 살이 되자 부모가 천하공사와 지하공사를 떠나게 되었다. 하지만 딸을 데리고 갈 수 없는 상황이 닥치자 부부는 노가단풍아기를 방 안에 가두어 놓고 하녀 느진덕정하님에게 문구멍으로 밥을 주며 바깥에 나오지 못하게 하라고 당부한 뒤 떠났다.

부부가 떠난 뒤 황금산 도단땅 절의 황주접선성이 노가단풍아기가 아름답다는 소문을 듣고 아기씨의 집으로 시주를 받으러 왔다. 황주접선성은 술수를 부려 잠긴 방문을 열고 시주를 받은 뒤, 아기씨의 머리를 세 번 쓸어내리고 돌아갔다. 이런 일이 있고난 뒤 아기씨는 임신을 하게 되었다. 벼슬살이에서 돌아온 임대감 부부는 이 사실을 알고 크게 화를 내며 아기씨를 내쫓아버렸다.

노가단풍아기는 황주접선성을 찾아갔지만 승려는 부인을 둘 수 없다는 말에 발길을 돌려 불도땅으로 간다. 그곳에서 본멩두, 신멩두, 살에살축삼멩두 삼형제를 낳아 기른다. 삼형제는 삼천 명의 선비들에게 '젯부기삼형제'라는 놀림과 학대를 받으며 글공부를 해서 과거에 급제했다. 그러나 이들을 질투한 삼천선비들이 중의 아들들이 과거에 급제하는 것은 안 될 일이라며 시험관에게 거칠게 항의했다. 결국 삼형제는 과거급제를 취소당하고 말았다. 삼천선비들은 이에 그치지 않고 노가단풍아기씨를 감금해 삼형제가 앞으로도 과거에 응시하는 것을 포기하도록 했다.

어머니를 구해낼 방법을 찾아 헤매던 삼형제는 아버지 황주접선성을 찾아가 신칼·산판·요령을 받고 너사무너도령 삼형제와 의형제를 맺고 북, 설쒜, 데영 등의 악기를 만들어 굿을 크게 펼치니 삼천전제석궁에 갇혔던 어머니가 풀려났다. 그 뒤 육형제는 유정승따님애기에게 신병(神病)을 내려 최초의 심방이 되게 했다.

이공본풀이

가난한 김진국 대감과 부자인 원진국 대감 모두 자식이 없어 근심하던 끝에 불공을 한 뒤, 김진국은 아들을 얻고 원진국은 딸을 얻었다. 김진국의 아들 사레도령과 원진국의 딸 원강남이는 '구덕혼사'를 맺고 15세가 차니 정식 부부가 되었다.

동이용궁따님애기로부터 서천꽃밭을 지키내려던 멩진국할마님이 사레도령을 꽃감관으로 데려가려고 한다. 임신을 한 원강남이도 동행했지만 원행길이 힘들어 도중에 제인장제 집에 몸을 의탁해 종살이를 하게 되고 사레도령만 저승으로 간다. 종살이를 하던 원강남이는 아들을 낳아 남편의 분부대로 할락궁이라 이름을 짓는다.

자신을 범하려는 제인장제를 재치 있게 따돌리며 힘겨운 종살이를 이어가던 원강남이는 15세가 되어 아버지를 찾는 할락궁이에게 사실을 털어놓는다. 아버지를 찾아 서천꽃밭으로 떠난다. 마침내 사레도령과 상봉한 할락궁이는 어머니가 죽었다는 이야기를 듣게 되고 사레도령으로부터 웃음꽃, 싸움하는 꽃, 수레악심멜망꽃과 환생꽃을 받아 제인장제 집으로 돌아온다. 사레도령의 분부대로 제인장제 집안을 멸문시킨 뒤 어머니의 시신을 찾아 환생을 시킨 뒤 서천꽃밭으로 돌아가 자신은 꽃감관이 되고 어머니는 저승유모할망의 직분을 맡게 한다.

삼공본풀이

웃상실에 사는 강이영석이서북이라는 남자 거지와 아랫녘에 사는 홍문수천구에궁전이라는 여자 거지가 동냥하러 다니다가 만나 부부의 연을 맺고 금장아기, 은장아기를 낳는데 셋째딸인 가문장아기를 낳고부터 부자가 된다. 아버지가 딸들에게 '누구 덕에 먹고 입고 잘 사느냐'는 질문에 가문장아기는 '내 배꼽 밑의 금(線) 덕으로 산다.'고 대답한다. 화가 난 아버지는 가문장아기를 집에서 쫓아낸다.

쫓겨난 가문장아기는 마를 파먹고 사는 마퉁이 가족을 만난다. 그 중 셋째 마퉁이와 결혼해 마 파던 구덩이에서 황금을 주워 부자가 된다. 가문장아기는 부모를 찾기 위해 각 고을의 장님을 초청해 걸인잔치를 벌인다. 잔치 마지막 날 부모를 다시 만나 자신이 가문장아기라고 밝히고 깜짝 놀란 부모는 눈을 뜨게 된다.

세경본풀이

옛날 김진국 대감과 조진국 부부가 살았는데 일점혈육이 없어 불공을 드린 끝에 딸을 얻어 자청비라는 이름을 붙였다. 자청비가 점점 자라 15세가 될 무렵 글공부를 하러가는 문도령을 우연히 만나 반한다. 부모를 억지로 졸라 허락받은 뒤 남장을 하고 문도령과 함께 떠나게 된다. 동문수학하기를 3년, 한 방에서 지내면서도 여자인 줄 모르는 채 지내던 문도령이 서수왕따님애기와 결혼하라는 전갈을 받자 자청비는 자신이 여자임을 밝히고 두 사람은 사랑을 나눈 뒤 재회를 약속한다.

약속한 날이 지나도 소식이 없는 문도령 생각에 전전하던 자청비는 남자종 정수남이의 꼬임이 빠져 집을 나선다. 정수남이와 함께 신산곳까지 갔던 자청비는 자신이 속은 것을 뒤늦게 깨닫고 정수남이를 죽인 뒤 집으로 돌아온다. 살인을 했다며 크게 질타하는 부모의 말에 자기가 종을 대신하겠다며 큰소리친 뒤 남장을 하고 집을 나온다.

그 길로 서천꽃밭을 찾아가 기지를 발휘해 갖은 해코지를 한다는 부엉이를 잡아주자 부성감은 자신의 딸을 내어주며 사위로 삼는다. 부성감 딸에게 돌아오겠다는 약속을 한 뒤 길을 나선 자청비는 죽은 정수남이를 살려내 함께 집으로 돌아온다. 그러나 부모는 사람을 죽였다 살렸다 한다며 자청비를 쫓아낸다. 자청비는 주모땅 주모할망의 수양딸이 되어 베 짜는 일을 돕는다.

어느 날 문도령이 서수왕따님애기와 혼인할 때 입을 비단옷을 짜고 있다는 사실을 알게 된 자청비는 주모할망 편에 자신이 있는 곳을 문도령에게 알린다. 소식을 듣고 곧바로 찾아온 문도령의 손을 자청비가 바늘로 찌르는 바람에 문도령은 돌아가버리고 주모할망도 자청비를 내쫓는다. 문도령과 헤어진 뒤 절에 들어간 자청비는 탁발을 나섰다가 문도령 집의 궁녀들을 만나 문도령이 자신 때문에 상사병에 걸렸다는 말을 듣게 된다. 궁녀들과 함께 문도령을 찾아간 자청비는 문도령과 해후하고, 문도령의 부모가 낸 시험을 통과해 며느리로 인정받는다.

마침 하늘나라에 변란이 일어나 문도령 또한 전쟁터로 나가게 되었는데, 자청비가 남장을 하고 대신 싸움에 나서서 변란을 진압하는데 큰 공을 세운다. 옥황상제에게 공을 치하 받은 뒤 지상으로 내려오게 되자 자청비는 문도령에게 자신과 혼인을 맺은 부성감 딸의 사연을 전하며 자기를 대신해 그 댁에서 보름을 살고 나머지 보름은 자기와 지내자고 청한다.

혼쾌히 허락한 문도령은 부성감 집에서 지내다 그만 약속한 날을 깜빡 잊어버린다. 뒤늦게 자청비를 찾아가니 자청비는 이별을 선언한 뒤 오곡씨 앗을 가지고 지상으로 내려와 농사를 관장하는 신이 된다.

체스본풀이

동정국의 버물왕이 아들 아홉을 낳으나 여섯 명이 종명하니 살아남은 아들 삼형제를 절에 출가시킨다. 열다섯 살이 되어 삼형제가 집으로 돌아 가겠다고 하자 대사는 3년만 더 머무르라며 만류하지만 그들의 고집을 꺾지 못한다. 대사의 경고를 무시한 채 절을 나선 삼형제는 짐치골 과양땅 에 다다르게 되고 과양셍이 각시의 계략에 빠져 죽임을 당한다.

버물왕 아들 삼형제의 시신을 버린 연못에서 꽃 세 송이를 따온 과양셍 이 각시는 화로에 버린 꽃이 구슬로 화한 것을 신기하게 여겨 가지고 놀다 저도 모르게 삼키고 만다. 그때부터 태기가 있어 아들 세쌍둥이를 낳는다. 그 아이들이 잘 자라 과거에 장원급제하지만 한 날 한시에 죽는 일이 벌어 진다. 분에 겨운 과양셍이 각시가 짐추판관에게 소지를 올리니, 원님은 강림이에게 염라대왕을 잡아오라고 명을 내린다.

여러 첩을 거느리던 강림이는 첩들에게 도움을 청하지만 모두 외면하고 조강지처인 큰각시만 도움을 준다. 큰각시와 자신의 집 조왕신의 도움으로 저승에 당도한 강림이는 염라대왕을 만나고 역력함을 보여 염려대왕의 약속을 받아낸다.

이승으로 돌아온 강림이가 짐추판관에게 사실을 고하니 짐추판관은 약 속한 날에 과양셍이 각시를 불러 재판을 연다. 마침내 염라대왕이 동헌마 당에 현신해 과양셍이 각시의 죄상을 밝히고 징치한 뒤 버물왕 아들 삼형 제를 되살려낸다. 일을 마친 염라대왕은 강림이의 재주가 탐나 짐추판관과 강림이를 나누어 갖자고 제안하니 짐추판관은 강림이의 몸을 갖겠다고 한다. 이에 염라대왕이 강림이의 혼을 취해버리니 강림이는 죽은 몸이 되어 저승차사가 된다.

이승과 저승을 오가는 인간차사가 된 강림차사가 명이 다한 사람을 저승으로 데려가기 위해 이승으로 나섰다가 자기 일을 대신 해주겠다는 까마귀에게 적패지를 잠시 맡겼다. 그러나 까마귀가 적패지를 떨어뜨리는 바람에 그 뒤부터 이승에서는 나이 순서로 죽는 법이 없어졌다.

문전본풀이

옛날 남산골이란 마을에 남선비와 예산부인이란 부부가 아들 일곱 형제와 살고 있었다. 가난한 살림 때문에 남선비는 무곡장사를 해서 돈을 벌어오겠다며 배를 타고 머나먼 오동나라로 떠난다. 오동나라에 도착한 남선비는 욕심 많은 여인 노일저데귀일의 딸의 꼬임에 빠져 가졌던 돈을 모두 빼앗기고 눈까지 어두워진 채 머슴처럼 살게 된다.

삼년이 지나도 남편이 돌아오지 않자 예산부인은 남편을 찾으러 떠난다. 오동나라에 닿아 남편을 찾고 보니 초막에서 겨죽을 얻어먹으며 살고 있었다. 예산부인과 남선비가 만난 사실을 알게 된 노일저데귀일의 딸은 예산부인에게 친절을 베풀고는 빨래를 가자고 속여 주천강 연화못에 빠뜨려 죽여 버린다. 그리고는 돌아와 본처인 척하며 남선비에게 고향으로 가자고 한다. 장님인 남선비는 쉽게 넘어가고 마침내 남산골로 돌아와 일곱 아들들을 만난다.

아무 의심 없이 노일저데귀일의 딸을 예산부인으로 여기는 형님들과 달리 막내아들 녹디성이는 어머니가 아니라는 생각을 품게 되었고, 그 뒤로 가짜 어머니의 행동을 남몰래 엿보며 지낸다. 녹디성이의 생각을 눈치

챈 노일저데귀일의 딸은 일곱 형제를 죽일 계략을 꾸며서 배가 아프다며 남선비에게 점을 쳐오라고 하였다. 그러고는 남선비가 점을 치러 간 사이에 먼저 지름길로 달려가서 점쟁이로 변복해 아들 일곱 형제의 간을 먹어야 낫겠다는 말을 한다.

다시 한 번 노일저데귀일의 딸에게 속아 넘어간 남선비는 칼을 간다. 한 마을에 마고할망이 무슨 일이냐고 묻자 "부인의 병은 아들 일곱 형제의 간을 먹어야 낫는다."고 말한다. 이 말을 전해들은 형제들이 낙담한 사이 녹디성이가 대책을 내놓고 남선비에게 간다. "제가 형님들을 죽이고 간을 가져 올테니 아버지께선 그 때 나만 죽이고 간을 꺼내시지요."라고 한 뒤 형님들을 데리고 산으로 도망친다.

산으로 도망친 일곱 형제는 멧돼지 여섯 마리를 잡아 간을 구한다. 이윽고 녹디성이가 노일저데귀일의 딸에게 간을 가져다주니 사람의 간이라고 여긴 노일저데귀일의 딸은 차마 먹지 못하고 깔고 앉은 방석 밑에 숨기고는 먹었다고 말한다. 거짓말임을 알아차린 녹디성이가 달려들어 방석을 걷어내자 깜짝 놀란 노일저데귀일의 딸은 변소로 도망쳐서 목매달아 죽는다. 아들들을 죽일 뻔했던 죄책감에 빠진 남선비도 도망치다 정주목에 걸려 죽는다.

녹디성이를 비롯한 일곱 형제는 서천꽃밭을 찾아가 생불꽃을 구하여 어머니의 시신을 찾아 되살려낸 뒤 행복한 삶을 오래오래 살게 된다. 이들은 사후에 집안의 요소요소를 관장하는 신이 되었다.

칠성본풀이

장나라 장설룡 송나라 송설룡 부부가 무자식인 채 가난한 살림을 근근이 이어가다 자식을 얻고자 하는 마음에 칠성제를 지낸다. 칠성제를 마치고 얼마 지나지 않아 부부가 눈이 멀게 되고 나라에는 변란이 일어나니 장씨와 송씨를 모두 죽이라는 영이 내린다. 맹인인 탓에 다행히 목숨을 건진 부부는 원성군의 도움으로 눈을 뜨고 다시 칠성제를 지낸다. 그 덕이 있어 딸을 낳으니 어느덧 일곱 살이 되었고, 때마침 나라에서 장설룡 부부에게 관직을 내리니 부부는 벼슬살이 길에 오른다. 부모의 뒤를 쫓아가다 노중에서 길을 잃은 장설룡의 딸은 곁을 지나던 스님에 의해 하반신이 뱀의 몸으로 변하는 과정을 겪게 된다. 딸이 사라진 사실을 알게 된 장설룡 부부는 백방으로 수소문 하던 끝에 딸을 찾는다. 그러나 이상한 모습으로 변해버린 딸을 차마 가까이 둘 수 없어 무쇠함에 넣어 바다로 띄워버린다.

물길을 타고 제주도까지 다다른 무쇠함은 제주의 해안마을 전역을 돌아다니던 끝에 함덕에 당도한다. 무쇠함을 본 일곱 해녀들이 서로 자기 것이라며 다투다 송동지 영감이 중재를 통해 함을 열게 된다. 무쇠함 속에 일곱 마리의 뱀이 들어있는 것을 본 해녀들은 더럽다며 거들떠도 안 보다가 크게 아프기 시작하자 문점을 한 뒤 굿을 했다. 장설룡 딸과 그의 자식들을 시기한 함덕의 당신이 떠날 것을 요구하자 이들은 제주 성안으로 들어와 칠성골의 송씨 할망 집으로 좌정한다. 이후 이들은 다시 제주목의 여러 관청을 나누어 차지했고, 장설룡의 딸은 제주 전역의 민가마다 모시는 안칠성과 밧칠성이 되었다.

지장본풀이

남산과 예산 부부가 슬하에 자식이 없어 법당에 원불수륙해 지장아기씨를 얻는다. 세 살까지 부모와 조부모 슬하에서 어리광을 부리며 잘 자라다 네 살 때부터 줄초상이 생기기 시작한다. 다섯 살 때 어머니, 여섯 살 때 아버지, 일곱 살 때 할머니, 여덟 살 때 할아버지가 차례로 죽는다. 사고무

친이 된 지장은 외삼촌의 수양딸로 간다. 그 뒤 열다섯이 되기까지 외삼촌의 극심한 구박을 당하면서도 지장은 옥황의 부엉새의 보살핌 아래 곱게 성장한다.

열다섯이 된 지장은 서수왕 문수의 아들과 결혼하고 시댁의 귀여움을 받으며 많은 전답과 마소를 물려받는다. 그러나 다시 열일곱 살 때부터 시부모, 남편, 자식이 한 해에 한 사람씩 차례로 죽는다. 급기야 시누이들의 원망과 구박을 받아 시집에서 내쳐진다.

시집에서 쫓겨난 지장은 주천강 연화못에서 우연히 만난 대사에게 자신의 사주팔자에 대한 이야기와 친가와 시댁의 죽은 이들을 위한 새남굿을 하라는 말을 듣게 된다. 그리하여 지장은 뽕나무를 심어 누에를 치고, 그것으로 굿에 필요한 천(신드리, 대제김 끈, 소제김 끈, 멩두 끈, 아강베포 따위에 쓰이는 천)을 만든다. 그리고는 쌀을 모아다 빻는다. 이렇게 굿을 준비한 뒤 전새남과 후새남의 새남굿을 한다.

이후 정명이 다한 지장은 죽는 순간 새의 몸으로 변신한다. 그 뒤로는 사람들의 몸에 접신해 재앙과 질병을 불러일으키는 신이 되었다. 때문에 굿할 때에는 지장의 원혼을 달래는 한편 내쫓는 것을 함께 하는 것이다.

멩감본풀이

주년국의 소사만이라는 자가 천하거부임에도 불구하고 방탕한 씀씀이로 인해 재산을 탕진하는 지경에 이르자, 그의 부인이 날품팔이를 해가며 어렵사리 돈을 모아 건네주며 장사 밑천을 하라고 한다. 그 돈마저 술과 고기를 사먹는 데에 다 써버리던 끝에 조금 남은 돈으로 사냥총을 산다. 사냥총을 들고 사냥에 나선 소사만이는 자신을 부르는 오래된 해골 하나를 발견해 집으로 가져온 뒤 초하루와 보름이 되면 남몰래 삭망제를 깍듯이 지냈다.

그 뒤로 살림살이가 나아져 다시 천하거부라는 소리를 듣게 되었다.

이렇게 호의호식하던 어느 날 해골은 소사만이에게 "네 정명이 다해 곧 죽게 되었다."는 말을 하며 살아날 방도를 가르쳐준다. 저승사자들이 오가는 길목에 제사상을 차린 뒤 소사만이라고 이름을 써놓으면 살아날 길이 열린다는 말에 소사만이는 해골의 말대로 실행한 뒤 백보 밖에 숨어서 지켜본다. 마침 이승으로 나온 삼차사가 소사만이가 차린 상의 음식을 먹은 뒤 이름을 발견해 소사만이를 부른다. 이에 소사만이가 나서며 저승으로 가는 시간을 조금만 늦춰달라고 사정하며 자신의 집으로 삼 차사를 모신다. 이미 소사만이의 집에서는 삼 차사를 모시는 굿판이 크게 펼쳐져 있었고, 융숭한 대접을 받은 삼 차사들은 소사만이를 살려둔 채 저승으로 돌아간다.

소사만이를 잡아오지 않은 것에 분개한 염라대왕이 삼 차사들을 문책하자, 이들은 염라대왕의 인물도성책에 적혀 있는 소사만이의 정명 30세를 3000세로 바꿔버린다. 이 같은 사실을 모르는 염라대왕은 삼차사가 크게 읍소하며 인물도성책을 다시 살피라고 청원하자 소사만이의 정명을 재차 확인한 뒤 삼차사가 정확했다며 멩감의 지위를 내려준다.

3장

제주도 본풀이의
역사 · 철학

탑동 영등굿

본풀이의 역사

◉

1. 서

제주는 신화의 보고라고 한다. 제주는 1만 8천 신이 산다는 신들의 고향이다. 신들의 내력을 담은 신화가 많이 남겨져 있어서 신화의 수도라고 할 만하다. 그리스 · 로마 신화가 기록된 것으로 최고라면 제주의 신화는 구비 전승되는 것으로 최고라 할 만하다. 기록된 신화는 책 속에 죽어 있는 신화다. 제주의 신화는 말과 노래 속에 살아 있다. 무당의 노래 속에 신들의 내력을 담은 이야기가 살아 있다. 그래서 신화라 하기보다는 '서사무가(敍事巫歌)'라 해야 하고, 신들의 근본(根本)을 풀어내는 것이니 '무가 본풀이'라고 불러야 옳다. 무당(제주에서는 심방)과 당골들이 함께 공유하는 것이어서 그냥 '본풀이'라고 해도 좋다.

그런데 '본풀이'라고 명명한다고 해서 그 정체성을 모두 표방한다고 할 수 없다. 제주적인 독자성만을 강화하기 위해서 보편성 속성을 외면해서는 안 된다. 지금 우리가 현장에서 만나는 이 본풀이는 언제 만들어진 것이고, 그 실체는 어떻게 전승되어 왔던가. 이를 논하기 위해서는 본풀이의 '서사무가'적 측면을 논의의 중심에 놓아야 한다. 우선 산문이 아니고 노래로 불린다는 차원에서, 신화적 속성을 지니지만 서사시라 불러야 옳다. 신화는 단군이나 주몽의 건국을 위주로 하기 때문에 고대 건국신화라고 지칭되지만, 서사시는 원시서사시, 고대서사시, 중세서사시로 다양하다. 그 서사시는 무속이 전개되던 초기의 원시적인 것도 있고, 고대국가 건설기의 고대적 요소도 강하고, 불교와 유교의 사상적 영향을 받은 중세적 요소도 다양하게 발견된다. 그러니 이 서사시를 구분해서 살펴야 하고, 하나의 서사시 속에 여러 시대적 요소가 섞여 있는 경우 그 복합성에도 주목해야 할 것이다.

조동일 교수는 서사시를 세 단계로 전개되었다고 하면서, "(1) 신과 사람의 관계를 말하고, 세상이 이루어진 내력을 밝히는 신앙서사시 또는 창세서사시가 있은 다음에, (2) 민족의 지도자인 영웅이 다른 민족과 싸우고, 나라를 세운 내력을 설명하는 영웅서사시 또는 건국서사시가 생겨나고, (3) 예사 사람을 주인공으로 해서 일상적인 관심사를 다루는 범인서사시 또는 생활서사시가 그 뒤를 이었다"[1]고 했다. 제주도 서사시에는 분명이 세 가지 유형이 두루 분포한다. 그러나 하나의 본풀이 속에 두 가지 요소가 중첩되어 나타나는 과도기적인 것도 있다. 그것은 원시에서 고대로 변모하는 과정의 것도 있고, 고대에서 중세로 변모하는 시기의 것도 있고, 심지어는 근대 이행기적 특성을 담은 것도 있다.

이처럼 서사시는 어느 하나의 속성으로 머무르지 않는다. 신앙서사시라 하더라도 다음 시대의 영향을 받아 내부적 변모가 이루어지고 있으며, 창세서사시라 하더라도 그 내부에 영웅서사시를 내장하기도 한다. 원시적 원형 혹은 고대적 원형을 그대로 간직한 것은 드물다. '전통'이란 것도 불변의 유산이 아니듯이, 극단적인 전통주의가 도입한 개념이 원형이다. 엄밀한 의미에서 원형이란 것은 없다. 그래서 "신화학 연구자들이 어떤 특정 신화소를 전제로 하여 '원형'을 논하는 경우, 그 '원형'이란 것은 신화가

---

1) 조동일, 『동아시아구비서사시의 양상과 변천』, 문학과지성사, 1999, 34-35쪽.

정착하는 단계의 시점에서 만들어진 것이라는 점을 확인해야 한다.[2]고
했다. 전파론을 염두에 두고 원조를 논할 수도 있지만, 원형은 존재하지
않고 그 변이형이 수없이 존재한다. 우리는 그 시대적 변화에 주목해야
한다. 조동일 교수도 '신화가 정착하는 단계의 시점'을 염두에 두고 서사시
의 시대구분을 감행하고 있다.

그는 <바리공주>를 예로 들며 "중세 가치관을 나타내면서 영웅다움을
버렸다"고 하면서 남녀의 차별문제를 무시하고 순종으로 일관하고, 효를
중요 가치로 부각시키면서 자식의 도리로 일관하고 있다고 했다.[3] 그런
시각으로 제주도 본풀이를 보면서, "중세의 창조물로 출현한 것으로 생각
되는 일반신본풀이가 중세에서 근대로의 이행기 동안의 변화를 거치면서
무속의 사고방식을 넘어섰다"[4]고 했다. 제주도 일반신본풀이라 일컬어지
는 열두본풀이 내용을 보면 중세성이 두드러지고 애초에 제주도에 있던
이야기이기보다 육지에서 전래된 이야기일 것으로 보인다. 7편 정도는 현
재까지 육지에서 전승되는 이야기와 매우 유사함이 검증된 바 있다. 그리
고 앞에서 언급하였듯이 근대 이행기적 성향을 드러내는 작품도 있으니,
바로 <세경본풀이>다.

우리가 주지하듯이 '세경신'은 오곡종자를 하늘에서 인간세상으로 가져
다 준 곡식의 신이자 농경의 신이다. 인간세계의 여성과 천상계의 남신의
결합인 천남지녀형(天男地女形)으로 우리가 잘 아는 <나무꾼과 선녀>의
천녀지남형(天女地男形)과 대조되는 이야기다. 자청비는 인간세계로 올라
가 온갖 수난과 역경을 헤치고 천상계 시부모의 인정을 받았을 뿐만 아니

2) 전경수, 「사멸위기의 문화유산과 토속의 재발견」, 『사멸위기의 문화유산』, 민속원, 2009,
   47-49쪽. 전통론자들이 의지하는 '고유성'이란 것도 시간개념의 개입 여부에 따라 상당한
   차이를 보여주게 된다. 그러므로 '고유함'이란 늘 조작될 수 있고, 정치적 의도에 의해
   조장되는 경우가 많다고 했다.
3) 조동일, 『세계·지방화시대의 한국학』 6, 계명대출판부, 2007, 113쪽.
4) 조동일, 위의 책, 113쪽.

라, 죽은 남편을 살려내는 공로로 '오곡종자'를 받아 인간세계로 내려오는 여성영웅이다. 자청비가 사랑한 문곡성은 그렇다 할 역할도 하지 않고 '상 세경'의 지위를 받게 되는데, 정작 고난을 이겨낸 중심인물인 자청비는 '중세경'이 되니, 이를 두고 독자들은 분노를 폭발시킬 정도이다. 이처럼 남성을 압도하는 여성영웅으로서의 자청비가 인간세상에서 농업신으로 좌정하는 <세경본풀이>는 고대 여성영웅서사시라 할만도 하다.

그런데 이야기를 이끌어가는 과정은 근대 이행기의 로망·로맨스를 닮아 있다고 해도 과언이 아니다. 변복을 하는 모티프야 중국이건 우리나라에건 흔한 설화의 반영이라 하더라도, 자신이 사랑하는 남성을 따라나서고 함께 목욕하면서 자신의 여성성을 드러내고자 하고, 드디어 자청비의 적극적 노력으로 합방을 하고, 천상계로 떠난 남성을 찾아 나서서 온갖 시련을 이겨내고 결국 사랑을 성취하는 과정은 <춘향전>과 유사한 로맨스라 하겠다. 더구나 둘은 천남지녀형으로 상통한다. 이런 점을 염두에 둔다면 <세경본풀이>는 애초에 영웅서사시였지만, 무속의 사고방식을 넘어섰고 영웅다움도 버린 범인서사시의 면모가 두드러진다고 하겠다.

그러나 '신화가 정착하는 단계의 시점'을 시대구분의 근거로 삼는 문제 는 그렇게 간단하지 않다. 조동일 교수가 제주도의 일반신본풀이를 두고 "고대 영웅서사시의 흔적을 간직한 점에서는 영웅서사시라고 할 수 있지 만, 중세영웅서사시로 재창조되었다고 하기는 어렵다. 중세화 되면서 영웅 서사시가 범인서사시로 바뀌었다"5)고 지적했듯이, 고대영웅서사시적 흔 적이란 측면은 그대로 인정해야 좋을 것 같다. 그 복합성을 논하여, 중세영 웅으로 재창조되지 못하여 고대 영웅적 면모를 유지하면서 한편으로 범인 서사시적 변이가 이루어졌다고 본다. 영웅에서 범인으로, 제왕에서 백성으 로, 남성에서 여성으로 관심을 돌리는 새 시대의 서사란 측면에서 그

---

5) 조동일, 「세계서사시의 중세화 비교연구」, 『비교민속학』 33집, 비교민속학회, 2007, 38쪽.

변화의 기미를 수긍할 수 있지만, 중세적 가치라 할 수 있는 '애민·평등·평화'의 이념이 자리하지 못하고 있다. 제주도는 중세 이념을 거부하고 수용하지 않았다. 그렇지만 서사 담화양식 내부의 변화를 수용하는 시대상황 속에서 범인의 일대기로 진술되었다고 본다. 농업신으로서의 문화 영웅적 면모를 중시한다면 <세경본풀이>는 원시에서 고대로의 이행기적 성격도 보유하고 있다. 일반신본풀이 <세경본풀이>는 아직 무속의 자장 속에 있고, 농업신이라는 고대 문화영웅서사시의 틀을 유지하면서 로맨스적 진술방식을 택해 범인서사시로 이행해 갔다고 본다. 자청비는 고대에서 유래한 '영웅의 일생'을 지니고 있지만, 주인공의 속성에서 중세서사시라 하겠다.

결국 일반신본풀이에는 아직도 종교 의례적 절차 속에 놓여 신성성을 유지하고 있는 것도 있고, <천지왕본풀이>처럼 창세서사시의 흔적을 강하게 지닌 것도 있고, <할망본풀이>처럼 고대 여성영웅서사시인 것도 있다고 보아야 한다. 여러 속성들이 중첩되어 있되, 중세의 범인서사시로 정착한 흔적이 역력하다.

2. 원시서사시적 특징

신화는 소설처럼 꾸며낸 이야기다. 파편적이고 비극적인 우리의 세계를 변형시켜보는 놀이다. 신화는 '만약 이렇다면' 하고 물음으로써 우리에게 새로운 가능성을 열어 준다. 신화란 사실에 입각한 정보를 주기 때문이 아니라, 유효하기 때문에 진실인 것이다. 신화는 통찰을 주고, 희망을 주고, 알찬 삶을 제공한다면 그것은 '유효한' 신화다. 신화는 내면의 위기를 극복하는 방법을 보여주고, 가장 본질적인 두려움과 욕망에 말을 건넨다.[6] 인

---

6) 카렌 암스트롱, 이다희 역, 『신화의 역사』, 문학동네, 2005, 15-18쪽. 여기서 저자는 신화를 구석기시대, 신석기시대, 초기 문명시대, 기축시대, 탈기축시대, 대변혁시대로 구분하

간의 한계를 설명하면서도 그것을 이겨내는 방법과 절망을 희망으로 바꾸는 방법을 우리는 신화에서 찾을 수 있다. 특히 '보이지 않는 세상'에 대한 통찰을 통해 현실을 풍성하게 받아들이게 한다. 신화는 공존과 평화의 원리를 제공한다.

초창기 신화는 언제 탄생하였을까. 네안데르탈인에게는 통합적 인식이 부족했는데, 후기 구석기시대(약 3만여 년 전) 현생인류에 의해 뉴런 혁명이 일어나게 된다. 소빙기(小氷期)와 같은 역경을 이겨내기 위해 뇌에서는 언어를 인식하는 부분, 박물학적 인식 부분, 사회적 인식 부분의 통합이 이루어지고, '철학적 사고의 최초의 불꽃'이 피어오르기 시작했다고 한다. 이 사람들에 의해 오랜 세월을 들여 신석기 혁명이 준비된다. 후기 구석기시대에서 신석기 혁명(1만 년 전)까지의 오랜 변화의 시기를 중석기라고 한다. 이 시기 수렵민들의 지식과 체험의 축적을 토대로, 신석기 혁명이 준비되고, 그 결과 농업이 시작되고 동물의 가축화가 이루어진다. 이 시기에 인류 안에 최초의 철학 형태인 신화가 만들어진다.[7]

물론 네안데르탈인에게도 신화가 존재했을 가능성도 있지만, 그것은 우리가 알고 있는 신화와는 매우 이질적인 것이었을 것이다. 또 하나의 가설은 구석기시대에는 신 관념이 없었는데, 신석기에 들어 신화가 탄생한다는 것이다. 알타미라 동굴벽화를 그린 사람들은 소를 그리고, 막연하게 '저 동물을 잡고 싶다'는 단순한 욕망을 표현하였다고 한다. 그 후 신석기시대에 와서는 신에게 '저 동물을 잡게 해 주세요'라는 기원의 대상이 된다.[8] 그러나 이 시기에 애니미즘과 토테미즘과 같은 원시종교도 생성되었고, 수렵의 신을 모시게 되는 내력의 <서귀포본향당본풀이>도 그런 본보기로 들 수 있다.[9]

여 서술하는데, 본고는 시대구분의 전제를 여기에서 원용한다.
7) 나카자와 신이치, 김옥희 역, 『신화, 인류 최고(最古)의 철학』, 동아시아, 2003, 17-18쪽.
8) 김융희, 『예술, 세계와의 주술적 소통』, 책세상, 2000, 21쪽.

구석기시대(3만 년 전-1만 년 전)의 수렵민은 사냥과 전쟁과 섹스를 신성하게 여겼고, 그들의 정신세계는 직접적이고 강렬하였다. 그들은 돌·나무·달과 같은 자연의 영속성을 숭배의 대상으로 삼았고, 벼락·일식·폭풍과 같은 자연현상을 두려움의 존재로 인식하고 있었다. 사냥에 민감한 바람의 영향을 반영한 <서귀포본향당본풀이>와 다른 차원에서, 강력한 바람을 신성시했을 것이고, 특히 일정한 시기(영등달)의 영등풍신에 대한 사유도 오래된 내력을 가진 것으로 보인다.

하늘에 대한 관념도 서서히 형성되기 시작하였을 것으로 보이는데, 인간과 천상을 매개하는 샤먼의 등장도 이 시기에 있었을 것이고, 사냥에 종교적 의미를 부여했을 것이다. 알타미라 동굴벽화의 새머리 가면을 쓴 사람들이 아마도 샤먼일 가능성이 높다.[10] 수렵사회에서 동물들은 열등한 존재가 아니라 뛰어난 지식을 가진 존재로 인식되는데, 사람들은 이 시기에 동물과 소통이 가능하였다고 상상한다. 그래서 신화 속에는 사람과 동물이 서로 대화를 주고받고, 혹은 사람이 동물이 되기도 하고, 동물이 사람이 되기도 하는 이야기가 전승된다. <천지왕본풀이>에서 인간세계에 인간과 동물이 모두 말을 하였는데, 대별왕이 송피 닷 말 닷 되를 뿌려 그때부터 짐승과 새가 말을 할 수 없게 되었다고 한다. 그래서 인간세계에 질서가 서게 되었다고 하는 바, 이때 비로소 문명(文明)의 세상이 왔다고 인간은 자부하는 것이다. 그것은 바로 인간 위주의 세상일 뿐이다. 그 이전에 인간과 동물과 심지어는 식물과도 소통할 수 있었던 세상은 무질서한 세상일 수도 있지만, 온 생명이 소통하는 신명(神明)의 세상이었을 것이다.

신화에서 즐겨 다루는 것은 안과 밖에 완전히 하나로 이어져 있는 장소, 동물과 인간이 똑같은 생물이었을 때의 일, 인간이 지금처럼 주위의 생물보다 우월한 존재가 아니라 동물들과 같은 말을 쓰고 대등한 관계에 있던

---

9) 조동일, 『한국문학통사』(개정 4판), 지식산업사, 2005, 53쪽.
10) 카렌 암스트롱, 『신화의 역사』, 32쪽.

때의 일이다.[11] 이런 신화에서 우리는 인간과 자연을 분리하여 자연을
무한 이용하는 도구로만 인식하는 서구적 이원론의 폐해를 치유할 수 있는
근거를 찾게 되는데, 인간과 생물의 공생관계에 관심을 둔 일원론적 세계
관을 확인할 수 있다. 신명(神明) 세상에서 문명(文明) 세상으로 넘어가는데,
어느 세상이 아름답고 살기 좋은 세상인가의 답변은 독자에게 미룬다.

동물은 인간보다 총명하여 세상의 신비를 잘 알고 있다. <창세가>를
본다면 미륵님이 불과 물을 찾아 나서는데 풀 메뚜기와 풀 개구리와 생쥐
를 통해 알아낸다.[12] <삼공본풀이>에서 자청비를 못살게 군 언니들은
청지네와 버섯이 되기도 하고, <칠성본풀이>에서 뱀이 인간으로 환생하
기도 한다. <천지왕본풀이>에서 천지왕은 못된 수명장자를 징치한 후,
수명장자의 딸은 팥벌레로 환생시키고 아들은 솔개로 환생시킨다. 그런
상상력의 근원은 구석기 수렵시대였을 것이다.

동물은 사냥의 대상이기도 하지만 숭배의 대상이기도 했다. 동물의 살과
뼈가 바로 인간의 생존에 긴요한 것이었기 때문이다. 이 시대에는 동물에
대한 죄의식을 지녀, 사냥 후 뼈와 두개골과 가죽을 재구성하여 진열하고
동물의 부활을 기대하였다고 한다.[13] 인간의 동물에 대한 경외감이 느껴진
다. 산 채로 탕에 넣으면서 그 아픔을 아랑곳하지 않고, 축제 때마다 산
물고기 잡기를 하면서 그 유희에 대해 부끄러운 줄 모르는 우리 시대의
천박함을 반성하지 않을 수 없다.[14]

---

11) 나카자와 신이치, 『신화, 인류 최고의 철학』, 28-29쪽.

12) 김헌선, 『한국의 창세신화』, 길벗, 1994, 231-232쪽.

13) <사만이본풀이>에서 사만이는 총을 사서 사냥에 나섰다가 풀섶에서 백년 해골을 발견
하고 고팡(庫房)으로 모셔와 조상으로 위하고부터 사냥이 잘되어 부자가 된다. 사만이가
백년 해골을 모셨던 생업수호신 신앙과 같은 행위는 수렵문화의 상징으로 산악지대, 중
산간 지대에 골고루 퍼져 있다.(윤순희, 「제주도 와산리 맹감제 연구」, 제주대학교 한국
학협동과정 석사학위논문, 2010, 43쪽) 인간의 뼈를 위하듯 동물의 뼈를 위한 것이 수렵문
화의 보편적 특성이었다. 북방민족들이 사슴이나 동물 머리를 집안에 장식하는 것도 애
초 동물의 뼈를 숭상하던 흔적이다.

신석기시대는 약 1만 년 전에 시작되었고, 이때 농업혁명이 일어났고 땅과 씨앗의 보이지 않는 힘에 대해 신성성을 부여하였다. 구석기시대와 마찬가지로 인간과 동물, 신과 인간, 동물과 식물은 서로를 북돋고 보충할 수 있다고 여겼다. 그래서 인간과 땅의 교감을 믿었다. 식물의 성장과 풍요를 기원하기 위해, 씨앗을 심을 때 남녀가 성교의식을 가지는 것은 흔한 일이었다. 농경을 주로 하는 민족의 민속과 민요 속에 그 잔재는 강렬하게 남아 있다. 식물의 신성한 힘을 순환시키기 위해 땅에 인간을 제물로 바치기도 했다. 이런 믿음은 "주는 것 없이 받기를 기대해서는 안 된다는 믿음이다. 그래서 받기 위해서 무언가를 돌려주어야 한다."15)는 데에 기인한다. 그래서 사람을 죽여 그 피를 제단에 뿌리면서 인간의 정성을 땅과 지신에게 표시했던 것이다. 인간을 제물로 바치는 의식을 무지하다고 바라보는 우리는 땅에 대해 과연 어떤 보상을 했는지, 땅이 주는 혜택에 대해 어떤 고마움을 표했는지 반문해 볼 일이다.

식물이 인간의 생명과 연관되어 있다는 신화도 이 시기에 다양하게 나타났다. 특히 식물 중에 꽃이 인간의 생명을 살리기도 죽이기도 한다는 이야기는 제주도본풀이에 풍성하다. <할망본풀이>에서 삼승할망이 서천꽃밭의 꽃으로 아이를 점지하고, <이공본풀이>에서 사라도령이 서천꽃밭의 꽃감관이 되고, 후에 아들인 할락궁이가 서천꽃밭의 환생꽃을 따서 죽은

---

14) 동물의 생명에 대한 경외감은 다음 시기에도 이어져, 중세에는 불교가 이를 구체화하여 육식 금기를 계율화하고 있다. 금생에서 못된 짓을 하면 죽어 지옥에 간다고 했고, 거기는 끓는 물이 부글부글거리는 곳이라고 했다. 그곳은 불교에서 말하는 화탕(火湯) 지옥이었다. 그 외에도 혀를 뽑는다는 발설(拔舌) 지옥, 뜨거운 철판 위에 올려지는 철상(鐵上) 지옥, 나무에서 칼날이 수시로 떨어져 살을 한 점씩 베어내는 검수(劍樹) 지옥 등이 있다고 한다. 그런데 이런 지옥이 우리 현실 속에 있다. 인간이 고기를 먹는 방식을 보면 알게 된다. 산 채로 고기를 뜨거운 물에 넣고, 혀를 뽑듯이 산 채로 다리를 뽑기도 하고, 산 채로 철판구이를 하고, 한 점씩 살을 저며 굽고 끓여 먹는다. 동물의 세계보다 더 잔인한 방식으로 죽이고 먹으면서도 부끄러워하지 않는다.

15) 카렌 암스트롱, 『신화의 역사』, 50쪽.

어머니를 살리고, 못된 재인장자를 멸망꽃으로 제치한다. <세경본풀이>
의 자청비 역시 서천꽃밭의 꽃으로 악의 무리를 제치함과 동시에 죽은
남편을 살린다. <차사본풀이>의 세 아들이 죽어 꽃으로 환생한다는 사유
도 이 시기의 것이다. 농경을 중시하게 된 제주사회에 가장 풍성하게 남아
있는 화소들이라 하겠다. '서천꽃밭'이야말로 탐라국 이전의 제주가 그려
낸 신화의 세계이다. 서천(西天)이란 용어가 불교의 서방극락에 의해 침륜
된 흔적은 있지만 사유체계는 매우 독자적이고 흥미롭다.

　신앙서사시의 흔적이 남아 있지만 고대 여성영웅의 이야기가 <할망본
풀이>다. 이 할망(할머니)은 '삼승할마님' '삼싱할마님' '불도할마님' '생불
할마님' 등으로 불리는데, '불도(佛道)'나 '생불(生佛)'은 불교에서 온 명칭이
고 '삼승'은 '생기다'의 고어 '삼'과 '이승, 저승'의 '승'을 합한 말로 '아이를
잉태시키는 세상의 여신'[16]이라 하겠다. 삼승할망은 하늘에서 꽃씨를 얻어
지상으로 내려온 후 석해산에 서천꽃밭을 만들고, 여기에 피어 있는 생불
꽃을 따다가 부부 사이를 다니며 아이를 잉태시킨다고 한다. 명진국 따님
애기와 동해용왕 따님애기의 투쟁은 여성영웅의 대결담이다. 명진국 따님
애기가 옥황상제의 명을 받고 내려왔다는 설정은 후대의 변이다. 하늘에서
내려왔다는 것은 육지의 영향이고, 고대 혹은 중세 이념의 채색일 가능성
이 높다.

　땅으로부터 인간이 탄생한다는 신화적 사유도 이 시기의 것이다. "유럽
과 북미의 초기 창조신화는 최초의 인간이 식물처럼 대지로부터 솟아올랐
다고 상상한다. 최초의 인간은 씨앗과 같이 지하세계에서 생애를 시작한
다."[17]는 흥미로운 발언을 들으며 제주의 지중용출(地中湧出) 화소의 신비
가 말끔히 해결된다. 제주의 대부분 신들은 땅에서 솟아났다. 제주 건국신
화인 삼성신화에서도 고·양·부 삼신이 땅에서 솟아난다. 남신이건 여신이

---

16) 현용준, 『제주도 신화의 수수께끼』, 집문당, 2005, 57쪽.
17) 카렌 암스트롱, 『신화의 역사』, 51쪽.

건 대부분 땅에서 솟아나는데, 제주신화의 탄생담은 육지의 신들이 대부분 하늘에서 내려왔다는 천강(天降) 화소와 다르다. 천강화소가 고대국가 건설기 지배자의 신화라고 한다면, 제주의 것은 이보다 앞선 시기 농경을 위주로 하는 신석기시대의 신화다. 유럽 등지의 초창기 창조신화에는 어느 빈도로 나타나는지 모르지만, 동아시아 근역에서 지중용출(地中聳出) 화소는 흔치 않다. 일찍이 오바야시(大林太郎)는 지중 출현의 신화를 소개하면서 첫 번째로 제주 삼성신화를 들었는데, 이런 기원신화를 미개농경민 사이에 넓게 분포한다고 했다. 그러면서 "그 근저에 여성원리로서의 대지 혹은 어머니인 대지의 관념이 있다"고 한 롱(C.H. Long)의 견해를 반박하면서 동굴이 여성성과 관련이 없다는 식으로 말꼬리를 흐리고 있다.[18] 신석기 농경민의 사유를 담은 좀더 근원적인 화소를 두고 '미개'하다는 식의 논리를 편 점이나 대지의 생명력과의 연관성을 묵살한 점을 보면서 제국주의 학자의 한계를 절감하게 된다.

모든 생명이 땅에서 솟아난다는 것을 감안한다면 지극히 평범할 수 있지만, 인간이 땅에서 탄생하고 또한 죽음과 재생을 반복하는 식물의 영원성을 획득한다는 점에서 신성한 힘이다. 왜냐하면 식물은 무한한 생명의 회로(cycle)를 갖는 데 반해 인간은 유한한 생명이기 때문이다. "명사십리 해당화야 꽃 진다고 설워 마라 / 명년 삼월 봄이 오면 너는 다시 피련마는 / 우리 인생 한번 가면 다시 오기 어려워라"라는 흔한 민요 가락 속에서 인간의 유한한 삶에 대한 탄식을 읽을 수 있다. 그러면서 식물의 무한한 삶을 부러워한다. 신화의 상징성을 풀어내면 인간의 바람이 얼마나 간절했는지 알 수 있다. <프로셀피네> 신화는 1년 중 3분의 1을 지중에 매몰되어

---

18) 大林太郎, 권태효 외 역, 『신화학입문』, 새문사, 1996, 100-101쪽. 地中 출현 신화로, 앗삼의 로타·나가族의 세 胞族(이것 역시 3인의 형제가 선조로 등장한다), 멜라네시아 토로부리안도의 인류 한 쌍, 북미 남서부 스니族의 신화 등을 소개하였을 뿐 그 연구성과가 미미하다.

있다가 지상으로 돌아오는 식물의 삶을 의인화한 것이며, 한편 그런 식물의 무한한 삶을 닮으려고 한 인간의 소망이 반영된 것이다. <오이디프스> 신화는 오이디프스가 어머니와 성적 관계를 갖고 파탄에 이르는 표면적 스토리에 매달려서는 읽히지 않는다. 씨앗이 대지모(大地母)와 결합하는 무한한 삶과 남자와 여자가 결합하는 유한한 삶을 대비시키고, "땅으로부터 출생하는 식물을 인간의 모델로 보는 사고"[19]를 반영한 것으로 이해해야 한다. 그런 측면에서 제주 신화의 주인공이 땅에서 솟아난다는 것은 '식물과 같은 무한한 생명력의 산출'이란 신성성을 상징한다고 하겠다.

어머니 여신이 죽어 거기에서 작물이 기원하고 음식의 근원이 마련되었다는 신화도 땅과 생명력의 결합으로 이루어진다는 점에서 위의 신화와 유사한 것이다. 죽은 몸에서 만물이 기원한다는 시체화생(屍體化生) 신화는 세계 보편적이다. 중국의 반고처럼 남신인 경우도 있다. 그런데 어머니 여신이 살해당하고 거기에서 인간의 농경과 새로운 문화창조가 가능하게 되었다는 '하이누벨레형' 신화가 주목되고, 이를 <초공본풀이> 자지맹왕 아기씨의 죽음과 연관시키는 연구 성과도 관심을 기울일 대목이다.[20] 이런 유형의 것으로 일본의 <오오케츠히메 신화>와 <우케모치 신화>가 있는데, 주된 내용은 신의 배설물을 통해 음식물 등을 건네주다가 살해되고, 신의 몸에서 농경재배에 필요한 갖가지 내용물이 나온다는 점이다. 제주의 <문전본풀이>에서 노일제대각시의 딸이 죽어 화장실의 신이 되고 몸은 여러 가지 해산물이 되는데, 역시 이 이야기 속에도 배설물과 음식의 연결

---

19) 레비 스트로스, 임봉길 역, 『신화학』 1-날것과 익힌 것, 한길사, 2005, 63쪽.
20) 김헌선, 「태평양 신화의 구조적 지형학 소묘」, 『탐라문화』 37호, 2010, 42-45쪽. 그는 '어머니의 출병막'에 주목하여 어머니의 살해 증거를 삼고 있으나, 시신이 없다는 점이 결정적인 약점이라고 했다. <영실 오백장군> 혹은 <설문대할망설화>에서 죽은 어머니를 먹는 이야기도 여신 살해의 화소와 연관성이 있을 것 같다고 유추하고 있다. 신석기 혁명 이후 세계의 중심은 여신이고, 이 여신은 죽음과 싸우고 인류에게 먹을 것을 가져다 준다는 점에서 <설문대할망설화>도 '하이누벨레형'과 비교할 만하다.

고리가 있다.

　노일제대귀일의 딸은 변소의 신, 즉 측도부인(厠道婦人)이 되고, "일곱 형제가 달려들어 죽은 위에 다시 복수하려고 두 다리를 찢어 발겨 드딜팡 (디딤돌)을 마련하고, 대가리를 끊어 돝도고리(돼지 먹이통)를 마련하고, 머리털은 끊어 던지니 저 바다에 가 폐(해조류)가 되었다. 입은 끊어 던지니 바다의 솔치가 되고, 손톱·발톱은 끊어 던지니 쇠굼벗·돌굼벗(딱지조개의 일종)이 되고, 배꼽은 끊어 던져 버리니 굼벵이가 되고, 항문은 끊어 던져 버리니 대전복·소전복이 되고, 육신은 폭폭 빻아서 날려 버리니 각다귀·모기가 되었다"[21] 해조류나 해산물의 유래를 설명하는 이야기인데 그것들이 사람의 시체에서 왔다는 사유다. 인간세계의 것과 자연세계의 것 중 닮은 것을 짝지어, 인간과 자연이 순환하는 관계임을 은연 중에 드러내고 있다.

　그런데 여기서 화생한 생물들이 몸의 신체부위와 외형상 유사함을 드러내는 면모가 강해, 이것들이 인간의 농경재배에 필요한 내용물과는 다소 거리가 있다고 보이며, 이 이야기는 '하이누벨레형' 신화의 변이형 혹은 후대형이라 하겠다. 원한과 복수, 선악의 대결이란 범인적 사유가 깊게 개입된 것으로 보아 중세서사시적 변모라고 볼 수 있지 않을까 한다.

3 고대 · 중세서사시적 특징과 변모

　신석기시대에서 초기 문명시대로 접어드는 그 사이에 인간은 전 지구적으로 큰 홍수를 경험하게 된다. 인간은 자연의 변덕스럽고 파괴적인 힘에 맞서 초인적인 노력을 하게 되는데, 이런 흔적이 메소포타미아인의 홍수신화에 잘 나타나 있고, 그것이 '아트라하시스'다. 세상의 창조는 진행 중이었다. 혼돈에 맞선 신들의 투쟁은 계속되고 있었고, 인류 또한 무질서와 혼란

---

21) 현용준, 『제주도신화』, 서문당, 1996,196쪽.

을 잠재울 신성한 힘의 유입을 필요로 하고 있었다. 이 재난과 혼돈의 치유를 위한 요구가 창조신화였다.[22] <천지왕본풀이>에서 대별왕과 소별왕은 천상계 신의 혈통을 잇는 신성한 힘을 바탕으로, 인간세계의 무질서 가운데 매우 위중한 현상이라 할 해와 달이 두 개인 천문현상을 조절하게 된다. 대별왕과 소별왕은 천상계의 아버지(천지왕)와 지상계의 어머니(총맹부인) 사이에서 태어나 신이면서 인간인 '신인(神人)'의 지위에 있다. 그들이 이루어내는 성과는 무질서의 조정일 뿐이지 우주 창조에는 미치지 못한다.

창조신화는 <천지왕본풀이>의 서두격인 <초감제>다. 진정 이것이 초기 문명시대의 고대서사시가 출현하기 이전에 형성된, 창세의 본령을 이루는 신화일까. <초감제>를 포함한 <천지왕본풀이>는 생명의 기원에 관한 정보를 제공하지 않는다. 하늘에서 청이슬이 내리고, 땅에서 흑이슬이 솟아 합수(合水)되고 만물이 생겼다는 간단한 서술만 있다. 단계적인 창조의 과정이 생략되어 있다. 창조신화는 무질서와 혼란이 가중될 때 이를 해결하기 위한 목표, 대립이 심각했을 때 이를 멈추려는 의도에서 만들어졌다. 하늘과 땅이 정연해지고 그 사이 인간과 만물이 차례로 배열되고, 인간과 동물이 구분되고, 이승과 저승도 엄연히 구획되었다는 이야기는, 혼돈과 무질서가 판치던 태초의 그때를 서술하기 위한 장치가 아니라 지금의 질서를 이야기하기 위한 것이다. <천지왕본풀이>에서 해와 달이 둘인 우주현상을 해결한 대목 다음에서 15 성인의 도업이 제시된다. 천황씨, 지황씨, 인황씨, 유소씨, 수인씨, 복희씨, 신농씨로 이어지는 중국 신들의 계보는 무엇을 의미하는 것일까. 하늘과 땅과 인간이 생기고, 집을 짓고 살게 되고(有巢), 불을 발견하여 생활이 윤택해지고(燧引), 가축을 기르고 물고기를 그물로 잡고(伏犧), 농사를 지어 풍요롭게 되었다는(神農), 가지런한 발전의 논리가 질서의 세계를 암시한다. 그 자체로는 문화사의 발전단계에 대한

---

22) 카렌 암스트롱, 『신화의 역사』, 71-79쪽.

서술이어서 고대국가 형성기의 사정을 말해주지만, 제주도본풀이 속에 녹아 있다는 것은 그것이 중국의 중세문명을 받아들여 통치 질서를 완비하였다는 의미로도 읽힌다.

앞에서 제시하였듯이 신명의 시대는 끝났고 문명의 시대가 도래하였음을 강조하는 인간 위주의 이야기이고, 질서와 문명을 위해 대별왕과 소별왕의 이승 차지 내기와 같은 투쟁이 본질인 시대가 오고 있었고, 투쟁에서 승리한 영웅의 시대가 오고 있었다.

고대 영웅은 괴물과 싸운다든지 지하세계를 방문한다든지 여신과 대화를 나눈다든지 하는 영웅이나 샤먼의 전형적인 업적에 관한 이야기다. 우리나라의 경우 이웃나라와 투쟁에서 승리하는 건국신화가 주류를 이루고 있다. 한반도에서 여성영웅의 이야기는 미미한 편이다. 고대국가가 건설되면서 그 이전의 여성영웅과 관련된 전승은 파괴되는 것이 일반이었고, 남성영웅의 이야기에 여성영웅의 이야기가 편입되어 신화 주인공의 어머니 신격으로 목숨을 부지하는 경우도 있었을 것 같다. 주몽의 어머니 유화나, 수로의 어머니 정견모주나, 혁거세의 어머니 선도성모가 그 대표적 신격이다. 제주 당본풀이에서는 여성영웅이 남성영웅에 부속된다거나 주인공의 어머니 신격으로 남는 것은 흔치 않다. 여성신이 남성신과 대결하여 당당히 이기고 좌정하는 당본풀이가 많다. 육지의 남성영웅 건국신화와는 지형도가 다르다. 일반신본풀이에서도 역동적인 여성영웅을 만나게 된다. 자기 복에 먹고 산다고 선언하다가 집에서 쫓겨났지만 자신의 의지와 능력으로 운명을 개척한 '가문장아기'(삼공)라거나, 자신이 사랑한 남자를 찾기 위해 온갖 어려움을 이겨내고 하늘나라의 시련과 시험을 통과하여 당당히 농업신이 되어 지상세계로 내려오는 '자청비'(세경)는 여성영웅의 면모를 강하게 지닌다. 그러나 여성신은 남성신에 대한 희생적 행동을 통해 그 존재가치가 부각된다. 사라도령과 함께 꽃감관을 살려 떠나다가 출산이 임박하자 남편만을 떠나보내고 자신은 자현장자의 집에 의탁하여 온갖 시련을 견뎌

내는 '원강암이'(이공)는 주체적인 여성영웅이기보다는 남성신에 부속된 인물이다. 이처럼 여성영웅시대가 남성영웅시대로 이행해 간다.

여성 문화영웅의 흔적이 남아 있는 <초공본풀이>를 보자. 아기씨가 집에서 쫓겨나 방랑하다가 자기를 임신시킨 주자 선생을 만나게 되는 대목에서 우리는 즐거운 해후를 기대했다. 그러나 주자 선생은 아기씨에게 두 동이의 엄청난 벼를 손톱으로 까라는 시련을 준다. 아기씨가 손톱으로 껍질을 까다가 힘이 들어 잠깐 잠이 들었을 때 참새들이 날아와 모든 벼의 껍질을 까주고 간다. 이 모습을 본 주자선생이 아기씨를 인정하게 된다. 우리는 여기서 콩쥐팥쥐와 신데렐라 이야기를 만난다. 의붓어미는 콩쥐가 왕실의 파티에 참석하지 못하도록 벼의 껍질을 까는 일을 부과하였는데, 참새들이 날아와 모두 해결해주었다는 이야기다. 서양에서는 요정의 도움이고 우리나라에서는 선녀의 도움이 있다. 하늘의 은혜를 입는 주인공은 왕비가 되거나 신격이 된다. 하늘의 권능과 여주인공의 능력이 닿아 있다. <초공본풀이>의 아기씨는 곡식을 먹을 수 있도록 해주는 곡모신의 모습이 아닐까. 앞에서 살핀 주몽의 어머니 유화는 아들에게 오곡의 종자를 보내는 곡모로서의 능력을 갖는데, 삼형제의 어머니인 아기씨는 유화의 권능과 대비된다. <제석본풀이>에서 당금애기는 아이의 탄생을 주재하는 삼신이 되었듯이, <초공본풀이>의 아기씨는 곡식과 연관되는 생산신의 모습을 애초에 지녔는데, 후에 어머니의 역할은 축소되고 삼형제 무조신의 능력만이 남게 되었던 것으로 보인다.[23]

<할망본풀이>도 여성영웅서사시의 반열에서 논할 수 있다. 명진국 따님애기와 동해용왕 따님애기의 투쟁은 여성영웅의 대결인데, 옥황상제의 명을 받고 내려왔다는 명진국 따님애기가 승리하여 삼승할망이 된다. 그러나 이 <할망본풀이>도 불교적·도교적 윤색이 많아 고대와 중세의 성격을

---

23) 이에 대한 자세한 언급은 제주대학교 한국학협동과정 편, 『이용옥 심방 본풀이』, 탐라문화연구소, 2009, '개요' 참조.

겸비한다. 이승과 저승, 선과 악의 관념도 개입된다.

제주는 중세이념을 받아들이지 않아 고대국가로만 머물다가 백제에 이어 신라에 복속되었다. 무속은 불교·유교와 갈등관계에 있었다. 이후 조금씩 중세이념을 받아들이게 되었고, 이런 변화가 신화 본풀이에도 영향을 미쳤다. 불교가 먼저 무속과 서서히 습합되고, 유교는 18세기 이형상 목사의 탄압 이후에도 뿌리를 내리지 못했다. 조상신 숭배 관념이나 유교의 좌도로 일컬어지는 풍수사상의 수용은 일찍부터 가능했던 것으로 보인다. 중세이념의 접촉과 더불어 신화에 보다 내적이고 윤리적인 해석이 부여되었다. 윤리적인 가르침은 신화에 새 생명을 불어넣기도 했다. 본풀이 속에서 악인은 반드시 징치되는 법칙을 준수한다. 일반신본풀이의 서두를 장식하는 <천지왕본풀이>에서의 수명장자, <이공본풀이>에서의 자현장자는 악인의 전형이고 그래서 그 가족까지 철저히 응징된다.

중세에는 '아담과 이브'처럼 원죄의 신화도 재창조된다. 신화를 너무 이성적으로 이해하여 수용하고 변용하던 시대가 아니었던가 생각한다. <천지왕본풀이>에서 대별왕과 소별왕은 꽃피우기 내기를 통해 이승차지 경쟁을 한다. 소별왕이 꽃피우기 경쟁에서 질 것을 알고 잠자기 내기를 청하고는 꽃을 바꿔치기한다. 위계로 내기에서 이긴 소별왕이 이승을 차지하고 형인 대별왕은 저승을 차지하게 된다. 그래서 인간세계에는 살인, 역적, 간음, 도적이 들끓는 부정한 세상이 되었고 저승세계의 법은 맑고 공정하다고 한다.[24] 신이 저지른 원죄 때문에 인간세계가 부정한 세상이 되었고, 이 세계를 원천적으로 부정한 곳으로 보는 사고가 생겼고, 우리들 현실적 인간을 부정한 존재, 부도덕한 존재로 보는 사고와 직결된다.[25]

---

24) 이에 대한 자세한 것은 허남춘, 「제주서사무가에 담긴 과학과 철학적 사유 일고찰」, 『국어국문학』 148호, 2008, 106-107쪽 참조.

25) 이수자, 「제주도 창세신화를 통해 본 민족문화의 정체성」, 『한국신화의 정체성을 밝힌다』, 비교민속학회 학술대회 발표집, 2007, 251-252쪽.

그러나 무속은 중세이념과 불화를 거듭했고, 불교와 유교의 불화의 흔적도 본풀이 속에 수차례 드러난다. 우선 <초공본풀이>를 보자. 삼형제가 장원급제를 하자 삼천 선비는 배가 아파 상시관에게 탄원하게 된다. 중의 아들을 급제시키고 양반의 자식은 낙방시킨다고 진정하자, 중의 자식인지 확인하기 위해 음식상에 고기를 올리니 삼형제가 먹지 않는 것을 보고 낙방시키게 된다. 유교 양반에 의해 중의 자식이 핍박받는 대목이다. 서두에 "주자선생이 중의 복장을 하고 주년국 땅으로 내려왔다"[26]는 대목을 보면 왜 중의 이름이 '주자'인지, 거기에 선생이란 호칭까지 덧보됐는지 의심이 갈 정도로 유불 동거의 시대도 있었던 것 같다. 아마 고려시대의 지배이념인 불교와 통치이념인 유교가 공존하던 시절의 반영이 아닌가 한다.

중의 자식들이 과거를 보는 대목도 흥미롭다. 당시 과거제도는 유교의 인재등용법으로 유용한 제도였다. "과거는 천인이 아닌 양인이라면 한문 능력시험을 거쳐 관직에 나아갈 수 있도록 하는 제도여서 획기적인 의의를 가졌다. ……기회균등의 명분을 그대로 실현하지는 못했어도, 신분의 고착을 완화하는 데 상당한 기여를 했다"[27] 즉 신분에 따라 관직을 담당하던 기존의 관습을 파탈시켰고, 인문학을 중시하고 사람을 중시하는 긍정적인 파급효과가 있었다. 그런데 중이 비하되고 불교가 탄압 받는 장면은 조선조 억불정책 하의 시대상이 느껴진다.

<차사본풀이>에서 아들 셋의 명을 잇기 위해 중이 되어야 한다는 점괘가 나오자, "양반집에 사당 공사가 나는구나."라고 탄식하는 장면과, 세 아들이 절에서 나와 과양생이 집을 방문하자 처가 나오면서 대뜸 "수별감아, 수머슴아, 어서 나와 이 중 귀 잡고 엎질러서 마당에 놓아 멍석걸이하여라."[28]라는 장면이 나온다. 중이 되는 것은 양반집의 수치라고 여기는

---

26) 현용준, 『제주도신화』, 41쪽.
27) 조동일, 『동아시아 문명론』, 지식산업사, 2010, 73쪽.

관념에 덧보태, 중이라면 볼 것 없이 멍석말이를 할 수 있던 승려 비하의
인식이 유교와 불교의 불화를 증명해 준다.

  이에 대한 불교의 반격도 만만치 않다. 물론 민초들을 등에 업고 이루어
지는 보복이다. <초공본풀이>에서 중의 세 자식은 일흔 다섯 자 되는 칼을
만들어 이 칼을 한 번 휘두르면 하루 천 명씩 양반의 모가지가 떨어지게
된다. 자신들의 장원급제를 방해한 양반 출신 삼천 선비에 대한 징치 치고
는 너무 잔인하다. <삼공본풀이>에서 나쁜 사록을 "지위 높고 자리 높은
박종실 집으로 쫓아버리자"라고 하면서 양반 권세가에 대한 증오도 있다.
<세경본풀이>에서 정수남이 배고픔을 이기기 위해 밥을 빌러 가지만 부
잣집에서는 인색할 따름이다. 그래서 가난한 집에서 허기를 채운다. 그때
세경신은 '큰 농사는 망하게, 작은 농사는 흥하게'하는 조치를 취한다. 무속
의 세계에서 바라본 지배계층에 대한 불신과 원망의 정서가 잘 드러나는
현장성을 접하면서, 그것이 지배계층의 이념인 유교에 대한 태도에 다름
아님을 느끼게 된다.

  고대와 중세가 중첩된 현상을 <세경본풀이>를 통해 정리해 본다. 분명
<세경본풀이>에는 고대적 잔재가 도처에서 발견된다. 자청비가 서천꽃밭
에 가서 말죽을 먹일 때, 말총으로 말의 혀를 묶어 음식을 먹지 못하게
하는 트릭을 쓰는데, 이는 주몽이 말의 혀에 바늘을 꽂아 음식을 먹지 못하
게 하는 행위와 너무도 유사하다. 자청비는 서천꽃밭의 부엉이를 화살 한
대로 제압한다. 활쏘기와 말을 다루는 능력에서 여성영웅의 면모를 지녔
다. 게세르 신화의 여성영웅 '알마 메르겐'을 연상케 한다.[29]

  정수남이의 말 껍질 벗기기는 고기를 먹고 난 뒤의 장난스런 행위로

---

28) 현용준, 『제주도신화』, 90–92쪽.
29) 알마 메르겐은 말타기, 활쏘기 실력에서 뛰어난 능력을 발휘한다. 어떤 경우에는 하늘신,
   지상의 용사가 할 수 없는 일도 감당한다. 심지어 게세르를 구출하는 여성영웅이다. 물론
   게세르 신화는 중세에 만들어진 것이긴 하지만, 고대 유목민족의 신화적 원형이 많이
   담겨 있다. 일리야 마다손, 양민종 역, 『바이칼의 게세르 신화』, 솔출판사, 2008.

보아선 안 된다. 이 문제를 해결하기 위해 일본신화의 예를 보자. 신공왕후
의 신라 정벌과 관련된 <고사기(古事記)>의 기사를 보면, 천황이 죽자 빈소
에 유체를 안치하고 폐백을 거두어 들인 후, 짐승을 산 채로 벗기는 죄,
관개수로를 메우는 죄, 신성한 제장에 대변을 누는 죄, 부모와 자식 간에
간음한 죄, 말·소·개·닭들과 간음한 죄 등을 열거하여 국가적인 차원에서
부정을 없앴다.[30]

스사노오가 아마데라스 신을 능멸하고 모욕하기 위해 심한 행동을 했는
데 위의 부정적 행위와 다름이 없었다. "밭둑을 무너트리고, 관개용 수로를
막고, 밭에 물을 끌어들이는 나무 통로를 부숴버리고, 씨앗을 뿌린 곳에
다시 또 씨앗을 뿌리고, 남의 밭에 막대기를 꽂아 빼앗고, 말 껍질을 벗기고,
대소변과 같은 오물을 뿌리고 하였다"[31]

이런 행동은 놀부의 악행과 비슷하다. 이를 두고 최진원 선생은 "우물
밑에 똥 누기, 오려 논에 물 터놓기, 패는 곡식 싹 자르기, 논두렁에 구멍
뚫기, 호박에 말뚝 박기"는 지연(地緣, 生成力, 농경)의 방해이고, "초상난
데 춤추기, 해산한 데 개 잡기, 과객 내쫓기, 아이 밴 계집 배 차기"는 영연
(靈緣, 生生力, 금기)의 모독이라고 했다.[32] 일본신화에서 부정을 불식하는
행위 또한 농경을 방해하고 금기를 모독하는 두 가지 행위에 대한 주술적
정화의식이었다. 결국 정수남의 '말 껍질 벗기기'는 금기 모독을 들추어내
어 정화시키는 의식이 원천에 흐르고 있다. 정수남을 징치하는 자청비는
여성영웅적 존재였다.

그러나 앞에서도 언급했듯이 자청비의 행위는 지극히 경쾌하게 흐르고,

---

30) 노성환 역, 『고사기』, 예전, 1990, 179쪽.
31) 『古語拾遺』, 현대사조사, 1976, 193쪽.
32) 이 부분은 최진원 선생의 미출간 원고의 일부에서 영감을 떠올렸다. 선생께서는 놀부의
    심술을 언급하면서 "罪·惡이기는 하지만, 도덕적 책임은 없다. 놀부는 속죄양 – 이 세상
    의 모든 사(邪)를 혼자 짊어지고 먼 곳으로 추방당하는 재웅(芻靈) – 이기 때문이다"하고
    하였다. 그러면서 놀부의 심술을 '불(祓)'의 차원에서 본 바 있다.

이야기의 진술방식이 로망·로맨스에 가깝게 변했다. 우선 자청비의 탄생담을 보면 원불수륙제의 기자 소원이 정성 부족으로(늘 하나가 부족) 여자로 태어나는 유형적 이야기다. <초공본> <칠성본> 등 많은 이야기기 이런 유형에 속한다. 원불수륙제는 불교의 전형적 제의이고 조선 중엽까지 왕실에서 거행된 바 있다.[33] 제주도 본풀이가 무불습합의 사상적 토대 위에서 변모해 갔고, 불교적 흔적을 도처에 남기게 된다. 그런데 정성 하나가 부족하여 딸로 태어나고 혼사장애를 거쳐 원하는 바를 성취하는 고전소설의 '혼사장애' 모티프를 많이 닮아 있다. 고전소설은 중세에서 근대로의 이행기에 대거 등장했고, 이후 근대문학의 주도적 장르라고 하겠다. 그리고 자청비의 발랄한 사랑에는 근대를 지향하는 <춘향전>에 필적할 만큼 로망·로맨스적 성격이 두드러지게 나타나고 있으므로, <세경본>은 중세적인 질서를 넘어서서 중세에서 근대로의 이행기적 서사시라고 할 수 있겠다.

조동일 교수는 신이고 영웅이고 범인(凡人)이기도 한 성격을 지니되 범인의 속성이 짙게 나타나면 '범인서사시'로 보아야 한다며, "제주도의 당본풀이와 다른 일반신본풀이는 중세에 들어와서 다시 만든 범인서사시라 할 수 있다. 다른 어디서나 범인서사시의 가장 긴요한 주제로 삼은 애정갈등을 다룬 솜씨가 탁월하다"[34]고 하며 그 대표적인 것으로 <세경본풀이>를 들고 있다.

일반신본풀이에 흥미 위주의 개작과 변모가 많이 나타나는 것은 당연한 귀결이다. 육지에서 건너온 것이 많고 시대적 변화를 충실하게 반영한 구비서사시이기 때문이다. 그러나 한편 일반신본풀이는 농신(農神), 문신(門神), 산육신(産育神), 무조신(巫祖神) 등의 신격이 주인공인 원형에 초점을 맞추어 살필 필요도 있다. 그만큼 신이고 영웅이고 범인인 성격이 혼재되

---

33) 허남춘, 「음사로 정의된 기층신앙의 실태 연구」, 『인문과학』 31집, 성균관대학교 인문과학연구소, 2001, 498쪽.
34) 조동일, 『동아시아 구비서사시의 양상과 변천』, 40쪽.

어 있는 것을 세밀하게 나누어 보아야 한다는 제안이다. 자청비는 세 번 옷을 벗는다. 첫째 서당을 마치고 집에 돌아오기 직전 자신이 여성임을 알리기 위해 문도령과 목욕을 제안하고 옷을 벗는다. 둘째, 정수남의 꼬임에 문도령을 만나러 나섰다가 짠 범벅을 먹고, 정수남에게 속아 옷을 홀딱 벗고 음부를 드러내고 물을 먹는 장면이다. 셋째, 서천꽃밭에서 정수남의 원혼인 부엉이를 잡기 위해 옷을 벗고 눕는다. 이 세 장면이 모두 같은 것은 아니다. 첫째는 세속적이고 낭만적이며, 둘째는 트릭과 위계에 의한 고난이며, 셋째는 원초적 생생력(生生力) 상징이다. <세경본풀이>가 변모를 거듭하며 흘러온 과정이 세 번의 옷 벗기에 담겨 있다고 하겠다. 제주도 본풀이 속에 세 번째와 같은 원초적인 요소가 남아 있지만, 이 본풀이는 서서히 두 번째의 요소를 담아내다가 첫 번째와 같은 세속적이고 낭만적인 문맥으로 바뀌어 가는 것으로 보인다.

4. 근대와 신화

중세의 역사는 신화적 차원을 수용할 수 있기도 했거니와, 중세의 유교나 불교는 필요에 따라 신화를 수용하기도 했다. 그러면서 인간에게 도덕적·윤리적 가르침을 강화해 나갔다. 신화 속에 선악, 시비, 효열을 강조하는 문맥은 이 시기에 강화된 것으로 본다. 그러나 중세 질서가 완고하던 시기가 지나면서 윤리적 관념도 흔들리기 시작한다. 근대 이행기를 맞으면서 근대적 자본주의의 맹아가 이루어지고 인간의 욕망과 이기주의가 꿈틀대기 시작하고 그런 조짐이 신화 속에도 반영된다.

<차사본풀이>는 저승사자에 관한 이야기다. 그런데 인간에게 경배의 대상인 염왕이 징치의 대상이 되고 저승세계의 질서는 흔들린다. 강림이가 저승에 가서 염왕을 공격하자 호위군사는 도망하고 염왕은 강림이 앞에서

벌벌 떤다. 결국 수갑을 차고 밧줄에 묶여 호송되는 신세가 된다. 열세에 놓인 인간이 신을 거부하고 조롱하는 모습이 역력하다. 그러나 기존 질서 전체를 허물지는 못 했다. 강림이는 나중에 염왕 아래에서 저승사자의 역할을 하게 되니, 왕과 신하의 상하관계를 역전시켜 중세질서의 굴레를 벗어나기 위해서는 좀 더 시간이 필요했다.

우리는 여기서 악인의 전형인 '과양생이의 처'를 주목하게 된다. 그녀는 단순한 악인의 모습이기보다는 근대 이행기적 성격을 띠고 있다는 점이다. 버무왕의 아들 삼형제가 절에서 머물다 집에 돌아오는 길에 과양생이 집에서 밥을 얻어먹고 명주 비단을 꺼내 인사치례를 하자, 과양생이의 처는 그것을 보고 눈이 휘둥그레지며 탐심을 갖게 되고, 결국 삼형제를 살해하는 반윤리적 행위를 서슴지 않는다. 삼형제가 죽어 구슬로 화하고 그것을 삼킨 과양생이의 처는 아들 삼형제를 낳게 되고, 그들은 자라 과거를 보게 된다. 아들 삼형제가 과거 급제하여 돌아오는데, 자기 자식인지 모르고 그 경사를 배 아파하면서 죽어버리라고 저주를 퍼붓는다. "아따, 어떤 놈의 집안은 산천이 좋아서 과거를 하고 오는가? 우리 집 아들들은 어디 가서 남의 손등에나 죽었는가. 발등에나 죽었는가. 저기로 과거하고 오는 놈일랑 내 앞에서 모가지가 세 토막에 부러져 뒈어져라."[35] 결국 삼형제는 어머니의 저주 때문에 목이 부러져 죽는다. 말의 주술성을 실감하게 하는 대목이지만, 변화한 당시의 세태가 먼저 읽힌다.

과양생이는 자기 자식들이 죽자 억울하다고 하면서 하루에 세 번, 100일 동안 원님께 소지(所志)를 올리며, "개 같은 원님아"라고 욕설을 퍼부으며 하소연하니, 원님이 강림이를 저승세계에 보내는 상황이 생기게 된다. 100일 정성의 신성함은 느껴지지 않는다. 자기 자식은 끔찍이 위하지만 남의 처지는 아랑곳하지 않는 태도, 하루에 세 번 씩 100일 동안 끈질기게 물고

---

35) 현용준, 『제주도신화』, 97쪽.

늘어지는 맹목적인 어머니의 사랑을 보면서 우리 시대의 이기적인 어머니를 떠올리게 된다. 자식의 출세와 성공을 위해 경쟁에서 반드시 이겨야 한다고, 남을 짓밟더라도 이겨야 한다고 가르치는 우리 시대의 어머니, 하루에 세 번이건 네 번이건 학원에 다녀야 하고 쉴 틈도 주지 않고 몰아치는 어머니들이 떠올랐다. 아들의 대학 입시와 성공을 위해 절과 교회에서 100일 기도를 마다 않는 우리 시대의 어머니들이 떠올랐다. 자식을 위한 위장전입과 강남 진입을 위한 투기는 죄가 아니라는 지배계층의 비양심이 겹쳐진다.

그렇게 극성을 부려 과양생이의 처는 성공했는가. 결국 실패하고 말았다. 그렇다면 우리 시대의 어머니들의 욕망은 어찌 될 것인가. 나는 과양생이의 처를 보면서, 극성스런 강남(江南) 아줌마의 패망 스토리를 떠올리게 된다.

근대 자본주의 상품 화폐 경제가 등장하던 시기에 생겨난 판소리, 그 중에서 시대상을 잘 보여주는 <흥보가>의 놀부를 함께 떠올리게 된다. 금전만능의 풍토에 젖어 있던 놀부의 패배는 반윤리적인 이윤 추구, 탐욕스런 이기주의의 패배다. 자본의 성장과정에 따르는 윤리의식의 문제가 놀부를 통해 제기된 셈[36]인데, 과양생이의 처는 놀부의 '반윤리와 이기주의'를 빼닮았다. 그래서 <차사본풀이>에서는 고대의 신앙이 부정되고, 중세적 윤리도 부정되는 근대 이행기의 그림자를 보게 된다.

근대를 맞으면서 중세적인 모든 것이 청산되고, 그것들은 '전근대적'인 것으로 통칭되면서 몰가치의 대상처럼 여긴다. 신화와 종교가 함께 미신과 비논리로 처단 당했다. 그렇게 해서 만든 그들의 근대는 어떤가. 세상을 너무 현실주의의 테두리에 가두고 답답해하지 않았을까. 신화가 감당했던 무의식을 다루는 방법을 잃어버리면서 사람들의 무의식은 미처 날뛰게

---

36) 권순긍, 「민중의식의 성장과 판소리 문학」, 『민족문학사강좌』 상, 창작과비평사, 1995, 315쪽.

되었고, 정신의 감옥에 갇히는 사람들은 많아졌다. 초월적인 가치를 잃고 인간은 투명한 벽에 둘러싸여 초라해졌고, 신성(神聖)을 잃고 자꾸 거친 인간이 되어가다가 급기야 동물적 본능에 휩싸이게 되었다. 인간이 추구하는 세계는 물질적인 것이 위주가 되면서 정신적인 가치는 거세되었고, 이 기주의와 천민자본주의에 빠져들게 되었다.

이제 근대의 파탄을 추스를 때가 되었다. 근대의 가치 중 '평등'과 '자유' 같은 것은 살리되, 끝없는 식욕과 무한대의 욕망을 반성해야 한다. 과거를 돌아보면서 예전의 인간들이 귀하게 여겼던 가치를 옮겨 와야 한다. 전통적인 의례와 이야기 속에서 그들이 살던 방식을 이끌어 내야 한다. 근대 이전의 것을 후진의 야만, 논리 이전, 구비, 주술이라고 버린 채 선진의 문명, 논리, 기록, 과학을 발전의 동력인 것처럼 여기던 그 방식을 바꿔야 한다. "야만, 논리 이전, 구비, 주술이라고 폄하될 수 있는 독자적인 전통을 살려 문명, 논리, 기록, 과학을 스스로 이룩하려고 분투"[37]해야 한다. 그렇다면 전근대에서 주목할 것은 당연히 신화와 종교다. 특히 신화 속에 녹아 있는 야생의 철학, 야생의 과학을 찾아내 밝히면서 그것을 근대 과학·철학과 함께 조명하는 새로운 패러다임이 요구된다.

신화는 분명 우리가 잃었던 것, 혹은 우리가 잊었던 진리를 일깨워줄 수 있을 것이다. 인간이 생존하기 위해서는 뭇 생명과 공존하던 정신을 신화로부터 얻어야 한다. 인간과 자연의 관계, 인간과 인간의 관계를 새롭게 설정해야 한다. 서로가 경쟁하되 서로를 부축이고 돕는 관계, 베풀고 보답하는 관계를 찾아 발현시켜야 한다. 그래서 파탄에 이른 지구를 구하고 인류의 위기를 구하고 모든 생명의 공존을 얻어야 한다. 인간과 인간이, 민족과 민족이 공존하는 질서를 발견해야 한다.

잔인하다고 여긴 의식의 일단에 대해서는 배격하였지만, 전통신화에 관

---

37) 조동일, 『세계·지방화 시대의 한국학』 5, 계명대출판부, 2007, 227-228쪽.

대했던 불교와 도교의 역할도 재론해야 한다. 관념적인 공격을 가하지 않고 오히려 신화를 이용했던 일연의 <삼국유사>는 신화를 온전히 보존하는 디딤돌 역할을 넘어, 민족의 역사와 자존을 가능하게 했다. 신화에서 피어나는 신성의 의미를 잘 간직한 중세 보편 종교의 품을 다시 떠올리지 않을 수 없다. 땅과 모성의 자애로움을 하나로 보며 여성성의 원리를 도(道)로 체현시킨 도교의 노력도 신화와 맥이 닿아 있다. 극단주의와 원리주의로 흐른 조선의 유교와는 달리 고려 유교는 불교와 동행하면서 앞 시대의 신화에 대해 그다지 엄하게 굴지 않았다. 이규보의 신유학적 면모와 <동명왕편>은 양립할 수 있는 것이었다. 동양의 중세 보편종교 역시 인간과 자연이 둘이 아니고 하나라는 일원론적 사유를 지속시키고 있었고, 인간과 자연세계 만물과의 공존과 평화를 추구했던 점을 다시 새로운 문명론에 덧보태야 옳다.

땅을 소유의 대상으로 삼고 지구의 모든 것을 이용할 자원으로 여기는 마음을 버려야 한다. 신화 속의 인간들처럼 '대지를 신성한 것'으로 여기고, 대지에 깃들어 사는 모든 생명과 공존하고자 하는 마음을 배워야 한다. 20세기 대량생산·대량소비의 신화를 버리고, 대량살육·집단학살의 신화를 버리고, 적정한 생산과 소비, 생명 존중과 치유의 신화를 되살려야 한다.

본풀이의 과학과 철학

◉

이 장은 제주 서사무가에 담긴 과학과 철학을 탐구함으로써 제주문화가 지닌 특성을 밝히고 더 나아가 그 사유의 원천을 이해함으로써 현대인이 가져야 할 가치와 덕목을 일깨울 수 있다고 생각한다. 특히 국가주의에 의해 지역의 문화와 정체성이 심각하게 훼손되고 획일화된 현실에서, 지역학의 중요성과 지역문화의 정체성을 재정립하기 위해서는 제주의 삶과 사유와 지향이 담긴 제주 서사무가에 대한 고찰은 더없이 중요하다.

1. 역사적 전개와 제주신화

제주의 건국신화라 할 <삼성신화>는 한반도의 고대국가 건국신화와 견줄 수 있다. 역사적으로 비슷한 시기에 건국하였고, 그 위상도 삼국에 못지 않는다고 볼 수 있다. <삼성신화> 서두의 표현을 보면 다소 초라한 면이 있지만, 이것 때문에 탐라의 고대국가 건설이 뒤늦었다거나, 국가적 위용이 갖추어지지 않았다고 단정할 수 없다.

애초에 사람이 없더니 땅에서 세 신인이 솟아났다. 주산(한라산) 북녘

기슭에 '모흥혈'이 있는데 바로 그곳이다. 맏이가 양을나, 다음이 고을나, 셋째가 부을나다. 세 사람은 궁벽한 곳에서 사냥을 하여 가죽옷을 입고 고기를 먹으며 살았다.[1]

제주의 고·양·부 3신인은 사냥을 하면서 지내다가, 벽랑국(혹은 일본국)에서 도래한 3여신과 혼인하고 그들이 가져온 망아지·송아지와 오곡 종자로 농경을 시작하였다고 한다. 여기서 송아지와 망아지는 목축의 대상이기보다 농경에 필요한 노동력으로서의 의미를 지니고, 오곡종자는 농경문화의 출발을 알리는 상징물이다. 삼성신화는 남성신의 수렵문화와 여성신의 농경문화를 보여 준다. 두 문화의 결합은 큰 힘을 발휘하게 하였고, 고대국가의 건설에까지 미치게 된다. 특히 삼성신화의 기원이 되는 <송당본풀이>에서, 문곡성과 같은 주인공이 부모에게 버려진 후 강남천자국에 표착하여 난리를 평정하고 군사를 거느리고 제주에 돌아온 내력은, 주인공의 해상능력을 보여주는 바이다. 그래서 '탐라국 건국서사시'는 "재래의 수렵민과 외래의 농경민이 결합되어 생산력을 발전시킨 토대 위에서 안으로 정치적인 통합을 이룩하고 밖으로 주권을 지키는 영웅이 해상활동을 통해 힘을 키워 작지만 당당한 나라를 세운 위업을 나타냈다"[2]고 평가할 수 있다. 조동일 교수는 탐라국의 위상에 대해 다음과 같이 논하고 있다.

탐라국이 동아시아 국제사회의 일원이 되어, 백제·신라·일본·중국 등과 외교관계를 가지고 왕래하면서 교역을 했다. 상대방에 비해 모자라지 않는 정치적 역량, 군사력, 항해능력 등을 두루 갖추었기 때문에 그럴 수 있었다.[3]

---

1) 太初無人物 三神人 從地聳出 (其主山北麓有穴曰 毛興是其地也) 長曰良乙那 次曰 高乙那 三曰夫乙那 三人遊獵荒僻 皮衣肉食(『高麗史』, 志 卷第十一, 地理二)
2) 조동일, 「탐라국 건국서사시를 찾아서」, 『제주도연구』 19집, 제주학회, 2001, 104쪽.
3) 조동일, 위의 논문, 102쪽.

이런 발견과 해석은 과거 탐라사에 대한 한국사의 왜곡되고 편협한 서술 태도를 비판하고 본토 위주의 역사관을 불식시키는 대단한 견해다. '탐라 국'을 고구려·백제·신라·가야 등 고대국가와 대등하게 바라볼 수 있게 하였고, 탐라사를 자리매김하는 계기를 마련해 주었다.[4] 역사 쪽에서 못하 는 일을 구비문학을 통해 문학 쪽에서 먼저 실마리를 풀었다고 생각한다.

탐라국 건국신화의 원형은 <송당본풀이>라 할 수 있다. 주인공 문곡성 의 부모는 모두 땅에서 솟아났고, 아버지인 소로소천국은 사냥을 하는 육 식신, 어머니인 백주또는 농사를 주장하는 미식신으로 숭앙된다. 땅에서 솟아나 사냥을 하다가 농사를 짓게 된 사연이 매우 유사하고, 3신이 탐라국 건국의 주역이듯이 문곡성도 제주도 전체를 다스리는 신이 된다. 그래서 송당은 본향당의 중심이다.

고대국가의 형성기는 남성 중심의 사회로 넘어가는 시기다. 탐라국 건국 신화인 <삼성신화>도 고·양·부 3성의 시조신화를 겸하고 있다. 이 신화 의 근원이 되는 <송당본풀이>도 남성 중심으로 짜여져 있다. 계보에 18 아들이 제주의 여러 곳에 좌정한 내력이 자세한 반면, 딸의 계보가 없는 점에서 부계사회의 전통이 성립된 것으로 보인다. 이후 중세를 맞아 유교 적 조상숭배가 고착화되면서 남성 위주의 혈연적 유대는 역사에 뿐만 아니 라 신화 속에도 공고해진다.

그러나 제주의 신화에는 고대의 흔적만 남아 있는 것은 아니다. 그것이 육지의 신화와 다른 점이다. 제주에는 부계사회적 신의 계보가 있지만, 모계 중심의 신의 계보도 상당수 존재한다. <김녕 큰당 본풀이>의 경우 장녀는 조천리의 정중부인, 차녀는 김녕리의 관세전부인, 삼녀는 온평리의

---

4) 필자는 그 건국시기가 대체로 1세기가 아니었을까 추정한 바 있다. 제주 산지항에서 발견된 오수전의 사용시기가 기원후 1세기를 넘지 않는다는 고고학적 증거와, 본풀이를 부르는 제주의 심방들이 탐라의 3신인이 탄생한 시기를 영평 8년(AD. 65년)이라 한 점을 근거로 들 수 있다.(이에 대한 자세한 논의는 「제주 서사무가와 한국 신화의 관련성 고찰」, 『탐라문화』 21, 탐라문화연구소, 2000, 30-31쪽)

설문대할망이 쌓았다는 다리(엉장매코지)

맹호부인인데, 이 3여신이 주역이다.[5] 강철년 심방의 구송인 서귀포계의
신화에는 동벽자 하로산과 족다리 대서부인 사이에서 태어난 딸 일곱이
서귀포에서 안덕 지역까지의 당신으로 좌정한다. 조상신본풀이 중 <구실
할망본풀이>에서는 구실할망 슬하에 아들은 없고 딸만 아홉을 두는데,
딸 아홉이 어머니신의 뒤를 이어 아홉 고을의 신이 되고, 딸자손으로 줄이
뻗게 되었다고 한다.[6] 본풀이의 '본'이 남성 조상으로만 되어 있지 않고,
여신의 뿌리가 다양하게 남아 있는 셈이다. 특히 당본풀이와 조상신본풀이
에 그 전통이 두드러진다. 이런 현상은 고대와 중세의 어느 시기에 나타난
것이 아니라, 고대 이전의 흔적으로 보아야 할 것이다. 즉 부계사회로 이행
되기 이전의 모계사회의 전통이 구술 속에 면면히 이어져 오고 있는 것이

5) 현용준, 『제주도 신화』(개정판), 서문당, 1996, 225쪽.
6) 김헌선·현용준·강정식, 『제주도 조상신본풀이 연구』, 보고사, 2006, 232-233쪽.

한라산 영실 오백장군·돌문화공원 오백장군

다. 그 대표적 신격이 제주의 '설문대 할망'이다.

　<설문대할망> 이야기는 제주의 한라산과 오름이 형성된 배경을 말해
주는 설화로, 제주 전도에 걸쳐 전승되고 있으며, 다양한 이야기 구성을
지니고 있고, 여러 가지 증거물이 남아 있어 과거와 현재를 연결시켜 주는
이야기다. 천지창조 뒤에 나타나는 지형형성의 신화로 볼 수 있으며, 남성
신화가 나타나기 전의 여성신화이다. 대단한 생산력을 지닌 여성신으로서
의 설문대할망은 제주의 생명력을 상징적으로 보여준다. <설문대할망>
이야기는 따뜻한 인간애를 드러내는 신화이면서 제주인의 소망을 담은
미래지향적 이야기라 하겠다.

　설문대할망 설화는 우선 거녀(巨女)의 이미지를 지닌 여성신의 에피소드
로 구성되어 있다.7) 잘 알려진 것으로는 우선 설문대할망이 앞치마에 흙을
퍼담아 나르다가 구멍이 뚫어진 곳에서 흙이 새어나와 그것들이 360여
개의 오름이 되었고, 마지막 흙을 날라다 부은 곳이 한라산이 되었다는

---

7) 설문대는 선문대, 설명두, 세명뒤 할망, 詵麻姑, 沙曼頭姑라고도 한다. 巨女신화의 특징
　에 대해서는 권태효, 「거인설화의 전승양상과 변이유형 연구」, 경기대 박사학위논문,
　1998(『한국의 거인설화』, 역락, 2002.)에 자세하다. 설문대할망은 다음의 특징을 가진 것
　으로 요약될 수 있다.
　* 大衣 - 명주 100동으로 만드는 옷을 입음
　* 大食 - 소천국, 남국성 또는 궤네깃또와 같은 엄청난 식성
　* 大根 - 배가 고파 여근으로 물고기 잡기
　* 排泄 - 수수범벅을 먹고 大便을 보니 굿망상오름이 되었고, 오줌발로 우도를 갈라놓음
　* 거구 - 한 발은 가파도, 한 발은 성산 일출봉에 걸치고 빨래를 함

이야기다. 다음 설문대할망은 오백명의 아들을 낳았는데, 그들을 먹이기 위해 죽을 쑤다가 죽에 빠져 죽었고, 어머니의 고기를 먹은 아들들은 모두 죽어 한라산 영실의 오백장군 바위가 되었다는 창조성과 다산성을 지닌 이야기다. 그리고 거구인 할머니가 배가 고파 하르방으로 하여금 짐승몰이를 시키고 자신은 음부를 벌리고 있으니, 그 속으로 사슴 열 마리와 멧돼지 일곱 마리가 들어가 그것으로 포식하였다거나, 하르방이 고기를 몰고 할망은 음부로 고기를 잡아 먹었다는 대식성과 다산성을 드러내는 이야기이다. 설문대할망은 물장오리의 물이 얼마나 깊은지 알아보려고 들어갔다가 결국 그 물에 빠져 죽었다고 하는데, 거대한 여성신의 죽음은 힘에 의해 지배되는 남성신 중심의 시대가 도래하면서 빚어진 패배라고 해석된다. 여성 중심의 사회가 남성 중심의 사회로 변화된 역사적 변천과정을 읽을 수 있다.8) 영웅서사시에서는 여성 영웅서사시가 먼저 나타나고 남성 영웅서사시가 뒤를 이었다.9)

제주의 지형을 형성한 거대한 여신 설문대할망은 죽음으로 끝나고 이에 관한 이야기는 전설로만 전한다. 신화적 상상력은 대부분 제거되었고, 신의 내력을 풀어내는 방대한 제주 서사무가 속에 설문대할망에 대한 이야기

---

8) 이와 유사한 설화가 백두산에 전해지고 있고, 마고할미가 물러난 뒤 단군이 세계를 지배하게 된다고 했다. 여성 중심에서 남성 중심사회로 넘어가는 과정을 보여주고 있고, 단군에 관한 기록신화의 이면을 엿볼 수 있다.(마고할미 설화 – 단군이 거느리는 박달족이 마고할미가 족장으로 있는 인근 마고성의 마고족을 공격했다. 전투에 진 마고할미는 달아나서 박달족과 단군족장의 동태를 살피는데, 알고 보니 자기 부족에게 너무도 잘해주는 것이 아닌가. 그래서 마고할미는 단군에게 심복하게 되었고, 단군은 마고할미의 신하인 아홉 장수를 귀한 손님으로 맞이해 극진히 대접했다. 그 아홉 손님을 맞아 대접한 곳을 구빈(九賓) 마을이라 하고 마고할미가 단군에 복속하기 위해 고성으로 되돌아오며 넘은 고개를 왕림(枉臨)고개라 한다는 것이다. 1997. 7. 4. 중앙일보)

9) 이는 고대국가 형성기에 천신을 자처한 남성 정복자의 등장을 의미한다. 애초 여성영웅과 남성영웅은 대등하였으나, "남성영웅과 여성영웅 사이에서 태어난 자식이 주역으로 등장하면서 대립이 해소되었는데, 그 자식은 딸이 아니고 아들이다. 그렇게 해서 여성영웅과 남성영웅이 병립하던 시대는 가고 남성영웅 독주의 시대가 시작되었다."(조동일, 『동아시아 구비서사시의 양상과 변천』, 문학과지성사, 1997, 65쪽)

는 없다.[10] 대지신으로서의 여성, 그리고 땅과 관련된 설문대할망의 기억
은 매우 중요하다. 우리는 '땅, 물, 달, 농경, 여성' 등에 관련된 상징체계의
의미를 중시해야 한다. 그것은 단순히 문학적 상징이 아니라 야생의 과학
이면서 야생의 철학이었다. 그래서 설문대할망의 이야기로부터 오래된 야
생의 과학과 철학을 끄집어내고자 한다. 그러기 위해서는 우선 고대인의
세계관을 포괄적으로 먼저 제시하겠다.

2. 서사무가에 담긴 과학

우주론은 우주의 기원·역사·형태·구조 등을 논하는 분야다. 사람들
은 고대 문명 이전의 사회를 미개사회라 칭하며, 미개사회에도 스스로 사
는 대지의 구조라든가, 인간의 사후세계의 명부의 존재와 천공(天空)의 현
상을 설명하는 모델들이 있었다고 말한다. "고대문명은 각기 우주론을 가
져 세련화시켰는데, 고대 바빌론의 경우 정확한 천체관측과 수학적 수법을
개발하여 그리스에 영향을 미쳤다"[11]고 하는데, 천체관측과 수학적 능력
의 원천은 고대문명 이전의 유산이라고 봐야 하고, 고대 그리스·로마의
합리주의를 근거로 그 이전을 '미개사회'로 보는 것은 지나친 표현이다.
그리스·로마 시대의 헬레니즘 문화는 신화의 시대였고, 인간을 중심에
놓는 진정한 인본주의를 토대로 한다. 신화는 말 그대로 신에 관한 이야기

10) 앞의 마고할미 전설에서 알 수 있듯이 한반도 전역에서 여성신화가 물러나고 남성신화
가 등장한다. 고대국가 건설기에까지 남아 있던 유화나 선도성모에 관한 이야기는 농경
과 관련된 대지신으로서의 주체적 성격을 지니고 있다가 소거당하고 만 듯하다. 그러나
한국의 건국신화 속에는 태초의 여신들이 고대국가 건국주의 어머니로서, 신모(神母)
혹은 곡모(穀母)라 불리며 남아 있는데, 제주에는 그런 흔적조차 남아 있지 않은 것이
의아하다. 서사무가 본풀이 속에서 설문대할망의 상징성을 찾아내는 것이 앞으로의 과제
라 하겠다.
11) 안진태, 『신화학 강의』, 열린책들, 2001, 123쪽.

지만, 본질적으로는 결국 인간의 이야기다. 헬레니즘 문화 속에서 신화란 신을 통해 인간세계의 역사와 자연과 우주를 설명하기 위해 고안되고 유통되던 인식의 도구였음에 틀림없다.[12]

신화는 인간세계의 삶의 역사이고, 자연세계의 형성과 변천을 말해주는 과학이고, 이것들이 우주와 맞닥뜨리는 이야기다. 그 속에는 '인간이 죽으면 어떻게 되는가'라는 철학적 질문도 있고, '우주는 어떻게 시작되었는가'는 과학적 질문도 있다. 과학에는 기술적 활용의 측면과 정신적 활용의 측면이 있는데, 우리는 신화를 논하면서 이 두 측면을 제대로 해석했던 것일까.

고대 혹은 그 이전의 통치자들은 주술사의 역할을 함께 하였던 점은 주지의 사실이다. 점성술을 통해 미래를 예지하고, 그들만의 과학적 지식을 동원하여 일식과 월식을 정확히 알아내어 그 통치력을 강화하였다. 그들에게는 과학적 지식과 신비한 힘을 결합할 줄 아는 능력이 있었다. 설문대할망은 천지를 창조한 주역은 아니지만 인간세계를 형성한 주역이며, 남성 이전의 통치자였을 것이다. 그녀의 통치에는 과학적 지식과 기술의 힘이 동원되었던 것은 아닐까. 어떻게 제주섬에서 육지까지 다리를 놓아준다고 약속을 했던가. 잉카의 쿠스코 유적을 들여다보면 그 거대화가 어떻게 그려졌는지 모르지만, 그 밑바탕에 과학적 능력이 깔려 있다고 본다. 스톤헨지의 거대한 돌을 옮기는 것도 과학적 지식과 기술의 힘이 동원된 증거다. 하지만 설문대할망이 다리를 놓지 못한 것을 보면 그 과학적 능력이나 기술적 힘은 미미하였던 것인가 보다. 그후 여성을 대신해 물리적

----

12) 원시서사시는 어느 것이든 사람과 다른 생명체, 사람과 자연의 바람직한 관계를 되찾게 한다. 사람은 다른 생명체를 마음대로 죽이고, 자연을 얼마든지 정복해서 이용할 수 있다고 하는 근대인의 편견을 시정하고, 우주 안의 모든 것이 서로 대등한 관계에서 화합을 이룩해야 마땅하다는 가르침을 간직하고 있다.(조동일, 『세계·지방화시대의 한국학』 7, 2008, 280쪽) 이처럼 인간과 자연과 우주가 서로 관계를 맺고 있다는 일원적인 사고를 강조한 논지가 있어 함께 적시한다. 「경향신문」, 2007년 1월 6일. K11.

힘을 중시하는 사회가 도래하고 인간은 전쟁과 파괴와 살육의 수렁에 빠지게 된다.

설문대할망은 제주도민들이 육지와 떨어져 있어 불편한 사정을 알고 그들을 위해 섬에서 육지까지 다리를 놓아 주겠다고 하고, 대신 옷을 지어 달라고 부탁하였는데, 명주 백 동[13]이 있어야 옷을 지을 수 있음에도 99동밖에 마련하지 못해 옷이 찢어지고 결국 설문대할망은 다리를 놓다가 중단하고 말았다는, 인간애가 담긴 설화가 전한다.[14] 지금도 제주도민들은 육지와의 격절성을 극복하기 위해 노력하는 모습을 본다면, 언젠가 현대의 과학기술이 설문대할망의 노력을 대신하여 그 염원을 풀어주길 바라고 있다는 현재적 설화로 이해할 수 있다.

설문대할망의 설화를 읽어내려면 과학적 지식을 기술의 힘에 비끌어매고서는 이해가 안 된다. 그 과학적 지식을 인문적 사유와 결합하면 실마리가 풀리게 된다. 과학적 지식은 원자적 규모로 내려가 미세한 세계를 상세히 살펴보기도 하고, 우주적 규모로 물러나 우주의 전모를 한 눈에 담아내기도 한다. 그런가 하면 우주의 초기로 돌아가 그 시원의 모습을 살피기도 하고, 이로부터 현재에 이르기까지의 과정을 시간적으로 재연해 내기도 한다. 그 안에는 물론 생명의 발생과 전개과정이 담겨 있으며 그 안에서 태어나는 인간과, 인간이 지닌 역사적·생태적 근원이 담기기도 한다.[15] 신화적 우주론은 자연적 우주와 인간의 융합에 관심을 두는데 반해, 과학적 우주론은 우주가 인간으로부터 분리되어 대상화되는[16] 측면이 있다.

---

13) 명주 한 동은 100 필이다.

14) 지금도 조천포구 앞에 돌무더기와 돌기둥이 있는데, 설문대할망이 다리를 놓던 흔적이라고 전한다.

15) 장회익·최종덕, 『이분법을 넘어서』, 한길사, 2007. 그는 여기서 인문학과 과학의 만남을 중시하면서 학문의 경계 허물기를 역설하고, 학문간의 소통과 통섭을 말한다. 그리고 현대문명의 속도를 저지하기 위해 새로운 학문의 전조등이 필요하다고 주의를 환기시킨다. 여기 인용한 글은 위의 책에서 발췌한 초록이다. 장회익, 「인문학과 과학의 만남을 위하여」, 제주대 인문대 강연초록, 2007. 4. 6.

신화적 세계관이 몰락한 후 과학적 우주론이 득세하여 과학은 기술과의 만남으로 인간을 더욱 피폐화시켰다. 현대 과학기술을 통한 자연의 정복은 생태학적 위기를 초래하였고, 지구의 멸망을 우려하는 수준에 이르렀다. 과학 속에 인간을 결합하고, 인문학적 사유 속에서 과학을 이야기해야 옳다. 물론 신화 속의 과학은 근대 과학 이전의 야생의 과학임을 인정해야 한다.

<문전본풀이>에서 우리는 생활 속의 과학을 정면으로 만나게 된다. 남선고을 남선비는 여산부인과 사이에 일곱 아들을 두고 있었다. 어느날 장사하러 떠나 오동고을의 노일제대귀일의 딸을 첩으로 삼고 3년 동안 돌아오지 않자, 여산부인이 남편을 찾아 갔다가 노일제대귀일의 딸에게 죽임을 당한다. 남선비와 노일제대귀일의 딸이 돌아와 아들 일곱 형제마저 죽이려다 실패하고, 노일제대귀일의 딸은 변소로 도망쳐 목을 매 죽었고, 변소의 신인 측도부인(厠道婦人)이 되었다. 후에 일곱째 아들이 문전신으로, 어머니는 조왕할망으로 좌정하게 된다.

> 그때 변소의 신인 측도부인과 조왕은 처첩관계였기 때문에, 부엌과 변소는 마주 서면 좋지 않은 법이다. 부엌과 변소는 멀어야 하고, 변소의 것은 돌 하나, 나무 막대기 하나라도 부엌으로 가져오면 좋지 못하다는 것은 이 때문이다.17)

위생적인 측면에서 부엌과 변소는 멀어야 한다는 과학적 상식을 처첩간의 갈등 때문이라고 이야기로 꾸며냈다. 생활의 지혜 속에 과학과 문학을 적절하게 결합시켜 놓았다. 노일제대귀일의 딸은 죽어 그 몸이 해산물이 되었다고 했는데, 이는 시체화생신화('하이누벨레'형 신화)의 형태를 띠고

---

16) 안진태, 『신화학 강의』, 125쪽.
17) 현용준, 『제주도 신화』, 198쪽.

있으면서 생물의 기원에 대해 이야기하고 있다. 여기서는 과학적 잣대보다는 형태적 유사성에 주목해야 한다.

노일제대귀일의 딸의 몸을 갈갈이 찢어 두 다리를 변소의 디딤돌을 삼았고, 대가리는 돼지먹이통을 마련하고, 머리털을 끊어 던지니 해조류가 되었고, 입을 끊어 던지니 솔치가 되었고, 손톱과 발톱을 끊어 던지니 굼벗(딱지조개 일종)이 되었고, 배꼽은 굼벵이로, 음부는 전복으로 화하였다고 한다. 굼벗은 손톱과 유사한 형태를 띄고 있으며, 전복은 여성의 음부와 닮았다. 이 해산물들은 인간의 신체와 형태적 유사성을 지니기도 하지만, 주요한 먹을거리로서 섭취되면 인간의 몸 일부가 되기도 한다. 그들은 인간과 자연의 순환관계를 이런 이야기로 구성한 것이 아닐까.

남선비는 죽어 정낭신(정살지신)이 된다. 정낭은 정주석에 구멍을 뚫고 정주목을 걸어 집안의 사람이 어디에 거처하고 있는가를 알리는 대문이다. 정주목 세 개가 모두 걸쳐 있으면 아주 먼 곳에 출타하고 있다는 신호이고, 두 개가 걸쳐 있으면 조금 먼 곳에 가 있다는 신호이고, 한 개가 걸쳐 있으면 가까운 곳에 가 있다는 신호이며, 세 개가 모두 내려져 있으면 집안에 주인이 있다는 신호다. 이 정낭은 마소나 사람이 집안에 접근하는 것을 막는 구실을 한다. 집안에 사람이 없다는 신호를 하게 되면 도둑이 들게 되는 일을 방치하는 것은 아닐까 하고 걱정하지만, 대문을 지키는 정낭신이 있기 때문에 외부인이 허락 없이 함부로 집안을 드나들 수 없다고 믿고 있다. 이 정낭은 요즘의 교통 신호등과 같은 과학적 코드(code)를 지니고 있다. 멀리서 정낭을 보고 그 주인의 소재를 파악하여 언제 그 집에 농기구를 빌리러 가야 할지, 언제 떡을 돌리러 그 집을 방문해야 할지를 결정하게 돕는 구실을 한다.

<세경본풀이>는 농사를 관장하는 세경신에 대한 이야기다. 여주인공 자청비는 천상계에서 오곡종자를 지상으로 가져와 세경신으로 좌정한다. 이야기의 끄트머리에 메밀을 얻어 온 사연이 흥미롭다. 자청비는 조의 파

종시기를 놓쳐 농사를 못 짓는 사정을 알고 하늘로 올라가 메밀씨를 얻어
와 파종이 늦은 밭에 갈아서 수확해 먹도록 해주었다고 한다. 우선 제주의
주식이 조였다는 사실을 알려 준다. 제주의 토양이 물이 스미는 성질을
가졌기 때문에 벼농사는 할 수 없었고, 그 대신 화산회토에 가장 적절한
밭농사가 바로 조의 파종이었다. 후에는 보리로 주식이 바뀌지만, 의례의
음식을 보더라도 조가 원래 주식이었다. 그런데 조를 파종할 시기를 놓치
거나, 혹은 수해나 한해로 조농사를 망치면 구황식물로서 메밀을 심었다는
사실도 알려 준다. 실생활과 밀접한 과학적 지혜가 늦게 가져온 종자 이야
기에 담겨 있다고 하겠다.

　자청비가 오곡의 씨앗을 가지고 지상에 내려온 날이 칠월 보름이어서
이 날 백중제를 지내게 되었고, 인간세계의 정수남이는 축산신이 되어 많
은 목자를 거느려 마소를 치며 칠월에 마불림제를 받아 먹게 되었다고
했다.18) 마불림제도 대개 칠월 보름에 한다. 백중은 불교의 우란분재일을
의미하는 것이니, 후에 불교적 윤색이 가해진 흔적이라 보인다. 칠월 보름
에 행하는 제주의 전통적인 제의는 마불림제이고, 이는 마(馬)의 증식(불림)
혹은 장마가 들어 눅눅한 것을 바람과 햇볕에 말리는 의례의 성격을 지닌
다. 날씨를 고민한 농경·목축민의 사유에는 과학적 지식이 밑바탕되어
있음을 알 수 있다. 농경과 날씨에 대한 고민은 도처에 숨어 있다.

　자청비는 <세경본풀이>의 주역이지만, 자청비와 함께 지상에 내려온
문도령이 상세경신이 되고, 자청비는 중세경, 정수남은 하세경이 된다. 그
런데 문도령의 역할은 미미하여 왜 상세경신이 되었는지 의문을 품게 된
다. 그래서 문도령에 대해 자청비의 지시를 고분고분 따르는 범부이고,
우둔하고 능력이 없고 우유부단한 평범한 남자라고 평가될 수밖에 없다.19)
그러나 달리 보면, 문도령은 하늘세계의 존재이고, 갑자기 기지를 발휘하

---

18) 현용준, 『제주도 신화』, 180-181쪽.
19) 현용준, 『제주도 신화의 수수께끼』, 집문당, 2005, 126쪽.

지도 않고 감정의 격정도 없는 신인(神人)이다. 상세경 문도령의 좌정을 두고 "농사가 하늘의 자연적 기후에 따라 좌우된다는 생각"[20]을 담고 있는 것으로 본 이수자의 견해는 중요한 실마리가 된다. 문도령은 하늘의 존재로 자연운행의 상위질서를 상징하고, 자청비는 땅의 존재로 하늘의 조화에 따라 적절히 대응하는 자연의 힘을 상징한다.[21] 하늘의 문도령과 땅의 자청비는 만남과 헤어짐을 반복한다. 천지의 부조화가 계속되다가 결국 만남이 성사되고 천지는 조화되어 수확물의 결실이 가능하게 된다. 이 둘이 함께 농사의 신인 이유가 여기에 있다.

수확물은 자연의 힘이 부리는 변덕에 좌우한다. 자청비의 심술과 변덕[22]은 일기의 부조화와 조화의 반복과정을 의미한다. 『노동의 나날』을 지은 헤시오도스는 북부 그리스에서 살았던 농부 시인인데, 그곳의 예측불가능한 날씨의 변덕에 관한 지식을 쌓을 수 있었다. 그는 어머니 자연의 변덕스러움을 일반 여성의 변덕스러움과 동일시하고 있다.[23] 날씨와 계절과 인간의 활동을 계기적으로 바라보는 서양 신화의 상상력을 <세경본풀이>에 적용한다면, 자청비의 행동양식 자체가 자연의 운행과 연관된다는 해석을 할 수 있다. <세경본풀이>는 자연의 운행과정을 상징적으로 보여주는 이

---

20) 이수자, 『큰굿 열두거리의 구조적 원형과 신화』, 집문당, 2004, 263쪽.

21) 하늘은 비를 내리고, 땅은 비를 머금어 만물을 생육한다. 하늘은 천체운행에 따른 절기의 변화를 주도하고, 땅은 바람과 안개 등 자연에서 일어나는 변화를 주도한다.

22) 자청비는 두 번의 축출을 경험한다. 먼저 정수남이 말썽을 피우고 자신을 능욕하려 하자 자청비는 정수남을 죽였다가 부모님의 핀잔을 듣고 정수남을 살리게 되는데, 부모는 사람을 죽였다 살렸다가 한다고 자청비를 쫓아낸다. 그 다음 쫓겨난 자청비는 주모 할머니의 수양딸이 되어 주모 할머니의 주선으로 문도령을 만나게 되는데, 창구멍으로 문도령의 손을 내밀게 하고 바늘로 손을 찔러 피를 내게 함으로서 문도령을 만나지도 못하고 주모 할머니에게 말썽을 피운다는 핀잔을 듣고 쫓겨나게 된다. 말썽과 심술 때문에 자청비의 시련이 오게 된 것이고, 이는 자연의 심술과 변덕으로 해석할 여지가 있다.

23) 앤서니 애브리, 『시간의 문화사』, 북로드, 2007, 66쪽. 『노동의 나날』은 영농에 관심을 두고 달력에 의존하여 노동하는 삶을 그렸는데, 사건의 질서정연한 전개과정이라는 시간 관념에 기초를 두고 있다. 헤시오도스는 천체(태양, 별)와 자연(새, 식물, 날씨, 계절)과 인간의 활동(곡식, 가축, 출항)에 관한 年曆에 중심을 두고 있다. (위의 책, 69~70쪽)

야기이고 그 밑바닥에는 시간의 질서라는 과학적 지식이 흐르고 있다.

자청비의 생산력은 서천꽃밭의 꽃과 연관된다. 죽은 정수남을 서천꽃밭의 꽃으로 살려내고, 후에 하늘나라 문도령이 죽게 되자 서천꽃밭에 내려가 환생꽃을 가져와 살리고, 하늘나라의 반란은 멸망꽃을 뿌려 해결한다. <단군신화>의 쑥이 신성한 식물이듯이 환생꽃 또한 신성한 식물의 상징이다. 꽃의 줄기와 뿌리와 잎이 약초로서의 의미와 먹을거리로서의 의미를 함께 지닌다. 자청비가 꽃으로 사람을 살린다는 것은 식물의 성장을 주재하는 지모신격의 범주에 놓인다고 하겠다. 서천꽃밭의 꽃으로 생명을 잉태시키는 '삼승할망'의 권능과 통하는 대목이다. 삼승할망은 인간의 생명을 주재하는 신격이라면, 자청비는 자연의 생명을 주재하는 신격이다.

3. 서사무가에 담긴 철학적 사유

철학의 개념이나 용어가 지니는 고도의 추상성을 벗어나 구체적 표현 형태로 드러나는 신화에서 우리는 1차적으로 표현력과 형상성이라는 문학의 영역을 만나게 된다. 한편 그 속에 담긴 보편적 진리와 추상성이라는 철학의 영역을 탐구할 수 있다. 신화를 비롯한 구비문학과 그 속에 담긴 철학에 대한 탐구[24]의 유래는 그리 오래지 않다. 근대 학문에서 문학과 사학과 철학이 너무 미분화된 채로 연구되는 풍토를 반성하고, 이를 통합적으로 이해하려는 일련의 노력이 이제는 구비문학과 구비철학의 상관성을 논의하는 단계에까지 이르게 되어 구비문학의 연구 폭이 훨씬 넓어졌다. 과거에는 텍스트 구조분석과 모티프 분석을 통한 문학적 형상화 과정에만 국한되었던 연구가 보편적 사유방식과 사상의 원리 탐구에까지 확산되는 전기가 마련되었다.

---

24) 김헌선, 「구비문학과 철학의 상관성」, 『구비문학연구』 13, 한국구비문학회, 2001.

그래서 구비문학의 형상력을 배제하고 보편적 진리의 추구와 추상성이 결합한다면 구비철학으로 나아갈 수 있다. 구비문학과 구비철학의 상관성을 가장 뚜렷하게 보여주고 있는 갈래가 신화다.[25] 김헌선 교수는 제주도의 창세신화인 <천지왕본풀이>를 몇 개의 모티프로 분석하고, '천지개벽'에서는 '무극-태극-음양'의 원리를 논하였고, '이승차지 경쟁'에서는 '삶과 죽음' '선과 악'의 대립과 화합 원리가 작동하고 있다고 분석하였다.[26]

<천지왕본풀이>에서 대별왕과 소별왕은 꽃피우기 내기를 통해 이승차지 경쟁을 한다. 소별왕이 꽃피우기 경쟁에서 질 것을 알고 잠자기 내기를 청하고는 꽃을 바꿔치기한다. 위계로 내기에서 이긴 소별왕이 이승을 차지하고 형인 대별왕은 저승을 차지하게 된다. 그래서 인간세계에는 살인, 역적, 간음, 도적이 들끓는 부정한 세상이 되었고 저승세계의 법은 맑고 공정하다고 한다. 이를 두고 김헌선 교수는 신들의 대결이 인간사회의 갈등을 야기한 것이라 보고, 인간은 본래 착한가, 악한가 하는 문제에서부터 인간의 타락은 무엇을 의미하는가 하는 문제를 던졌다고 했다. 이수자 교수도 비슷하게 신이 저지른 원죄 때문에 인간세계가 부정한 세상이 되었다고 하면서, 이 세계를 원천적으로 부정한 곳으로 보는 사고가 생겼고, 우리들 현실적 인간을 부정한 존재, 부도덕한 존재로 보는 사고와 직결된다고 했다.[27]

조동일 교수는 세상이 처음에는 깨끗했는데 인간의 부정으로 더러워졌음을 부정하면서, "세상이 부정으로 형성되었다는 것은 주목할 사회철학이다.

---

25) 김헌선, 위의 논문, 65쪽.

26) '천지개벽'은 없음에서 있음으로, 다시 하나에서 둘로 반화되는 것을 無極-太極-陰陽의 원리로 설명하였다. 그리고 이승차지 경쟁은 대별왕과 소별왕의 선악의 문제에서 비롯되어 이승과 저승차지의 귀결에 이르는데, 이는 삶과 죽음의 문제가 대립되고 화합되는 원리라고 설명하였다. 김헌선 교수는 신들의 대결이 인간의 갈등으로 이어졌다고 하면서 인간세계의 혼란을 설명한다.(위의 논문, 66-67쪽)

27) 이수자, 「제주도 창세신화를 통해 본 민족문화의 정체성」, 『한국신화의 정체성을 밝힌다』, 비교민속학회 학술대회 발표집, 2007, 251-252쪽.

······ 부정이 신이한 내력에서 시작되었다고 하면서 경험에 입각한 인식이 존재의 근원과 합치된다고 한다. 부정이 존재 자체의 속성이니 어떻게 대처하면서 살아야 하는가 하는 심각한 문제를 던졌다"28)고 했다. 이처럼 <천지왕본풀이>에는 천지와 인간에 대한 의문, 질서와 혼란의 관계29)와 같은 사회철학적인 문제들이 심각하게 제시되고 있음을 알 수 있다.

신은 인간이 창조한 산물이다. 인간의 최선의 모습을 모아 놓았지만, 인간감정의 기복을 함께 지니고 있다. 그렇다고 신의 잘못과 인간의 잘못을 나누어 고민하는 것은 무모한 것인가. 그렇지 않다. 철학적 장치를 명징하게 논의하는 자리에서는 신과 인간의 구분이 필요할 것으로 생각된다. 대별왕과 소별왕은 애초 인간의 범주에 있다가 신으로 좌정하였으니 신인 (神人)이라 하겠다. 우주와 자연과 인간세계가 서로 영향을 미친다는 생각처럼, 신이 인간에게 인간이 신에게 서로 영향을 끼치는 관계로 사유하였다. 신의 잘못이 인간에게 미치고, 인간의 욕망과 잘못 때문에 신은 불완전한 모습을 띈다. 불완전한 인간은 죽음으로써 맑고 공정한 법에 따라 완전해지고, 다시 인간세계로 돌아오면 부조리하고 불완전한 운명에 빠지게 된다. 반복과 순환의 사유가 깊숙이 내재되어 있다고 하겠다.

신화는 '감각의 논리'를 구사해 우주 안에서의 인간의 삶의 의미를 이야기하고자 하는 인류의 대담한 철학 행위라고 이미 레비스트로스는 말한 적이 있다. 신화는 대담한 방법으로 우주와 자연 속에서의 인간의 위치와 인생의 의미에 대해 깊이 사고하고자 하였다. 인간의 가장 위대한 철학적 사고는 전부 신화 속에 감추어져 있다고 할 수 있다. 신화는 유치하고 비합리적이고 비과학적이며 뒤떨어진 세계관을 내포하고 있는 것이라 치부하고, '전혀 가치가 없다고 생각'하는데, 신화의 내부로 깊숙이 들어가 보면 비합리의 경계선 바로 앞까지 접근하면서도 그 선을 넘어버리는 일은

---

28) 조동일, 『세계·지방화시대의 한국학』 5, 계명대출판부, 2007, 213쪽.
29) 조동일, 『세계·지방화시대의 한국학』 7, 계명대출판부, 2008, 284쪽.

없다. 신화에는 현실세계와 연결이 결코 단절되지 않는 소박하지만 복잡한 내력을 가진 논리의 체계가 내재되어 있다. 그래서 신화는 인류 최고(最古)의 철학이라 할 만하다.[30]

하지만 신화는 문학적으로 형상화되어 있고, 스토리의 복잡한 전개와 환상적인 표현 때문에 그 논리체계를 쉽게 드러내지 않는다. 또한 신화가 신성의 현시 또는 신성체험과 관련된 이야기라는 점에서 신화의 언어는 필연적으로 상징적일 수밖에 없다. 신화의 상징은 의미다발적이고 복합적인 상징언어의 특징을 가장 잘 보여주는 예이다.[31] 우리는 상징의 언어를 들추어 그 속살을 볼 수 있어야만 신화가 지닌 보편적 진리와 지혜와 지성을 발견하게 될 것이다. 특히 신화는 중세의 보편주의 종교철학의 세례를 받으면서 오랜 기간 동안 인간이 축적해 온 논리와 철학적 사고를 많이 상실하였다. 종교는 신화에 담긴 야생의 철학과 야생의 과학을 억압함으로써 원시적·고대적 철학을 지우고 중세적 철학을 독차지하였다. 그래서 신화 속에서 중세 불교와 유교의 사상적 흔적을 많이 발견하게 된다. 이런 내력을 염두에 두고 신화에 덧씌워진 것들을 풀쳐 내고, 억압되거나 잊혀진 것을 살려내야만 신화적 사유와 논리가 온전히 드러날 수 있을 것이다.

살인, 간음, 도둑이 들끓는 인간사회의 이야기 속에는 분명 인간 실존의 문제가 내재되어 있다. 그런데 보편 진리의 결정체를 찾는 철학적 작업은 신화를 재미 없게 만들 수 있다. 신화를 난해하게 이끌어갈 수도 있다. 그러나 철학적 사유를 찾는다는 명분은 신화의 본질을 밝힐 수 있는 하나의 길이 된다고 본다. 신화가 철학이었고 과학이었던 숨겨진 가치를 드러내기 위해 삶과 죽음의 문제, 운명의 문제, 개인과 타인의 문제, 인간과 만물의 관계를 좀더 고찰해 보도록 하겠다.[32]

---

30) 나카자와 신이치, 『신화, 인류 최고의 철학』, 동아시아, 2003, 10-31쪽.
31) 강등학 외, 『한국 구비문학의 이해』, 월인, 2000, 84쪽.
32) 본고에서 찾아내 규명하려는 것을 철학이라고 하지 않고 '철학적 사유'라 한 이유는

<천지왕본풀이>에서 대별왕과 소별왕은 수수께끼 문답으로 이승과 저승 차지 내기를 한다. 대별왕이 "어떤 나무는 주야평생 잎이 아니 지고, 어떤 나무는 잎이 지는가?" 라고 물으니, 소별왕은 "오곡에서 나무가 짧은 것은 주야로 평생 잎이 안 지고, 오곡에도 속이 빈 나무는 주야평생 잎이 집니다."라고 대답한다.[33] 이에 대해 대별왕은 "청대와 갈대는 마디마디가 비어도 이파리가 안 진다"고 응대한다. '잎이 지다/ 안 지다'는 곧 생사를 의미한다. 이는 곧 "생명 있는 것들의 대립되는 두 체계인 생과 사의 본질과 관련"[34]이 있는 것이다. 이승 저승 차지 경쟁에서 인간 생사의 원리를 식물체계에 비유하고 있는데, 신화적 사고는 자신의 주변 세계에 대해 항상 세밀한 관찰을 한다. 동물이나 식물의 생태와 분류에 대해 축적된 방대한 지식이 그 배후에 숨어 있다.[35] 과학적 정신과 철학적 사유의 결합이라 할 만하다. 잎이 지는 것과 지지 않는 것, 마디가 짧은 것과 속이 빈 것을 분류하여 그 생태적 속성을 이야기하고 생명력을 판단한다. 식물체계의 비유 속에 인간의 삶과 죽음을 포괄한다. 대별왕과 소별왕의 꽃피우기 경쟁은 생명력과 생사 관장 능력을 겨루는 것이고, 그 결과가 이승 저승 차지를 결정하는 바이니 이 경쟁 또한 인간 생사의 원리로 귀결된다.

'인간의 운명은 어떻게 결정되는가.'라는 질문은 <삼공본풀이>에 자세하다. 여기서는 인간의 부귀와 빈천에 대한 전상(전생) 원리를 다루었다. 인간의 수명에 대해서는 <사만이본풀이>와 <차사본풀이>에 나타나는데, <사만이본풀이>에서는 한정된 수명을 늘이게 된 사만이의 행적이 나타나고 있고, <차사본풀이>에서는 왜 인간의 수명이 한정되어 있고 죽음은 불현듯 찾아오게 되었는가에 대한 이야기가 있다.

이 글이 보편 진리나 지혜, 지성, 철학 원리 등에는 미치지 못하므로, 인간 사유의 본원적 측면을 주제적으로 살핀다는 차원에서 그렇게 말하였다.

33) 현용준·현승환, 『제주도무가』, 고려대 민족문화연구소, 1996, 21쪽.
34) 이수자, 「제주도 창세신화를 통해 본 민족문화의 정체성」, 249쪽.
35) 나카자와 신이치, 『신화, 인류 최고의 철학』, 21쪽.

강림이는 저승에 갔는데, 염라대왕이 '인간 사람 여자는 70, 남자는 80이 정명으로 차례차례 저승에 와라'라는 적패지를 붙여 두고 오라는 분부를 받아 강림이가 인간 세상에 오는데, 길이 힘들어서 길 옆에 앉아 있더니, 까마귀란 짐승이 까옥까옥 하면서, "형님아, 그 적패지를 내 앞날개에 붙여 주십시오. 인간 세상에 가 붙여두고 오겠습니다." (중간: 가다가 적패지를 잃어버림) 까마귀는 인간세상에 날아 와, "아이 갈 데 어른 가십시오. 어른 갈 데 아이 가십시오. 부모 갈 데 자식 가십시오. 자손 갈 데 조상 가십시오. 조상 갈 데 자손 가십시오." 이렇게 말해 버리니 순서 없이 누구나 죽어 가게 된 것입니다.[36]

인간 운명의 한계가 읽힌다. 나이 어린 사람이 어른보다 빨리 죽을 수도 있다. 순서 없이 죽게 된 일은 비극이지만, 여자 70세, 남자 80세의 정명에 순서대로 죽는 일도 인간에겐 고통이다. 죽음을 극복할 방법은 없는가. 사만이처럼 위계를 써서 저승사자를 잘 대접하고 수명을 늘이는 일이 있긴 하지만, 근본적 방법은 본풀이에 나타나 있지 않다. 죽음을 부정할 수 없음이 인간의 운명이다. 다만 억울하게 죽은 이들 일부가 '환생꽃'으로 살아난다. 죽음을 부정하려는 인간의 소망이 이렇게 표현된 것 같다.

제주 서사무가 본풀이 여러 곳에 환생꽃이 등장한다. 그러나 환생꽃 이외에 멸망꽃도 나타난다. 다섯 곳의 예를 든다.

삼승할망본풀이: 아이를 점지하는 '생불꽃'
이공본풀이: 죽은 어머니 원강암이를 살리는 '환생꽃', 제인장자의 집에 가서 복수를 하는데, '웃음 웃을 꽃'을 먼저 뿌려 미치게 하고, '싸움 싸울 꽃'을 뿌려 어지럽게 한 후 '수레멸망악심꽃'을 뿌려 죽임.

---

36) 현용준 · 현승환, 『제주도무가』, 169쪽. '데'는 처지와 상황으로 보아도 좋을 것이다. 하지만 '때'로 해석하는 것이 온당할 듯한데, 뒤에 "어째서 차례차례 오라고 했는데 아이 어른이 다 왔느냐"라는 구절이 있는 것을 보면 '아이가 죽을 때에 어른이 함께 죽는다' 등의 의미로 읽힌다.

문전본풀이: 죽은 여산부인을 살리는 '뼈 살 꽃' '살 살 꽃' '도환생꽃'
세경본풀이: 죽은 남편 문곡성을 소생시키는 '도환생꽃'과 천상의 변란을
일으킨 무리를 죽이는 '수레멸망멸망꽃'
차사본풀이: 삼형제가 중이 되어 과양생이 각시에게 죽임을 당하고 꽃으로
환생하는데, '벙실벙실 웃는 꽃' '슬프게 우는 꽃' '팥죽같이 화를 내는 꽃'

탄생을 주재하는 꽃도 있고 죽음으로 몰아가는 꽃도 있고, 죽은 이를 살리는 꽃도 있다. 단순히 살리는 환생꽃 이외에 뼈와 살을 살리는 꽃이 순차적으로 등장하기도 한다. 희노애락의 꽃으로 환생한 예를 제외하고는 대부분 생사를 주관하는 꽃이다. 이 꽃들은 모두 '서천꽃밭'에서 가져 온다. 억울하게 죽은 사람을 살릴 수도 있고 악한 이를 죽일 수도 있는 꽃은 자연의 생명력으로 인간의 생명을 좌우할 수 있다는 생각이고, 우주와 자연과 인간의 운명이 결합되어 있다는 사유의 반영이다. 우주와 자연과 인간의 중간쯤에, 혹은 지상과 천상의 중간쯤에 서천꽃밭이 있다. 하늘의 천신 혹은 옥황상제이거나, 땅의 염왕이 주재하는 운명의 굴레에서 벗어나 자유로울 수 있는 방법이 서천꽃밭에 있다. 하늘에서 정한 운명과 염왕이 정한 운명에 순종하지 않고 죽은 이를 살릴 수 있고 악인을 징벌하여 죽일 수도 있는 도구가 서천꽃밭의 환생꽃과 멸망꽃이다. 제주 신화의 서천꽃밭은 생사의 운명을 극복하려는 소박한 운명 창조 의지라 하겠다.

서천꽃밭은 죽음에 대한 극복의지이고, 그들이 살고 있는 세상과 그것을 넘어선 세상에 대한 이미지의 투영이다. 그곳은 지상의 생명원리와 관련되는 장소로서, 지상에서 가까운 곳에 있다. 강을 건너면 되기도 하고, 거기를 지키는 황새곤간의 허락을 받으면 환생꽃을 가져와 죽은 어머니를 살리고, 죽은 남편을 살릴 수 있다. 수평적 '저기'일 수도 있고, 하늘과 땅의 중간일 수도 있다.

<원천강본풀이>는 주인공 '오늘이'가 부모를 찾아가는 경험담이다. 연

꽃과 이무기에게 묻고 물어 찾아간 '원천강'이란 곳은 하늘과 땅의 중간에 있다. <나무꾼과 선녀>에서처럼 두레박을 타고 가다 다다를 수 있는 중간 쯤에 있는 곳이다.[37] 그곳은 4계절이 함께 있는 곳이다. 동쪽 문을 열면 봄이, 남쪽에는 여름이, 서쪽에는 가을이, 북쪽에는 겨울이 있는 곳이다. <이공본풀이>에서 사라도령이 처자식을 두고 서천꽃밭에 꽃감관을 살러 갔듯이, 오늘이의 부모는 오늘이를 두고 원천강에 감관을 살러 갔던 것이다. 오늘이의 부모는 4계절을 주재하는 신격이고, 시간의 지배자다. 그래서 서천꽃밭의 꽃처럼 원천강은 생생력(生生力)·생명력의 원천이 되는 곳이다. 서천꽃밭의 꽃은 결국 시간을 주재하는 원천이다. 죽고 사는 것이 모두 '시간의 운행'과 관련이 되어 있다는 사유가 거기에 있다.

하늘과 땅의 중간, 혹은 삶과 죽음의 중간이라는 '공간적' 의미는 '시간적' 의미와 연관되고, 인간의 운명을 시간과 공간의 결합으로 사유하고 있는 원초적 철학이 담겨 있다고 보면 좋을 것이다.

인간의 운명을 관장하는 신을 우리는 <삼공본풀이>에서 만나게 된다. <삼공본풀이>의 전반부는 '서동설화'와 닮아 있고, 후반부는 심청전과 흡

---

37) 기독교에는 천당과 지옥 사이에 존재하는 제 3의 처소가 있는데, 이를 연옥이라 한다. 자크 르고프는 신화와 전설을 분석하고 천국과 지옥으로 양분되는 저승관을 분석하면서 연옥은 처음부터 있었던 것이 아니고, 구원에 대한 열망과 사회적 요구에 의해 연옥이 탄생하였다고 한다. 이는 기독교적 상상세계의 시·공간적 구조 변화라기보다는 사회의 논리체계 및 민중정신의 심층적인 변모다. 즉 종말론이 퇴조하고 현세를 그 자체로 긍정할 수 있는 낙관적 세계관이 등장하는 12세기에 사람들에게는 개인의 죽음과 세계의 심판 사이의 간극을 메우기 위한 성찰이 필요했고 그 결과 연옥이란 개념을 탄생시켰다는 것이다.(자크 르고프,『연옥의 탄생』, 문학과지성사, 1995) 이런 점에서 연옥은 중간세계로 서천꽃밭과 유사한 점이 있다. 단테의 신곡에 연옥은 땅속에 있지 않고 산꼭대기에 있는 것으로 묘사되는 점도 그렇다. 2분법적 세계관을 3분법적 세계관으로 변화시키는 시대와 밀접한 관련이 있는데, 중세의 사람들은 죽음에 대한 생각과 그들이 살고 있는 세상과 그것을 넘어선 세상에 대한 이미지를 연옥에 투영하였다고 본다. 서천꽃밭은 기독교의 연옥과 같은 천당과 지옥의 중간인 제3의 처소와 닮은 듯하다. 하지만 큰 죄를 지은 자는 바로 지옥에 가지만 작은 죄를 지은 자는 연옥에 가고, 거기서 정화받은 영혼이 하느님 앞에 설 수 있다는 상황과 다르다. 서천꽃밭은 죽은 자가 임시 머무르는 중간적 공간이 아니라, 죽은 자를 위해 환생꽃을 가져 올 수 있는 공간이다.

사하다. 본풀이의 주인공인 '감은장아기'가 전상신이 되는데, '전상신'이란 말이 인간의 운명 또는 팔자를 의미하기 때문에 삼공신을 운명신적 성격이라 한다.[38] 이야기는 이렇다. 거지부부가 첫딸을 낳자 동네 사람들이 은그릇에 밥을 먹여 키워 은장아기라 했고, 둘째 딸을 낳자 놋그릇에 밥을 먹여 키워 놋장아기라 했고, 셋째 딸을 낳자 나무 바가지에 밥을 먹여 키워 감은장아기라 했다. 감은장아기를 낳으면서 부자가 되는데, 어느 날 부모가 딸들을 차례로 불러 '누구 덕에 먹고 사느냐'고 묻는다. 첫째와 둘째가 하늘과 땅과 부모의 덕에 먹고 산다고 하며 부모의 덕을 칭송하자 마음이 흡족해 한다. 감은장아기는 하늘과 땅과 부모의 덕도 있지만, "나 배꼽 아래 선그뭇(배꼽에서부터 음부 쪽으로 내리 그어진 선)의 덕으로 먹고 입고 행위발신합니다."[39]라고 대답하자, 불효막심하다고 내쫓아 버린다.

은장아기와 놋장아기는 부모에 기대어 아무런 노력도 하지 않는 반면, 감은장아기는 혼자의 힘으로 온갖 상황을 극복한다. 그러기에 스스로 "내 복에 산다"고 자신 있게 말할 수 있었던 것이다. 자기 정체성이 뚜렷하다. "마퉁이를 자신의 의지대로 선택"하였기 때문에 "현세의 운명을 관장하는 신"[40]인 삼공신이 되었다. 감은장아기는 전생만을 관장하는 것이 아니라 현생에 주체로 살아가는 모습이다. 그래서 행복과 부는 자신의 삶의 방식을 고치는 것에서부터 출발한다는 범례를 몸소 실천하는 인물이라 하겠다. 운명은 무작정 신이나 타인에게 기대는 것이 아니라, 자신이 만들어 감을 일러준다. 대단한 철학이면서 윤리다. 신화는 최초의 철학이라 할 수 있고,

---

38) 이수자, 「제주도 무속과 신화 연구」, 이화여대 박사학위논문, 1989, 18-19쪽.

39) 현용준, 『제주도신화』, 76쪽.

40) 현승환, 「삼공본풀이 형성과정 연구」, 『민요・무가・탈춤 연구』, 국어국문학회, 1998, 389-393쪽. 현승환 교수는 <삼공본풀이> 전반부 설화가 '내복에 산다'계 설화, 여인발복 설화, 쫓겨난 막내딸 설화와 유사하다고 했고, 일본의 탄소장자설화와 유사하다고 했다. 이런 논의는 그의 박사학위논문(「'내복에 산다'계 설화 연구」, 제주대 박사학위논문, 1993)에 더 자세하다.

신화에서는 철학과 윤리가 일체가 되어 있다고 하겠다.[41]

여기서 주목해야 할 것은 부(富)와 복(福)의 원천이 음부에 있다고 한 점이다. 여성성에 대한 야생적 표현이라 하겠는데, 여타의 본풀이에서는 쉽게 발견할 수 없는 화소다. 그러나 깊이 관찰하면 그 윤곽이 잡힌다. 일반신본풀이의 여주인공의 탄생을 보면 대부분 절간에 시주하여 태어난다. 물론 부처에게 빌어 잉태하였다는 것은 후대적 변이다. 절간 시주가 99근이어서, 100근에 하나가 부족하여 딸로 태어났다는 설명이 부기되어 있다. 이 또한 남아 선호사상이라는 유교적 채색이라 할 만하다. 이 '하나 부족 모티프'는 한국 설화 어디에건 보이는 보편적인 것이다. 미완의 운명을 이야기하면서 늘 이 모티프가 개입된다. 아기장수설화에서도 아기장수의 실패는 하나 부족에서 기인한다. 세계에 부딪혀 좌절하고 패배하는 인간의 운명을 이런 설화들이 보여준다고도 하고, 마지막 하나를 채워야 완성의 삶이 된다는 윤리적 교훈으로도 읽힌다.

그러나 하나가 부족하다는 화소는 여성성을 상징한다고 볼 수도 있다. 일본의 <이자나기·이자나미 신화>를 보자. 두 신이 하늘에서 섬으로 내려와 만나게 되는데, 남신이 "너의 몸은 어떻게 생겼느냐" 하자, 여신이 대답하기를 "나의 몸은 차츰차츰 생겨 이루어졌으나 이루어지지 않은 곳이 한 군데 있습니다."고 하였다. 이 말을 들은 남신은 "나의 몸은 차츰차츰 생겨나 이루어졌으나 남은 곳이 한 군데 있다. 그렇다면 나의 여분의 것으로 완전히 이루어져 있지 않은 너의 몸에다 끼워 넣어 국토를 낳고자 한다."고 제안한다.[42]

한 군데 부족한 곳이 있는 이자나미는 한 군데 남은 곳이 있는 이자나기를 만나 성행위를 하고 국토를 만들게 된다. 여기서 '하나 부족'의 의미를

---

41) 나카자와 신이치, 『신화, 인류 최고의 철학』, 31쪽. 강봉수, 「제주도 무속신화에 나타난 도덕질서」, 『제주도연구』 24집, 제주학회, 2003, 29-61쪽.
42) 노성환 역주, 『고사기』 상권, 예전사, 1987, 37쪽.

유추할 수 있다. 일반신본풀이 여주인공의 탄생이 하나 부족에서 비롯되었다는 것은 원래 한 군데가 이루어지지 않은 상태에서의 탄생을 의미하고, 이는 여성성을 의미한다. <설문대할망설화>는 국토형성설화라 하겠는데, 이자나미의 여성성으로 국토를 만들고자 하는 화소와 닮아 있다. 그렇다면 명주 100 동이 있으면 제주에서 육지까지 다리를 놓아주었을텐데, 한 동이 모자라 실패하였다는 이야기도, 애초에는 설문대할망의 여성성을 상징하는 것은 아니었을까. 설문대할망은 엄청난 여근을 가지고 있어서 음부로 고기를 잡아먹었고, 짐승몰이를 하여 음부에 멧돼지와 노루 여러 마리를 담아 잡았다는 이야기[43]도 그 여성성을 상징하는 것이다.

운명의 신 감은장아기는 자기 덕으로 산다고 했고, 부와 복을 주재하는 신인데, 그 풍요는 여성성에서 비롯된다는 사유를 이면에 담고 있다. 남성신화가 판치는 한국신화 속에서 제주의 서사무가는 여성의 주체적이고 능동적인 역할을 훼손하지 않고 보존하고 있다. <삼공본풀이>는 하늘과 땅, 남성성과 여성성이 균형 잡힌 상태에서 대립과 조화를 모색하고, 생명의 근원성과 운명의 원리가 작동하고 있는 서사무가라 하겠다.

4. 결

기록신화가 다루는 시기를 높게 잡아도 5,000 년 전이고, 한국의 고대국가 건설기의 신화도 3,000-2,000 년을 넘지 않는다. 반면 구비신화의 전통은 장구하여 30,000-10,000년 전으로 거슬러 올라가고 중석기시대로부터 신석기시대에 이르는 광대한 시기에 이루어진 것이다. 이 구비서사시의 전통이 한국의 무가 속에 어느 정도 온전히 남아 전하고 있고, 제주도는

---

43) 현용준·김영돈, 『구비문학대계』 9-2, 제주도 제주시편, 한국정신문화연구원, 1981, 710-714쪽.

무속의 전통이 완강하기 때문에 다양한 구비서사시가 전승될 수 있었다. 유교와 불교라는 중세 보편주의의 영향이 미미했기 때문이다. 물론 제주 서사무가에도 유교와 불교의 영향이 녹아 있고 무불습합의 양상도 두드러지지만 무속의 본질을 위협하는 정도는 아니다.

　본고에서는 제주 서사무가 속에 담겨 있는 과학과 철학을 찾아내려 하였다. 그러나 이야기성으로 꾸며진 신화가 논리적·체계적 서술이 아니기 때문에 그것들이 문면에 드러나 있지 않고, 쉽게 파악되지도 않는다. 과학을 논하자면 우선 현대 과학의 기준이 우리를 지배하고 있기 때문에 거기에는 과학이 없다고 하거나 비과학적이라고 일축하고, 신화에서 그런 것을 찾을 가치가 없다고 할 수도 있다. 과학적 - 기술적 연계 고리가 있는 현대 과학과는 다른 야생의 과학을 발견하기 위해서는, 과학과 인문학을 결합하여 접근해야 한다. 그러면 거기서 인간의 경험과 그 속에 담긴 과학적 사유가 드러나 보일 것이다.

　보편적 진리나 추상성을 위주로 하는 철학을 형상성 위주의 신화에서 찾는 것도 어려운 일이다. 본고에서 찾아내 규명하려는 것을 철학이라고 하지 않고 '철학적 사유'라 한 이유는 이 글이 보편 진리나 지혜, 지성, 철학 원리 등에는 미치지 못하므로, 인간 사유의 본원적 측면을 주제적으로 살핀다는 차원에서 그렇게 말하였다. 예를 들어 <문전본풀이>에서 아버지는 정낭(대문)신이 되고, 어머니는 조왕신이 되는데, 아버지는 집의 안과 밖을 드나드는 문제를 관장하고 어머니는 집안의 먹고 사는 일을 관장한다는 의미이다. 이는 유교에서 천존지비(天尊地卑)의 사유에 해당한다. 이를 '하늘은 존귀하고 땅은 비천하다'고 해석하면 곤란하다. '하늘은 위에 있어 그 역할을 다하고, 땅은 아래에 있어 그 역할을 다한다.'는 역할 분담의 논리이고 음양의 논리로 치환될 수 있다. 남존여비(男尊女卑)도 같은 맥락이다. 남자는 존귀하고 여자는 비천하다는 논리가 아니라 역할 분담의 논리로 읽어야 한다. 본고는 남신과 여신의 역할분담이라는 논리까지는 언급하지만, 음양의 논리로 정형화하는 데까지는 미치지 못한다.

본고는 일반신본풀이에 담긴 우주창조, 인간 생사의 존재론적 사유, 풍요와 생산의 원리 등을 조망하여, 생활과학·풍요원리·여성성의 근원이라는 과학적 사유와, 이승과 저승·하늘과 땅·삶과 죽음·죽음에서 벗어나려는 의지·생명원리와 시간 공간적 사유· 인간의 운명이라는 철학적 사유를 파악하고자 하였다. 유교와 불교에 의해 윤색된 것이라 하더라도 유교적·불교적 철학체계의 논리 파악은 배제하였다. 그 논의의 결과를 요약하면 다음과 같다.

첫째, 고대국가인 탐라국의 건국신화를 먼저 들어 <삼성신화>와 연관된 구비전승의 <송당신화>를 비교 고찰하면서 남성 영웅신화에 대해 논하였다. 그리고 남성 영웅신화에 앞서 창조되었던 여성 영웅신화를 <설문대할망> 설화를 중심으로 살폈다. 여성신화에 내재한 땅·물·농경·여성의 상징체계를 살피며 여성성으로부터 과학에 접근하였다.

둘째, <문전본풀이>의 처첩갈등 양상에서 처는 부엌신으로, 첩은 변소신으로 좌정하는데, 부엌과 화장실은 멀수록 좋다는 생활과학 지식을 발견할 수 있었다. 그리고 남편이 정낭신으로 좌정하였다고 하는데, 정주목을 걸치는 것에 따라 집 주인의 위치를 알려주는 이 민속은 신호등과 같은 과학적 코드(CODE)를 지니고 있다고 파악하였다. <세경본풀이>에서 자청비가 오곡종자를 가지고 지상에 내려오는데, 조의 파종시기를 놓쳐 농사를 못 짓는 것을 알고 하늘로 다시 올라가 메밀씨를 얻어와 파종이 늦은 밭에 갈아 수확을 하였다고 했다. 과거 농사에서 메밀이 구황식품으로 소용되었다는 과학적 지혜를 찾을 수 있었다. 자청비는 곡신의 신이고 대지신이다. 본풀이에 나타나는 자청비의 심술과 변덕은 자연의 변덕이고, 이는 일기의 부조화와 조화의 반복과정을 보여주며, 자연의 성질을 여성신의 성질로 상징화하여 보여주는 사례로 파악하였다.

셋째, 문학과 철학을 미분화시켜 연구하는 현대적 학문풍토를 비판하고,

철학은 구체적인 문학 작품(신화) 속에서 파악되어야 함을 우선 역설하였다. 형상성과 표현이라는 문학의 영역을 벗겨내면 신화 속에 야생의 철학이 드러난다고 보았다. <천지왕본풀이>에서 '이승차지경쟁'은 부정이 존재 자체의 속성이니 어떻게 대처하며 살아야 하는지에 대한 사회철학을 제시하였다고 보았다. '수수께끼문답' 속에 식물의 생태와 분류에 대한 방대한 지식이 있는데, 이는 인간의 삶과 죽음의 문제와 직결된다고 보았다.

<차사본풀이>에 인간은 죽을 수밖에 없고 수명이 한정되어 있으며, 죽음은 순서 없이 찾아오게 된다는 사연이 있는데, 인간에게는 죽음을 부정하려는 의지가 있게 마련이다. 죽음을 부정하고 삶을 지속하려는 소망은 '환생꽃'에 의해 성취되는데, 일반신본풀이 여러 편에 '환생꽃' 모티프가 드러난다. 환생꽃을 가져오는 '서천꽃밭'은 하늘과 땅, 삶과 죽음의 중간세계로 설정되어 있어, 생사의 운명을 극복하려는 의지가 반영된 것으로 보았다. <원천강본풀이>에서는 천상과 지상의 중간에 원천강이 있다고 하고, 이곳은 시간을 주재하는 곳인데, 인간의 생사가 '시간의 운행'과 연관되어 있다는 사유가 발견된다.

<삼공본풀이>에서 자기의 복으로 살고 있다고 당당히 선언하고 자기주체성이 뚜렷한 '감은장아기'를 만나게 된다. 운명의 신 감은장아기는 스스로 운명을 개척하고 부와 복을 찾아 나서는데, 그 풍요는 여성성(음부)에서 비롯된다는 사유를 표출하고 있다. 하늘과 땅, 남성성과 여성성이 균형 잡힌 상태에서 대립과 조화를 모색하고, 생명의 근원성과 운명의 원리가 본풀이의 철학적 사유의 근간을 이룬다고 파악하였다.

본 연구는 제주도의 서사무가 중에서 일반신볼풀이를 위주로 서술하다 보니, 제주의 당신본풀이나 조상신본풀이에 대해서는 논의가 미진하다. 또한 한국의 서사무가와 세계의 서사무가를 대상으로 보편적 진리를 추출해야 하는데 거기까지 미치지 못하였다. 비교연구를 통해 원시신화에서 신화의 본질을 파악하고, 고대신화에서 신화의 역사에 대한 다면적이고

총괄적인 연구44)를 해야 한다는 과제를 남겨 놓는다.

　신화에서 구비 철학과 과학을 찾는 일은 요원하지만 해야 할 일이다. 그러나 과거와 현재, 논리와 비논리의 구분을 뚫고 온 인류의 사유체계를 찾아 지금의 우리 삶을 진단하고 현대문명이 처한 위기를 극복해야 하는 것이 우리의 과제다. 그런 과제를 다음의 글에서 각성할 수 있다. "후진의 야만, 논리 이전, 구비, 주술을 버리고 선진의 문명, 논리, 기록, 과학을 받아들인 것이 발전의 이유인 것처럼 보인다. 그것은 인식되고 있는 표면이다. 인식되지 않고 있는 이면에서는, 야만, 논리 이전, 구비, 주술이라고 폄하될 수 있는 독자적인 전통을 살려 문명, 논리, 기록, 과학을 스스로 이룩하려고 분투하면서 남의 것을 받아들이기도 하므로 모방이 아닌 창조를 이룩한다."45)고 했다. 기록에 의존하던 우리의 태도에서 구비를 중시하는 쪽으로, 과거와 현대를 잘 융합하는 쪽으로 가야 창조의 길이 열린다고 했다. 그 동안 야만, 주술이라 여기는 것에서도 문명과 과학을 발견해야 진정한 과거와 현재의 만남이 이루어질 것이라는 것이 본고의 취지다. '논리 이전'이라는 것 속에서도 '야생의 논리'를 발견해야 신화를 비롯한 인류의 유산이 되살아나고, 그것이 문명 위기의 우리를 구원할 수 있을 것이라 생각했다. 이 연구는 이런 거대한 작업의 단초에 불과하다. 앞으로 일련의 작업을 계속해 나갈 것이고, 창조의 학문을 이루는 것은 그 다음의 과제로 삼는다.

---

44) 조동일, 『세계·지방화 시대의 한국학』 7, 계명대출판부, 2008, 299쪽.
45) 조동일, 『세계·지방화 시대의 한국학』 5, 계명대출판부, 2007, 227-228쪽.

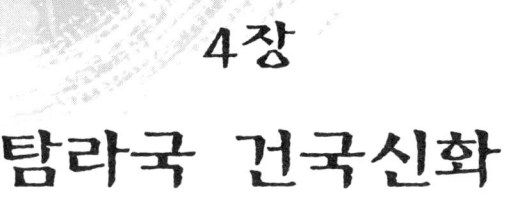

4장

탐라국 건국신화

삼공주

삼성신화(三姓神話)

◉

1. 서

삼성신화에 대한 다양한 연구가 있는데, 남방계 신화와의 비교는 특히
자세한[1] 반면 북방계 신화와의 연관성은 미미하다. 본고는 한반도 건국신
화, 그 중에서도 고구려계 신화와의 비교를 통해 역사·문화적 소통관계를
유추하고자 한다.

사실 우리는 고구려 · 신라 · 가야의 신화와 삼성신화에서 모티프의 유
사성을 다수 발견할 수 있어 그 영향관계를 짐작할 수 있다. 그러므로
그간 소외되었던 탐라의 건국신화를 한반도 건국신화의 한 부분으로 당당
히 편입시키고, 고구려 · 신라 · 백제 · 가야의 4국 신화에 탐라의 건국신화
를 넣어 단군조선 이래 한반도에 존재한 5국의 건국신화를 설정하여 함께
논의의 대상으로 삼아야 할 것이다.

백제의 시조 온조왕은 고구려의 혈통과 관련됨을 역사를 통해서 알 수
있다. 그러므로 백제 건국신화는 고구려계의 신화와 동일계통일 것으로
추정되지만 초기의 화려한 역사를 가졌음에도 불구하고 그 후 역사적 침체로
그 신화를 잃어버리게 되고, 백제신화는 그 자료의 한계를 드러내며 논의의

---

1) 현용준, 「삼성신화연구」, 『탐라문화』 제2호, 제주대학교 탐라문화연구소, 1983.

저편으로 사라져야 했다. 탐라국도 백제에 복속되는 AD 5C(문주왕 2년, 476년) 이후 부족국가로서의 면모를 상실하게 되고 그 신화도 빛을 잃게 된 듯하다. 그러나 고려 중엽까지 독자적인 지배체제를 유지하였다고 하니 탐라건국신화는 신성성이 훼손되지 않은 채로 전승되었을 것이다. 그러므로 조선조 초기『고려사』에 수록된 삼성신화를『삼국유사』 소재의 건국신화와 함께 신화학적으로 고찰하는 것은 별 문제가 되지 않을 것이다.

2. 삼신인(三神人)의 종지용출(從地湧出)

<三姓神話>

耽羅縣在全羅道南海中 其古記云 太初無人物 三神人 從地聳出 (其主山北麓有穴曰 毛興是其地也) 長曰良乙那 次曰高乙羅 三曰夫乙那 三人遊獵荒僻 皮衣肉食 一日見紫泥封藏木函 浮至于東海濱 就而開之 函內又有石函 有一紅帶紫衣使者隨來 開石函 出現靑衣處女三人及諸駒犢五穀種 乃曰我是日本國使也 吾王生此三女云 西海中嶽降神子三人 將欲開國而無配匹 於是命臣侍三女以來 爾宜作配 以成大業 使者忽乘雲而去 三人以年次分娶之 就泉甘土肥處 射矢卜地 良乙那所居第一都 高乙那所居第二都 夫乙那所居第三都 始播五穀且牧駒犢 日就富庶 (『高麗史』, 志 卷第十一, 地理二)

1) 삼인유형(三人類型)

우리나라에서 고구려와 신라를 세운 주몽·혁거세는 단일 개국 시조의 형태를 보여 주고, 백제의 온조·비류는 2인 개국 시조의 형태, 수로를 비롯한 여섯 가야의 6 동자(童子)의 출현은 6인 개국 시조의 형태를 보여 준다. 물론 6 가야의 신화는 부족국가 형태의 것으로, 수로신화는 6 가야

를 대표하는 단일 개국 시조의 형태로
볼 수도 있다. 그리고 탐라의 高·良·
夫 3 神人은 3인 개국 시조의 형태를
보여 준다. 일본신화에서도 이처럼 3신
아마데라스(天照大神)·쯔끼유미(月弓
尊)·스사노오(素盞鳴尊)의 개국을 볼
수 있다.

삼신인이 활을 쏘았다는 삼사석

　이러한 삼신 개국의 형태는 고대국가 건국 시기를 맞아 단일 개국의
형태로 변화한 것도 있었고, 원형을 유지한 경우는 드물게 존재한다. 신라
의 왕통이 박(朴)·석(昔)·김(金) 세 성씨에 의해 교립(交立)된 것도 삼신 개국
의 변형인 듯하다. 한편 단군신화의 풍백·우사·운사의 3인은 단군을 보좌
하는 계층이며, 주몽신화의 오이·마리·협보의 3인도 주몽을 보좌하는 계층
이다. 주몽의 아들인 유리왕도 그를 보좌하는 옥지·구추·도조 등 3인과
동행한다. 단군신화와 주몽신화에 보이는 개국 보좌의 3인은 신화적 주인
공이 국가를 창건하는 데 보좌하는 제 2 계층의 3인 유형이다.
　고씨집안의 족보에 있는 「영주지」를 보면 고·양·부 삼신인이 각각 군
(君)·신(臣)·민(民)의 서차를 갖는 것으로 나타난다.[2] 셋이 활을 쏘아 용력
을 다투었는데 고씨가 가장 뛰어났고, 다음은 양씨, 그 다음은 부씨였다고
한다. 이것은 고씨 문중의 기록이지만 삼신인이 군(君)·신(臣)·민(民)의 세
신분 범주로 나타난 데는 각별한 의미가 있다고 본다. 프랑스의 신화학자
뒤메질이 세운 '3기능 체계' 또는 '3부 이데올로기'[3]는 탐라 건국신화의
3신인 출현과 그들이 담당한 기능을 설명해 줄 수 있을 것이다.

---

2) 三人各射石以試勇力 高爲上 良爲中 夫爲下 故民心　歸于高氏 以高爲君長 以良爲
　臣 以夫爲民 (『長興高氏家乘』, 「瀛洲誌」)
3) Georges Dumézil, <u>Myth et epopée I.L'idéologie des trois fonctions dans les peuples
　indo-européens</u>, Editions Gallimard, Paris, 1968.

이 어족(인도유럽어족)이 유라시아 스텝지역 서반부 어딘가 위치해 있었으리라고 여겨지는 '원거주지'에 살면서 공통된 언어를 사용하고 있었던 시대에 이미 사회가 '(1) 제사 = 주권자, (2) 전사(戰士) = 지배자, (3) 식량생산자 = 서민'이라고 하는 세 가지 종류의 신분에 의해서 망라적으로 구성되었다고 간주하는 관념을 가지고 있었다. …… 인도유럽어족은 이 3기능 체계의 틀을 그들이 존숭하는 신들의 분류에도 적용시켜 인간사회에 세 가지 종류의 기능을 분담하는 신분의 구별이 있는 것에 대응하여, 신들도 세 종류의 기능신으로 유별된다고 여겨왔다.[4)]

인간사회에 있어서 제사를 담당하는 주권자를 제1기능, 전쟁을 담당하는 지배자를 제 2기능, 생산자인 서민을 제 3기능이라 분류하고, 이러한 담당자와 신의 세계를 연관시켜 제 1기능의 주권신, 제 2기능의 전신(戰神), 제 3기능의 풍요신이 존재한다고 관념했던 것이다. 이러한 세계관이 인도나 고대 이집트의 Thebes 등에는 존재하였을 것이나 유럽 등지에는 보편적으로 적용할 수 없다는 커크의 비판[5)]도 있지만, 제사와 정치가 분리되어 있던 고대국가 초기에는 세 신분 범주와 세 기능으로 나뉘는 신의 존재가 가능할 것으로 보인다.

탐라국의 3신인은 서차에 따라 혼인하고 거처할 땅을 정하는데, 『고려사』계의 기록에는 '양-고-부'의 순서로 되어 있고, 『영주지』계열에는 '고-양-부'의 순서로 나타난다.[6)] 한편 위에서 인용한 바와 같이 그 서차에 따라 각각 군(君)·신(臣)·민(民)이 되었다고 했는데 이것이 각 성의 존귀와 비천을 의미하는 것은 아니다. 3신인은 탐라국 백성들에게 숭앙되는 신격의 지위에

---

4) 전규태, 『한국신화와 '원초의식』, 이우출판사, 1980, 44-45쪽.

5) G. S. Kirk, <u>Myth: Its Meaning and Functions in Ancient and Other Cultures</u>, Turtle Co, 1971, 210쪽.

6) 三人以年次分娶之 …射矢卜地 良乙那所居曰第一都 高乙那所居曰第二都 夫乙那所居曰第三都(高麗史) 三神人…以年次分娶 …射矢卜地 高乙那所居曰第一都 良乙那所居曰第二都 夫乙那所居曰第三都(瀛洲誌)

있는 존재이고, 그 후손들도 신성 집단이다.

　고·양·부의 3신인은 각각 제사를 주재하는 주권자로서, 전사를 담당하는 지배자로서, 생산을 담당하는 주체자로서의 역할을 가진 것이고, 건국신화의 주인공으로서의 기능 즉 주권신·전신·풍요신으로 숭앙되었을 것이다. 결국 3신인은 인간사의 모든 것을 주재하는 (운명을 주재한다거나 부를 내리거나 공동체의 조직에 관여하는) 신으로, 전쟁을 승리로 이끌어 생존과 번영을 가능케 하는 신으로, 인간의 풍요를 지배하는 신으로서의 의미를 가진다.

2) 종지용출(從地湧出)

　한반도 건국신화의 대부분이 天上에서의 하강으로 나타나는데 탐라신화는 지상에서의 용출로 기록되 있다. 이는 제주도가 화산의 폭발로 생긴 섬이기에 자연 생성의 성격을 신화에 반영한 때문일 것이다. 그런데 제주의 주봉인 한라산(백록담)이 그들의 탄생지로 신격화할 개연성이 충분한데도 (산의 정상이 신의 강림처이고, 건국주 탄생의 성지가 됨은 신화의 일반적 문맥이다) 조그만 모흥혈(毛興穴)이 3신인의 용출처로 나타남의 무슨 의미일까.

　가야의 수로가 하강하였다는 구지봉은, 김해의 주봉인 분성산(盆城山) 정상이 아니라 산의 서쪽 끝자락에 위치한 자그만 언덕이다. 잘 납득이 가지 않는 점이다. "구지는 원래 강신장소로서의 위치와 후대 제의장소로서의 위치라는 2원적 장소 개념으로 이해되어야 마땅하리라 생각된다. 그것은 신화를 이루고 있는 중심산의 정상에서 신을 맞이하여 내려와, 그 강신에 따른 의례를 낮은 구릉 지대에서 영신의례로써 구체화시키는 것이 신화의 일반적인 문맥이기 때문이다."[7]란 견해를 통해 우리는 장소의 2원성에 주목해야 한다. 김해의 주봉인 분성산은 강림의 장소이고, 낮은 언덕인 구지봉은 제의의 장소다. 그 구지봉에서 영신의례(迎神儀禮)가 행해지는

---

7) 최진원, 「한국신화고석」2, 『대동문화연구』 제 24집, 대동문화연구원, 1990, 69쪽.

일제시대 삼성혈·삼성혈의 옛 모습

것이다. 그렇다면 제주의 주봉인 한라산의 백록담이 탄생처로서의 위치라면 모홍혈은 영신의례를 행하던 제의의 장소라 하겠다.

삼녀신과 함께 도래한 사자는 "우리 왕께서 3녀를 낳으시고 이르길, 서쪽 바다에 있는 산에 신자(神子) 3인이 탄강하고 나라를 열고자 하나 배필이 없다고 하며 신에게 명하여 3녀를 모시고 왔습니다."[8]고 도래의 내력을 이야기하는 중에 2신인 탄생의 내력이 감추어져 있다. 한편『영주지』에는 "가운데 깎아지른 듯한 산이 있는데 신자(神子) 3인이 탄강했다"[9]고 하여 한라산에 강림한 듯한 느낌을 준다. 한라산은 강림의 장소가 되고 모홍혈(지금의 삼성혈)은 영신의례의 장소라는 구도를 갖는다. 한라산의 백록담에서 솟아났다는 것과 하늘에서 한라산으로 하강했다는 것은 큰 차이가 난다.

이런 구도는 육지의 영향을 받으며 형성되었을 것이다. 탐라국 건국신화가 중세 지배자의 신화를 닮아가면서 그 신성성을 유지하려는 모색에서 그런 변형이 생겼을 것이다. 즉 탐라국의 건국신화는 땅에서 솟아난 이야기인데, 당시 지배자였던 한반도의 유력한 건국신화는 모두 하늘에서 산 혹은 인간세계에 하강한 이야기였기 때문에, 3신인의 탄생도 하늘에서 내려오는 구조로 변전하고 있는 모습을 보인다. 탐라를 정복하였던 한반도 국가는 백제에

---

8) 吾王生此三女云 西海中嶽降神子三人 將欲開國而無配匹 於是命臣侍三女以來 (『高麗史』卷)58, 志, 地理2)
9) 中有絶岳 降神子三人 (『瀛洲誌』)

이어 신라, 그리고 고려였는데 이들 건국신화는 모두 하늘에서 하강하는 구조를 띤다. 지금까지 남겨진 중세 기록에는 중세문명에 동화되는 흔적을 보이는 반면, 지금까지 구전되는 서사무가 본풀이에는 중세문명에 이끌리는 흔적이 미미하다. 오히려 고대 탐라국의 원형질이 그대로 생생하게 살아 있다. 그래서 구비전승의 본풀이 속에 나타나는 신들은 대개 땅에서 솟아난다. 삼성신화의 주인공이 땅에서 솟아난 것은 탐라국 신화의 원형질이다.

지중용출(地中聳出) 혹은 종지용출(從地湧出)은 '대지의 품속에서 생명이 산출된다는 원초적 사유의 반영'[10] 즉 대지의 생식력을 토대로 한 지모신 신앙[11]이 내재해 있다. 삼신인이 지중에서 솟았다는 것은 곡식이 땅에서 자라 나오는 상징이거나 지모신이 신인을 출산하는 행위이다. 그러니 삼신인은 풍요의 신이며 건국시조라는 복합적 신격이라 하겠다.

3신인의 지중용출(地中聳出)은 탄생의 의미를 가지며 동시에 곡신부활의 의미를 갖는다. 곡신은 주검(땅속에 매몰)을 거친 다음에 부활한다. 그 부활은 생산의 풍요를 상징한다. 왕도 주검의 절차를 거쳐서 부활해야 한다. 그래야만 왕권은 풍요의 생산능력이 되며 따라서 신성(神聖)이 될 수 있다.[12] 삼신인 즉 탐라국 건국시조는 지중의 매몰과 지상으로의 용출을 보임으로써 조상신·생산신으로 숭앙되었다.

고대 건국신화는 남성신 위주의 신화인데, 생산신의 전통은 여성신으로부터 물려받았을 것이다. 애초에 남성이 세상을 주재하기 이전에는 여성 중심의 가족제도와 여성 중심의 세계관이 보편적이었다. 그래서 여성신이 지닌 생산성은 나중에 남성신에게 계승되었던 것으로 보인다. 여자가 아이

---

10) 김승찬, 「龜旨歌攷」, 『韓國上古文學硏究』, 제일문화사, 1978, 34쪽. 이러한 논의는 김승찬 교수가 구지가의 '屈峰頂撮土'에서 한 것을 차용하여 변용한 것이다. 그는 '屈峰頂撮土'는 地母神이 天神을 그 腹腔에 일단 수용시키므로 하여 재생을 가져올 수 있다는 사고에서 나온 행위를 상징적으로 표현한 것이라 할 수 있다고 설명한다.

11) 현용준, 「三姓神話연구」, 『耽羅文化』 제 2호, 탐라문화연구소, 1983, 84쪽.

12) 최진원, 「동동고」, 『국문학과 자연』, 성균관대출판부, 1977, 152쪽.

를 낳는 것처럼 대지가 자궁으로부터 만물을 만들어낸 것으로 여긴 유럽과
북미의 초기 창조신화는 최초의 인간이 식물처럼 대지로부터 솟아올랐다
고 상상한다.[13] 땅으로부터 식물이 솟아나듯 인간이 솟아났다는 탄생담은
인류의 원초적인 신화인데, 제주에 그 원형질이 그대로 남아 있다. 다른
지역 신화는 시간의 흐름에 따라 자연신에서 인격신으로 바뀌어 갔는데
제주는 자연신 체계를 그대로 유지하고 있는 셈이다. '땅에서 솟아나는
신화'는 신석기시대 농경을 시작한 인간의 사유를 고스란히 담고 있는 원
형적 신화라 하겠다.

3. 여신 도래와 곡모적 성격

해상 도래의 모티프는 탈해신화·수로신화·삼성신화 등에서 살필 수
있다. 이 땅의 도래신화는 천강신화를 전제로 한다. 천강신화의 신앙체계
가 자리 잡고 있는 이 땅에 도래인이 오면서 도래신화가 형성된다. 도래인
은 쇠를 다루는 기술, 염색 기술, 직조 기술 등 선진한 문화와 기술을 토대
로 하여 원주민의 추대를 받아 삼국의 건국신화가 된다. 이들 건국시조가
되는 소수 도래집단의 영웅이 천강신화의 신통보(神統譜)의 천제손(天帝孫)
의 자리에 접합되면서 새로운 신화로 재편된 것이 이 땅의 도래신화이
다.[14] 渡來人은 철기문화·직조문화·농경문화 등의 선진한 문화와 기술
을 가지고 들어와 토착세력과 결탁하게 된다.

삼국의 건국신화는 이주민 지배세력의 남자와 토착세력의 여자가 결합
한 부족연맹사회의 반영이고, 탐라의 건국신화는 토착민 지배세력의 남자
와 이주민 여인이 결합한 부족연맹사회의 반영이라 하겠다. 제주의 구비전

---

13) 카렌 암스트롱, 이다희 역, 『신화의 역사』, 문학동네, 2005, 51쪽.
14) 윤철중, 「脫解神話의 硏究」, 성균관대 박사학위논문, 1987. 88쪽.

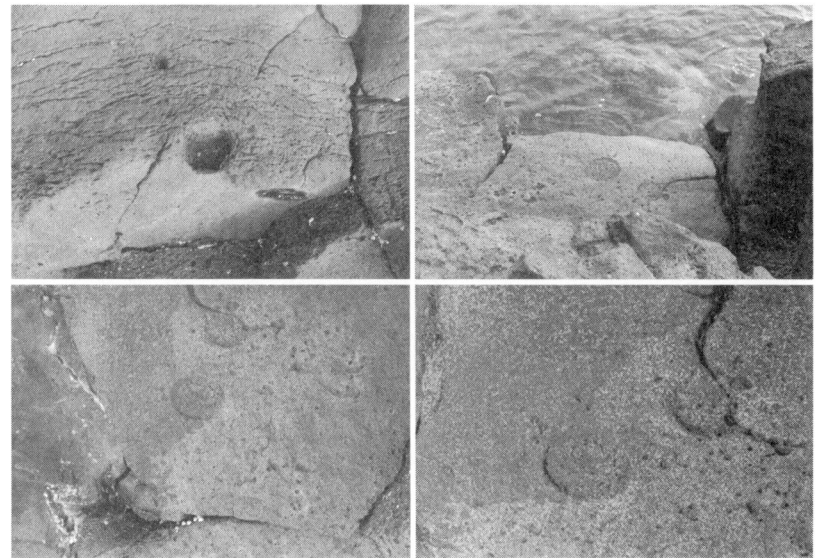

삼여신 도래(삼여신과 송아지, 망아지의 발자국)

승에는 삼녀신이 온평리의 '황노알'[15]에 표착하여 그들을 맞아하러 온 3신인과 마나 혼인지에서 목욕한 후, 못가의 동굴에서 얼마 동안 살게 되었다고 한다.(『온평리지』) 삼신인과 삼녀신이 혼인한 후 굴에 들었다는 온평리의 구비전승은 성년이 되는 통과의례로서 '입사식(入社式)'의 의미를 띠고, 한편으로는 죽음과 재생의 과정을 통해 신성성을 획득하여 새로 태어나는 부활제의의 의미로 해석할 수 있겠다.

탈해신화나 단군신화 등의 신화 문맥에 자주 등장하고 온평리의 구비전승에 나타나는 '입굴(入屈) 모티프'는 삼성신화에서는 잊혀진 부분이라 하겠는데, 삼성신화에 이 '입굴 모티프'를 보태어 본래의 신화적 문맥을 재구할 수 있으리라 본다.

---

15) 혁거세가 蘿井 가에 있는 알에서 나왔다는 기록, 탈해가 표착한 지역이 아진포의 乃兒였던 점, 사소가 奈乙에 도착한다는 기록(『삼국유사』) 등을 함께 고찰해 본다면 蘿井·乃兒·奈乙는 '노알'의 차자표기이고, 이는 신성한 물가의 의미일 것이다. 황노알도 '흔노알'로 추정할 수 있고, 신성한 물가의 의미일 것이다.

삼여신 도래 후 배를 매었던 곳

삼녀신이 망아지·송아지와 함께 오곡의 종자를 가져 왔다는 사실은 그들의 곡모신적 성격을 상징하는 것이다. 신모신화는 우리의 건국신화와 함께 전승되는 것인데, 선도산성모(仙桃山神母)·운제산성모(雲梯山聖母)·정견모주(正見母主)·지리산성모(智異山聖母) 등이 대표적인 예이다. 이들 신모 혹은 성모는 각각 신라·가야·고려의 시조모 또는 왕비들로 신성성을 가진 존재이다. 그리고 신모는 농경적 지신의 성격을 갖는데, 여성의 생식기능을 신격화하여 농경의 풍요를 기원한 지모적 의례의 배경을 가진다.16)

주몽의 어머니 유화는 주몽과 함께 국가 수호신으로 숭앙되었는데, 그 이유는 건국시조를 낳았다는 이유 이외에 주몽에게 오고종자를 전해주었다는 행위와 관련된다고 본다.17) 오곡종자를 가져온 삼녀신도 곡모신적 성격을 보여 주며, 그들은 성모(聖母)로 숭앙되었을 것이다.

그리고 이들의 도래는 토착인의 문화보다 선진한 문화를 가져 왔다는 문화사적 발전단계를 설명하는 신화문맥으로 보인다. 땅에서 솟아난 3신인은 궁벽한 곳에서 사냥을 하며 가죽옷을 입고 고기를 먹으며 살았다고 한다. 그 후 삼녀신이 가져온 오고종자를 뿌리고 소와 말을 기르니 날로 살림이 풍부해졌다고 한다. 이러한 기사는 사회·경제사적 발전단계로 해석될 만하다.

조동일 교수도 삼국과 가야의 신화를 소개하면서 탐라국 건국신화에 주목하고 있는데, 오곡종자를 가져온 삼녀신의 도래를 두고 "원주민과 이

---

16) 金用淑,「韓國女俗史」,『韓國文化史大系』4, 고대 민족문화연구소, 1970, 533-534쪽.

17) 乃裏五穀以送之 朱蒙自切生別之心 忘其麥子 朱蒙息大樹之下 有雙鳩來集 朱蒙曰 應是神母 使送麥子 (東明王篇)

주민이 결합해 새로운 생업을 개척한 것이 탐라국 건국의 기초이다"[18]라 했다. 수렵사회에서 농경·목축사회로 발전하는 사회경제사적 단계를 주목한다면, 삼성신화에 반영된 탐라국의 사회상은 신라·백제·고구려 삼국의 건국시기 사회상에 비추어 크게 뒤질 것이 없다.

4. 결

제주의 삼성신화는 그 위치상 큐슈, 오키나와, 대만 등 남방계 신화의 영향에 의해 형성된 면도 부인하지 못한다. 또한 제주의 풍토적 조건이나 문화적 독자성에 의해 독특한 신화 지형이 형성된 것도 사실이다. 그러나 제주의 역사와 사회를 구성하는 원동력이 한반도의 총체적인 변화와 긴밀하게 작동하였듯이, 제주의 신화도 삼국의 건국신화와 그 문화적 공감대를 넓게 형성하고 있었다. 그러므로 애초에는 독자적인 신화의 틀을 지니고 있었는데 한반도와 정치적인 관계가 형성되기 시작하면서, 삼국의 건국신화가 탐라국 신화 형성과 변이에 간섭하게 되었고, 지금 기록으로 남겨진 삼성신화에는 한반도 건국신화의 흔적이 역력하다.

그러나 삼성신화의 원형이라 할 수 있는 무가 본풀이(구전신화)에는 원시 고대 신화의 원형질이 그대로 존속하고 있어, 한국의 건국신화의 난제를 해결하는 데 실마리를 제공하고 있을 뿐만 아니라 신화의 원형적 사유를 가늠하게 하고 있다.

본고는 제주도 북방의 한반도 신화를 탐라 신화와 함께 비교·고찰하였는데, 삼성신화의 남방계 문화 영향론과 독자적 문화 배경론을 보완하는 글이길 바란다. 그리고 주몽신화가 고구려 건국신화이듯이 삼성신화가 자연스럽게 탐라국 건국신화로 명명되길 기대한다.

---

18) 조동일, 『한국문학통사』1(개정 4판), 지식산업사, 2005, 91쪽.

삼여신 도래신화

◉

1. 서

　문학을 노래문학·이야기문학·놀이문학으로 나눌 때, 우리나라는 놀이문화(극문화)가 빈약한 특징을 갖는다. 문학 내에서는 탈춤과 꼭두각시놀음이 전부다. 하지만 놀이문화는 풍성했다. 놀이와 함께 불리는 민요(유희요)도 풍부한데, 세시풍속에서 불리는 세시유희요에는 그네뛰기 노래·널뛰기 노래·줄다리기 노래·고싸움 노래·용호놀이 노래·가마싸움 노래·쇠머리대기 노래 등이 있다. 현재 놀이와 함께 불리는 노래는 남아 있지만, 놀이는 거의 사라졌다. 물론 세시풍속에서 불리던 민요도 곧 사라질 위기에 처해 있다. 옛 놀이의 흔적이 어렴풋이 남아 있고 옛 노래가 남아 있는 지금, 이것들을 복원하지 않으면 우리의 전통 놀이는 우리의 삶 속에서 사라져버리고 말 것이다. 그런 이유에서 전통놀이 복원은 시급한 과제이다.

　그런데 무엇을 어떻게 복원할 것인가. 놀이문화를 키웠던 농촌공동체는 이미 사라졌고, 공동체를 지탱하던 정신적 구심점인 의례도 사라져버렸는데 무엇을 다시 되살릴 수 있겠는가. 우리나라가 일제의 침탈을 받으면서 타의에 의해 공동체 놀이문화를 잃게 되었고, 해방 후 근대화의 과정 속에서 자의에 의해 공동체 놀이문화를 상실했다. 그러나 근대화 100년을 겪으면서도 제주는 아직 지역 공동체문화가 남아 있고, 일부 놀이도 희미하게나마 전승되고 있다. 제주의 놀이문화를 일부분 복원해 낼 수 있다면, 우리나라의 놀이문화를 되살릴 수 있는 방안도 모색될 수 있을 것이다.

『신증동국여지승람』과 『동국세시기』에는 제주에 약마희(躍馬戲)라는 놀이가 기록되어 있는데, 이 놀이가 지금 제주의 일부지역에 전승되는 영등굿의 '배방선'인 것으로 추정되고 있다. 이 놀이는 중국과 동남아·일본 등지에서 거행되는 경조행사(競漕行事)와 유사한 것이다. 마을 축제에서 청년들이 여러 척의 배에 나누어 타고 승부를 겨루는 이 경조행사는 우리나라를 제외한 동아시아에서 볼 수 있다. 이 놀이는 축제에 대단한 활력을 불어넣어 주고 많은 관광객을 불러 모으며, 지역 주민의 단합을 꾀할 수 있는 등 다양한 기능과 기대효과를 지니고 있다. 제주에 남겨진 이 놀이를 잘 복원하기 위해서는 그곳에 담긴 공동체 정신과 전통적 의미를 제대로 해석하여야 가능하다.

이 놀이는 마을의 안녕과 풍요를 비는 마을굿(洞祭)에서 비롯되었다. 1년에 한 번 마을의 안녕과 풍요를 주재하는 신을 맞아들이고, 정성스럽게 대접하고 보내는 의례에서, 마을 사람들이 합심하여 배를 몰고 경주를 벌이는 놀이가 있었다고 전해 온다. 이 의례는 풍요를 주재하는 여신 즉 삼성신화 속의 3여신과도 관련되는 것으로 보인다. 그러므로 신화와 의례를 재해석함으로써 경조행사(競漕行事)를 복원할 수 있고, 이 놀이를 통해 지역 축제를 활성화시킬 수 있고, 민족의 놀이문화를 풍성하게 할 수 있을 것이라 확신한다. 본 연구는 제주의 건국신화인 삼성신화를 재해석하고, 『동국세시기』 등의 문헌에 기록된 민속을 재구성함으로써, 한국의 놀이문화를 진작시키고자 하는 의미를 갖는다.

2. 약마희와 여신의 내방

신화 자료와 문헌의 기록을 재구하면서 민속놀이를 복원하고자 하는 데는 몇 가지 난관이 있다. 신화적 사유가 후에 어떻게 민속으로 정착하였 는가 하는 점이고, 지금 남겨진 놀이가 어떤 역사성을 갖고 앞 시대의 민속 과 연관을 갖는가 하는 점이다. 이 매듭을 풀기 위해 몇 가지 가설을 설정하 여 그 해석을 시도한다.

> 2월 초하루 귀덕, 김녕 등지에서는 장대 12개를 세우고 신을 맞이하여 제사지낸다. 애월에 사는 사람들은 말머리 모양의 떼배를 만들어 채색 비단 으로 꾸미고 약마희를 해서 신을 즐겁게 한다. 보름이 되어 끝내니 이를 연등이라 한다. 이 달에는 승선을 금한다.[1]

우선 『동국여지승람』과 『동국세시기』에 기록된 '약마희'(躍馬戱)가 지금 남겨진 영등굿의 '배방선' 놀이와 어떻게 연관될 수 있는가 하는 점을 궁리 해 본다. 약마희는 "떼 모양을 말머리처럼 만들어 비단으로 꾸미고 약마희 를 하며 신을 즐겁게 한다"고 기록되어 있는데, 여기서 한자 그대로의 뜻으 로 해석하면 경조행사와는 거리가 멀다. 그래서 약마희를 제주어로 재구하 여 그 맥락을 찾아보고자 한다. '약(躍)'은 중세어로 '뛰'이고 현대 제주방언 으로 '튀'이고, 현대 표준어로 '뛰'이다. '마(馬)'는 중세어나 현대 제주방언 으로 '몰'이고 표준어로 말이다. 약마는 '튀몰, 테몰'이고 곧 떼몰·떼몰이 가 된다. 그렇다면 약마희는 현대어로 떼몰이놀이가 된다.[2]
예전에 북제주군 구좌읍 북촌리의 영등굿에 '떼의 경조(競漕)'가 있었는

---

1) 又二月朔日 於歸德金寧等地 立木竿十二 迎神祭之 居涯月者 得槎形如馬頭者 飾以
彩帛 作躍馬戱以娛神 至望日乃罷 謂之然燈 是月禁乘船(『新增東國輿地勝覽』, 卷之
三十八, 濟州牧 風俗)
2) 현용준, 「약마희고」, 『제주도 무속과 그 주변』, 집문당, 2002, 221–223쪽.

데 이를 '배방송'이라 한다. 이 의례는 작은 짚 배에 제물을 실어 떼배에 올려 놓고, 출발 신호와 함께 일제히 바다로 나간다. 경조에서 가장 앞선 떼배의 주인이 영등신을 전송한 셈이 되고 그 해 풍어를 얻는다는 신앙을 지닌다. 경조에서 1등을 차지한 사람은 술과 안주를 내놓고 잔치를 베풀었다고 한다.3) 떼를 저어 경주를 하는 이 놀이가 바로 위의 떼몰이(약마희) 민속과 같은 것이라는 가정은 충분히 설득력을 가진다. 더구나 약마희가 신을 즐겁게 하는 내용이듯이, 배방송의 의례도 신을 잘 모셔 전송하고 신을 즐겁게 하여 풍어를 기원하는 의미를 담고 있으니 그 둘의 연관성이 겹쳐진다. 배 경주의 놀이를 벌인 후 술과 안주로 즐겁게 논다는 국면은 가락국 신화에 나오는 '희락사모지사'(戲樂思慕之事)와 너무도 흡사하다.

> 매년 7월 29일에 이 지방 사람들과 이졸들이 승점에 올라 장막을 치고, 술과 음식으로 환호하며, 동 서로 우두머리를 보내고 건장한 인부들은 좌우로 나뉘어 망산도로부터 용맹하게 달려 육지에서 경주하고, 배 머리는 둥실 둥실 서로 물 위에서 밀며, 북으로 고포를 향하여 다투어 달리니, 이것은 대개 예전에 유천간과 신귀간이 허 왕후의 도래를 바라보고 급히 임금에게 알리던 일을 재연한 것이다.4)

가락국신화를 보면 수로왕비인 허 왕후는 아유타국으로부터 배를 타고 김해지역으로 도래하였다고 하고, 후에 허 왕후의 도래를 경축하는 놀이를 벌였다고 한다. 동과 서 두 패의 우두머리를 보내어 건장한 사람들을 두 패로 나누어 말을 달리거나 배를 타고 경주를 하게 하였다. 지방민과 이졸들은 음주환호(飮酒歡呼)하며 즐겼다고 한다. 청동기 국가 시대의 제천행사

---

3) 1979년 3월 25일 북제주군 구좌읍 김녕리에서 현용준 교수가 조사하였는데, 제보자(박인주)는 조천면 북촌리 사람으로 이 마을 당의 '매인 심방'이며, 이 마을의 영들굿을 계속 맡아 해온 심방이다.(위의 책, 224쪽)
4) 『三國遺事』, 駕洛國記.

에서 '음주가무(飮酒歌舞)'하였던 의례와 같은 맥락이라 하겠다. 그렇다면 제주에서 벌인 약마희는 애초 탐라건국신화와 연관된 것이 아닐까 하는 추측을 가능케 한다.

제주의 건국신화는 3신인이 땅에서 용출한 후 벽랑국에서 온 3여신과 혼인하고 탐라국을 건설하였다는 내용이다. 3여신의 도래는 예사로운 일이 아니다. 오곡종자를 가져왔기 때문이다. 그러니 매년 농사의 풍요를 기원할 필요가 있었고, 제주에서는 일찍부터 3여신의 도래를 맞이하면서 한 해의 풍요를 비는 행사를 거행하였을 법하다. 이 여신의 도래를 경축하는 행사가 나중에 신을 보낸다거나 혹은 신을 맞이한다는 경조행사(약마희) 민속으로 정착된 것이 아닐까 하는 가정을 해 본다. 물론 약마희의 경조행사는 현재 영등신을 배송하는 의례에서 거행되는 것으로 해석될 수 있지만, 3여신과 같은 풍요신격을 맞이하는 행사가 영등신을 배송하는 행사로 변하였을 가능성이 농후하다. 3여신은 오곡종자를 가지고 왔으므로 풍요신의 의미를 띄는데, 약마희도 역시 풍요 기원의 성격을 갖는 점에서 일치한다.

그러므로 <탐라국 건국신화의 3여신의 도래 - 약마희에서의 신을 즐겁게 하는 민속 - 영등굿 속의 배방선 놀이>가 하나의 맥락으로 이어질 수 있을 것 같다. 우선 배 혹은 떼를 띄우는 놀이인 점과, 풍요 기원의 의미를 지닌 점에서 이런 유추가 가능할 것 같다는 제안을 해 본다.

3. 삼성신화와 본풀이에서의 여신의 도래

삼성신화가 처음 등장하는 기록은 <고려사> 지리지이다. 세종연간에 준비되어 단종 2년(1454년)에 간행되었다. 그 다음으로 <영주지>인데 세종연간(1450년)에 고득종이 지은 서세문(序世文)과 고씨 세보가 이어지고 있는데 앞의 것보다 후대에 지어졌다. 그 후 이원진의 <탐라지>와 같이, 제주에 목사로 오거나 유배 온 문인의 문집류 속에 한결같이 삼성신화가 기록되는데, 앞의 것과 대동소이하다. <동국여지승람> <동국통감> 등에 도 실려 있고, 20세기 초 <탐라기년> <편례초> 등에도 조선시대의 기록 을 다소 손질하고 덧보태어 기록하고 있다. 여기서 우선 <고려사>와 각 문헌의 삼여신 도래 대목을 간략히 정리해 제시하고자 한다.

> 하루는 자주빛 흙으로 봉해진 나무함이 동쪽 바닷가에 떠밀려 오는 것을
> 보고 나아가 이를 열었더니, 그 안에는 돌함이 있고 붉은 띠를 두르고 자주
> 빛 옷을 입은 사자가 따라와 있었다. 돌함을 여니 푸른 옷을 입은 처녀 세
> 사람과 송아지 · 망아지 그리고 오곡종자가 있었다. 이윽고 사자가 말하기
> 를 "나는 일본국 사자입니다. 우리 임금께서 세 따님을 낳으시고 이르시되
> 서쪽 바다에 있는 산에 神子 3인이 탄강하고 나라를 열고자 하나 배필이
> 없다고 하며 신에게 명하여 세 따님을 모셔 오도록 하였으니, 마땅히 배필
> 을 삼아 대업을 이루소서"라 하고 사자는 홀연히 구름을 타고 가 버렸다.
> 세 사람은 나이 차례에 따라 나누어 장가들었다. (<高麗史>, 志 卷 第十一,
> 地理二.)

삼여신은 '동쪽 바닷가'를 통해 들어왔고 그들의 출자처(出自處)는 '일본 국'으로 되어 있다. <영주지> 계열에서는 '동쪽 바닷가'(일부는 금당포, 조천) 로 들어왔고, 출자처는 '벽랑국'으로 되어 있다. 이원진의 <탐라지>도 <고 려사>와 같다. 20세기 문헌에는 삼여신의 도래처가 온평리라고 한 것이 많이 나타난다.

> 하루는 자줏빛 흙으로 봉해진 목함이 동쪽 바닷가에 떠밀려 왔음을 발견하
> 게 되어 (세상에 전해오기를 삼을라가 나라를 열 때에 벽랑국 사자가 세
> 신녀를 받들고 '연혼포'에 배를 대었으니 지금의 정의현 '열운리'가 이곳이
> 다)… (김석익, <탐라기년>, 1918년)

연혼포, 일명 열운리라고도 한
다. 현의 동쪽 20리쯤에 있으니 삼
을라가 개국할 때에 일본 사자가
삼신녀를 모시고 와서 여기에 배
를 대였기로 생긴 이름이다.
(김두봉, <탐라지>, 1933년)

세전에 삼을라 개국시에 벽랑
국 사자가 삼신녀를 모시고 연혼
포에 내박하였다. 운하니 연혼포

삼여신이 표착하였다는 연혼포

는 성산면 열운리 즉 온평리라(淡水契, <증보탐라지>, 1955년)

하루는 자주빛 진흙으로 봉해진 목함이 동쪽 바다로부터 떠밀려와서 '금
당'인 지금의 '조천포' 바닷가에 이르렀는지라 이를 열었더니 석함이 있고…
(편례초, 연대 미상))

이처럼 기존의 문헌에는 주로 '동쪽 바닷가'로 표현되던 것이 근래에
와서 '온평리' 또는 온평리의 옛 지명인 '열운리'로 구체화하고 있다. 그리
고 일부 문헌이 '금당'(조천포)를 지목하고 있다. 이러한 근거 설정에는 나름
의 이유가 있을 것이다. 그것은 20세기 지식인들이 제주도의 구비전승에
관심을 갖고 역사서술을 보완코자 하는 의도가 개입된 것으로 판단할 수
있다. 그렇다면 우리는 우선 오랜 전승기반을 지닌 마을 당신화에 귀 기울
일 필요가 있다. 우선 온평리의 당본풀이를 보면 그 연유를 가늠할 수
있다.

신디렛빌레 고장남밧 좌정훈 맹호부인 맹호안전. 산시본산국은 서월 정
기땅의서 늬 성제(三兄弟)가 솟아나니, 계수남배(桂樹木船)를 타고 제주섬
구경오라(구경와) 조천(朝天里)으로 들어오난(들어오니), 큰 부인은 조천

혼인지 동굴·혼인지 전경

관(朝天館) 정준밧디 정중부인, 셋성님(仲兄)은 짐녕(金寧) 관세전부인, 족
은부인은 맹호부인. …… 낳은 날은 생산 죽은 날은 물고(物故) 호적장적
(戶籍帳籍) 추지ᄒ던 본향(本鄕) 한집. 열룬이(溫坪里), 신산이(新山里) 양
ᄆ슬(兩里) 추지훈 본향한집5)

여성신이 육지에서 바다 건너 들어왔는데, 큰 부인 정중부인은 조천관으
로, 샛 부인 관세전부인은 김녕으로, 작은 부인 맹호부인은 온평·신산리
로 들어와 좌정하였다고 한다. 이 온평리의 당본풀이와 유사한 내용이 김
녕 큰당 본풀이에도 남아 있다.

강남천제국(江南天子國) 정즈국 안까름(內洞)서 솟아나신 삼 형제가 제
주 입도ᄒ여, 큰 성님은 조천관압선도 정중부인이고, 중형님은 김녕 관세전
부인 겍세전부인, 하늘공저 소공저 …… 족은 아시(작은 아우) 열룬이(溫坪
里) 고장남밧 좌정ᄒ신 맹호부인입네다6)

그러나 조천 금당포에도 이 삼여신의 표착전승이 있을 법한데, 그런
전설은 아직 찾지 못하였다고 하면서, 이 표착전승이 삼성신화를 형성시켰
을 것이라고 현용준 교수는 추정한다.7) 삼여신의 표착 중에서 오래 남아

---

5) 현용준, 『제주도무속자료사전』, 신구문화사, 1980, 688-689쪽.
6) 현용준, 『제주도무속자료사전』, 635-636쪽.

있던 곳은 '동쪽 바닷가'인 온평리였을 것이고, 그래서 지금도 이곳에는 삼여신의 표착에 관한 많은 전설이 남아 있다.[8] 『온평리지』에 의하면 삼여신이 온평리 황노알에 표착하게 되자 그들을 맞이하러 온 고양부 삼신인과 만나 얼마 떨어지지 않은 못에서 혼인을 하니, 이로부터 그 못을 '혼인지'라 불렀다고 하는 전설이 전한다.

<열운이>란 것이 옛날 탐라국 때부터 있었다 허여. 옛 어른들에게 들은 말인디, "어째서 <열운이>라 했고, 언제부터 <온평리>라 했습니까?" 하고 들어 보면, <열운이>는 <열혼이>가 맞다 합니다. "<열운이>에서 혼인을 했다" 해서 <열혼이>라 하는 겁주. 그러니 탐라국이 없어져 설란, 제주도가 "섬 도(島) 자"를 쓸 때부터 아마 <온평리>란 이름이 나온 모양이라 마씀.
<황로알(온평리 바닷가에 있는 지명)>에서 유물이 발견된 일이 있는디 제주도에 인가가 전혀 없는 때에, 高梁夫 三姓이 무슨 별자리를 보고 - 그게 정말인지 거짓말인지 몰르겠습니다만, -<화성개>라 해서, 아마 화상이 올라 와, 사람들이 굶어 가니까, 별을 보고 알았더고라(알아내었는지는) 온평리 <황로알>로 화상(花箱)이 올라오는 것을 알아서 사냥을 하다가 산에서 내려와 상자를 깨어 보니까, 아기씨(처녀) 세 사람과 무슨 송아지 망아지여 오곡씨여, 농사짓는 도구여 담겨 있어설란, 임시로 우선 <혼인지>에 가서, 거기 굴이 있어났수다. 굴이 있는디, 거기서 아마 결혼을 해서 살았는디……[9]

여기서 '황노알'은 『삼국유사』의 박혁거세 탄생담에 나오는 '나정(蘿井)' 즉 'ㄴ알'과 친연성을 보이고, 이는 '신성한 물가'의 의미를 지닌다고 할

7) 현용준, 「삼성신화연구」, 『무속신화와 문헌신화』, 집문당, 1992, 199쪽.
8) 양중해, 「삼성신화와 혼인지」, 『국문학보』3집, 제주대학교 국어국문학과, 1970.
   문무병, 「마을의 설촌과 당본풀이 - 성산읍 온평리의 경우」, 『백록어문』7집, 제주대학교 국어교육과, 1990,
9) 『溫坪里誌』, 경신인쇄사, 1991, 43-44쪽. 현여정, 남, 78세. 이하 생략한 부분은 삼신인이 나무 오르기와 활쏘기 등으로 재주를 겨루어 형제의 순서를 정했다는 내용이다.

것이니, 온평리는 시조의 탄생과 깊은 연관을 맺음에 틀림없다. 아울러 온평리에는 '화성개' '연혼포' '횐죽' 등 삼신인과 삼여신의 혼인과 연관된 지명이 다수 등장하고 있음을 볼 때 건국신화와 연관성을 추정할 수 있다. 온평리는 당본풀이에 나타나듯이 애초에 '열룬이'였던 것 같은데, '里'라는 일관된 지명표기 의도에 따라 '열운리'로 변한 듯하고, 더 나아가 한문표기인 '온평리'로 정착되어 간 듯하다. 일찍이 삼성신화와 송당본풀이의 연관성이 조동일 교수에 의해 논해진 바 있는데, 이상문본 '송당본풀이'에서 백주할망 이 '열룬이'에 표착했다는 것을 보아도 그 원초적 지명을 가늠할 수 있겠다.

다음으로 중요하게 보아야 할 것은 삼여신이 출자한 곳이 어디인가이다. 여러 학자들이 언급하듯이 <고려사>계 삼성신화와 <영주지>계 삼성신 화가 삼여신이 출자한 곳에 의거하여 크게 둘로 나뉘고, <고려사계>는 '일본국'으로, <영주지계>는 '벽랑국'으로 적고 있다. 이 삼성신화와 긴밀 한 연관성을 지니고 있는 것으로 보이는 온평리와 김녕의 당본풀이에서는 삼여신이 '서울' '명나라' '강남 천자국' 등에서 출자했다고 한다. 삼여신의 출자처를 서울 혹은 중국 혹은 천자국으로 설정한 것은 후대의 변이일 것이다. 시조도래 건국신화의 기본 설정은, 문명권 중심부의 인물이 주변 부로 도래해서 현지의 지배자 신분의 여성과 결혼하고 그곳의 통치자가 되어 문명을 전파했다는 것으로 요약된다. 그러나 도래한 인물이 남성이 아니고 여성이어서, 왕이 되지 않고 왕후가 되었다고 했다. 여성신이 문명 을 전한 문맥이다. 삼여신이 망아지와 송아지, 그리고 오곡종자를 가져왔 다는 것은 고대문명을 전했다는 의미이다. 그런데 당본풀이에서 중국 혹은 천자국을 빙자한 것은 중세화의 과정이라 할 수 있다. 고대에 형성된 당본 풀이가 전승되는 과정에서, 우선은 중세국가인 고려의 권위를 빌려 당신의 신성화 작업이 이루어졌을 것이고, 다음으로는 중세국가의 중심축이라 할 중국의 권위를 빌려 신성화 작업이 추가적으로 이루어졌을 것이다. 즉 고 대의 탐라국이 중세화하지 못하고 한반도의 중세국가에 예속되면서 중심부와의 친연성을 강조하고 그 권위를 가져다 당신의 권능을 강화하는 과정에서, 당신들이 서울 혹은 중국에서 출자했다고 변모하게 되었을 것이다. 이처럼 구비전승은 신성성을 강조하기 위해 그 문맥이 끊임없이 쇄신된다.

그 예를 다른 곳에서도 볼 수 있다. 신라의 선도산 성모는 서술성모라고도 하고, 박혁거세와 알영의 어머니로서 곡모신적 성격을 지니고 있다. 고대 건국주의 어머니 신격인 셈이다. 그리고 가야의 허 왕후는 수로의 배필이 되어 고대국가를 연 주인공이다. 그런데 신라의 선도산 성모는 중국제실의 딸이라고 하거나, 가야의 허 왕후가 불교를 들여왔다는 부언은 바로 중세문명의 도래를 의미한다.[10] 고대국가의 건설과 관련된 신화가 시간이 흐르면서 중세의 권위를 빌어 신성성을 강화하려는 의도에서 그러한 변이가 나타나게 되었다.

일본국이라 한 것은 삼여신이 동해 먼 바다의 '일출처(日出處)'에서 왔다는 것의 구체적 표현에 불과한 것이고, 탐라건국의 주역인 삼신인과 격을 맞추기 위해 국가의 이름을 빌었던 때문일 것으로 본다. 온평리의 촌로들에게서 수집한 삼여신의 도래와 의 이야기는 '황노알'에 표류한 세 여인을 '금관국의 공주'라고 한 경우도 있다.[11] 여기서 금관국이라 한 것도 역시 탐라국의 건국 주역인 삼신인과 격을 맞추기 위해 국가의 이름을 빌되, 좀더 현실적인 조건을 충족하는 국내의 금관국 출자를 구비전승에 가져온 것일 듯하다. 실제로 해상 교류가 가능한 금관국에서 왔을 개연성도 있지만, 기록 자료에 전무한 것을 보면 후대의 변이일 가능성이 높다. 그렇다면 애초의 출자처는 '벽랑국'에 가까울 것이고, 현용준 선생이 추정하였듯이 '바당'(바다)의 의미[12]라 하겠고, 벽랑국은 '바다 저쪽'의 상상의 공간이라

---

10) 조동일, 「시조도래건국의 중세 인식」, 『하나이면서 여럿인 동아시아문학』, 지식산업사, 1999, 96-141쪽.
11) 문무병, 「마을의 설촌과 당본풀이 – 성산읍 온평리의 경우」, 12쪽.
12) 현용준, 「삼성신화연구」, 193쪽.

송당 본향당

하겠다.

그런데 우리는 여기서 '강남천 자국'이란 지명에 주목하지 않을 수 없다. 우선 삼성신화와 세부적인 일치를 보이는 당본풀이를 비교하여 탐라국 건국서사시의 원형을 재구할 필요가 있다고 한 조동일 교수의 견해에 주목해 볼 만하다. 그는 송당본풀이를 삼성 서사시의 원형으로 보고 다음과 같은 유사점을 제시하고 있다.[13]

첫째, 송당본풀이의 소로소천국이 땅에서 솟아나듯이 삼성신화의 삼신인도 땅에서 솟아남

둘째, 송당본풀이가 '웃송당' '셋송당' '알송당'의 상·중·하당의 세 신당이 공존하듯이, 삼성신화에서는 고을라·양을라·부을라의 삼신인이 등장함

셋째, 송당본풀이의 여신 백주또가 무쇠철갑에 실려 제주에 표착하고 있듯이 삼성신화의 삼여신도 목함과 석함에 담겨 제주에 표착하고 있음

넷째, 송당본풀이의 남신이 사냥을 위주로 하고 여신(백주또)는 남신으로 하여금 농사를 새로이 시작하게 하듯이 삼성신화에서 남신들은 사냥을 주업으로 삼고 있는데 삼여신은 오곡종자를 가져와 농사를 시작하게 만든 점

다섯째, 송당본풀이의 남신(문곡성, 소로소천국의 아들)이 제주도 전체를 지배하는 신격이 되듯이 삼성신화의 삼신인이 탐라국을 건국하여 제주 전체를 지배하는 신격이 되는 점

그런데 삼성신화의 삼여신은 앞에서 살폈듯이 일본국 혹은 벽랑국에서 왔다고 하고 있는데 반해, 송당본풀이에서는 백주또 여신이 '강남천자국'

---

13) 조동일, 『동아시아 구비서사시의 양상과 변천』, 문학과지성사, 1997, 72-89쪽.

에서 왔다고 한다. 그리고 강남천자국 백모래밭에서 솟아났다고 한다. 남신 소로소천국이 제주 절도섬에서 솟아난 것과 동일한 방법으로 태어났다. 둘 사이에서 태어난 문국성(또는 문곡성)은 아버지에게 버릇없이 굴다가 무쇠철갑에 담겨 버려지지만 용왕국에 표착하고, 다시 식성이 과다하여 상자에 담긴 채 쫓겨나 강남천자국에 표착한다. 후에 강남천자국의 난을 평정하고 제주에 돌아와 한라산 'ᄇ름목'에 좌정하게 된다. 우리는 송당본풀이에서 백주또와 문곡성이 '강남천자국'에서 출자한 모습을 보게 된다. 그뿐만 아니다. 앞에서 살폈다시피 온평리의 당본풀이에서 세 여신이 출자한 곳이 역시 '강남천자국'이다. 삼성신화와 연관된 당본풀이에서는 여신의 출자가 '강남천자국'으로 일치하는 점을 알 수 있다.

영등굿에서도 신이 출자하는 곳을 '강남천자국'이라고 한다. 영등굿의 대상 신격과 당본풀이의 대상 신격은 물론 다르다. 영등굿은 바람과 연관되어 영등풍신이라고 한다. 그러나 위에서 살펴본 송당본풀이와 온평리 본향당본풀이의 여신은 삼성신화의 삼여신과 연관된 점이 파악되었고, 삼여신은 오곡종자를 가져온 풍요신격의 의미를 지니며, 삼여신의 도래일에 맞추어 풍요신격을 맞이하는 의례를 1년에 한 번 거행하였을 개연성은 충분히 존재한다고 보았다. 2월 영등달에 거행되는 영등굿도 여신에 대한 의례로서 신명이 대개 영등할망이고, 1년에 한 번 내방하는 풍요신격을 맞이하는 행사로 제주도 전역에서 거행된다. 우리나라 전역에 영등굿이 있었고 제주도에도 있었다. 영등굿은 농경과 어업의 풍요를 기원하는 행사인데, 지금 제주도에는 농경의례로 남아 있는 것은 드물고 대개 바닷가에서 어업의 풍요를 비는 의례로 남아 있다. 그래서 영등굿이 바다를 통한 여신의 도래라는 측면에서, 더욱 삼여신의 도래와 비견된다. 제주의 당신 모두가 강남천자국에서 오는 것은 아니다. 그런데 유독 삼성신화와 연관된 본풀이와 영등굿에서는 '강남천자국'에서 출자하였다고 하니 그 친연성을 주목할 만하다.

칠머리당 무형문화재 김윤수 심방

배는 지금까지 짚으로 50cm 정도의 것을 만들어 했는데, 이 날은 나무로 만들었다. 이 작은 배에 도제상에 올렸던 모든 제물을 조금씩 떠 싣고 백지와 돈 등을 실은 후, 배를 어선에 올려 모시고 바다 멀 리가 띄워 보내는 것이다. 이때 심방의 창은 이렇다. "강남천ᄌ국으로 베 놓아 가저 홉네다. …… 영등 이월 대보름날은 멩지와당(명주바다) 실ᄇ람 불어, 에-, 강남천ᄌ국으로 베 놓아 갑네다. 멩년 춘삼월에 제ᄎ 오옵소서"14)

영등할망은 '강남천자국'에서 2월 초하루에 와서 2월 보름 경에 돌아간다고 한다. 다른 기록에서도 영등신이 '강남천자국'에서 왔다가 간다고 했다. "문순실 심방의 이야기로는 약 30년 전만 해도 배 하는 사람들이 영등배인 짚배를 만들어서 띄웠었다고 한다. …… 이것은 제주도 전체가 하는 것이고, 배를 타는 사람들은 영등달에 영등신이 강남천자국 등에서 오고 가니까 그때 배를 만들어 띄운다는 설명이다."15)라고 했다. 옛 문헌에도 영등굿에 대한 기록이 자주 보이는데, 대개 김상헌의 <남사록>을 인용하고 있다. 여기서는 <남사록>의 영등굿을 소개한다.

풍속에 2월을 연등절이라 한다. …… 매년 정월 그믐 때 바람이 서쪽 바다에서 불어오면 이를 다른 지방에서 신이 온 것이라 말한다. 무리들을 모아 무당은 들에서 제사를 지낸다. 밤에서 낮까지 계속되는데 촌가를 드나든

---

14) 현용준, 「제주도의 영등굿」, 73쪽. 이 영등굿은 1968년 북제주군 조천면 북천리에서 거행된 것이다.

15) 강소전, 「제주도 잠수굿 연구 – 북제주군 구좌읍 김녕리 동김녕 마을의 사례를 중심으로」, 제주대 석사학위논문, 2005, 89-90쪽.

배방선 기메

다. 2월 상순에 이르면 또 돛대를 갖춘 배 모양을 만들어 포구에 띄우는데 이를 송신이라 말한다. 이때는 바람이 동북쪽에서 불어오는데, 다른 지방의 신이 갔다고 말한다. 2월 초하루부터 보름 후까지는 절대로 바다에 배를 내보내지 않는다.16)

제주에서는 이 연등절은 지금도 영등달이라 한다. 2장에서 제시한 바 있는 『동국여지승람』의 '연등(燃燈)' 기록처럼 2월초에서 보름까지 승선을 금하고 있다고 했다. 『남환박물』에서는 『동국여지승람』의 기록을 들고 차귀당신에 대한 기록을 한 뒤에 이 연등절을 적고 있다. 떼배를 띄우는 '연등'과 여기의 신을 맞이하고 보내는 '연등절'은 연관성을 지닌 것으로 보인다. 이 둘을 합하면 지금의 제주 영등달 풍속에 가깝다. 그리고 '돛대를 갖춘 배 모양을 만들어 배송한다는 것은 지금의 영등굿에서 '떼배'를 만들어 배송을 하는 의례 절차와 일치한다고 하겠다.

그런데 영등신을 '다른 지방의 신'(他方之神)이라 했다. 제주의 당본풀이나 영등굿에서 신의 출자를 '강남천자국'이라 한 것을, 조선 중엽의 지식인들은 '타방지신'이라고 적은 것이 분명하다. 영등신은 바람과 연관된 풍신

---

16) 俗以二月爲燃燈節 …… 每年正月晦時 有風自西海來 則謂之他方之神來矣 聚群巫 作夜祀 以夜繼晝 出入村家 至二月上旬 又造舟形俱帆檣 汎之于浦口 謂之送神 是時 風自東北來 則謂之他方之神去矣 自二月初吉至于望後 絶不放船 (金尙憲,『南槎錄』, 永嘉文化社, 1992, 253쪽)

(風神)의 성격을 갖는다. 바람을 타고 바다를 지나 도래하는 신이기 때문에 배를 타고 바다에서 맞이하거나, 배를 타고 바다 먼 곳으로 배송하는 의례를 행한다. 제주 사람들은 신이 바다를 건너 저 멀리 강남에서 왔다는 생각을 하되, 중세적 인식이 개입되는 과정에서 신의 권위를 높이기 위해 천자국이라고 분식하였을 것이다. 그런데 중세의 지식인들은 '고려국' 혹은 '조선국' 이외의 '국'의 개념을 허용하지 않기 때문에 '타방지신'이라고만 했을 가능성이 높다.

그러나 민간전승에서는 '바다 저쪽'이라는 의미의 '벽랑국'이라 하다가, 구체적인 '일본국' 혹은 '금관국'이라 하기도 하고, 바다 저쪽 – 동·서·북방보다는 좀더 넓게 펼쳐진 남쪽을 택하였고, 중세 어느 시기에 중국의 권위를 덧보탠 '강남 천자국'을 출자처라고 여기게 되었을 것으로 보인다.

4. 가야 허 왕후와 탐라 삼여신의 도래 의미

삼성신화에서 삼여신은 바다를 통해 제주의 동쪽 바닷가에 표착한다. 이와 같이 바다를 통한 도래의 모티프는 탈해신화와 가야신화에서도 살필 수 있다. 해상으로의 도래 즉 상주표착(箱舟漂着) 신화는 동남아와 한국 남부에 분포하고 있다.17) 도래인은 철기문화·직조문화·농경문화(鍛冶術·緋染·織造·오곡종자)와 같은 선진한 문화와 기술을 토대18)로 하여 지배자 혹은 지배자의 배우자가 된다. 탈해는 토함산에 오른 뒤에 호공의 집에 숯과 숫돌을 감추어 두었다가 위계로 호공의 집을 빼앗는데, 이 숯과 숫돌은 바로 철을 다루는 야장의 도구이다. 그러니 탈해는 박혁거세보다 늦게 신라에 들어왔지만 철기문명을 바탕으로 제 4대 왕에 오르게 된다.

---

17) 현용준, 「삼성신화연구」, 『탐라문화』 제2집, 탐라문화연구소, 1983, 80쪽.
18) 윤철중, 「탈해신화의 연구」, 성균관대 박사학위논문, 1987, 88쪽.

허 왕후의 도래신화는 삼성신화의 혼인과 같은 유형의 것이다. 허 왕후
는 가야 땅에 도착하자 바로 산령(山靈)에게 비단바지를 바친다. 그리고
허 왕후는 비단·옷·금은보화(錦繡綾羅 · 衣裳疋段 · 金銀珠玉) 등을 가지고 오
는데, 이 물건들은 삼성신화에서 3여신이 가져온 오곡종자 등과 같은 선진
한 문화의 속성을 띈다. 허 왕후의 고향 아유타국은 3여신이 출자한 곳
벽랑국과 같은 신비한 신의 나라이고, 이곳은 불이라거나 오곡종자 같은
'인간생활과 국가건설에 소중한 물질'이 풍성한 신국(神國)이라는 관념이
담겨 있다고 했다.[19]

분명히 허 왕후의 세력은 비단의 직조문화를 가지고 도래한 집단이다.
허 왕후가 망산도로 들어올 때 붉은 빛의 돛(緋帆)을 높이 걸고 꼭두서니
빛의 깃발(茜旗)을 달고 있는데, 이도 비단과 연관되는 신성상징일 것으로
추정된다.[20] 신라 시조 박혁거세의 모계신인 선도성모(仙桃聖母)는 일찍이
여러 천선(天仙)을 시켜 비단을 짜서 붉은 물을 들이고 조의(朝衣)를 만들어
지아비에게 주었고, 이 나라 사람들은 이로 인하여 비로소 신성한 증험을
알게 되었다[21]고 했다. 선도성모의 '직라(織羅)' 또한 직조문화를 가지고
도래한 집단의 의미를 지닌다.

문헌설화이긴 하지만 신화적 흔적을 지니고 있는 <연오랑과 세오녀
설화>에서도 비단의 직조문화가 드러난다. 연오랑과 세오녀가 신라를 떠나
자 일월이 빛을 잃었고, 세오녀가 짠 비단(細綃)으로 일월이 빛을 되찾았다.
그래서 그들을 '일월지정(日月之精)'으로 여겼고, 하늘에 제사한(祭天) 곳을
영일현이라 했다고 한다. 일월에 제사하고 제천하는 제물은 비단이고, 이는

19) 현용준, 「고대 한국민족의 해양타계」, 『무속신화와 문헌신화』, 집문당, 1992, 456쪽.
20) 윤철중, 「사소신화의 성립에 관한 고찰」, 『반교어문연구』 제 7집, 반교어문학회, 1996,
    12쪽. 그는 붉은 깁과 꼭두서니빛이 신성상징이라고 했고, 이 돛과 깃발도 비단으로 만들
    어진 직조문화의 산물이라고 했다.
21) 嘗使諸天仙織羅 緋染作朝衣 贈其夫 國人因此始知神驗(『三國遺事』, 仙桃聖母隨喜
    佛事條)

신물(神物)로 여겨졌다. 이 설화는 직조술의 도일(渡日)을 상징한다. 비단은 제천의 신물이고, 직조술은 국가의 중요한 문화기반이다. 선도성모의 직조술도 바로 고대국가 건설의 중요한 문화기반이 되었음을 알 수 있다.

철기문화・직조문화・농경문화는 고대문명과 연관된 것이고, 이것들은 고대국가 형성에 긴요한 것이었음을 알 수 있다. 철기와 비단과 오곡을 가지고 새로운 땅으로 가 그곳에서 새로운 문명을 일구어 낸 이야기가 고대 건국신화의 주류를 이룬다. 제주의 삼성신화도 이런 반열에 든다고 하겠다.

제주 삼성신화에서는 3여신이 오곡종자와 송아지・망아지를 가지고 들어왔다고 한다. 제주의 서사무가 중 괴내깃당본풀이 또는 이의 발전적 형태인 송당본풀이는 삼성신화의 근원적 신화에 해당된다고 한다.[22] 여기에서 소로소천국이 사냥을 하여 생업을 꾸려나갔는데, 자녀들이 많아지자 백주또가 농경을 권하고 있는 것으로 보아 여성신에 의해 농경이 시작된 것으로 해석될 수 있다고 한다. 제주의 고・양・부 3신인은 사냥을 하면서 지내다가, 3여신과 혼인하여 농경문화를 정착시킨 것으로 볼 수 있다. 그러므로 송당본풀이와 삼성신화는 함께 남성신의 수렵문화와 여성신의 농경문화를 보여 준다. 두 문화의 결합은 큰 힘을 발휘하게 하였고, 고대국가의 건설에까지 미치게 된다. 특히 송당본풀이의 문곡성과 같은 주인공이 부모에게 버려진 후 강남천자국에 표착하여 난리를 평정하고 군사를 거느리고 제주에 돌아온 내력은, 주인공의 해상능력을 보여주는 바이다. 그래서 조동일 교수는 '탐라국 건국서사시'는 "재래의 수렵민과 외래의 농경민이 결합되어 생산력을 발전시킨 토대 위에서 안으로 정치적인 통합을 이룩하고 밖으로 주권을 지키는 영웅이 해상활동을 통해 힘을 키워 작지만 당당한 나라를 세운 위업을 나타냈다"[23]고 하였다. 그리고 탐라국의 위상에

---

22) 조동일, 『동아시아 구비서사시의 양상과 변천』, 문학과지성사, 1997, 89쪽.
23) 조동일, 「탐라국 건국서사시를 찾아서」, 『제주도연구』19집, 제주학회, 2001, 104쪽.

대해 다음과 같이 논하고 있다.

> 탐라국이 동아시아 국제사회의 일원이 되어, 백제·신라·일본·중국 등과
> 외교관계를 가지고 왕래하면서 교역을 했다. 상대방에 비해 모자라지 않는
> 정치적 역량, 군사력, 항해능력 등을 두루 갖추었기 때문에 그럴 수 있었다.[24]

이런 발견과 해석은 과거 탐라사에 대한 한국사의 왜곡되고 편협한 서술
태도를 비판하고 본토 위주의 역사관을 불식시키는 대단한 견해다. '탐라국'
을 고구려·백제·신라·가야 등 고대국가와 대등하게 바라볼 수 있게
하였고, 탐라사를 자리매김하는 계기를 마련해 주었다. 역사 쪽에서 못하
는 일을 구비문학을 통해 문학 쪽에서 먼저 실마리를 풀었다고 생각한다.

그 동안 몇몇 논문들이 고대국가의 형성시기인 1세기 즈음 탐라도 '국
(國)'으로서의 면모를 지니며 서서히 고대국가 체제로 성장하였음을 입증
한 바 있다. 1928년 산지항 축조공사시 발견된 유물은 한식(漢式) 동경(銅
鏡) 2점, 동경 장식, 오수전(五銖錢) 4매, 화천(貨泉) 11매, 대천(大泉) 2매,
화포(貨布) 1매 등이었다. 오수전은 BC 118년부터 주조되어 사용되었던
화폐이며 왕망 때 잠시 사용과 주조가 금지되었다가 후한 이후 다시 주조
되어 오랜 기간 사용되었던 화폐이다. 이청규 교수는 오수전이 왕망전과
함께 출토되기 때문에 그 연대가 기원후 1세기를 크게 벗어나지 않는다고
한다.[25] 그리고 이 오수전이 제주도 산지항, 전남 거문도, 마산 성산 패총,
황해도 운송리 등에서 출토되는 것으로 보아 이들 지역들은 중국과 상당한
왕래와 교역이 있었다고 평가된다.[26] 계속해서 전경수 교수는 제주도를
한반도 국가에 편입된 하위단위로 간주해 온 입장을 당연한 것으로 여기는

24) 조동일, 「탐라국 건국서사시를 찾아서」, 102쪽.
25) 이청규, 『제주도 고고학연구』, 학연문화사, 1995, 194-195쪽.
26) 전경수, 「상고 탐라사회의 기본구조와 운동방향」, 『제주도연구』4, 제주도연구회, 1987,
   33쪽.

분위기를 비판하면서, 고대 제주도 역사기술을 한반도의 중심시각에서 벗어나야 하고, 상고 탐라를 동아시아 또는 동지나 해양문화권으로 잡는 것이 타당하다고 주장하였다. 진영일 교수는 중국 화폐가 발견된 지역에서의 교역은 반드시 중국 상인들만이 주체적인 역할을 한 것이 아니며, 탐라인들도 한중(韓中)을 다니며 교역하였던 점을 미루어 볼 때 한반도 다른 지역을 다니며 장사를 했고, 산지항은 국제 교역항의 의미를 지닌다고 했다. 그리고 그 무역은 기증무역의 성격이었고, 화폐는 수장이 사회를 통제하는 수장사회 단계에 해당한다고 했다.[27]

고고학적 유물을 통해 탐라국이 일찍부터 고대국가 체제로 발전하여 그 정치적 역량과 군사력을 지니고 있었으며, 해양문화권의 주도적 역할을 담당하였음을 밝히고 있다. 이 고대국가의 형성과정이 신화와 본풀이에 반영되어 있다. 강남천자국을 평정하고 군사를 이끌고 제주로 돌아오는 문곡성의 내력은 바로 동아시아 해양문화권의 해상능력을 암시하는 것이라 하겠고, 삼여신이 농경과 목축의 문화를 가지고 들어온 것 역시 고대문명의 전래와 탐라국의 형성과정을 상징하는 문맥이라 하겠다. 물론 농경과 같은 중요한 기술적 전환이 바로 탐라국과 같은 사회조직의 변화와 직결되지 않는다[28]고 하겠지만, 철기와 비단과 오곡으로 대표되는 고대문명의 문화적 충격은 컸다고 하겠다. 재래의 수렵민과 외래의 농경민이 갈등을 벌이다가 서서히 결합하여 생산력을 증대하고 국가적인 토대를 마련하였을 것으로 보인다. 그러므로 삼여신의 도래는 가야국의 허 왕후 도래와 비견되는 고대국가의 형성과정이고, 새로운 문명의 수입과정을 보여 주는 문화적 교섭의 징후라 하겠다.

---

27) 진영일, 「고대탐라의 교역과 '國' 형성고」, 『제주도사연구』3, 제주도사연구회, 1994, 39쪽.
28) 진영일, 「고려기 참라의 星主와 三神人 탐색」, 『탐라문화』26, 탐라문화연구소, 2005, 45쪽. 그는 대부분의 경우 사회기구의 변화가 선행되고 그 후에 기술, 생계, 그리고 기타 변화가 발생할 수 있다고 한다. 그래서 탐라국의 형성을 조동일, 이청규, 전경수 교수들보다 늦은 시기로 상정하고 있다.

5. 경조행사의 복원방안

나가사키 경조행사

동아시아에 널리 퍼져 있고, 우리의 민속에도 나름의 독자적인 형태로 거행되었던 경조행사(競漕行事)를 복원하려면 우선 근거 문헌을 명료히 살피면서 그 가능성을 타진해야 할 것이다. 우선 경조행사와 같은 놀이문화는 두 편이 나누어 놀이를 벌이는 '양파제의'(兩派祭儀) 성격을 드러내는데, 줄다리기·차전놀이·수레싸움·석전(石戰)의 민속이 이에 해당한다. 이 양파제의에 대해서는, 의례가 사회적 통합에 기여한다는 기능주의적 해석, 어떤 대립하는 모순을 매개한다는 구조주의적 해석, 이런 오락이 없으면 사람들은 너무 지루할 것이라 보는, 민족지에서 자주 등장하는 상식적 해석, 성적(性的) 의례를 통해 풍요를 기원한다는 신화·제의적 해석 등으로 그 의미에 접근할 수 있다.

신화·제의적 방법론에 근거하여 양파제의에 접근해 보면, 배를 타고 경주하는 이 경조행사는 풍요를 기원하는 사유를 담고 있다. 그러나 우리의 민속놀이가 항상 '제의와 놀이'라는 양면적인 성격을 아울러 갖고 있음을 감안해 것이 유용할 것이다. 그리고 이런 민속이 우리나라에 국한된 놀이가 아니라 동아시아의 축제 속에도 빈번하게 보이는 것이므로, 주변국가의 경조행사를 비교의 대상으로 삼아야 한다. 일단은 일본 대마도의 경우를 예로 들어보겠다.

"이 날 마을(河內) 사람들이 신사에 나와 제를 지낸 후, 음복을 하고 <후나고로오>를 시작한다. 배는 일반 어선으로, 새로 만든 것 두 척을 선정하여 뱃머리에 붉은 천과 흰 천으로 장식한다. 그래서 마을 청년 10명을 골라 한 배에 각각 5명씩 타게 하면 이 청년들은 노를 저어 약 200m 떨어진 <오노우라>로 나간다. 청년들은 온 힘을 들여 노를 저어 배를 몰아 오는데, 먼저 이쪽 포구에 도착한 배가 승리하는 것이다. 이 행사의 목적에 대해서 구체적인 것은 전하지 않으나, 어업선의 제일에 행하는 것으로 보아 풍어와 관계 깊은 것으로 본다고 古老들은 말했다.

豆酸 마을에서도 역시 <후나고로오>라고 해서 9월 15일과 9월 18일에 행했는데, …… 건장한 청년들을 골라 두 편으로 나누어 배 두 척에 각각 14-5명씩 태워 바다 멀리 보낸다. 청년들은 노를 저어 나가며 신사를 향해 멀리서 기원을 하고, 일정한 지점에 가면 뱃머리를 돌려 해안을 향해 동시에 노를 저어 경주한다. 이쪽 해안에는 일장기를 꽂아 놓고 마을사람들이 응원을 하는데, 청년들 중 먼저 노 저어 와서 일장기를 잡는 쪽이 승리한다. 끝이 나면 주연을 베풀어 즐기고 어업신에게 다시 참배를 한다."[29]

이 경조 행사는 우선 건장한 청년이 두 편으로 나뉘어, 포구까지 배를 저어 온다. 그리고 음복을 하고 시작하거나 마친 후 주연을 벌인다. 먼저

---

29) 현용준, 『제주도 무속과 그 주변』, 집문당, 2002, 226-227쪽.

들어온 편이 승리하는 행사이긴 하지만 누가 이기는가 하는 것은 그리 중요하지는 않다. 대개는 한 마을을 동서 2조로 나누어 서쪽이 이기면 풍년이 든다고 하는 곳이 있고, 상·하 두 마을이 경조하는데 한 쪽을 남신, 한 쪽을 여신이라 하고, 여신 쪽 배가 승리해야 좋다는 곳도 있어 다양하다. 어느 것이나 풍요를 기반으로 두고 있음은 동일한 것이다.[30] 위의 <후나고로 오> 행사도 어업신에게 제사를 드리는 풍요제의적 성격을 지닌다. 오끼나와 일대에는 '니라이 카나이'라고 하는 바다 동쪽의 신성한 곳에서 신이 1년에 한 번 내방하여 풍요를 주고 간다는 신앙이 있는데, 역시 내방신을 맞이하여 풍요를 기원하는 의미를 지닌다. 그러므로 일본 큐슈와 오끼나와의 경조행사 는 제주의 '떼몰이' 혹은 '배방선'의 놀이와 매우 유사함을 살필 수 있다.

그러므로 주변국가의 여러 민속을 고찰하여 1) 신을 맞이하고 보내는 놀이 2) 풍요 기원의 내용 3) 술을 함께 마시고 노는 축제의 측면 4) 행사의 절차와 순서 등을 면밀히 비교하고 우리나라 놀이의 특성을 밝힌다면, 경 조행사의 복원은 충분히 가능할 것으로 기대한다.

본고의 궁극적 목표는 제주 놀이문화를 복원하여 민족의 놀이문화를 진작시키는 데 있고, 이를 위해 문헌 기록과 현전 놀이의 엄정한 고증을 시도해야 한다. 첫째, 한국의 건국신화에 나타나는 의례(여기는 늘 제의성과 오락성이 있다)를 면밀히 살필 필요가 있다. 특히 가락국 건국신화의 '희락사모 지사'에 나오는 경조(競漕)의 본래적 의미와 이것이 후에 굴절되어 축제의 성격을 띠는 점을 구체적으로 살피고, 아울러 탐라국 건국신화에서 3여신의 도래의 의미와 여신의 도래를 경축하는 행사가 어떻게 이어지고 있는가를 비교해야 한다. 다음은 『신증동국여지승람』과 『동국세시기』에 기록된 문맥 을 자세히 살피고 재해석하여 현전 영등굿 행사와 어떤 연관성이 있는가를 고찰하여야 한다.

---

30) 伊藤幹治,「神話·儀禮の諸相からみた世界觀」,『沖繩の民族學的硏究』, 日本民族 學會, 1973, 238쪽.

둘째, 배를 타고 경주를 벌이는 행사가 주변 동아시아에 다양하게 전승되고 있는데, 우리나라의 민속과 주변 국가의 민속을 면밀히 비교하여, 이 놀이가 지니는 공통점과 상이점을 밝히겠다. 이를 위해 일본 대마도와 오키나와를 비롯해 경조행사가 전해지는 지역과, 용선을 타고 북을 두드리며 대단위의 축제를 벌이는 중국 해안지역을 답사하여 우리 민속과의 비교연구를 실행하고, 양국의 놀이문화가 지니는 특성과 파급효과 등을 조사할 필요가 있다.

셋째, 동아시아 축제에서 거행되는 놀이의 절차와 순서를 비교 고찰하여 각 절차가 지니는 의미를 재구하고 우리 민속놀이가 지향해야 할 방향을 타진해 보아야 한다. 일본이나 중국과 차별화된 놀이문화의 구축은 어떻게 이루어져야 하는가를 연구함과 동시에, 이런 놀이문화가 국가적인(혹은 지역적인) 축제로 수용될 때의 기대효과에 대해 실제적인 현황을 파악하여야 한다. 축제 예산과 지역주민의 호응도, 관광객의 수요와 소비성향, 지역경제로의 파급효과, 문화사업의 긍정적 효과 등을 면밀히 분석의 대상으로 삼아 지역 자치단체의 재정 손실을 줄이고 효과를 극대화할 방안을 강구해야 한다.

6. 결

전통이란 당대의 사회상에 맞추어 부단히 변화되어야 그 활력을 갖는다. 녹슨 유물을 껴안고 문화를 운위해서는 안 된다. 제주에 전래하는 수많은 놀이문화도 그 현장성과 신화성을 온전히 복원하여 계승될 때 진정한 제주도민의 축제가 되고 관광자원도 된다. 제주의 입춘굿놀이가 관덕정 앞에서 도민들의 자발적 참여에 의해 이루어지고, 덕수리의 풀무질 작업과 노래가 그 현장에서 그 지역민의 축제로 거행될 때 관광문화도 가능하다. 삼여신이 도래했다는 온평리의 황노알과, 삼신인이 삼여신과 혼인했다는 혼인지를 무대로 도래와 혼인의 유풍을 사모하는 놀이(제주의 '회락사모지사'라 하겠다)를 재구성할 때 제주의 축제문화가 살아날 수 있다.

본고는 삼성신화와 현전하는 영등굿을 비교해 보면서 그 축제 가능성을 타진해 보았다. 특히 영등굿 중에서 동복리에 전승되는 '떼배'의 경조행사가 문헌에 기록되어 있는 '약마희'와 관련되었을 것이라는 추정을 하고, 신을 배송하는 이 놀이가 당초에는 신을 맞이하는 절차에도 있는 것으로 보았다. 왜냐하면 이웃 국가는 대개 신을 맞이하는 굿에서 경조행사를 행하기 때문이다. 그래서 가야의 허 왕후가 도래하는 유풍을 1년에 한 번씩 놀이로 거행하던 '회락사모지사'에서 착안하여, 삼여신이 도래하는 의례를 1년에 한 번식 놀이로 거행할 수 있다는 제안을 하였다. 본풀이와 구비전승에 의하면 삼여신이 도래한 곳이 성산읍 온평리인데, 이곳에서 떼배의 경조행사를 내용으로 하는 '삼여신 도래 축제'를 거행할 수 있다.

물론 신화나 본풀이의 삼여신과 영등굿의 영등할망(風神)은 그 신격에서 크게 다르다. 그리고 신을 배송하는 의례와 신을 맞이하는 의례도 다르다. 하지만 신을 맞이하고 보내는 영등굿의 옛 기록을 살핀다면, 신을 보내면서 배를 띄워 배송하듯이 신을 맞이하면서 배를 띄워 환영하는 경조행사도 분명히 존재하였을 것이라는 생각이 든다. 그러므로 '바다 저쪽' '강남 천자국'에서 동쪽 바닷가로 오는 신을 맞이하고 보낸다는 측면에서는 둘의 사유가 같고, '약마희'의 경조놀이를 영등굿에서 거행하듯이 삼여신의 도래신화를 경조행사의 축제로 발전시킬 수 있을 것이다.

구비전승되는 본풀이와 영등굿과의 비교를 통해 본 삼여신의 도래신화는 한국신화 중 여성 도래신화의 신화적 상징성을 밝혀주었고, 모계신화의 풍요신적 기능을 복원하게 할 수 있었다. 그리고 모계신화가 사라지지 않고, 가락국의 경우는 '회락사모지사'의 경조행사로 남게 되고, 탐라국의 경우는 '약마희'의 민속의 '떼몰이'로 남아, 제의가 축제로 변하게 되는 과정을 고찰할 수 있었다.

그리고 이런 삼여신의 도래는 이웃의 도래신화와 견줄 때 새로운 의미를 찾을 수 있었다. 여성신의 내방이 일본 대마도의 '니라이가나이'처럼 신성한 곳에서 1년에 한 번 내방하여 풍요를 주고 간다는 사유를 담고 있는데, 우리나라에도 이처럼 1년에 한 번 신의 내방을 맞아들이는 행사를 거행함으로써 풍요를 기원하는 놀이가 있음을 밝히고, 이 놀이는 배의 경주와 같은 경조행사로 거행됨을 확인할 수 있었다.

마지막으로 도래신화를 경조행사를 내용으로 하는 축제로 만들 때 얻을 수 있는 기대효과를 제시한다. 이 놀이(경조행사)를 복원함으로써 민족의 축제에 활력을 불어넣고, 지역문화를 활성화시킴과 동시에 지역경제에 파급효과가 있게 될 것이다. 이 놀이는 북제주군 동복리의 바닷가에서 1년에 한 번 거행하는 대규모의 경조행사로 복원하여, 우리나라는 물론 외국 관광객의 유치에도 큰 효과가 기대된다. 아울러 이 놀이의 근원이라 할 3여신의 도래를 복원할 수 있을 것이다. 현재 구전설화로 전해지는 바에 따르면 성산읍 온평리로 3여신이 도래했다고 한다. 그곳 바닷가에는 3여신이 도래할 때 가져온 송아지와 망아지의 발자국이 남아 있으며, 3신인과 3여신이 함께 목욕했던 혼인지라는 연못과, 첫날밤을 보냈다는 굴이 남아 있다. 이곳에서 1년에 한 번 3여신의 도래를 맞이하는 탐라신화 재연의 축제를 벌인다면, 한국축제문화의 큰 전환점이 이루어질 수 있을 것이다.

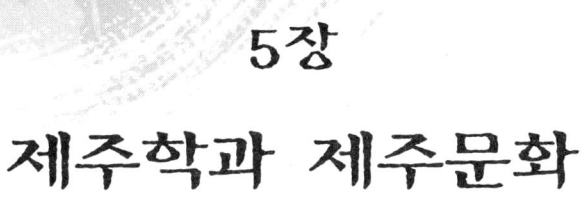

5장

제주학과 제주문화

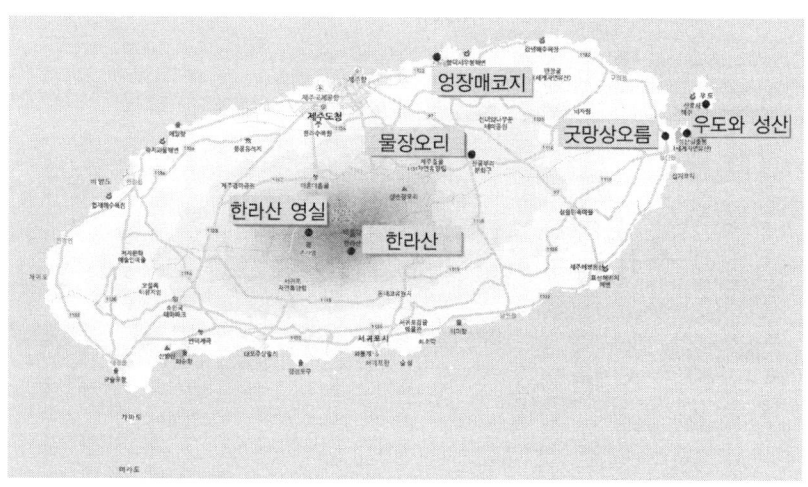

설문대할망 설화의 현장

제주문화 연구의 현황과 과제

◉

1. 서

제주문화의 특성은 무엇인가. 많은 논자들이 제주의 정체성에 대해 거론하였다. 어떤 이는 정신적 태도를 두고 '᙮냥정신'이나 '수눌음'이라고도 했다. 어떤 이는 현상적인 것을 들어 규정하기도 했다. '삼다'와 '삼무'라고 하고, '돌, 바람, 여자'가 많고, '대문, 거지, 도둑'이 없다고 했다. 그러나 '삼다'는 원래 '수해, 한해, 풍해'의 자연재앙을 의미했었는데 언젠가 지금처럼 바뀌었다. '삼무'는 워낙 가난하게 살던 제주의 살림살이를 염두에 두면 그리 자랑할 것이 못된다고 말하는 사람도 있다. 제주가 섬이고 4면이 바다이기에 '해민정신'이라고 한 경우도 있다. 그것이 해적과 다를 게 없다는 비판도 가해져서 '진취적 정신'을 주장한 본의가 무색해졌다. 제주에만 유독 해녀가 있으니 '해녀'와 '강인한 여자'가 제주의 문화 상징이 될 수 있다는 쪽으로 논의가 확산되었다. 그러나 이 땅의 어머니들이 모두 강인한 모성애를 지니고 있는데, 이를 유독 제주에만 적용시키기 무리라는 논의도 있었다. '돌하르방, 정낭, 돌담'이 한국문화 100대 상징에 들었기에 이 문화상징을 잘 살려내자는 논의도 한창이다.

최근에 주목할 논의가 있었다. 제주가 절해고도이고 유배의 섬이니 중심부에서 멀리 떨어진 주변부의 문화라는 견해다. 제주의 설화에서도 이런 소외의식이 두드러지고, 양반문화가 없고 기록문화의 전통도 미약하고, 언어도 크게 다르니 '주변부성'이야말로 제주의 문화적 특성이라 할 만하다는 주장이다. 그러나 상황이 조금 다를 뿐이지 서울을 제외한 대부분의 지방이 주변부였고, 근대화 과정에서 중앙집권적 · 국가획일주의적인 전횡이 가해지면서 더욱 주변부로 밀려나기는 마찬가지일 것이다. 지역적인 이유를 들어 제주를 변방 혹은 주변부라고 하는 것은 잘못이다. 정신적인 주변부 의식은 더욱 지양해야 할 일이다. 제주는 일찍부터 '중심부' 의식을 지니고 있었다. 제주도의 신화가 천지창조(천지왕본풀이)에서부터 시작된다는 것은 매우 시사적이다. 그것은 제주를 중심으로 인식하는 태도다. 우리가 제주문화를 논하려면 우선 주변부 의식을 버려야 한다. 제주가 중심이라는 사고에서 출발해야 제주문화의 전모를 논할 수 있고, 전통의 계승도 가능할 것이다. 모든 지방은 제각각 중심이고, 그런 사고에서 출발해야 자기 정체성을 찾을 수 있을 것이다. 그래서 본고도 '중심성'에서 출발한다. 그리고 그런 논지를 강화하기 위해 제주 신화를 비중 있게 다룰 것이다. 제주는 신화로는 한국에서 중심이 될 것이고, 세계에서도 유래를 찾을 수 없을 정도로 풍부한 곳이기 때문이다. 하지만 해녀도 경제적 행위로서의 여성 잠수 작업이란 측면에서 보면 이도 세계적인 문화라 하겠고, 무속의 례인 굿도 그 원형이 잘 보존되어 있어 주요한 문화 지표가 될 수 있다. 아울러 말 문화, 제주어, 제주의 전통적 생산기술도 주목을 요한다. 그러므로 이 논문은 제주의 역사적 특징과 문화적 특징을 두루 포섭하여 전반적 문화현상의 연구 성과를 조망할 것이고, 아울러 문화연구의 과제를 제시하여 제주문화의 정체성을 규명하는 데까지 나가는 것을 목표로 삼는다.

2. 제주학 연구의 현황과 필요성

제주가 특별자치도를 시작하는 원년(2007년)을 맞아 제주의 정체성을 자문하게 된다. 지난 몇 년간 제주도는 국제자유도시를 추진하고 외국 자본 유치와 영어 공용어화를 통한 세계화를 주장하고 있다. 하지만 이런 것들은 경제적으로 발전하는 전략일 뿐이지 제주인의 삶의 본질을 향상시킬 수는 없다. 한국의 다른 지방 자치단체에 앞서 특별하게 자치를 실현시키는 노력도 경제 개방과 외자유치만으로는 불가능하다. 제주 지방자치단체의 행정적 자치를 이룩하는 데에는 제주의 문화적 정체성을 심각하게 고민해야 한다. 제주가 지닌 문화적 잠재력을 문화 콘텐츠로 삼아야 세계화에도 성공할 수 있다.

제주는 한국문화 속에서도 독자적인 위치를 점하고 있다. 그 동안 국가주의적 학문 풍토에서 제주적인 것은 주변적인 것으로 밀려났다. 그리고 민족문화의 역량을 논하는 자리에서도 제주도는 예외적인 부분으로 치부되었다. 그러나 민족문화는 지역학을 배제하면서 이루어지는 것이 아니라 지역학을 강조하는 학문 풍토에서 가능하다. 민족문화는 하위의 지역문화를 풍부하게 하고, 상위의 동아시아 문명권의 문화와 세계문화와 교류하는 가운데 그 존재 의의가 부각되게 마련이다. 그래서 제주에서는 제주문화를 주권으로 삼아야 한다. 제주의 독자적인 역사와 민속과 신화를 토대로 제주학을 구축해야 할 시기에 와 있다.

제주대학교는 제주의 중심 연구기관이고 탐라문화연구소는 바로 제주학을 꾸준히 연구해 온 대표적 연구기관이다. 1967년 설립되어 수많은 제주학과 관련된 연구 성과를 축적하였다. 한국의 민속학과 신화학은 제주대학교의 지역학 연구자들이 주도했다고 자부한다. 한국의 대부분의 학자들이 근대화를 위해 서양의 학문을 열심히 받아들여야 한다고 할 때, 남들이 전통적인 문화에 별로 관심을 갖지 않을 때, 현용준·현평효·김영돈·진성기와 같은 연구자들은 제주의 민속·언어·민요를 연구하며 전통적인 문화의 가치를 발견하고 있었다. 이런 노력이 한국의 구비문학 연구에 자양분이 되었다. 그리고 앞으로 제주학의 지침이 될 것이다. 하지만 이제는 이들이 남겨 준 자료와 애정을 토대로, 지역문화의 정체성을 찾아나서는 데 심혈을 기울여야 하고, 제주학을 새로 정립해야 한다.

　제주도는 기록문화는 풍부하지 못한 편이지만, 구비문화는 풍부하다. 한국학 연구에 평생을 바치고 최근에는 지역학의 필요성을 언급하는 조동일 교수는 제주도의 구비 신화가 세계적인 것이라고 평가한 바 있다. 실로 제주도의 서사무가는 풍부한 신화를 담고 있을 뿐만 아니라 원시적·고대적·중세적 문화의 원형을 담고 있는 보고다.

　근대화 과정에서 우리들이 학문적으로 경험했던 혼란은 이제 어느 정도 해소되고 있다. 우리는 유럽 중심의 근대 문명이 개척해 나간 세계사적 보편성을 정착시키는 과정 속에서 우리의 중세적 전통을 반성하지 못한 채, 서구적 근대를 이식하는 수동적 태도를 견지하였다. 그 후 동유럽 중심의 사회주의적 세계관이 침투하여 재차 혼란을 겪었지만, 이를 우리의 근대 속에 적절히 용해시키지 못하였다. 그러나 그 근대화 과정이 외래문명의 수용이라는 당연한 절차였고, 이제 우리는 자신의 전통과 서구문명을 통합하여 창조적인 미래를 구축하려는 전기를 마련하고 있고, 이때 우리의 전통에 대한 탐구는 긴요한 것이라는 반성적 성찰을 하게 되었다.

　제3세계의 민족주의적 관점에서 우리의 학문을 새롭게 점검해야 한다. 특히 전통문화라는 측면에서 그런 노력을 경주해야 한다. 우리의 정체성을 파악하기 위해서 민족전체의 전통문화를 두루 살펴야 한다는 명제 속에는, 지역학의 중요성이 내재해 있다. 민족학과 지역학은 상보적이다. 그간 지방학을 예외적인 관점이나 배타적인 관점에서 바라보았는데, 이를 시정해야 할 시기다. 민족학의 정체성은 지역학을 통해서 더욱 두터워질 수 있다.

　특히 제주학에 대한 편견은 극심하였다. 우리나라 역사를 서술해 가는 과정에서, 몽고의 침탈과 삼별초군의 항쟁이 있었다는 기록으로 제주가 처음 한국사에 등장한다. 제주의 입장에서 보면 밑도 끝도 없는 역사서술인 셈이다. 고대 탐라국의 역사적 실체가 있음에도 불구하고 학문적 소외는 심각한 편이다. 민족사의 온당한 전개를 위해서는 제주사를 끌어안아야 하듯이, 민족학을 위해서는 제주학을 관심있게 탐구해야 하고, 지금이 그 토대를 마련해야 할 때이다. 그리고 지금 그 인재를 키우지 않으면 사라지는 전통을 복원하여 계승할 기회를 잃게 되고, 제주학 연구 측면에서도 다른 지역 연구자에 종속될 가능성이 매우 높다. 그러므로 제주지역의 거점대학에서 제주학 연구풍토를 시급히 마련해야 할 것이다.

3. 신화의 섬 제주

인류가 중석기시대를 맞으면서 신화를 갖게 되었을 것으로 본다. 지금으로부터 3만년 전이다. 이 오랜 신화의 전통이 제주에는 온전하게 남아 있다. 물론 중세를 지나며 문화적 충격에 따라 굴절되기는 하였지만 많은 신화가 풍부한 과거의 역사를 담고 전해온다. 역사 기록이 빈약함 때문에 주눅들 필요는 없다. 주변의 역사 기록조차 불과 몇 천 년 전의 것에 불과하니까. 한반도의 기록은 불과 천 년 전의 것이니까. 지구의 역사 40억 년, 인류의 역사 1700만 년, 현생인류의 시조 출현이 300만 년 전인 것에 비하면 기록의 역사는 아주 초라한 것이다. 오히려 입에서 입으로 전해지던 구비서사시의 전통이 더욱 위엄 있는 것이다. 제주는 이런 긴 역사의 전통이 무가 속에 담겨 있는 셈이다.

제주는 기록문학이 빈약한 대신 구비문학이 풍부한 땅이다. 민요·설화·무가는 가히 한국의 중심부라 할 만하다. 그런데 무가(巫歌)는 문학적으로 논의할 만한가. 그것들은 지금에도 가치가 남아 있는 것인가. 무가가 무속 혹은 무교의 종교적 논리나 규범을 담고 있는 것만은 아니고, 과거에서 현재에 이르기까지의 인간의 보편적 삶을 담고 있음을 부인하진 못한다. 무속은 고대국가가 발생하기 이전의 원시사회로부터 부족 공동체 사회의 중심 이념이었고, 고대국가가 건설된 이후 천신사상에 밀려 주변 이념으로 떨어져 나가 민간신앙의 주된 장이 되고, 불교와 유교의 중세적 사상이 밀려온 후에도 민중의 애호 속에서 지속된다. 서구적 근대성이 우리를 침범한 이후 무속은 미신으로 전락하여 비합리의 대명사가 되고 말았지만, 무속의 의의와 가치를 무화시키는 근대의 독선을 무조건 신봉하던 삶에 대해 반성하게 되었다. 그리고 그 속에 인간의 삶이 어떻게 규정되고 있는가라는 질문을 던지며, 무가의 가치를 새로이 인정하게 되었다.

서사무가는 원래 신의 내력을 풀어내는 이야기 위주의 노래다. 그러나 신을 불러 즐기는 내용이 배가되고, 신과 인간이 즐기는 과정에 인간 삶의 모습을 많이 담게 되었다. 그래서 신이 인격을 지닌 존재로 등장하여 잘못된 인간의 삶을 나무라기도 하고, 스스로 비웃음의 대상이 되어 우리의 무지를 일깨우기도 한다. 서사무가를 들으며 우리는 현 사회의 병폐를 근심하게 되고 그것을 차단할 방식을 고뇌하게 된다. 그러면서 우리들이 인간으로서 지녀야 할 임무를 각성하는 계기를 갖기도 한다.

서사무가의 전승이 한반도 지역과 달리 제주에서는 왕성한 이유는 무엇인가. 우리는 우선 제주에 무속이 풍부하게 남아 있다는 조건을 해답으로 들 수 있을 것이다. 그렇다면 육지와 달리 무속이 계속 남아 있게 된 이유는 무엇일까. 고대에서 중세로의 시대적 전환 속에서 정치적 중심부와 정치적 입김이 미치는 지역은 불교·유교란 중세 보편주의 문화의 영향을 입게 된 데 반해, 제주는 섬이라는 지정학적 특성 때문에 그 영향력이 미약하였다고 볼 수 있다. 제주는 부족공동체의 고유성을 강하게 지키며 당본풀이를 유지할 수 있었고, 중세사회로의 전환 속에서도 고대 자기중심주의의 전통을 오랜 동안 유지할 수 있었다.[1] 그리고 서서히 중세적 요소를 받아들이며 성장했다. 제주가 중세 국가의 직접적 통치를 받게 된 것은 고려 후반 혹은 조선 전반이기 때문에 상대적으로 중세 이념의 강요와 침투가 미약했고, 이런 까닭에 무속이 배척당하기보다는 무속 안에 유교와 불교를 포용하는 변화가 일어났다고 할 수 있다.2)

조선 전기 지배층은 유교적 이념을 정착시키기 위해 불교와 무속을 이단(異端) 혹은 음사(淫祀)로 배척하기 시작했고 무당과 승려를 성 밖으로 내쫓는 법령을 실시하였으나 민간 속의 무속신앙은 쉽게 단절되지 않았다. 무속을 도성과 사대부로부터 격리시키게 된 시기는 인조 즈음이다. 제주에서 무속이 큰 시련을 당한 시기는 18세기 이형상 목사가 부임한 직후이다. 그러나 그것은 일시적인 충격이었던 듯하다. 무속을 근절시키지 못하고, 포제와 같은 유교식 제사와 기존의 무속 제사를 병행하는 선에서 타협이 이루어진 것으로 사료된다.

그렇다면 제주문화는 한국문화의 전반적 성격과 가까운 것인가, 아니면 동떨어진 것인가. 과거에서 현재로 진행되는 시간에 비례하여 제주와 육지는 더욱 긴밀해졌다. 앞에서 살폈듯이 고대의 서사무가에도 상당한 정도의 친연성을 드러낸다. 그러나 지정학적인 여건 속에서 한반도의 문화적 영향도 컸지만 남방계 문화의 영향도 상당하였고, 그 다양한 문화를 섭렵하며 제주만의 독자적인 문화를 형성하기도 하였다.

---

1) 조동일 교수는 <토산당본풀이>나 <양이목사본>을 들어 탐라국이 멸망한 후 신령·영웅이 참혹한 시련을 겪는 노래라 하고, 중세국가 성립과정에서 제주도가 소외되고 억압당한다고 하며 "제주도민이 자주성을 상실한 시기"라 했다.(『동아시아 구비서사시의 양상과 변천』, 93쪽) 고대국가인 탐라국이 멸망한 것은 사실이나 제주도는 상당 기간 동안 독립적 체제를 유지했고, 중앙정부의 간섭에서 어느 정도 자유로웠을 것이다.

2) 초공신의 조부모가 석가여래와 석가모니라거나, 초공신의 아버지가 주자대선생인데 그의 신분은 승려라는 점을 보더라도 巫祖의 가계 속에 유교와 불교를 섭렵한 흔적이 역력하다. 물론 육지의 제석본풀이에서 부의 가계가 미륵 혹은 석가로 되어 있어 무불습합의 정황이 없는 것은 아니나, 제주 서사무가에서는 유·불을 포용한 흔적이 더 많고 더 오래 지속된다는 점이 특이하다.

4. 제주문화에서 핵심 주제가 되었던 연구들

제주문화에 대한 담론은 매우 다양하였고, 이는 어느 지역이나 마찬가지일 것이다. 그래서 논의를 명확하게 하기 위해 제주문화의 주도적인 연구소라 할 탐라문화연구소의 90년대 이후 연구 세미나 주제를 예시로 삼아 본 논지의 목표에 다가갈 것이다. 세미나 주제는 다음과 같다.

1) 제주민속(91)
2) 제주의 해녀문화(92)
3) 동아시아 문화에 있어서 제주도의 위치(93)
4) 삼성신화의 종합적 고찰(94)
5) 제주문학의 정립(95)
6) 제주계록의 종합적 검토(96)
7) 제주의 사회와 문화(97)
8) 조선후기 제주사회와 주민생활(98)
9) 탐라와 몽골, 교류의 역사와 문화(98)
10) 제주의 전통문화와 생산기술(99)
11) 제주방언의 제문제(00)
12) 제주, 대마도, 구주를 잇는 제주문화(00)
13) 풍수지리와 장묘문화(01)
14) 지명과 지명연구(02)
15) 제주의 역사와 고문서(03)
16) 제주의 전통음식문화를 찾아서(04)
17) 제주문화와 문화콘텐츠 산업(04)
18) 재일제주인의 삶과 제주도(05)
19) 제주 향토문화의 디지털콘텐츠 방안(05)
20) 구어자료의 정보화 방안(05)
21) 제주음식의 문화콘텐츠화와 상품화(05)

22) 일제말기 제주도와 일본군 전쟁유적지(06)
23) 제주의 역사문화와 고문서(06)
24) 제주와 한국의 민요(06)
25) 동아시아 시가와 제주민요의 지평(06)

위의 세미나 주제와 제주 문화단체나 연구단체의 특기할 만한 세미나를 종합하여 몇 개의 주제로 계열화하면 다음과 같다. 첫째, <삼성신화>를 비롯한 고대국가 형성기 전후의 역사와 문화에 대한 탐구이다. 둘째, 고려 후기 몽고의 난을 전후한 시기 역사와 문화적 교류에 대한 탐구이다. 셋째, 조선조 유배인들의 문학, 그리고 조선후기의 수탈과 민란, 주민의 삶을 역사적 문헌과 호적중초를 통해 살펴본 성과이다. 넷째, 제주와 주변국과 의 해양을 통한 문화적 교류에 대한 탐구이다. 다섯째, 4·3 사건의 역사적 규명작업과 문학적 형상화 과정에 대한 연구이다. 여섯째, 일제의 침탈과 재일제주인의 삶과 문화에 대한 탐구이다. 일곱째, 해녀(잠녀)를 비롯한 민요, 민속, 전통문화와 생산기술에 대한 연구이다. 여덟째, 제주 문화원형 의 콘텐츠화 방안에 대한 탐구이다.

첫째, 다양한 고고학 자료의 발굴과 신화에 대한 새로운 해석을 바탕으로 탐라국의 형성과 발전에 관한 연구가 다양하게 전개되었다. 고고학 자료로는 한국 신석기문화의 기원을 밝힐 수 있는 고산리신석기유적에 대한 발굴 조사, 청동기~철기유적에 해당하는 삼양동 유적, 곽지 패총 등 탐라국의 형성을 밝힐 수 있는 다양한 자료가 확보되었다. 또한 제주지석묘가 남·북 방 절충형식인 독특한 제주도의 특징을 지닌 '제주도식 지석묘'로 나타났으 며, 중국 한대의 철기문화가 제주에 유입된 것으로 학계에 보고되었다. '섬나라'라는 의미를 지니는 탐라국은 고구려·백제·신라뿐만 아니라, 중 국의 한·당 및 일본 등 주변국가와 해양 교류를 해 왔음을 들어, 국제관계 속의 탐라국 체제, 탐라국의 성주·왕자의 성격 등이 연구되었다.3)

　제주의 고 · 양 · 부 3신인은 사냥을 하면서 지내다가, 3여신과 혼인하여 농경문화를 정착시킨 건국신화이다. 삼성신화는 남성신의 수렵문화와 여성신의 농경문화를 보여 준다. 두 문화의 결합은 큰 힘을 발휘하게 하였고, 고대국가의 건설에까지 미치게 된다. 특히 삼성신화의 기원이 되는 송당본풀이에서, 문곡성과 같은 주인공이 부모에게 버려진 후 강남천자국에 표착하여 난리를 평정하고 군사를 거느리고 제주에 돌아온 내력은, 주인공의 해상능력을 보여주는 바이다. 그래서 조동일 교수는 '탐라국 건국서사시'는 "재래의 수렵민과 외래의 농경민이 결합되어 생산력을 발전시킨 토대 위에서 안으로 정치적인 통합을 이룩하고 밖으로 주권을 지키는 영웅이 해상활동을 통해 힘을 키워 작지만 당당한 나라를 세운 위업을 나타냈다"[4]고 하였다. 고대 탐라국은 한반도와 교역을 통해 물적 토대를 마련하고, 중국과 일본의 해상무역 중개를 통해 그 토대를 더욱 확장하면서 국제사회의 일원이 되었고, 바다 밖으로부터 도래한 여신들이 오곡종자를 가져오면서 농경문화가 확대되었고, 그 결과 고대국가의 기틀이 마련되었다고 본다. 지금도 심방들이 의례를 진행하면서 '날과 국을 섬김'을 하는데 거기서도 탐라의 기원이 영평 8년(AD. 1세기)이라 하여 탐라국의 출현이 한반도의 고대국가 형성기와 대등함을 확인하게 된다.

　둘째, 삼별초 및 몽골과의 관계 등을 살핀 연구들이 진행되었다. 삼별초가 강화도, 진도, 제주도로 그 항쟁지를 옮기면서 대몽항쟁을 전개하였기 때문에 대몽항쟁에 대한 연구는 자연스럽게 제주지역으로 확대되었다. 삼별초의 제주입도와 제주도에서의 항전에 대해 역사와 설화는 시각을 달리하고 있다. 역사는 삼별초와 김통정에 대해 부정적 서술을 하는 데 반해, 설화에서는 그를 구원자로 인식하거나 신적 존재로까지 추앙하는 일면도

---

3) 김동전, 「제주 지방사 연구현황과 과제」, 『한국 지방사연구의 현황과 과제』, 경인문화사, 2000, 230-254쪽. 이하 역사적인 측면의 연구사는 이 글을 인용하였다.

4) 조동일, 「탐라국 건국서사시를 찾아서」, 『제주도연구』19집, 제주학회, 2001, 104쪽.

나타난다고 논하고 있다. 원과 관련해서는 원의 관부설치, 목마장 설치, 목호난, 칭기스칸 후예들의 제주 입도, 제주와 몽골 다리강가의 유사성, 제주방언과 중세 몽골어에 대한 연구주제들이 주목받았다. 제주와 몽골과의 관계에 대한 연구는 이제 그 시초적 단계라 할 수 있다. 문헌적 연구단계를 넘어서 언어, 민속, 풍습 등 양국간의 비교문화사적 관점에서 종합적인 연구가 요청된다.

셋째, 조선조 전반에 걸친 유배자의 문학과 조선후기 수탈구조에서 비롯되는 주민들의 궁핍한 삶과 민란에 대한 연구이다. 충암, 동계, 추사 등 유배인의 한문학과, <속사미인곡>(이진유), <별사미인곡>(김춘택), <만언사>(안조환) 등 유배인의 가사 작품, 그리고 제주에서 목사나 안무어사 등을 역임한 관료들의 기록물(김상헌의 <남사록>, 임제의 <남명소승>, 이원진의 <탐라지>, 이형상의 <남환박물>, 이원조의 <탐라록> 등)에 대한 연구가 이루어졌다.

그리고 조선왕조의 과다한 진상품 요구와 함께 과다한 부역에 시달리는 제주의 현실을 조명하는 연구들이 이어졌다. 말, 귤, 전복, 미역으로 대표되는 제주의 진상품을 조달하기 위해 제주사람들이 감당해야 했던 고역, 특히 전복 진상을 위해 겨울에도 바다에서 물질을 해야 하는 해녀들의 힘겨운 삶을 담은 역사기록과 문학작품에 대한 탐구가 주목을 끈다. 그리고 19세기 제주지역에서 발생하는 민란의 한 요인으로서 제주지역의 사회경제구조를 수취체제의 운영과 폐단, 양태수공업의 전개와 몰락과정, 화전세 문제 등을 구체적으로 다룸으로써 조선후기 제주지역 경제사의 한 단면을 이해할 수 있었다. 이러한 연구경향과 함께 19세기 제주지역에서 발생한 1813년의 양제해모변, 1862년 제주민란, 1898년의 제주민란, 1901년의 제주민중항쟁(이재수의 난)에 대한 일련의 연구가 진행되었다. 1901년의 제주항쟁 발발 100주년을 맞아, 민란사적 측면과 교난사적인 측면을 역사적 기록과 설화적 전승을 통해 고찰하는 다양한 연구가 시도되었다.

4·3 해원굿

제주 지역에 많이 남아 있는 호적 중초와 고문서 자료를 활용하여 신분 제도, 토지매매, 노비소유권, 그리고 재산상속 등 사회상에 대한 심도 있는 고찰이 이루어졌다. 호적 자료의 미시적인 생활상을 통해 조선후기 제주지역의 사회상을 살핀 연구는 그간의 거시적 역사를 보완하는 중요한 구실을 할 수 있었다.

넷째, 제주와 주변국과의 해양을 통한 문화적 교류와 표류·표도에 대한 연구는 향후 매우 주목되는 연구과제의 하나이다. 그간 하멜의 제주표도 등에 대한 재조명이 진행되어 왔으며, 최근에는 해양교류사적 측면에서 제주인들의 표류문제에 주목하고 있다. 최부의 <표해록>, 장한철의 <표해록>과 같은 기행문과 이방익의 <표해가>와 같은 기행가사 연구를 통해, 제주인의 이국표류와 그 송환과정, 새로운 세계의 체험을 통한 세계관의 변화, 주변 국가에 대한 새로운 인식을 정립시키고 있다.

고대에서 조선후기까지 이어진 이러한 해양을 통한 교류는 현전 문화를 비교하는 연구에까지 이어지고 있다. 동지나해를 둘러싼 고대문화의 교류, 신화의 의례를 통해 제주와 대마도, 유구, 큐슈 등 주변 해양국가의 문화계통, 문화전파의 경로, 표류인의 왕래와 문화의 교류, 제주방언과 주변언어와의 비교 등 비교문화적 연구가 진척된 바 있다.

다섯째, 제주 4·3항쟁에 대한 역사적 문학적 접근과 관련된 연구이다. 제주4·3항쟁을 제주도 남로당원들이 주동하여 인민공화국 수립을 위해 일어난 폭동으로 이해하고 있는 견해(김정곤 등), 좌익세력이 해방공간에서 헤게모니 장악을 위해 우익정부에 대한 반란이었다는 견해(존 메릴 등), 남로당과 제주 인민으로 항쟁의 주체를 설정하고 이들이 반제국주의 투쟁과 사회주의 국가를 수립하기 위한 인민무장투쟁으로 4·3을 바라보는 견해(김봉현·김민주)가 있었고, 최근에는 항쟁의 주체는 제주민중이며, 이들이 생존을 위해 제국주의에 저항하였고, 나아가 통일운동에 주체적으로 참여한 것으로 논하고 있다.

4·3은 3만 - 5만의 대량학살을 경험한 제주사람들에게 큰 충격을 준 사건이라는 점에 초점을 맞추어 '제노사이드'라는 측면에서 연구가 이루어지기도 했고, 제주4.3 50주년을 기점으로 4.3에 대한 연구는 매우 활발하게 전개되고 있다. 그러나 2005년 노무현 대통령의 4·3 희생에 대한 공식적인 사과를 계기로, 이념적 논란을 뛰어넘어 상생과 평화운동 차원에서 연구가 진행되고 있다.

4·3을 현대 역사의 장에 꺼내놓은 것은 문학이었다. 70년대 후반 독재가 서슬 푸른 시절 현기영의 <순이 삼춘>이 그 시초라 하겠다. 그 후 제주문학에서 가장 주목되었던 주제는 '4·3문학'이다. 4·3 발발 직후부터 2003년까지 발표된 4·3 소설의 목록에 따르면 24명의 작가가 103편의 소설을 발표한 것으로 집계되었다.5) 4·3을 체험한 현기영·현길언·오성찬의 작품이 51편으로 절반에 해당한다. 그리고 다양한 장르에서 4·3문학이 창출되고, 일본에 거주하는 김석범의 <화산도>, 제주 밖에서 4·3문학의 불씨를 당긴 이산하의 <한라산>, 북한문학에 재현된 4·3 - 강승한의 서사시 <한나산>과 함세덕의 희곡 <산사람들> 등 주목할 작품이 창출되었다. 이에 병행하여 다양한 연구가 시도되었는데, 4·3의 원인과 경과, 50년이 지난 지금까지 그 상처가 지속되고 있는 양상과 그 상처를 치유하는 방식과 우리 시대의 분단 비극 양상을 짚어냈다고 할 수 있다. 그리고 최근에는 4·3문학이 통일열망의 불씨를 지피기 위해서 새로운 패러다임을 모색해야 한다고 역설하는 연구성과도 나타난다. 아울러 2008년 60주년

---

5) 김동윤, 「4·3문학의 전개양상과 그 의미」, 『기억 투쟁과 문화운동의 전개』, 역사비평사, 2004, 210-252쪽.

을 맞이하면서 4·3을 상생과 해원의 문화예술운동으로 승화시키려는 모색도 나타나고 있다.

여섯째, 재일제주인 문제에 대한 연구이다. 제주도의 문화나 생활양식을 간직하고 이민한 재일 제주인의 역사와 문화에 대한 관심이 연구 성과로 이어지고 있다. 재일제주인의 이주와 정착 과정을 통해서 재일제주인의 역사(한국사, 지방사, 일본사 등)와 문화(생활문화 중심, 민속, 제주방언 등)가 어떻게 형성되고 세대교체에 따라서 어떤 형태로 남아있는가를 주요 관심사로 다루었다.

재일제주인은 현재 일본에 약 10만 정도[6] 살고 있으며 오사카, 동경 등지에 집단적으로 거주하면서 제주의 정체성을 어느 정도 유지하면서 공동체 의식을 갖고 생활하고 있다. 재일제주인 1세의 자연적인 감소(사망 등)와 더불어 2세, 3세, 4세로 내려오면서 일본화되고 있기 때문에, 제주적인 요소와 일본적인 변이가 나타나는 현상을 보여주고 있고, 대부분의 연구는 일본 생활에서도 계속 유지되고 있는 세시풍속이나 통과의례 등 민속과 일본의 민속과 습합되는 양상을 고찰하고 있다. 그러므로 재일제주인 연구는 역사와 문화의 전승 정도, 전이 과정, 전이 결과에 관심을 두고 있다.

재일제주인의 역사를 바라보기 위해서 재일제주인 작가와 작품을 대상으로 삼은 연구가 주목할 만하다. 즉 제주출신 및 본적지(원적지)를 제주에 둔 재일제주인의 문학 활동을 연구 범위로 삼고 있다. 2004년 현재 제주출신 문인은 17명으로, 김석범, 김시종, 정인, 양석일, 고찬유, 원수일, 김중명, 현월, 김길호, 김태생, 종추월, 고정자, 허옥녀, 김계자, 김창생, 김마스미,

---

6) 2006년 말 현재 598,000 명의 재일한국인 중 97,600 명의 제주 출신이 살고 있어 전체의 16.3%를 차지하고 있다. 재일한국인 중 경상도 출신이 가장 많은데, 이들을 출신별로 나누어 재일경남인 혹은 재일경북인이라고 칭하는 바는 없고, 다만 제주 출신만 재일제주인이라 칭하고 있어 이채롭다.

이양지 등이다.

　연구 대상 작품에는 <화산도>, <감상주파>, <피와 뼈>, <종추월 시집>, <이카이노 타령>, <이카이노 여자, 노래, 사랑>, <할아버지 담배통>, <불씨>, <향로>, <봉선화>, <뿌리없는 풀>, <이카이노 이야기>, <올나이트 블루스>, <나의 이카이노>, <이카이노발 코리안 가루타>, <소나기>, <환상의 대국수>, <오인의 반란> , <메솟도>, <무대배우의 고독>, <옷빠이>, <그늘의 집>, <나의 일본지도>, <빨간꽃-어느 여자의 일생>, <유희>, <이쿠노 아리랑> 등 100여 작품이 있다.[7]

　이들 문학에서 제기하고 있는 중요한 문제는 '재일제주인' 혹은 '재일한국인'으로서의 정체성 찾기라고 하겠다. 일본 속에서 살면서 국적을 숨기며 살아가는 재일 한국인 2, 3세들의 삶에 내재한 비극성, 그리고 결국 자신의 국적을 드러내면서 자신에게 가해지는 폭력과 이에 굴하지 않고 자아를 찾아나가는 과정 속에서, 일제 침탈의 상처는 아직 치유되지 않은 것임을 확인하게 한다. 그리고 재일한국인들이 민단과 총련으로 갈려 빚어내는 갈등과 반목은 한반도의 비극성을 일본땅에 그대로 옮겨놓은 형상이라 하겠다. 결국 이들 문학에 대한 연구에서는 분단 극복의 과제, 재일동포의 정체성에 초점이 맞춰지고 있다. 하지만 이들 문학에 대한 연구는 아직 초보 단계이고 더 많은 관심을 기울일 분야이다.

　일곱째, 민속문화에 대한 연구이다. 민속의 영역이 넓으니 여기서는 민속공예, 생산기술, 세시풍속, 통과의례에 대한 언급은 생략하고, 제주의 민속문화 속에서 가장 깊이 뿌리를 내리고 있고, 다른 지역에 비교해 볼 때 독자적 영역을 구축하고 있는 무속과 민요, 그리고 음식문화에 대해 자세하게 그 연구사를 살피고자 한다.

　제주도는 풍부한 민속 문화유산을 가지고 있어서 그동안 다양한 분야의

---

7) 현대문학 분야와 재일제주인 문학가에 대한 사항은 김동윤 교수의 『4·의 진실과 문학』 (각, 2003) 등의 연구성과 요약을 참조하였다.

심방과 단골

민속연구들이 진행되어 왔다. 그 중에서도 무속은 꾸준한 관심의 대상이었으며, 구비전승물인 신화와 더불어 제주문화의 가장 핵심적 요소로 평가되었다. 따라서 제주 무속에 대한 관심과 연구로 인해 그동안 성과물이 적잖이 축적되었고, 이러한 내용들을 바탕으로 해서 새로운 연구주제들에 대해 지속적인 연구가 진행되고 있다.

제주도 무속에 대한 연구는 초창기에 신화를 중심으로 하는 본풀이 연구, 즉 구비문학적 관심에서 출발했다. 그러다가 본풀이와 굿이 서로 밀접하게 관련을 맺고 있기 때문에 굿에 대한 관심으로 이어지고, 이것이 무속신앙 전반으로 확대되었다. 따라서 굿의 종류, 제차, 성격과 역할, 심방(무당), 단골(신앙민) 등에 대해서 조사 연구를 진행했다. 그밖에도 생업이나 가정생활과 관련된 무속신앙 등도 연구대상이었다. 하지만 초창기에는 일단 자료의 수집과 일차적인 파악에 중심을 둘 수밖에 없었기 때문에, 매우 세밀한 연구는 다소 이루어지기 힘들었고 무구나 연물(무악기), 춤 등 다양한 주제에 대해서까지 연구를 진척시킬 여력이 없었다. 그럼에도 불구하고 초창기에 연구를 수행했던 이들의 노고가 있었기에 현재까지 연구의 맥이 흐를 수 있었다. 그러므로 보다 세밀한 연구나 다양한 접근은 현재의 연구자들이 수행하고 있는 중이며, 앞으로의 과제이기도 하다. 한편 인류학 등 인접학문 분야에서도 제주도 무속에 대해서 틈틈이 관심을 보여 관련 논문들이 발표되기도 했다.

우선 제주도 무속에 대해서 학문적인 논의가 시작된 것은 일본인 학자들의 연구에 의해서였다. 물론 제주도뿐만 아니라 한국 전체를 대상으로 한 것이었지만, 부분적으로 제주도에 대한 관심도 수반되었다. 그러다가 해방

후 국내 학자들에 의해 한국 전체의 무
속에 대한 연구가 본격적으로 시작되면
서, 제주도 무속에 대해서도 실질적인
연구가 진행되었다. 현용준과 진성기는
제주도 무속 연구의 중심에 있는 학자
들로 소위 제주도 무속에 대한 본격적
인 첫 연구자들이라고 할 수 있다. 당시
구비전승 되던 본풀이를 수집, 채록하
는 것에서부터 시작된 제주도의 무속연

서순실 심방

구는 이들에 의해 한층 진일보하게 된다. 현용준의 『제주도무속자료사전』
과 진성기의 『제주도무가본풀이사전』 등이 대표적이다.[8]

앞으로 제주도 무속을 입체적으로 파악하기 위해서는 기존의 연구 성과
들을 바탕으로 현재까지 지속되는 무속신앙의 모습에 대한 섬세한 고찰이
필요하다. 마을마다 이루어지고 있는 당굿 등에 대한 기록과 분석, 제주도
'큰굿'의 구조와 역할에 대한 실질적 분석, 가정신앙과 조상굿 등에 대한
조사, 심방의 생애와 학습과정 등등 연구 주제는 실로 아직도 풍부하다.
또한 그동안 미처 다루지 못했던 분야(무구, 연물, 춤 등)에 대한 심도 있는
연구들도 필요하며, 생업활동과 긴밀한 관련을 가지는 무속신앙에 대한
면밀한 조사 역시 요구되고 있다. 게다가 동시에 사진이나 영상자료 등
관련 기록물의 축적도 필요한 일이다.

제주도는 육지와는 다른 독특한 민요권으로 알려져 관심의 대상이 되면
서 자료 수집과 정리, 연구가 다른 지역에 비해 활발히 이루어져 왔다.

민요 연구는 일제강점기인 1920년대 식민지정책을 강화하기 위해 조선총
독부를 중심으로 하여 일제에 의해 자료조사와 수집이 시작되었다. 해방

---

8) 무속 분야는 강소전 선생의 연구 요약을 참조하였다.

후 1950년대부터 민요수집이 활발히 이루어지고 민요집이 간행되었다. 특히 제주 출신 학자들이 제주민요의 중요성을 인식하고 직접 발로 뛰어 민요를 수집하고 자료집과 연구논문을 발표하기 시작하면서 제주민요에 가치를 부여하고 있다. 홍정표의 『제주도민요해설』, 진성기의 『제주민요집』·『남국의 민요』등이 이 시기에 발간되었다.

1960-70년대에 들어오면서 단순한 자료집의 발간에서 벗어나 체계적으로 자료를 정리하고 있다. 특히, 김영돈은 꾸준한 자료수집과 연구를 진행하여 다수의 연구논문을 발표하고 있는데, 『제주도민요연구 上』을 통해 본격적인 제주민요 연구를 촉발하는 계기를 마련하였다. 이 저서에는 민요 각편마다 표준화 한 역가를 수록하여 제주어의 어려움을 해결하려고 노력하였다.

1980년대에 들어오면서 한국정신문화연구원의 『한국구비문학대계』등 민요 자료집과 제주대학교 국어국문학과와 국어교육과의 학술조사 자료집 등 다수의 민요자료집이 발간되었다. 김영돈은 제주민요에 대한 다각적인 연구와 활발한 저술활동을 통해 제주민요 연구의 초석을 쌓았다. 한편, 제주대학교 대학원과 교육대학원이 개설되면서 대학원생들을 중심으로 한 젊은 학자들이 민요연구에 참여하면서 민속학적·문학적 민요연구의 저변이 확대되었다.

1980년대는 민요연구의 성장기를 맞이한 시기라 할 수 있다. 1987년 김영돈을 중심으로 <민요학회>를 창립하고, 현지조사와 학술세미나 개최를 통해 협력적 연구를 시도하고 있으며, 현장론적 관점의 체계적인 연구가 이루어졌다. 1990년대는 문학적·민속학적·음악적 측면에서 제주민요 연구가 다양하게 전개되었는데, 육지부와 제주학자들 사이의 민요학 관련 학술정보 교환이 이루어지고, 인접분야 연구자들이 학제간 연구를 진행하면서 한층 폭넓은 연구가 이루어졌다. 그동안 제주민요 연구는 좌혜경 『제주전승동요』, 윤치부의 『제주전래동요사전』, 조영배의 『제주도노동요연

구』등이 저술로 발간되었다.[9]

제주민요의 연구가 본격적으로 시작된 이래 제주민요에 대한 문학적 연구는 좌혜경·이성훈·양영자·변성구 등에 의해 활발하게 진행되어 왔으며 지속적으로 그 맥이 이어져 오고 있다. 그리고 문학적 연구에서 현장론적·배경론적 방법을 활용한 민속적 연구로까지 나아감으로써 민요연구의 영역이 점차 확대되고 있음을 알 수 있다. 좌혜경은 <한국민요의 사설 연구>란 박사논문 이후 꾸준히 민요 연구를 해왔고, 특히 해녀(잠녀) 노래 연구를 하면서 일본에 간 재일제주인 해녀의 삶까지 두루 관심의 대상으로 삼고 있다. 이성훈은 제주에서 육지로 출가(出嫁) 물질 나간 여성들의 노래를 꾸준히 연구하면서, 제주 해녀 노래와 육지의 변용된 노래에 대해 조사·연구를 시작하여 신선한 흐름을 주도하고 있다.[10] 변성구는 제주민요의 분류문제를 검토하면서, 한국민요의 분류체계 속에서 제주민요를 기능별로 새롭게 분류하고, 그에 따른 존재양상을 살피고 있다. 그리고 노동요가 풍성한 제주민요 사설의 기능적 성격과 독특한 가창방식으로 유기와 변별되는 구성 양상을 규명해 냈고, 기능과 연행양상, 사설의 전반적 성격과 정서, 무속의례·민간놀이·노동의 현장에서 춤과 함께 연행되는 다양한 민요의 연행양상에 초점을 두고 연구하였다.[11] 양영자는 제주민요의 서회·역사적 배경을 탐색한 후 민요의 기능·가창방식·담당층 등을 고찰하고 민요의 존재양상과 현장성까지 살피고 있다. 민요 사설 자체의 해석에만 머물지 않고 민요를 산출한 역동적 현장을 살펴 봄으로써 제주라는 공간과 사회, 제주사람들의 인식체계, 정서 등을 이해하려 하였다. 그 다음으로 제주사회의 여러 문화적 요소와 연관지어 제주사람들의

---

9) 민요 분야는 양영자 선생의 연구 요약을 참조하였다.
10) 이성훈, 『해녀의 삶과 그 노래』, 민속원, 2005. 그는 최근 연구성과를 박사논문으로 완성하였다.(「해녀 노젓는 소리」, 숭실대 박사학위논문, 2007)
11) 변성구, 『제주민요의 현장론적 연구』, 제주대학교 탐라문화연구소, 2007.

생활인식이 민요에 어떻게 반영되고 있는지 살폈다.[12] 제주민요는 공동체 의식과 공생주의, 자주의식과 평등의식, 도전의식과 현실인식 등이 반영된 구술문화임을 증명해 보였고, 자연친화 정서, 화해와 상생의 정서, 신명과 놀이의 정서 등 제주사람의 정서적 특질을 두루 밝힌 바 있다.

민요의 악보화 작업과 방송사의 음반작업까지 이루어지면서 민요는 더욱 총체적인 모습을 갖추기 시작하였다. 최근에는 제주 KC TV에서 영상화 작업까지 이루어져 전통문화의 보존과 교육적 자료의 활용가치를 높였다. 최근에는 무형문화재 발굴사업과 관련하여 개인적으로 민요자료집이나 음반을 내는 사례도 부쩍 늘어나고 있다. 그런데, 민요의 기능은 이미 소멸하였고, 실제 노동의 현장을 되살릴 수 있는 소리꾼들은 빠르게 유명을 달리하고 있다. 현재 제주민요를 전승하는 주체들은 노동과 삶의 현장과는 동떨어진 국악단 중심의 전문소리패들로 주로 테이프나 음반을 통해서 노래를 전수받고 있다. 이들에 의해 노동요는 급격하게 무대화가 이루어지고 있다. 따라서 노동요도 가창유희요화 해 버리는가 하면 제주민요의 정체성을 상실한 사례도 적지 않다. 얼마 남지 않은 제주민요의 가창자를 찾아내어 자료를 확충하는 것 못지않게, 이미 확보한 자료를 정리하고 제대로 전승할 수 있는 기반을 마련하는 것 또한 중요한 과제가 아닐 수 없다. 또한, 이제까지 확보하고 축적된 자료의 활용도를 높이기 위하여 제주민요 자료를 조직화하는 작업이 필요하다. 학자들마다 다르게 사용하는 용어의 문제, 사설표기의 불통일성 문제, 자료의 산재, 제주어의 현대어 주석문제 등을 해결하고 이를 전산화하는 작업 등도 함께 이루어져야 할 것이다.

음식 연구는 지금까지 영양학의 관심사였다. 재료는 무엇이고, 조리방식은 어떻게 되고, 칼로리는 얼마이고, 몸에 좋은 성분은 무엇인가 하는 영양

---

12) 양영자, 『제주민요의 배경론적 연구』, 제주대학교 탐라문화연구소, 2007.

학적 연구가 주종을 이루었다. 탐라문화연구소에서 관심을 갖고 개최한 음식 관련 세미나에서는 음식을 문화의 영역 속에서 본격적으로 다루었다. '무엇을 먹는가'는 인간생존의 풍토적 조건 이상의 문화적 조건을 함유하고 있고, '어떻게 먹는가'는 더욱 큰 문화적 영역으로 확대되는 셈이다. 날것으로 먹느냐 익혀서 먹느냐의 문제, 어떤 그릇에 담아 먹느냐, 젓가락으로 먹느냐 포크로 먹느냐 손으로 먹느냐의 문제, 조리시간이 긴가 아니면 짧은가의 문제, 누구와 함께 먹느냐, 반상이 함께 먹느냐, 가족끼리만 먹느냐 혹은 마을 종족과 함께 먹느냐의 문제는 가히 인간에게 가장 중요한 문화적 조건이라 할 수 있고, 역사의 비기록적 표징이라 할 수 있다.

　제주에는 기록문화가 빈약한 대신 구비전승이 풍부하고, 많은 민속자료들이 남아 있다. 중세 중앙의 영향이 미치지 못했던 탓도 있고 제주만의 독자적인 문화를 지켜온 나름의 정체성도 작용을 하였다. 중세적 합리주의의 세례를 받지 못한 탓에 세련된 문화가 존재하지 않지만 한편에서는 고대적 문화의 요소들이 고스란히 보전될 수 있었다. 신화와 굿, 해녀문화 등이 그렇고, 특히 음식에 있어서도 독특한 문화를 전승하고 있다. 이 비기록적 표징들을 모으고 민속을 집대성해야 할 필요성이 제기되어, 탐라문화연구소 연구자들은 음식의 민족지를 구축하기에 이르렀다. 근대화의 물결 속에서 사라져가는 민족지를 보존함으로써, 근대 서구문명으로 획일화하는 쏠림 현상을 극복하고, 문화적 다양성을 표방하면서 근대문명이 지니는 한계를 극복할 대안들을 발견하려는 목표를 지닌다. 그래서 최근 탐라문화연구소에서 수행된 음식문화 연구는 한국문화의 다양성을 확보하는 데 기여함과 동시에 민족지를 바탕으로 문명 극복의 대안도 제시하는 방향을 견지하고 있다.

　제주의 음식 역시 자연환경적인 요인에 의해 결정되는데, 제주는 화산회토로 되어 있는 닷에 벼농사를 할 수 없었고, 밭농사 위주의 생업이 주를 이루고, 여기에 바다 물질작업이 보조적인 생계수단이 되었다. 그래서 조와 보리와 같은 잡곡과 해산물을 주식으로 삼게 되었다. 역사적인 상황도 제주 음식과 연관되는데, 귤과 전복을 진상품으로 바치는 노고를 감내해야 했기 때문에 해녀의 물질작업이 지속되었다. 17세기에서 19세기까지 200년이 넘는 출륙금지령에 의해 개인적으로 배를 소유할 수 없었고, 테우(뗏목)만으로 어업행위를 할 수밖에 없었던 상황도 제주 음식을 제한적으로 만들었다. 제주의 무속에서 돼지고기를 제물로 바치는 신앙과 돼지고기를 금기시하는 신앙의 갈등 속에서도 제주의 음식문화는 결정되었다. 이와 같은 환경적 · 역사적 · 종교적 요인들이 제주의 음식문화에 어떻게 작용하는가를 규명의 대상으로 삼아 많은 성과를 축적하게 되었다.

음식을 연구하는 데 있어 문헌자료가 별로 남아 있지 않기 때문에 구술자료를 집적하고 이를 통해 제주 전통음식의 전모를 파악하는 연구가 활성화되었다. 구술 속에 다양하고 풍부한 제주인의 삶이 배어 있음을 느끼게 되면서, 구술자료야말로 민족지 구축의 근간이어야 함을 화두로 삼은 연구가 진행된 바 있다.[13]

여덟째, 제주 문화콘텐츠화 방안에 대한 연구다. 최근 들어 새로운 화두가 된 연구분야이다. 문화가 문화축제로 발전하여 관광객을 유치하는 효용성과 문화가 산업화하여 IT와 만나 영상물 혹은 2D, 3D로 확장되는 가치를 중시하기 시작하였다. 그래서 제주에서도 '삼별초'를 문화콘텐츠화하는 작업이 있었고, 제주의 '원천강본풀이'를 이성강 감독이 '오늘이'라는 애니메이션으로 만들기도 하였다. 요즘 탐라문화연구소에서는 제주 전통 음식문화를 콘텐츠로 하여 IT 업체와 애니메이션 작업을 진행하고 있다. 제주 전통음식에 제주의 신화를 결합하여 스토리텔링을 하고, 이를 토대로 시나리오를 구성한다는 계획이다.

그러나 문화콘텐츠화에는 그 문화원형을 그르칠 위험이 도사리고 있다.

---

13) 이에 대한 연구성과가 최근 『제주의 음식문화』(허남춘 · 주영하 · 오영주 공저, 국립민속박물관, 2007)란 책으로 출간되었다.

특히 신화를 애니메이션의 원천자료로 삼고 있는데, 신화에 담긴 인간의 고뇌와, 고난을 극복하기 위한 분투를 생략한 채 단지 흥미 위주로 간다면 애니메이션은 공허한 이야기에 불과하게 된다. 그리고 신화가 상상을 이미지화한다는 측면에서, 상상 속에 있는 모든 것을 이미지화하는 애니메이션의 품안에 안기게 되고, 신화가 문화산업과 시장적 제휴를 하면서 과연 예술적 가치를 제고할 수 있는가 하는 의문이다. 결국 신화는 산업적 가치를 위해 이용되고, 오락실의 오락거리로 전락할 수도 있다. 그러니 문화산업에 문화가(그리고 연구소가) 끼어드는 것은 문화의 가치를 함양시키는 데까지 미치지 못할 가능성이 크다. 체계적이고 거시적인 시각으로 문화의 산업화에 대해 고민하고, 적절한 제휴방식을 탐구해야 할 것이다.

5. 제주문화 연구의 과제

1) 공동체의식의 계승

한라산과 오름과 마을이 어우러진 정경은 비행기를 타고 내려다보는 것이 제격이다. 한 폭 한 폭 모자이크화 같은 그림이 펼쳐진다. 자연과 인공이 어우러진 그림이니, 설문대할망과 제주인이 오랜 세월 동안 함께 만든 공동성·적층성의 예술이다. 하늘에서 내려다본 모자이크화의 실체는 돌담에 의해 구획된 밭과 밭, 밭과 길, 숲과 오름의 총체이다. 경계선은 갈라놓는 구실만 하지 않는다. 나와 남을 다르게 하면서도 아름다운 하나이게 한다. 다양성 속의 통일성이다. 제주 문화가 그렇다. 나와 남을 엄밀히 구획하여 나의 일을 남에게 미루거나 의존하지 않는 철저한 독립성을 지니지만, 남의 일을 나의 일로 여기는 화합성도 지닌다. 집을 안거리와 밖거리로 구획하고 부모와 자식간에 따로 살지만, 큰 일이 닥치면 하나가 되어 일사분란하게 움직인다. '따로 또 같이'의 미래적 대안 주거문화다. 그러니 집안에서부터 이웃의 어려운 일이 있으면 함께 풀어가는 수눌음 정신이 제주정신의 대표라 할 만하다. 결국 전통적인 삶의 방식을 제주인은 근대화 이후에도 굳건히 지키고 있다고 보아도 좋다. 아직도 이웃의 관혼상제에 부지런히 관여하면서 공동체의식을 잘 간직해 나간다.

이 궨당 의식(제주에서 가장 강한 정당이라고도 한다)이 이따금 불화를 낳기도 한다. 자기 집안, 자기 마을, 자기 출신교를 지나치게 감싸다 보니 다른 집안, 남의 마을, 타교 출신을 배제하게 되는 폐단도 낳는다. "우리가 남이가"라는 어느 깡패영화의 부정적 집단의식을 닮기도 한다. 진실과 거짓, 의와 불의, 옳고 그름을 분별하지 않아 사회를 정체시키거나 혼란스럽게 만들기도 한다. 자기 견해는 없고 대의를 따르는 복합적 명분론에 의해 의사가 결정되기도 한다. 그러나 그것이 어디 제주에만 있는 현상이던가. 지연·혈연·학연에 의해 한국사회가 움직여왔고, 사람들이 모여 사는 인간사회에는 엄연하게 존재하는 의식의 일단이다. 그런 사고가 근대화 이전의 봉건적·중세적 사고라고 비판되는 수도 있다. 그러나 근대적인 것은 무조건 좋고 중세적인 것은 전근대적이라고 비판되어야 하는 것은 아니다. 공동체의식은 근대 속에서도 발전적으로 계승되어야 할 덕목이다. 제주는 '오래된 미래'를 간직하고 있다.

2) 전통적 맛과 멋의 계승

오래된 과거의 것이지만 미래의 대안이 될 수 있는 것이 제주에 또 있다. 그것은 제주의 음식문화이다. 필자는 3년 전 <제주일보>에 '제주 맛'을 1년 여 연재한 적이 있다. 그 첫 번째가 건입동의 '돌하르방식당'이었고, 그때 나는 이렇게 썼다. "각제기 국이 유명한 집이다. 각제기국 속에 사철 살결이 다른 배추를 넣어 싱싱한 맛을 우려낸다. 연한 놈은 약하게, 억센

놈은 세게 익혀 낸다. 순리를 터득한 주인의 비결이다. 작은 아이에겐 작은 옷을, 큰 아이에겐 큰 옷을 입히는 아주 쉬운 도리가 맛으로 피어난다. 여름에는 다소 짠 듯하게, 겨울에는 싱겁게 끓여낸다고 한다. 땀을 많이 흘리는 여름철에는 우리 몸이 소금기를 요구하는 이치를 이 노인장은 알고 있다. 계절의 변화를 담아낸 이 집의 각제기국 속에 봄이면 꽃이 피고 가을이면 낙엽이 진다"고 적었다. 자연에서 얻는 싱싱한 재료를 계절에 맞게 조리하는 제주의 음식에서 '음식의 도리'를 찾을 수 있다.

제주에는 잡곡을 주식으로 하기 때문에 국 문화가 발달되었고, 태풍 등으로 구휼의 대상이 되는 경우도 많아 구황식품이 발달하고, 생존을 위해 다양한 음식을 짝짓기 해 먹는 문화가 형성되었다. 콩죽에 양을 불리기 위해 말린 고구마를 넣고, 해초를 넣는 등 먹을 수 없는 것을 먹을 수 있는 것으로 창조하는, 무에서 유를 창조하는 음식문화가 있었다. 무작적의 짝짓기는 아니고 나름의 음식궁합을 감안한 과학적 사고가 배태되었다. 우리 음식을 다양화하는 데 있어 제주 음식은 소중하게 평가될 수 있을 것이다.

제주에는 단품식품이 많이 발달하여 있다. 평양의 냉면과 같이 한 그릇이면 식사를 해결하는 방식이 제주 음식의 근간이다. 자리물회가 이에 비견될 것이다. 현대 한국인의 음식은 한정식문화에 침륜되고, 많은 가짓수의 풍부한 음식을 즐기고, 남는 것은 버리는 문화다. 제주의 단품식품은 버려지는 음식을 최소화하는 친환경적인 음식문화이다. 쓰레기 과다와 환경파괴로 몸살을 앓고 있는 우리 음식문화를 개선하는 대안이 담겨 있다.

제주에는 비가공 천연식품이 주류를 이룬다. 한국 중류사회는 이미 70% 이상의 가공식품을 먹고 지내며, 아토피와 같은 현대 질환에 시달리고 있는데, 제주가 장수지역으로 손꼽히는 것도 가공식품을 지양하고 천연식품 위주의 식단을 짜기 때문일 것이다. 원천재료를 날로 먹거나 간단히 조리하는 제주의 음식은 친환경 식단의 표본이 될 것이다. 제주의 잡곡과 해조류로 만들어진 죽과 떡은 웰빙식품으로 각광받기 시작하고 있다. 특히 천연식품으로 이루어진 죽은 노인과 환자의 보양식으로 계속 개발하여야 할 과제를 안고 있다.

　한 때 제주음식은 맛깔스럽게 꾸미는 문화가 없고, 양념도 별로 없고, 가짓수도 적고, 조리시간이 짧아 우러난 맛을 내지도 못하는 형편없는 음식이라 폄하되기도 하였다. 가짓수가 많고 꾸밈이 많고 양념이 많고 조리시간이 긴 현대 한국의 음식은, 남기게 되어 버려지는 것도 많고 지나치게 많은 조미료를 써서 본래 재료의 순수한 맛을 잃고 결국 긴 조리시간을 참지 못하는 주부들에 의해 외면당하기 시작했다. 제주의 음식은 가짓수가 적어 버려지는 것이 적으니 환경친화적이고, 양념이 적게 들어가 자연식품 그대로의 맛을 낼 수 있고, 조리시간이 짧아 주부들로부터 외면당할 우려가 적으니 미래지향적 음식이다. 제주의 음식에서 오래된 미래를 발견하고, 이를 한국음식의 대안이므로 삼아, 가공식품과 패스트푸드에 물들어가는 우리의 음식문화를 개선해야 한다. 특히 '우러난 맛'을 즐기느라 우리는 정도 이상의 것을 과소비하고 있는 실정이다. 국물 맛을 위해 열대여섯 가지 재료를 퍼넣는 과소비 문화를 지양하고, 제주적인 단순 소박한 음식 문화를 회복하여야 인류의 미래도 보장될 수 있을 것이다.

　제주의 멋도 제주 맛을 찾는 연장선상에서 찾아질 것이다. 옛 것을 오래도록 간직하는 전통, 생태적 친환경적 사고, 꾸밈이 없는 소박미, 억지로 꾸미고 치장하지 않는 단순미, 과소비를 지양하는 의식 등을 떠올릴 수 있으며 여기에서 미래지향적인 문화 전망을 갖게 될 것이다.

3) 정신적인 것과 물질적인 것의 균형

　제주는 아직도 고리타분한 문화의 찌꺼기가 남아 있다고 한다. 이사를 해도 꼭 정해진 철에만 한다. 이 시기를 신구간이라 한다. 신들이 하늘나라

옥황상제께 조회를 받으러 가는 입춘 전 일주일이 손 없는 날이라 하여 모든 이사를 이때에 끝마친다. 이사 비용이 평소의 두세 배가 되는 데도 이 관습을 고수하니, 편한 때에 해치우는 육지 사람의 눈에는 전근대적으로 비춰지게 마련이다. 그러나 물질적으로 부담이 되더라도 심리적인 안정을 얻을 수 있다면 이 또한 긍정적인 문화현상으로 보아야 할 것 아닐까.

제주에서는 가벼운 접촉사고를 내더라도 보상비용이 육지에 비해 두 배 정도가 든다. 차량수리비와 육체적 치료비만이 아니라 정신적 치료비도 감당해야 한다. 그것을 '넋들임'이라고 한다. 사고의 충격으로 넋이 나갔으니, 넋을 들여야 한다고 생각하고, 넋들임 비용을 당연히 여긴다. 제주에서는 아직도 물질적인 치료만이 아니라 정신적인 치료까지 중시하고 있으니, 매사에 그런 마음을 가지고 있다고 할 만하다. 세상이 물질만능으로 흘러가더라도 정신적 가치를 중시하는 이 전통적 문화를 제대로 연구하여 정신적 황폐함으로 내몰린 근대를 치유해야 할 것이다.

4) 제주문화의 정체성 찾기

제주문화의 정체성이 무엇인가 하는 논의는 다양한 층위에서 있었다. 서론에서 잠시 밝혔듯이 다양한 논의가 무성하였고 제주인의 정신적 원천을 다양하게 해석하기도 하였다. 그 과정에서 서로 심한 논쟁을 겪기도 하였고, 제주라는 공간에 작동하는 정체성 혹은 특성이 정치적 합리화의 수단에 이용되기도 하고, 오히려 제주인을 이념적 틀에 옭아매는 결과를 낳기도 하였다. 보이지 않는 실체를 억지로 현현화하려는 작위적 경박성이 난무하였으니 문제가 심각하다.

이런 현상은 한국문화의 정체성을 규명하는 과정에서도 노정된 바 있다. 한국문화를 통해 민족미학을 규명하려는 논의는 과거와 현재, 전통과 근대를 관통하는 민족의 보편적 정신이 무엇인가를 찾는 작업이었다. 그래서

'멋'을 한국문화나 예술의 특성과 직결된 미적 개념으로 규정하였고(이희승, 조지훈), 이후 다양한 민족미학의 발견을 모색하였다. 그러나 '멋'이란 보편적 일반명사를 끌어다 민족의 것이라 하기에는 억지스럽다고 비판받은 바 있다. 그것은 단지 아름다움의 다른 표현일 뿐이라 하겠다. 그리고 민족미학이 단 하나의 특성으로 한정될 수도 없다는 문제점을 노정하였다. 그래서 "단일성의 한국적 아름다움을 찾아 심미적 정체성을 발견하려는 것은 꿈꾸는 자의 욕망이자 권리이다. 일원론적 욕망과 다원론적 현실 사이의 모순 속에 방황할 수밖에 없는 것이 우리들 인간의 조건이듯이, 결국 민족미학론의 운명 또한 그런 것이 아닌가"[14]란 반성은 적절한 문제제기라 하겠다.

제주문화에 대한 정체성 규명도 '일원론적 욕망과 다원론적 현실'을 염두에 두고 다양한 각도에서 그 작업이 이루어져야 할 것이다. 특히 과거에서 현재를 관통하는 보편적 특성을 밝히기 위해서는 넘어야 할 벽이 많음을 깨달아야 한다. 그 중에서도 '근대'란 시대정신과 이 시기에 형성된 '민족'이란 개념에 유의해야 한다. 우선 근대란 서구가 발명해 낸 문명의 의미를 지니는데, 근대 이전(전근대)과 근대는 그 지향 가치가 엄연히 구분되기 때문에 양 시대를 관통하는 정신을 찾는 작업은 매우 어렵다. 그리고 민족이란 개념도 서구적 근대 이후에 설정된 것으로서 어느 범주까지를 민족으로 보아야 하는가 하는 점은 매우 어렵다. 이와 연관하여 제주라는 지역을 토대로 한 제주인이라는 개념을, 문명 소통의 일반적 현상과 단절시킨 채 규정하기란 실로 어려움이 따른다.

그러므로 제주의 구체적 문화현상을 다각도로 고찰하여, 동아시아 혹은 한국의 문화와 변별되는 독자적 문화가 작동하는 원리를 찾아내는 작업이 우선되어야 한다. 한국에도 굿이 있고, 제주에도 굿이 있다. 둘은 서로 문화적

---

14) 성기옥, 「국문학과 민족미학」, 『국문학과 문화』, 월인, 2001, 299쪽.

교류를 통해 같은 점도 있고 지리적 격절성으로 인해 다른 점도 있다. 제주의 특성을 찾기 위해서는 유사성과 이질성을 변별해야 한다. 제주의 굿이 육지와 다른 점은 우선 유교와 불교에 의해 크게 훼손되지 않은 채 근대에까지 이어져 오고 있다는 점에서 발견해야 한다. 그리고 왜 제주에서는 국가 이데올로기에 의해 잠식당하지 않을 수 있었는가 하는 이유와 그 원동력을 발견해야 한다. 즉 무속을 정점으로 그 공동체성이 오래도록 유지된 이유를 찾아야 제주문화가 육지와 다른 점이 명확해진다. 공동체를 끌어들이는 제주 굿의 원초적 힘이 무엇인가를 밝히면 제주의 문화적 독자성도 드러날 수 있지 않을까.

그런 문화 작동원리를 찾는 작업이 최근 시도된 바 있다. 제주도 입춘굿놀이를 대상으로 삼아, 그곳에 '내고-달고-맺고-푸는' 원리를 발견하고 여기에 '맞이-풀이-놀이-풀이'의 미학이 작동하고 있으며, 갈등이 해소되는 한풀이, 홍풀이, 신명풀이로 이어지는 정서적 원리가 있음을 밝히고 있다.15) 육지와 달리 본풀이(서사무가)가 많이 전하는 이유와, 굿과 신화에 내포된 우주·자연·인간·사회의 조화와 생명원리를 결부시키는 굿의 원리, 북방문화와 남방문화를 조합하면서 독자적인 문화를 지니면서 옛 것을 지켜내는 대단한 집착성을 엮어 이해하면 제주의 문화원리가 규명될 수 있을 것으로 본다.

5) 평화의 섬 이미지

이 땅에 들어온 문화를 잘 간직하는 제주. 제주는 쉽게 받아들이지 않지만 쉽게 버리지 않는 문화의 장점을 지니고 있다. 전통과 현대를 조화시켜 받아들이는 제주는 한국사회가 궁리해야 할 문화적 대안이라 확신한다.

자기 것이 있어야 남의 것이 있다. 자기 것이 없으면 남의 것에 종속된다.

---

15) 한진오, 「제주도 입춘굿의 연행원리 연구」, 제주대학교 석사학위논문, 2007, 101-115쪽.

자기 것을 가지고 있으면 남의 것을 취사선택하여 좀 더 강하고 아름다운 자기 것을 만들 수 있다. 제주에는 자기 것을 강고하게 지켜왔다. 큰 자랑거리다. 그렇기 때문에 남의 것을 받아들이면서 남의 것에 경도되거나 흡수되지 않을 수 있다. 제주는 남의 것을 받아들이는 데 인색하다는 말도 한다. 그러나 마구잡이로 받아들여 외래적인 것에 휩쓸리지 않는 점이 오히려 강점이라고 해야 한다. 자기 것과 남의 것이 경계선을 이루어 길항작용을 하지만 그 둘을 천천히 통합해 나가는 데에 제주문화의 정체성이 있다고 생각한다. 상쟁과 상생의 조화를 제주에서 본다.

하지만 이것은 근대를 만나기까지 제주의 모습이었지 지금은 다르다. 제주는 외래적인 것들에 몹시 흔들리고 있다. 근대 산업사회의 거센 물결 앞에서 서서히 자기 것을 포기해 가고 있다. 송두리째 버리고 잘 먹고 잘 사는 일에만 몰두한다. 제주도가 앞장서서 그 일을 하고 있다. 국제자유도시니 특별자치도니 하면서 제주를 관광과 도박과 쇼핑의 국제도시로 만들려고 하고 있고, 그 과정에서 제주의 모든 전통적인 가치를 포기하고 있다.

개방과 개발 앞에 어느 자치단체인들 자유롭겠는가만, 지금 제주의 개발 유혹은 대단하다. 현재 25개 정도의 골프장이 있는데, 인가된 것이 개발되면 앞으로 45개의 골프장이 조성된다고 한다. 그리고 지난 10년 간 10만 평 정도의 해안이 매립되었고, 제주의 숨골이라 할 곶자왈에 100만 평 규모의 리조트 단지가 몇 개 들어설 계획이다. 화순항에는 해군기지를 만들어 미국 주도의 MD 체제를 구축하려는 군사적 움직임도 있다.

제주는 지난 1948년 4·3으로 찢긴 상처를 치유하고 2005년 평화의 섬으로 지정되었다. 제주는 지형적으로도 동아시아 지중해의 중심에 놓여 있다. 반경 600km 내에 상해와 평양과 큐슈와 오키나와가 포함된다. 군국주의를 지향하는 일본과 패권주의를 지향하는 중국의 균형자 노릇을 해야 하는 우리로서는 제주라는 지정학적 중심을 잘 활용해야 한다. 제주가 평화의 섬 이미지를 잘 활용하면서, 과거 문화를 잘 지키는 전통을 계승하여, 상생과 평화의 문화를 키워나가야 할 것이다.

6) 지방학으로서의 제주학

모든 지역문화는 근대사 60년 동안 국가 획일주의의 횡포 앞에서 거의 파괴되거나 상처 입고, 그 언어조차 실종의 위기에 처해 있다. 더구나 제주는 국제자유도시 건설을 기치로 내걸고 '영어공용어화'를 주장하는 현실이니, 제주어를 지킨다거나 부활시킨다는 꿈은 실현불가능처럼 보인다. 그러나 세계화하기 위해 자기 것을 버리는 것은 허구다. 이제 지역민들의 정체성을 회복하고, 지역문화 연구하여 한국문화를 다양하고 풍부하게 할 시기가 왔다고 한다. 그래서 지역주의에 의한 문화자치와 문화 민주화를 실현하기 위해서는 '지역문화의 자립화, 자치화, 특성화, 재창조, 민주화, 독립화, 연대화 정책'을 기조로 삼아야 한다고 했다.16) 제주는 제주문화를 정립하기 위해 제주어로 소설과 시를 쓰고, 제주어로 방송을 해야 하고, 타자의 용어인 제주를 버리고 '탐라'를 회복해야 한다. 이런 의식이 선행돼야 진정한 제주문화연구와 제주학 연구가 가능할 것이다.

6. 결

21세기는 물질의 풍요가 정신의 파탄을 야기하고 있다. 그리고 역사의 종언이나 문명의 재기 불가능성에 직면하고 있다. 우리는 불행을 넘어서서 바람직한 가치를 추구하려는 이상이나 소망을 소중하게 여겨야 할 때이다. 이치를 따지고 가치를 존중하는 학문인 인문학의 전통을 되살려야 한다.

---

16) 임재해, 『지역문화 그 진단과 처방』, 지식산업사, 2002, 119쪽.

인문학의 발상과 창조력이 새로운 경쟁력으로 평가되어 당면한 위기를 극복할 수 있어야 한다. 근대의 잘못을 시정하고 탈근대의 길을 찾게 하는 것이 인문학이다. 인문학의 발전을 위해서는 서구적 근대를 반성하고 민족적 역량을 간직한 전통에서 그 대안을 모색해야 한다. 자본-테크놀로지에 대한 비판적 성찰 위에서 현재의 인간을 구속하고 있는 모든 것들로부터 인간을 해방시키고 자유를 모색하는 것이야말로 인문학의 흔들릴 수 없는 성립 요건이다.17) 여기에 미래에 대한 낙관도 보태져야 한다.

한국의 인문학 즉 한국학은 지역학이 살아야 가능하다. 우리는 지역학을 연구함으로써 국가주의에 매몰되어 주변으로 밀려나 소외되고 배제되었던 과거를 치유할 수 있는 절호의 기회로 삼아야 한다. 아울러 지역학을 연구하는 학문후속세대를 양성하여 지역 정체성을 찾아 지역문화와 산업을 진흥하고, 나아가 한국학이 풍성하고 다양해지는 길을 제시함으로써 인문한국학의 부활이 근대 문명의 파탄을 극복할 방향을 모색할 수 있을 것으로 전망한다. 제주학은 페리퍼리(주변부)로서 중심부를 튼실하게 하는 중요한 역할을 할 수 있다고 자부한다. 제주학에는 한국학이 잃은 과거의 꿈과 숨결이 녹아 있다. 우리는 그것을 21세기 한국 인문학의 도정에 꺼내놓고자 한다.

우리는 서구적 학문틀에 매여 있었다. 이제 우리 전통의 학문틀을 마련해야 창조학으로 나갈 수 있다. 우리 문화유산을 돌보는 국학이 바로 자립학이다. 서울 중심의 중앙학뿐만 아니라 지방학을 연구의 조건으로 삼아야 한국학의 실체가 확연해지고 한국학의 일반이론을 창조하는 길이 열릴 것이다. 이를 위해서는 장기간 지방학을 중시하고 지원하는 집중적 노력이 필요하다. 민족문화는 지방문화에서 그 단서를 찾아야 한다. 제주는 그동안 감추어져 있었다. 제주문화는 민족문화를 통섭하는 중요한 방법이 될 것을 확신한다.

---

17) 강명관, 『국문학과 민족 그리고 근대』, 소명출판, 2007, 205쪽.

탐라문화 – 새로운 시대를 향해 가다

＊

탐라문화는 제주문화의 다른 이름이다. 그런데 '탐라문화' 속에는 '탐라국' 천 년의 역사가 숨 쉬고 있다. '제주'는 타자(他者)의 이름이었다. 서울에서 '물 건너 땅'이라고 하면서 제주라고 불렀다. 13세기 이후의 일이다. 다시 제주를 버리고 탐라를 취하는 것은 어떨까. 그 독자적 문화의 전통만이라도 온전히 계승해야 한다. 1,000년 탐라와 700년 제주를 합하여 우선 제주란 용어를 쓰기로 하자.

제주문화의 특성은 무엇인가. 영향 없는 독자성은 존재하지 않는다. 제주는 그 지정학적 이유로 남방문화와 북방문화의 결합이 두드러진다. 한반도와 연관된 문화가 북방문화이고, 쿠로시오 해류를 타고 올라온 문화가 남방문화다. 관리 파견에 의해 전해진 것이 북방문화이고 표류와 표도에 의해 전해진 것이 남방문화다. 제주에서 배를 타고 가다 표류하면 오키나와, 대만, 필리핀, 월남에 가 닿았다. 제주인들은 남방국가에 대한 많은 기억을 가지고 있다. 한 때는 유구(지금의 오키나와)어와 안남(월남)어의 통역관을 두기도 했다. 제주는 한국에 있어 남방으로 가는 교두보이고, 태평양을 향한 출발점이다. 제주는 두 문화의 장점을 받아들이며 '탐라국' 체제를 만들었던 것으로 보인다. 이 고대 왕국은 중세화에 실패하여 결국 망했다. 고대국가에서 중세국가로 가는 길목에서 유교와 불교 등 고급문명을 받아들이는 데 인색했던 결과다.

제주는 중세국가의 지배를 받으면서도 제주의 고유한 것을 잘 지켜왔다. 서서히 변해 왔지만 전통적 방식을 고스란히 간직한 편이다. 특히 마을의 신앙을 토대로 한 공동체 의식을 잘 지켜왔다. '돌하르방, 정낭, 돌담'이 한국문화 100대 상징에 들었기에 이 문화상징을 잘 살려내자는 논의도 한창이다. 최근 제주에서는 제주문화상징 99선을 발표했다. 제주문화가 얼마나 다채로운지 이 99개의 상징성을 들여다보면 알 수 있다. 여기선 그 대표격인 10대 상징을 제시한다.

10대 문화상징: 한라산, 오름, 제주초가, 갈옷, 귤, 제주어, 제주 4.3사건, 해녀, 돌문화, 제주굿

앞의 다섯 개는 자연과 의식주이고, 뒤는 제주 방언과 제주 근대사의 가장 중요한 역사적 사건인 4.3, 그리고 해녀와 굿과 돌이다. 해녀와 굿과 돌은 제주를 상징하는 큰 변별적 요소다. 굿과 그 속에 담긴 신화는 정신문화이며 언어문화의 중핵이고, 해녀와 돌은 물질문화의 중심이다. 돌하르방·동자석·방사탑·돌담·원담 등의 돌문화는 세계적 자랑거리다. 집에서 골목으로, 마을에서 해안가로 이어진 돌담은 중국의 만리장성에 대비되는 흑룡만리라 부를 수도 있겠다. (자리)물회, 자연산 회, 전복, 귤, 흑돼지, 몸국, 말고기 등의 음식문화도 제주가 세계에 내놓고 자랑할 만한 독특한 문화다.

그런데 이런 문화상징물이 근대 개발주의에 밀려 사라지고 있고, 천민자본주의 사고에 깔려 압살당하고 있고, 서구 중심주의에 의해 무시당하는 추세다. 이제 다시 전통문화를 삶과 사유의 중심에 옮겨 놓아야 한다. 첫째, 정신적 주권을 회복하여 제주가 주변부라는 의식을 청산하고 중심부 인식을 가져야 하고, 아울러 저변부의 의식을 중시하여야 한다.

둘째, 근대 민족과 국가가 중시되는 시기에 배제되었던 지방학의 중요성을 재인식하고, 제주학 재정립에 나서야 하며 탐라문화권 정립에도 심혈을 기울여야 한다.

셋째, 제주에는 기록된 것이나 유형적인 유산보다는 무형적이면서도 가치가 높은 것들이 많이 남겨 있는데, 우리는 유형의 문화보다 무형의 문화를 귀하게 여겨야 한다. 굿과 노래와 전통놀이를 살릴 방안을 고민해야 할 때이다.

넷째, 전통을 지역축제로 계승하거나, 문화콘텐츠 활용을 통해 현대화 작업에 박차를 가해 문화산업을 살리는 길이다. 이런 네 가지 방안을 구체적으로 제시하면 다음과 같다.

1. 주변부 인식에서 중심부 인식, 저변부 인식으로

신문의 일기예보를 보면 아직도 제주가 경상도나 전라도 옆 작은 상자 안에 갇혀 있다. 서울 사람들의 사고가 아직 그렇다는 반증이다. 과거부터 제주도를 중심부에서 멀리 떨어진 주변부라고 해왔다. 양반문화가 없고 기록문화의 전통도 미약하고, 언어도 크게 다르니 '주변부성'이야말로 제주의 문화적 특성이라는 주장이다. 그러나 상황이 조금 다를 뿐이지 서울을 제외한 대부분의 지방이 주변부였고, 근대화 과정에서 중앙집권적·국가획일주의적인 전횡이 가해지면서 더욱 주변부로 밀려나기는 마찬가지일 것이다. 지역적인 이유를 들어 제주를 변방 혹은 주변부라고 하는 것은 잘못이다. 정신적인 주변부 의식은 더욱 지양해야 할 일이다.

제주는 일찍부터 '중심부' 의식을 지니고 있었다. 제주도의 신화가 천지창조(천지왕본풀이)에서부터 시작된다는 것은 매우 시사적이다. 그것은 제주를 중심으로 인식하는 태도다. 우리가 제주문화를 논하려면 우선 주변부

의식을 버려야 한다. 제주가 중심이라는 사고에서 출발해야 제주문화의 전모를 논할 수 있고, 전통의 계승도 가능할 것이다. 모든 지방은 제각각 중심이고, 그런 사고에서 출발해야 자기 정체성을 찾을 수 있을 것이다.

제주는 신화로는 한국에서 중심이 될 것이고, 세계에서도 유래를 찾을 수 없을 정도로 풍부한 곳이기 때문이다. 해녀도 여성 잠수 작업이란 측면에서 보면 세계적인 문화라 하겠고, 무속의례인 굿도 그 원형이 잘 보존되어 있어 세계적으로 주목을 받고 있다.

이제는 기록된 것, 상층부의 것, 화려하고 정교한 것 위주의 사고에서 벗어나 저변부(底邊部)에 관심1)을 기울여야 한다. 바다에 놓인 민중의 굿과 노래, 바다 밑을 떠돌며 제주의 살림살이를 일궈낸 해녀의 물질, 민초들의 삶의 현장인 마을과 밭과 무덤 곁에 있던 돌담에 관심을 두면 제주문화가 보이고, 제주를 세계화할 길이 보일 것이다.

2. 제주학 정립 – 제주학연구소

근대화 과정에서 우리들이 학문적으로 경험했던 혼란은 이제 어느 정도 해소되고 있다. 우리는 유럽 중심의 근대 문명이 개척해 나간 세계사적 보편성을 정착시키는 과정 속에서 우리의 중세적 전통을 반성하지 못한 채, 서구적 근대를 이식하는 수동적 태도를 견지하였다. 그 후 동유럽 중심의 사회주의적 세계관이 침투하여 재차 혼란을 겪었지만, 이를 우리의 근대 속에 적절히 용해시키지 못하였다. 그러나 그 근대화 과정이 외래문명

---

1) 전경수 교수는 토속적인 것들이 국가주의 아래에서 '주변화'되었지만, 실은 '저변화'된 삶의 모습으로 인식되어야 한다고 주장한다. 토속의 가치를 폄하하면서 자괴감을 갖도록 부추긴 서구중심주의를 반성하고, 토속을 비출 수 있는 인본주의를 갈망하는 목소리 속에서 제주 토속의 미래를 새롭게 바꿀 방식을 찾을 수 있을 것이다.(전경수, 「사멸 위기의 문화유산과 토속의 재발견」, 『사멸 위기의 문화유산』, 민속원, 2009, 59~64쪽.)

의 수용이라는 당연한 절차였고, 이제 우리는 자신의 전통과 서구문명을 통합하여 창조적인 미래를 구축하려는 전기를 마련하고 있고, 이때 우리의 전통에 대한 탐구는 긴요한 것이라는 반성적 성찰을 하게 되었다.

제주는 한국문화 속에서도 독자적인 위치를 점하고 있다. 그 동안 국가주의적 학문 풍토에서 제주적인 것은 주변적인 것으로 밀려났다. 그리고 민족문화의 역량을 논하는 자리에서도 제주도는 예외적인 부분으로 치부되었다. 그러나 민족문화는 지역학의 배제에서 이루어지는 것이 아니라 지역학을 강조하는 학문 풍토에서 가능하다. 민족문화는 하위의 지역문화를 풍부하게 하고, 상위의 동아시아 문명권의 문화와 세계문화와 교류하는 가운데 그 존재 의의가 부각되게 마련이다. 그래서 제주에서는 제주문화를 주권으로 삼아야 한다. 제주의 독자적인 역사와 민속과 신화를 토대로 제주학을 구축해야 할 시기에 와 있다.

20세기는 민족학의 시대였다. 국가와 민족을 중심으로 일원화하고 획일화하는 시대였고, 그래서 지방은 소멸되어 갔다. 이제 지방학을 살릴 시기다. 민족학과 지역학은 상보적이다. 민족학의 정체성은 지역학을 통해서 더욱 두터워질 수 있다. 그간 제주학을 예외적인 관점이나 배타적인 관점에서 바라보았는데, 이를 시정해야 할 시기다.

2010년 도지사도 공약에서 <제주학연구소>를 말한 바 있어 귀추가 주목된다. 두 가지를 해야 한다. 첫째, 제주학 관련 기존 자료를 모두 모으고, 무형적인 것은 영상으로 기록하여 제주학 아카이브를 구축하는 것이다. 둘째, 제주학 연구자를 키우지 않으면 사라지는 전통을 복원하여 계승할 기회를 잃게 되고, 제주학은 다른 지역 연구자에 종속될 가능성이 매우 높다. 그러므로 제주지역의 제주학 연구 기반을 시급히 마련해야 할 것이다.

3. 탐라문화권 정립

서구적 근대 중심의 사고는 시정돼야 한다. 한반도를 휩쓴 이념의 광풍도 거두어야 한다. 제1세계와 제2세계의 지배는 청산되어야 하고 실제 그런 역사적 시점에 와 있다. 제3세계의 민족주의적 관점에서 우리의 학문을 새롭게 점검해야 한다. 특히 전통문화라는 측면에서 그런 노력을 경주해야 한다. 우리의 정체성을 파악하기 위해서 민족전체의 전통문화를 두루 살펴야 한다는 명제 속에는, 지역학의 중요성이 내재해 있다. 민족학과 지역학은 상보적이다. 그간 지방학을 예외적인 관점이나 배타적인 관점에서 바라보았는데, 이를 시정해야 할 시기다. 이제 제4세계로 눈을 돌려야 한다. 민족학의 정체성은 지역학을 통해서 더욱 두터워질 수 있다.

제주학은 지방학 연구의 선두에 선 바 있다. 제주학은 이제 지방학에 머물지 않고 한국학의 중심으로 우뚝 서게 되었다. 국가 획일주의 아래에서 지방의 언어와 문화가 억압당하는 상황 속에서도 제 역할을 꾸준히 해 왔다. 21세기는 지방학과 한국학이 함께 성장해야 하는 시기를 맞았다. 제주에는 한국 어느 곳보다 풍부한 신화와 민요와 무속과 민속이 풍부하게 남아 있고, 이는 민족 문화를 다양하고 풍부하게 하는 원천으로 활용될 것이다.

우리는 서구적 학문틀에 매여 있었다. 이제 우리 전통의 학문틀을 마련해야 창조학으로 나갈 수 있다. 우리 문화유산을 돌보는 국학이 바로 자립학이다. 서울 중심의 중앙학뿐만 아니라 지방학을 연구의 조건으로 삼아야 한국학의 실체가 확연해지고 한국학의 일반이론을 창조하는 길이 열릴 것이다. 이를 위해서는 장기간 지방학을 중시하고 지원하는 집중적 노력이 필요하다. 민족문화는 지방문화에서 그 단서를 찾아야 한다. 제주는 그동안 감추어져 있었다. 제주문화는 민족문화를 통섭하는 중요한 방법이 될 것을 확신한다.

  제주. 고려 중엽부터 불린 이 지명은 제주로서는 타자의 이름이다. 서울에서 저 멀리 바다 건너 있는 땅이란 의미의 제주. 이제는 '탐라'란 고유명사를 회복해야 한다. 고구려, 신라, 백제, 가야와 함께 탐라국도 고대국가였다. 해상활동을 통해 한반도와 중국, 일본과 교류하면서 타문명을 수용하면서도 독자적인 문명을 일구었던 고대국가였다. 삼국시대 이전에 5국시대가 있었다. 역사 교과서는 탐라국을 고대국가의 반열에 넣고 온당한 평가를 해야 한다. 삼별초의 잔당이 머물던 지역 혹은 죄인을 유배 보내는 지역이라는 편협한 지식을 불식시켜야 한다. 고대 건국신화가 남아 있고, 선주민이 이주민에 의해 지배당하지 않고 독자적인 문화를 중세 이전까지 꽃피웠던 고대국가로 인정해야 한다.

  민족문화를 풍부하게 만들 수 있는 많은 탐라문화가 사라지고 있다. 국가 차원에서 '탐라문화권'의 역사와 문화를 정립해 나가야 할 시기이다. 건물과 성곽을 복원하고 보존하는 차원을 넘어 언어 · 역사 · 민속을 대대적으로 조사하고 연구할 때이다. 왜 가야문화권과 백제문화권에는 수천 억 원을 쏟아 부으면서 제주는 소외시키는가. 제주가 작은 섬이어서 그런가. 왜 천연기념물은 잘 보존하면서 제주의 독특한 문화유산은 방치하고 있는가.

  제주문화 관련 단체가 힘을 합해야 한다. <제주대학교 탐라문화연구소>, 도 산하 기구인 <제주문화예술재단> <제주발전연구원>과, 사단법인으로 새로 출범한 <제주역사문화재단>, 제주 전통문화를 꾸준히 재야에서 연구해 온 <제주전통문화연구소>, 제주의 자연적 가치와 인문적 가치를 함께 구현해 온 <한라산생태문화연구소>, 제주문화를 돌로 실현한 <제주돌문화공원>과 함께 힘을 결집하여 탐라문화권 정립에 나서야 한다.

4. 무형문화재 활력을 위해

작년 제주도칠머리당굿이 세계무형문화유산에 등재되었다. 제주도는 이 기념비적 쾌거를 접하고도 무엇을 어떻게 할지 모르고 있다. 굿에는 아주 많은 정보가 담겨 있다. 특히 신화가 그득 담겨 있다. 그 신화는 다른 지역에는 없고 제주에만 남아 있는 것들이 대부분이다. 다른 지역에서는 중세화·근대화하면서 소실되었는데, 제주에서는 그것들을 잘 간직하였기 때문에 값진 것이다. 그것은 인류의 보편성이기에 귀한 것이다. 세계 대부분에서 사라졌지만 제주에 남겨진 신화를 통해 인간 사고의 중요한 자취를 발견하고, 이 원시적 · 고대적 사유의 의미를 재구할 수 있을 것이라는 이유 때문에 제주 신화가 소중하다.

이 굿을 잘 보존하기 위해 우선 <신화 굿 박물관>을 만들어야 한다.[2] 세계적인 것이기 때문에 당연히 전 세계의 주목을 받을 것이 분명하다. 10년 전 즈음에 <신들의 고향> 공원화 움직임이 있었는데 종교적인 이유로 백지화된 사례도 있었다. 이것은 제주의 역사와 문화이기 때문에 종교의 반대 대상이 아니다. 가장 제주다운 문화공간이 될 것이다.

또 굿을 잘 보존하기 위해서는 주민 모두의 관심이 필요하다. 몇 년 전 일본 동경대학에 가서 연구년을 보낼 때의 일이다. 주위의 동경대 학생 하나가 연락을 끊고 사라졌다. 수소문해 보니 자기 고향 축제(마츠리)에 참여하기 위해 두 달 동안 사라졌던 것이다. 이 정도는 돼야 지역 문화가 살아난다. 굿이 마지막 생명을 부지하고 있는 지금, 방부제를 칠하고 문화재로 지정하여 박제화시키는 것은 무모한 일이다. 굿이 자생력 회복하도록 유도해야 한다. 모든 사람들이 각 마을에서 자신들의 굿을 지켜내야 한다. <탐라문화제>를 학생들에게 돌려주면 가능하다. '미래·거기'를 위한 공부

---

2) 제주돌문화공원 2차 사업을 준비중인 백운철 관장은 '설문대할망 전시관' 속에 신화·굿 박물관에 걸맞는 내용을 준비하고 있다.

에 지쳐 있는 학생들을 끌어내, '지금·여기'를 위한 학습을 제공하여 제주문화의 전통을 잇게 하면 된다. <탐라문화제>에 자발적 참여를 유도해, 제주대 학생을 전통 지킴이로 키우면 될 것이다. 문화에 투자하면 장기적인 과실을 얻게 된다.

5. 제주에 춤과 노래를 살려야

세계 어디를 가건 그곳에는 춤과 노래가 있어 정겹다. 특히 유명 관광지에는 누구나 따라부를 수 있는 노래와 매력적인 춤이 있다. 과거에는 있었는데 지금은 없다. 식민통치 시절 일제에 의해 춤과 노래를 빼앗겼기 때문이다. 이제 그것을 되살려야 한다. 제주에 <도립 문화예술대학>을 세워야 한다. 아니면 제주대학교에 <전통문화예술대학>이란 단과대학을 설립해야 옳다. 거기에는 전통음악과, 전통무용과, 전통놀이과를 두어야 한다. 노래와 춤과 놀이, 특히 무당굿에서 거행되는 입춘굿놀이, 영감놀이, 세경놀이, 멩감놀이 등을 부활시켜야 한다.

거기에 덧보태 전통문화를 복원하는 데 긴요한 전통건축과, 전통회화과, 전통조각과, 전통공예과를 두어야 한다. 제주의 초가, 민화, 돌하르방, 양태공예 등을 잘 전수하면 훌륭한 문화상품을 기대할 수 있을 것이다.

전통 굿과 놀이를 현대적 대동놀이 축제로 만들고, 전통음식을 현대적 음식 축제로 만들고, 전통 농업과 어업과 목축의 절차를 현대적 생태체험 축제로 만들 수 있는 바탕이 제주에는 얼마나 많은가. 들불축제나 '입춘굿놀이'가 대표적인데, 이보다 더 훌륭한 세계적 축제도 제주 전통문화에서 나올 수 있다.

이제 제주문화를 위한 마지막 기회가 남겨 있다. 새로운 시대는 늘 문화가 바탕이 되어 이루어졌음을 명심해야 한다.

6장

한국·일본 신화 비교

일본의 신사(神社)

* 6장은 옛 문헌을 고증하고 있고, 일본 문헌과 비교하기 때문에 한자(漢字)를 문면에 그대로 노출시키고 괄호 속에 넣지 않았다.

수로신화와 일본신화

1. 허 왕후의 토지신적 성격

우리는 가야의 건국신화에서 수로왕을 비중 있게 다루는 대신 허 왕후의 존재에 대해서는 소홀히 취급하였다. 고대국가 건국 당시 남성 영웅의 건국은 반드시 토착 여성 세력과의 결탁에서 가능하였던 사정을 감안한다면 여성 신격에 대한 고찰이 반드시 필요할 것이다. 물론 지금 남겨진 건국신화에는 남성 영웅 위주의 서술이 이루어졌기 때문에, 여성 영웅에 대한 간략한 문맥을 재구하기란 어렵다. 이런 난점을 해결하기 위해 중국이나 일본의 신화적 문맥을 살펴 소멸되거나 미약해진 문맥의 의미를 재구해 낼 수 있을 것이다.

건국신화에서 남성 영웅의 모계도 극도로 생략되어 있다. 특히 수로왕의 전승에는 모계신화가 없다. 우리는 『동국여지승람』이나 최치원이 찬한 <釋利貞傳> 등의 기록에서 그 모계를 확인할 수 있다. "가야산신 正見母主가 天神인 夷毗訶에게 감응되어 대가야국왕인 惱窒朱日과 금관가야국왕인 惱窒靑裔 둘을 낳았다. 즉 뇌질주일은 이진아시왕의 별칭이고, 뇌질청예는 수로왕의 별칭이다."[1]라 했는데, 이 모계신은 고대 건국신화 이전의 여성 영웅신화를 수로신화에 부회한 것이거나, 대가야 건국신화의 모계

---

1) 『新增東國輿地勝覽』, 卷 29, 高靈縣條.

신화로 추정하고 있다. 이 모계신화 속에 내재된 성모신 또는 토지신적 성격은 그 흔적이 미미하다. 본고는 허 왕후의 전승을 분석하여 그 제의의 실상과 여성 영웅신의 토지신적 성격을 규명하려 한다.

우선 허 왕후의 도래에서부터 살펴 본다.

> 홀연히 바다 서남쪽에서 붉은 빛의 돛을 달고 붉은 기를 휘날리며 북쪽을 향하여 오는 배가 있었다.…… 유천간 등이 왕후의 말을 전하여 아뢰니, 왕은 옳게 여겨 유사를 데리고 거동해서, 대궐 서남쪽 60보쯤 되는 곳에 산기슭에 장막을 쳐서 임시 궁전을 만들어 놓고 기다렸다. 황후는 산외별포진에 배를 대어 놓고 육지로 올라왔다. 높은 언덕에 쉬고는 비단바지를 벗어 山靈에게 바쳤다.[2]

허 왕후가 별포진에 배를 대고 육지로 올라와 바로 비단바지를 벗어 산령에게 바치는 것은 '마치 女司祭가 제의를 주관하는 모습'[3]이라 하겠다. 천신계의 수로와 지신계의 허 왕후가 결합한 신화의 틀 속에서 지신계의 모습을 보여 주는 단적인 예이다. 그리고 이런 지모신적 성격은 수로의 모계라 할 정견모주의 성격과 통한다. 정견모주는 지리산 성모라고 하는데, 성모는 山神의 존칭이다.[4] 그래서 山神祠라고 하고 聖母祠라고도 한다. 시조모를 성모라고 칭한 예는 신라에도 보인다. 박혁거세를 낳은 어머니는 西述山 혹은 仙桃山의 聖母라고 한다. 神母라고도 칭한다. 서술성모는 서술산 혹은 선도산의 산신인데 성모라고 지칭되는 것이다. 이 성모는 天王이라 하기도 한다.

> 正見天王祠 在海印寺中 俗傳大伽耶國王后正見 死爲山神[5]

---

2) 『三國遺事』卷2, 駕洛國記條.
3) 김두진, 『한국 고대의 건국신화와 제의』, 일조각, 1999, 238쪽.
4) 김영수, 「智異山 聖母祠에 就하야」, 『민속의 연구(1)』, 정음사, 1985, 311쪽.

정견모주를 모시는 사당을 천왕사라고도 하는데, 그 이유는 '天王이 지
리산 최고봉에 하강하여 계신 山王 할머니를 성모라고 일홈한 것'6)이기
때문이다. 정견모주와 같은 토지신은 천왕의 화신으로 사유된 것이다. 그
러므로 山神祠는 聖母祠이고 天王祠이기도 하다. 이것이 해인사 경내에
있다는 것은 애초에 산신을 모시는 토착신앙이 불교에 의해 진압되었음을
의미한다. 고대의 종교는 중세의 종교에 복속되거나, 중세적 사유에 의해
변질되게 마련이다. 선도산 성모가 중국 제실의 딸이라거나 부처를 위해
공양을 하였다는 문맥은 후대에 첨가된 부분이다. 이 산신을 모시는 신앙
은 여성에 의해 계승되었다. 허 왕후는 바로 산신신앙의 계승자이다. 그러
므로 허 왕후는 처음 육지에 당도하자 산령(산신)에게 제를 드린 것이다.
허 왕후는 제를 드림으로써 토지신 즉 생산과 풍요를 주재하는 여성 신격
의 권위를 계승한다. 여성이 입었던 바지를 산신에게 바쳤다는 의미는 '제
의에서 여성의 생식력이 강조된 지모신 신앙'7)의 성격을 강하게 드러내고
있기 때문이다.

한편 司祭者가 제의를 주관한 것에는 또 다른 의미가 숨어 있다. 그것은
바로 제의를 통한 지배권의 확보이다. 일본의 헤이안 시대에, 伊勢神宮에
미혼의 皇女가 사이구우(齋宮)로 奉仕하였듯이, 加茂神社에 사이인(齋院)
으로 奉仕하는데, 土地神에 대한 제사는 인간과 토지를 통치한다는 의미
이고, 궁정은 황녀를 가무신에게 바쳐 平安京의 평안을 기원하였다.8) 황녀
및 공주, 미혼의 여왕이 토지신에게 제를 드림으로써 인간과 토지의 지배
권을 얻게 된다고 한다. 신을 제사하는 것은 사람과 토지를 제압하는 것이
고 따라서 제사의식은 이미 정치를 의미한다. 왕 혹은 왕비가 어떤 토지신

5) 『新增東國輿地勝覽』, 陝川祠廟條.
6) 김영수, 위의 논문, 315쪽.
7) 김두진, 위의 책, 245쪽.
8) 가와사키 쓰네유기 외, 『일본문화사』, 혜안, 1994, 60쪽.

을 제사한다는 것은 왕의 지배가 그 땅에까지 미쳤다는 의미도 포함하고 있다. 그 예를 수로왕의 탄강담에서 찾을 수 있다.

구지가가 나오는 첫 대목에는 '屈峰頂撮土'란 구절이 있는데, 이를 두고 '봉우리 위에서 흙을 파다' 혹은 '산 꼭대기를 파며 흙을 집다' 혹은 '꼭대기 흙을 파서 손가락으로 집어올리다' 등으로 해석한다. 그런데 최진원은 촬토를 '한 줌 흙'이라 보고, '峯 頂上의 한 줌 흙을 파다'의 행위는 '가락국 전 영토에 대한 소유와 지배를 상징한다'9)라고 했다. 이러한 해석의 근거를 『일본서기』에서 찾을 수 있다.

> 천황은 전년 추 구월에 몰래 天香山의 埴土를 파서 80平瓮을 만들어서 스스로 재계하고 모든 신을 제사하였다. 그리고 드디어 천하를 평정할 수 있었다. 그래서 흙을 판 곳을 埴安이라 이른다.10)

> 이것은 武埴安彦이 모반을 일으키려 하고 있는 징조입니다. 나는 武埴安彦의 처 吾田媛이 비밀히 와서 倭의 香山의 흙을 파다 領巾 끝에 싸서 기원을 하며, '이것은 倭의 物實입니다'라고 말하고 곧 돌아간 것을 알고 있습니다.11)

위는 神武天皇이 처음 나라를 세우려고 천하를 평정하러 가는 대목인데, 천향산의 흙을 파서 신에게 제사하고 천하를 지배할 수 있었다는 이야기다. 다음은 崇神天皇의 생명을 노리는 자가 있다는 노래를 듣고 천왕에게 경고하는 내용인데, 모반을 일으켜 천하를 가지려 하는 자가 향산의 흙을 파면서 왜의 物實 즉 한 나라의 영토 지배권을 갖고자 기원하는 사건을 읽을 수 있다. 향산(혹은 천향산)의 흙을 파는 행위는 곧 토지의 지배권을 얻게 된다는 상징일 수 있다. 그러나 향산에 제사를 드리거나 기원을 드림

---

9) 최진원, 『한국신화고석』, 성균관대 대동문화연구원, 1994, 134-136쪽.
10) 『日本書紀』, 長髓彦條.
11) 『日本書紀』, 四道將軍條.

으로써 천하를 지배할 수 있게 된다. 여기에서의 향산은 가야의 구지봉과 같은 신성한 지역이었을 것이다. 한 나라의 중심에 해당하는 신성지역의 산신 혹은 토지신에게 제를 드림으로써 인간과 토지의 지배권을 얻게 되는 것이다. 구지봉에서 '屈峰頂撮土' 하였다는 것은 봉우리의 흙을 파면서 제을 드리거나 기원을 하였다는 의미가 내포되어 있다. 구지봉에서 신을 제사하는 것은 사람과 토지를 제압하는 것이고 따라서 제사의식은 이미 정치를 의미한다.

가야신화에서 남성신 수로는 구지봉에서 제를 드림으로써 가야의 지배력12)을 갖게 되었듯이, 여성신 허 왕후는 산령에게 제를 드림으로써 가야의 지배력을 획득하게 되었음을 알 수 있다. 허 왕후는 생산과 풍요의 신격으로서만 머무는 것이 아니다. 정견모주가 지녔던 토지신으로서의 지배력을 온전히 계승하고 있다. 다만 고대 건국신화가 남성신 위주로 서술되면서 여성신의 지배력에 대한 부분은 지극히 소략화하였음을 유념해야 할 것이다. 특히 수로전승에서 남성신과 여성신의 신성성을 두루 갖춘 건국신화의 면모를 지니기보다는, '김씨라는 성씨의 시조에 관한 하나의 이야기로 간주'13)될 만큼 수로왕 위주의 서술이라 하겠다.

토지신에 대한 제사가 인간과 땅을 통치하는 것이라는 의미가 잊혀져 가면, 인간과 땅과의 새로운 연대가 요구되게 마련이다.14) 이 때 축제가 필요하다. 축제는 인간과 땅을 연결시켜주는 고리가 될 수 있었다. 그래서 헤이안 시대에는 平安京에서 가무(加茂)신을 제사지내는 아오이 축제가

---

12) 물론 수로는 天孫降臨의 신격이다. 그래서 천신으로서의 의미를 우선 지닌다. 하지만 천신족으로서 기존의 토착족이 지녔던 지신족의 의례를 수용하여 그 지배를 더욱 공고히 할 수 있었을 것이다. 그리고 제천의례는 천신과 지신에 대한 제사를 함께 묶어 행해진 것이다. 일본의 이세신궁은 天照大神을 제사하는 곳인데, 그 神體는 八咫鏡이고 이는 천손강림의 신표이다. 이 천신에 대한 의례와 더불어 토지신에 대한 가무신사의 의례가 함께 거행됨을 알 수 있다.
13) 이지영, 『한국 건국신화의 실상과 이해』, 월인, 2000, 337쪽.
14) 가와사키 쓰네유키, 위의 책, 61쪽.

벌어졌다. 가야에서도 허 왕후가 도래하는 과정을 모방하는 축제가 벌어졌다. 유천간과 신귀간 등이 왕후의 도래를 왕에게 급히 고하는 자취였다.(留天干 神鬼干等 望后之來 急促告君之遺跡) 이것이 바로 '戲樂思慕之事'이고 음주환호(飮酒歡呼)하면서 왕후의 도래를 축하하였고, 매년 7월 29일에 벌어지는 이 축제를 계기로 인간과 땅이 연결되고, 가야의 왕은 인간과 토지의 지배력을 공고히 할 수 있었다. 가야가 멸망한 뒤에도 이 행사는 계속되었다.

2. 희락사모지사의 제의성과 놀이성

<가락국기>는 고려 문종 31년(1076년) 金官知州事 金良鎰에 의해 만들어졌음이 崇善殿誌를 검토하는 과정에서 밝혀졌다.[15] 김량일은 왕명에 의해 비문·구비자료·민속 등을 수집하여 <가락국기>가 지어졌는데, 전체를 세 부분으로 나눌 수 있다. 첫째 부분은 첫머리부터 수로왕의 탄생·건국·혼인·죽음 대목까지이고, 둘째 부분은 그 뒤 수로왕릉의 제례에 관련된 여러 이야기를 말하며, 셋째 부분은 銘과 王曆을 포함한다. 둘째 부분은 김량일이 가장 관심을 갖고 서술한 부분으로 보인다.[16]

첫째 부분은 수로의 탄생과 구지가, 수도를 정한 후 문물정비, 탈해의 도래와 쟁투에서 승리, 허 왕후의 도래와 혼인, 관제의 정비, 왕과 왕비의 죽음을 내용으로 하고 있다. 맞이-싸움-혼인의 건국영웅신화의 틀을 잘 보여주는 부분이다. 둘째 부분은 다음과 같다.

    1) 法敏(문무왕)의 수로 제례 중시에 대한 찬양

---

15) 이강옥, 「수로신화의 서술원리의 특수성과 그 현실적 의미」, 『가라문화』 5집, 경남대 가라문화연구소, 1987, 138쪽. 김태식, 「김해 수로왕릉과 허왕후릉의 보수과정 검토」, 『한국사론』 41·42집 합병호, 1999.
16) 이지영, 『한국 건국신화의 실상과 이해』, 336쪽.

    2) 英規 아간의 淫祀와 죽음

    3) 영규의 아들 俊必의 발광과 죽음

    4) 도적 침입시 사당을 호위하는 자가 나타나 그들을 물리침

    5) 나라는 망했으나 사당이 보존되고 제의가 존속됨

    6) 왕비 도래를 기념하는 희락사모지사

    7) 가야가 망한 후의 金官京의 지명 변천

    8) 수로왕릉 제사의 非禮로 인한 量田使의 죽음

    9) 허 왕후를 위한 王后寺의 폐사와 탄식

    문무왕 원년(661년) 자신의 어머니 문명왕후가 수로의 후손인 것을 생각하여 수로왕의 묘제를 확장하고 사당을 보수하였다고 한다. 신라 말 급변기에 영규가 수로왕 사당에서 음사(법도에 어긋나게 참람되이 지내는 제사)를 지내려다 죽었고 수로왕의 眞孫인 圭林에게 수로의 제사를 받들게 하였다고 한다. 그 후 도적의 무리가 사당에 金玉이 있을 것으로 여기고 침입하였을 때 猛士가 사당에서 나와 도둑 7-8명을 쏘아 죽이고, 또 큰 구렁이가 사당 곁으로부터 나와 도둑 8-9명을 물어 죽였다고 했다. 이 기록은 사당의 훼손에 대한 수로왕손의 저항이 강했음을 의미하고, 김해 김씨 계통의 토착 지배권이 무력을 기반으로 하여 상당한 자생력을 가진 것으로 보인다.17) 이들 토착 지배권을 지니고 있던 수로왕손들에 의해 희락사모지사가 계속될 수 있었을 것이다. 그들은 가야 멸망 후 금관경이 臨海縣·臨海郡·金海府로 바뀐 뒤에도 계속하여 이 행사를 거행하였다.

---

17) 김태식 교수는 김해에서의 수로왕 사당에 대한 제례가 고려 때에 중시되다가 고려말 잠시 폐허로 변했지만 조선조에 다시 중수되고 제례가 재개되었다고 하면서 다음과 같이 서술하였다. "前期 加耶聯盟의 盟主國 시조인 首露王과 그 왕비인 許王后의 陵이 지금까지 제사지내지면서 전해 내려온다는 것은 기이한 일에 틀림없다. 왜냐하면 이는 그 兩陵에 제사지내는 집단, 즉 가락국의 王族이 국가 멸망 이후 신라 및 고려·조선시대의 1,500년을 거치면서 해당 지역의 패권을 장구하게 유지해 왔으며 중앙 정권으로부터 그러한 존재를 인정받아왔다는 것을 의미하기 때문이다."(김태식, 「김해 수로왕릉과 허왕후릉의 보수과정 검토」, 『한국사론』 40·41집 합병호, 1999.)

이 행사의 내용은 두 부류의 사람들이 육지에서는 말을 달리고 물위에서는 배를 저으며 서로 경쟁하는 놀이였고, 예전에 허 왕후가 도래하던 모습을 재연하는 놀이였다. 양파(兩派)로 나뉘어 힘을 겨루는 양파경쟁의 놀이였고, 이는 단순한 놀이가 아니라 양파제의의 일종이었다. 그것은 화랑의 '유오산수(遊娛山水)'의 유오를 단순한 놀이로 보지 않는 것과 마찬가지다. 화랑은 옛 신라의 제의처인 三山 五嶽 名山大川을 두루 돌면서 가악으로 제의를 드렸다. 이것이 바로 고대국가의 종교의례였다. 유오산수가 山川祭儀였던 것과 마찬가지로 戲樂思慕는 곧 사모제의이다. 제의는 신격을 섬기는 일인데, 戲樂思慕에 있어서의 신격은 바로 허 왕후 = 神母(聖母)이다.18) 앞에서 밝힌 바 있듯이 허 왕후는 정견모주의 성모적 성격을 계승하여 토지신적 성격을 지니고 있는데, 허 왕후에 대한 제의는 바로 토지신에 대한 제사였다. 그러나 세월이 흘러 토지신에 대한 제사의 의미가 잊혀지면, 씨족과 땅과 신의 삼위일체적인 결합을 새롭게 시도해야 했다. 이때 허 왕후의 도래를 재연하고 음주환호하는 놀이를 벌임으로써 인간과 토지를 결속하는 계기를 맞게 된다. 이 축제를 수행하는 힘은 바로 도읍지를 유지하고 지배하는 구체적인 정치력이었다.19) <가락국기>에 가야가 망한 역사와 수로왕의 묘가 여러 번 훼손된 정황의 가운데 이 '戲樂思慕之事'의 문맥이 들어 있다는 것은 바로 천신과 토지신의 신성성이 쇠락한 지경의 상황을 떠올리게 한다. 물론 수로왕의 묘가 여러 번의 훼손될 위험 속에서도 신이한 일로 인해 묘가 보존된 경이로움을 서술하는 대목 바로 뒤에 이 문맥이 들어 있다. 그러니 이 축제는 개국 후 어느 정도 세월이 지난 뒤 거행되기 시작하여, 가야가 멸망하기 직전까지 국가적인 차원에서 벌어진 행사였고, 나라가 망한 뒤에도 수로왕의 묘가 잘 보존되었듯이 金

18) 최진원, 위의 책, 164쪽. 수로신화의 '戲樂思慕之事' 모티프는 최진원 교수가 해석방향과 考釋을 제시하였는데, 필자도 자료수집에 공동연구자로 참여하였다.
19) 가와사키 쓰네유키 외, 위의 책, 61쪽.

官京에서 유지되었던 행사로 볼 수 있다.

물론 이 행사가 <가락국기>를 편찬한 고려 문종 년간 금관주지사 문인 (김량일)의 영향력 아래에서 시작되었다는 견해도 있다.[20] 신라 문무왕대 나 그 직후에 <開皇曆>이 만들어질 때 가야 왕력이 완성되었고, 그 후 신라 中代 시기의 王后寺 創建緣起 등을 포함하여 고려 초기까지 여러 가지 創寺緣起談, 토착 지명과 관련된 傳承 등이 추가되면서 허왕후 결혼 설화가 완성되었다는 점은 인정된다. 왜냐하면 AD 1세기 가야에 허 왕후 의 도래와 함께 불교가 전래되었다는 점은 신빙성이 없고, 후에 불교적인 윤색이 가해진 것으로 보아야 하기 때문이다. 그러나 왕후의 도래를 재연 하는 행사는 이미 가야국의 시대에 거행되기 시작했을 것이다. 이 행사에 는 허 왕후의 신성성을 그대로 간직하고 있고, 이 행사를 거행함으로써 왕실의 정치적인 지배력을 확인시킬 수 있었기 때문이다. 그러므로 가야의 정치적 지배권이 공고한 시기에 만들어졌을 가능성이 높다. 그리고 이 행 사는 가야가 멸망한 뒤에도 일정기간 계속되었다.

토지신 허 왕후에 대한 제사는 생산과 풍요를 기원하는 국가적인 의례였 고, 아울러 제의를 통해 가야의 땅과 인간에 대한 통치력을 갖는 정치적 의미를 지녔다. 그러나 이 제의성이 시대를 내려오면서 풍화되고, 국가는 과거와 다른 형태의 의례를 만들어야만 했다. 새로운 의례는 제의성과 놀 이성을 함께 드러낸다. 그것이 바로 '戲樂思慕之事'와 같은 축제였다. 이 戲樂이란 말 속에는 '놀이성'과 '풍류성'을 함께 지닌다. 『삼국사기』 居道傳 에서 보여주는 戲樂은 놀이의 성격을, 『均如傳』에서 사뇌가 世人戲樂之 具란 정의 속에는 풍류의 성격을 드러낸다. 그 밑바탕에는 제의성이 흐른 다. 앞으로의 고찰은 제의성이 어떻게 풍화되어 오락성으로 변모하는가 하는 점이다. 제의성이 놀이로 풍화되는 과정에 대해서는 중국의 문헌과

---

20) 김태식, 「가락국기 소재 허왕후 설화의 성격」, 『한국사 연구』 102호, 1998. 김태식 교수 의 홈페이지(www.hongik.ac.kr/~kayakim)에서 논문을 인용하여 페이지는 생략.

일본의 문헌을 통해 좀더 비교해 보겠다. 우선 戲樂의 의미를 살펴보자.

> 매년 한 번씩 장토의 들에서 말떼를 모아 병사를 시켜 타고 달리게 하여
> 戲樂으로 삼았으니, 그때 사람들이 馬叔이라 칭했다. 양국 사람들도 익히
> 본 일이라 신라의 예사라 여기고 괴이하게 알지 않았다. 이에 군사를 일으
> 켜 뜻밖에 들이쳐 두 나라를 없앴다.[21]

신라에는 말을 달리며 노는 놀이 풍속이 있었는데, 居道는 이 놀이를
군사목적과 이웃 나라를 공격하는 목적으로 이용하였다는 기록이다. 말을
달리며 노는 이 놀이를 마숙이라 했는데, 이는 희락사모지사처럼 1년에
한 번 거행하는 풍속이다. 그러므로 '희락'은 일정한 시기에 거행하는 세시
적 행사였으며, 말을 달리며 경쟁하는 놀이였다.

> 춘추시대 이후에 약소국가를 쳐서 병탄하는 전국시대가 되니 점점 무예
> 익히는 행위를 희락으로 삼았다. 서로 견주고 과시하니 진나라 때에 각저라
> 고 고쳐 불렀다. 결국 선왕의 예가 음란한 음악에 빠지고 말았다.[22]

춘추시대를 맞으며 패도가 성하고 합종연횡의 술수가 횡행하는 가운데
무예가 더욱 증강하여 힘을 견주고 과시하는 데 이르렀으니 이를 희락이라
했고, 후엔 角抵(씨름)라 하였다. 정치적·사회적 혼란으로 예악이 俗樂化
하였다는 후대의 평을 듣게 되는데, 이 무예를 견주고 뽐내는 놀이가 이
시기에 풍속으로 정착되었던 일면을 살필 수 있다.

---

21) 每年一度 集群馬於張土之野 使兵士騎之 馳走以爲戲樂 時人稱謂馬叔 兩國人習見
   之 以爲新羅常事 不以爲怪 於是起兵馬 擊其不意 以滅二國(『三國史記』, 居道傳』
22) 春秋之後 滅弱呑小 並爲戰國 絀增講武之禮 以爲戲樂 用相夸視 而秦更名角抵 先王
   之禮 沒於淫樂中矣(『漢書』, 刑法志)

　　시정 사람들이 그 성조를 채집하여 詞章에 끼워 넣고 희락으로 삼았다.
지금 세상에 성행하여 또 吟叫라고 불렀다.[23]

　　음규는 민간속악을 뜻하니 희락은 음악을 지칭하는 것이기도 하다. 균여
전에서도 '詞腦者 世人戲樂之具'라고 하여 사뇌가를 세상 사람들이 즐기
는 음악 또는 노래라고 하고 있다. 그러므로 '희락'은 '유휘하며 즐긴다'는
의미로만 볼 수 없다. 희락은 '놀이(戲)'와 '풍류(樂)'의 두 맥락에서 이해해
야 할 것으로 보인다. '놀이(戲)'란 말을 달리거나 두 패로 나뉘어 무예를
겨루거나 풍속에 정착된 세시적 행사를 뜻하였다. '풍류(樂)'란 보편적으로
음악을 뜻하는데 세속에서 놀이와 수반되는 속악을 의미한다. 결국 희락이
란 현실적인 무술을 겨루는 데서 시작하여 雜技와 歌舞에 이르는 광범위
한 놀이와 연예 · 예능을 뜻하는 것으로 발전하였다고 하겠다.[24] 허 왕후의
도래일에 맞추어 허 왕후를 사모하는 이 희락을 단순한 놀이나 오락적
놀이로 볼 사람은 아무도 없을 것이다. 양파로 나뉘어 겨루기를 하는 것은
풍요(풍농과 풍어)와 다산을 예축하는 의례의 의미를 갖는 것이 상례다.
여기에 각저희나 변신술과 같은 연희적 요소도 가미된다. '희락'이란 결국
제의성과 놀이성을 아우르는 개념이다.

3. 희락사모지사(戲樂思慕之事)의 풍요제의적 성격

　　매년 7월 29일에 이 지방 인민과 이졸들이 승점에 올라가서 장막을 치고
술과 음식으로 환호하며, 동서로 우두머리를 보내고, 건장한 인부들을 좌

---

23) 市人採其聲調 閒以詞章以爲戲樂也 今盛行於世 又謂之吟叫也(『事物紀原』, 博奕嬉
　　樂部)
24) 이상일, 『민족심상의 예능학』, 시인사, 1984, 39쪽.

우로 편을 나누어 망산도로부터 말을 타고 다투어 육지로 달릴 때, 뱃머리
는 둥둥 떠서 물에 모여 들어 북으로 고포를 향하여 재빨리 달리기도 했다.
이런 행사는 대개 옛날 유천간 신귀간 등이 왕후의 오는 것을 바라보고
황급히 임금에게 고하던 자취였다.

> 건무 24년 무신 7월 27일 구간 등이 조알하여 말씀드리길, "대왕이 강림
> 한 이래로 좋은 배필을 얻지 못하였으니, 신 등이 둔 처녀 중에 아름다운
> 자를 궁중에 뽑아 드려 배필로 삼게 하소서" 하니 왕은 "내가 여기 내려온
> 것은 하늘의 명이오, 나의 배필로 왕후가 되는 것도 또한 하늘의 명령이니,
> 그대들은 염려치 말라" 하시었다.
> 곧 유천간에 명하여 가벼운 배와 좋은 말을 이끌고 망산도에 가서 기다
> 리게 하고, 또 신귀간에게 명하여 승점에 가게 하였다. 홀연히 바다 서남쪽
> 에서 붉은 빛의 돛을 달고 붉은 깃발을 휘날리며 북으로 향하는 배가 있었
> 다. 유천간 등이 먼저 망산도에서 횃불을 드니 그들이 다투어 건너 뭍에
> 내려 달려오는 것이었다. 신귀간이 바라보고 대궐로 달려와 아뢰니 왕께서
> 듣고 기뻐하였다.…… 왕은 옳게 여겨 유사를 데리고 거동해서, 대궐 서남
> 쪽 60보쯤 되는 곳에 산기슭에 장막을 쳐서 임시 궁전을 만들어 놓고 기다
> 렸다. 황후는 산외별포진에 배를 대어 놓고 육지로 올라왔다.[25]

<가락국기>의 기록에서 허 왕후의 도래 장면과 '戲樂思慕之事'의 유적
을 함께 들어 보았다. 수로왕은 자신의 배필이 올 것을 미리 알고 유천간과
신귀간으로 하여금 망산도와 승점에 가서 기다리게 한다. 그때 허 왕후의
배가 나타나고 그들은 뭍에 내려 달려온다. 그러나 허 왕후는 가벼이 따라
갈 수 없다고 하고 산외별포에 배를 대고 먼저 산신에게 제사한다. 우리는
여기에서 '희락사모지사'가 바로 허 왕후의 도래를 기념하는 행사임을 알
수 있다. 한 편은 말을 달리고 다른 한 편은 배를 달려 왕후를 맞이하는

---

25) 『三國遺事』 卷2, 駕洛國記祿

점도 그렇고, '승점'과 '망산도'라는 지명이 똑같은 점을 보더라도 그렇다. '희락사모지사'의 '古浦'라 함은 왕후가 배를 댄 '山外別浦'를 지칭하는 것으로 보인다.

<가락국기>에 나타난 '戱樂思慕之事'는 술과 음식을 차려 놓고 환호(飮酒歡呼)하는 놀이였다. 이것은 우리나라 고대의 영고·동맹·무천과 같은 제천행사에서 飮酒歌舞하였던 것과 마찬가지로 제의와 놀이를 겸하고 있다. 이 행사에서는 특히 양편의 경쟁놀이가 주가 되는데, 한 편은 말을 달리고 다른 한 편은 배를 타고 달린다. 허 왕후의 도래시에는 '競渡下陸'한다고 표현하였고, '희락사모지사'에서는 '競湊於陸'이라고 했다. 그렇다면 양 편이 나뉘어 경주를 하는 이 행사는 어떤 의미를 지니는 것인가. 이것은 주변 국가의 '競漕民俗'과 비견된다. 우선 일본의 민속을 예로 든다.

이 날 마을(河內) 사람들이 신사에 나와 제를 지낸 후, 음복을 하고 <후나고로오>를 시작한다. 배는 일반 어선으로, 새로 만든 것 두 척을 선정하여 뱃머리에 붉은 천과 흰 천으로 장식한다. 그래서 마을 청년 10명을 골라 한 배에 각각 5명씩 타게 하면 이 청년들은 노를 저어 약 200m 떨어진 <오노우라>로 나간다. 청년들은 온 힘을 들여 노를 저어 배를 몰아오는데, 먼저 이쪽 포구에 도착한 배가 승리하는 것이다. 이 행사의 목적에 대해서 구체적인 것은 전하지 않으나, 어업선의 제일에 행하는 것으로 보아 풍어와 관계 깊은 것으로 본다고 古老들은 말했다.

豆酸 마을에서도 역시 <후나고로오>라고 해서 9월 15일과 9월 18일에 행했는데, …… 건장한 청년들을 골라 두 편으로 나누어 배 두 척에 각각 14-5명씩 태워 바다 멀리 보낸다. 청년들은 노를 저어 나가며 신사를 향해 멀리서 기원을 하고, 일정한 지점에 가면 뱃머리를 돌려 해안을 향해 동시에 노를 저어 경주한다. 이쪽 해안에는 일장기를 꽂아 놓고 마을사람들이 응원을 하는데, 청년들 중 먼저 노 저어 와서 일장기를 잡는 쪽이 승리한다. 끝이 나면 酒宴을 베풀어 즐기고 어업신에게 다시 참배를 한다.[26)]

이 競漕 행사는 우선 건장한 청년이 두 편으로 나뉘어, 포구까지 배를 저어 온다. 그리고 음복을 하고 시작하거나 마친 후 酒宴을 벌인다. 먼저 들어온 편이 승리하는 행사이긴 하지만 누가 이기는가 하는 것은 그리 중요하지는 않다. 대개는 한 마을을 동서 2조로 나누어 서쪽이 이기면 풍년이 든다고 하는 곳이 있고, 상·하 두 마을이 競漕하는데 한 쪽을 남신, 한 쪽을 여신이라 하고, 여신 쪽 배가 승리해야 좋다는 곳도 있어 다양하다. 어느 것이나 풍요를 기반으로 두고 있음은 동일한 것이다.27) 위의 <후나고로오> 행사도 어업신에게 제사를 드리는 풍요제의적 성격을 지닌다.

가야의 희락사모지사도 건장한 인부를 두 편으로 나누고(分類以左右之) 놀이가 시작된다. 다른 점이 있다면 이것은 배를 달리는 행사와 말을 달리는 행사 두 가지를 함께 행한다는 점이다. 이 행사에서 특이한 것은 동서로 두 패를 나누고 그 우두머리를 보내는 점이다. 물론 '東西送目'한다는 것을 대부분의 번역서에서는 '동서로 바라보고' 혹은 '동서로 서로 눈짓하고'로 해석하고 있지만, 양편의 경쟁놀이란 측면에서 본다면 동서 양편을 이끌 우두머리를 보낸다고 해야 옳을 것이다. 허 왕후의 도래시에 유천간과 신귀간이 나아가 왕후를 맞이했던 사실을 再演하는 의미를 띤다고 하겠다. 이 경쟁에서 서쪽이 승리하는 것으로 귀결되었을 것이니, 서쪽은 여성 혹은 여신을 의미하는 방향이기 때문이다. 우리나라의 줄다리기 민속에서도 두 편으로 나뉘어 경쟁을 벌이지만, 이미 여신을 상징하는 서쪽이 이겨야 풍요가 보장된다는 관념 하에서 그렇게 한다.

허 왕후의 도래시에 배에 붉은 돛과 깃발을 달았다고 했는데, 오끼나와의 <후나고로오>에서도 배에 붉은 천을 매달고 있는 점이 상당한 영향관계를 점치게 한다. 그리고 이 놀이는 신에 대한 제의의 성격을 지니기

---

26) 현용준, 『제주도 무속과 그 주변』, 집문당, 2002, 226-227쪽.
27) 伊藤幹治, 「神話·儀禮の諸相からみた世界觀」, 『沖繩の民族學的研究』, 日本民族學會, 1973, 238쪽.

때문에 '음주환호'하거나 '酒宴'을 베풀게 된다. 이 점 역시 같다. 그런데 음주가무한다고 해서 바로 신에 대한 제의인 것은 아니다. 이 놀이는 허 왕후라는 가야의 신화적 주인공을 위한 제의이기 때문이다. 穀母的・神母 的 성격을 지닌 여성신의 도래를 맞이하는 의례를 놀이로 재연한 것이 이 희락사모지사이다.

오끼나와 일대에는 <니라이 카나이>라는 바다 동쪽에 있는 신성한 나라에서 신이 1년에 한 번 내방하여 풍요를 주고 간다는 신앙이 두드러지는데, 위와 같은 해신제나 풍년제는 다같이 바다 건너에서 찾아오는 이 來訪神을 맞아하여 풍요를 예측하는 의미를 지니고 있다.[28] 가야의 희락사모지사도 이와 같이 풍요신의 내방을 맞이하는 행사의 의미를 띤다.

4. 허 왕후의 도래와 직조(織造)

수로신화에서 허 왕후는 바다를 통해 가야에 표착한다. 이와 같은 바다를 통한 도래의 모티프는 탈해신화와 제주 삼성신화에서도 살필 수 있다. 해상으로의 도래 즉 箱舟漂着신화는 동남아와 한국 남부에 분포하고 있다.[29] 도래인은 철기문화・직조문화・농경문화(鍛冶術・緋染・織造・오곡 종자)와 같은 선진한 문화와 기술을 토대[30]로 하여 지배자 혹은 지배자의 배우자가 된다. 탈해는 토함산에 오른 뒤에 호공의 집에 숯과 숫돌을 감추어 두었다가 위계로 호공의 집을 빼앗는데, 이 숯과 숫돌은 바로 철을 다루는 야장의 도구이다. 그러니 탈해는 박혁거세보다 늦게 신라에 들어왔지만 철기문명을 바탕으로 제4대 왕에 오르게 된다.

---

28) 현용준, 『제주도 무속과 그 주변』, 228쪽.
29) 현용준, 「삼성신화연구」, 『탐라문화』 제2집, 탐라문화연구소, 1983, 80쪽.
30) 윤철중, 「탈해신화의 연구」, 성균관대 박사학위논문, 1987, 88쪽.

제주 삼성신화에서는 3여신이 오곡종자와 송아지·망아지를 가지고 들어왔다고 한다. 제주의 서사무가 중 괴내깃당본풀이는 삼성신화의 근원적 신화에 해당된다고 한다.[31] 여기에서 소로소천국이 사냥을 하여 생업을 꾸려나갔는데, 자녀들이 많아지자 백주또가 농경을 권하고 있는 것으로 보아 여성신에 의해 농경이 시작된 것으로 해석될 수 있다고 한다. 제주의 고·양·부 3신인은 3여신과 혼인하여 농경문화를 정착시킨 것으로 볼 수 있다.

허 왕후의 도래신화는 삼성신화의 혼인과 같은 유형의 것이다. 허 왕후는 가야 땅에 도착하자 바로 山靈에게 비단바지를 바친다. 그리고 허 왕후는 錦繡綾羅·衣裳疋段·金銀珠玉 등을 가지고 오는데, 이 물건들은 삼성신화에서 3여신이 가져온 오곡종자 등과 같은 선진한 문화의 속성을 띤다. 허 왕후의 고향 아유타국은 3여신이 출자한 곳 벽랑국과 같은 신비한 신의 나라이고, 이곳은 불이라거나 오곡종자 같은 '인간생활과 국가건설에 소중한 물질'이 풍성한 神國이라는 觀想이 담겨 있다고 했다.[32]

분명히 허 왕후의 세력은 비단의 직조문화를 가지고 도래한 집단이다. 허 왕후가 망산도로 들어올 때 붉은 빛의 돛(緋帆)을 높이 걸고 꼭두서니 빛의 깃발(茜旗)을 달고 있는데, 이도 비단과 연관되는 신성상징일 것으로 추정된다.[33] 신라 시조 박혁거세의 모계신인 仙桃聖母는 일찍이 여러 天仙을 시켜 비단을 짜서 붉은 물을 들이고 朝衣를 만들어 지아비에게 주었고, 이 나라 사람들은 이로 인하여 비로소 신성한 증험을 알게 되었다[34]고

---

31) 조동일, 『동아시아 구비서사시의 양상과 변천』, 문학과지성사, 1997, 89쪽.

32) 현용준, 「고대 한국민족의 해양타계」, 『무속신화와 문헌신화』, 집문당, 1992, 456쪽.

33) 윤철중, 「사소신화의 성립에 관한 고찰」, 『반교어문연구』 제7집, 반교어문학회, 1996, 12쪽. 그는 붉은 깁과 꼭두서니빛이 신성상징이라고 했고, 이 돛과 깃발도 비단으로 만들어진 직조문화의 산물이라고 했다.

34) 嘗使諸天仙織羅 緋染作朝衣 贈其夫 國人因此始知神驗(『三國遺事』, 仙桃聖母隨喜佛事條)

했다. 선도성모의 '織羅' 또한 직조문화를 가지고 도래한 집단의 의미를 지닌다.

문헌설화이긴 하지만 신화적 흔적을 지니고 있는 <연오랑과 세오녀 설화>에서도 비단의 직조문화가 드러난다. 연오랑과 세오녀가 신라를 떠나자 일월이 빛을 잃었고, 세오녀가 짠 비단(細綃)으로 일월이 빛을 되찾았다. 그래서 그들을 '日月之精'으로 여겼고, 하늘에 제사한(祭天) 곳을 영일현이라 했다고 한다. 일월에 제사하고 제천하는 제물은 비단이고, 이는 神物로 여겨졌다. 이 설화는 직조술의 渡日을 상징한다. 비단은 제천의 신물이고, 직조술은 국가의 중요한 문화기반이다. 선도성모의 직조술도 바로 고대국가 건설의 중요한 문화기반이 되었음을 알 수 있다.

일본 건국신화의 주인공 천조대신이 齋服殿에서 神衣를 짜고 있는데 그때에 (素戔嗚尊의 장난 때문에) 천조대신은 하늘을 쳐다보았다가 織機의 북으로 몸에 부당을 입었다.[35] 천조대신은 新嘗祭를 위해 비단을 짜는 행위를 보여준다.[36] 신화의 여주인공에게 있어 직조술은 중요한 문화기반이었음을 일본 신화를 통해서도 확인할 수 있다.

천조대신의 직조는 그가 天香山의 高天原에 있을 때의 일이다. 천향산(가쿠야마)은 일본신화에 자주 등장한다. 천황들은 천향산의 흙을 파서 소유하는 상징적인 행위를 거치고 있는데, 천향산에 제사를 드리거나 기원을 드림으로써 비로소 영토의 지배권을 갖게 된다. 이는 수로왕이 구지봉에서 땅을 파면서 구지가를 부르게 하는 상징적인 행위와 비근하고, 구지봉에 제사를 드림으로써 가야의 지배권을 확보하는 행위와 동일하다. 그런데 천향산은 천조대신과 같은 여신의 거주처이고, 직조를 하는 곳이고, 여신에 대한 제의처이기도 하다. 천조대신에 대한 의례에서도 천향산의 하하카(波波迦)라는 나무를 뽑아서 제의를 준비한다. 또는 천향산에 있는 잎이 무성한

35) 성은구 역주, 『일본서기』, 정음사, 1987, 50쪽.
36) 윤철중, 「회소곡과 사소신모의 織羅」, 『임하 최진원 교수 정년논총』, 대한, 1991, 119쪽.

비쭈기나무(木神)를 뿌리채 뽑아 윗가지에다 곡옥을 꿴구슬 장식물을 달아 놓고 기원한다. 혹은 천향산의 하카게(日影)를 끈으로 사용하고 천향산의 대나무잎을 손에 쥐고, 통 위에서 발을 세차게 구르면서 제의를 드린다. 그 결과 천조대신이 동굴에서 나오게 되고 어둠이 사라지게 된다.37)

천향산은 香山 혹은 天香久山으로 불리고, 나라(奈良)현 카시하라(橿原) 市와 사꾸라이(櫻井)市 경계지점에 있다. 그런데 천조대신이 지내는 천상계의 신화상의 지명으로도 나타난다. 이는 야마토(大和) 지방을 대표하는 신성한 산인 카구야마가 신화상으로 투영된 것으로 보는 것이 온당할 것이다.38) 천조대신은 태양신이면서, 천향산에 상주하는 山神이면서, 織造神이다. 가야의 허 왕후도 산신이면서 직조신의 의미를 지닌다. 허 왕후가 비단바지를 산신에게 바쳐 토지의 지배권을 얻고, 나중에는 가야인들에게 산신으로 추앙받으며 제의의 대상이 된다.

천조대신이 新嘗祭 즉 新穀을 신에게 바치는 제사를 위해 비단을 짜는 행위를 했다는 것은, 그가 가을의 풍요제의를 주재했다는 의미이다. 허 왕후의 도래일인 7월 29일에 맞춰 희락제의를 벌였다는 것도 가을의 풍요제의와 연관된다. 신라의 嘉排라는 積麻戱 - 직조행사가 7월 중순에서 8월 한가위까지 벌어졌다는 것도 가을 풍요제의와 연관되고, 이를 허 왕후의 '희락사모지사'에 견준다면 '沙蘇神母(박혁거세의 모계신 선도성모의 이름)에 대한 희락사모지사'39)라 했다. 이 적마희와 희락사모지사는 매년 연중행사로 열렸다. 축제는 원래 풍요제의에서 발생했으며, 그렇게 때문에 봄·가을에 맞추어 계절제의적 연중행사로 그 맥락을 유지하였다.40) 그렇다면 수로 탄생의 禊浴之日은 생명이 탄생하는 봄의 제의라고 한다면, 허 왕후

---

37) 노성환 역주, 『古事記』, 예전사, 1987, 86-88쪽.
38) 노성환, 위의 책, 89쪽.
39) 윤철중, 「사소신화의 성립에 관한 고찰」, 32쪽.
40) 이상일, 『축제의 정신』, 성균관대 출판부, 1998, 351쪽.

의 도래일에 거행되는 '희락사모지사'는 수확계절인 가을의 제의라고 할
수 있다.

5. 결

<가락국기>는 수로 신화·전승을 중심으로 서술되어 있다. 수로의 탄
생에서 죽음에 이르는 신성성의 신화와, 수로왕의 사당과 제례에 관련된
신이한 전승이 큰 흐름을 이룬다. 그 사이에 미약하게나마 허 왕후에 대한
신화·전승이 남아 있다. 수로신화 속에 녹아든 허 왕후의 도래신화가 있
고, 허 왕후의 도래를 기념하는 '희락사모지사'란 행사에 대한 전승이 작은
흐름을 이룬다. 이 '희락사모지사'라는 파편화된 신화의 잔상 속에, 한국
모계신화의 거대한 상징체계가 놓여 있음을 찾아내 보았다. 이 '희락사모
지사'란 놀이 속에는 근원적인 농경·풍요제의적 성격은 감추어져 있다.
그 신화적 의미나 제의적 기능은 미미하고, 허 왕후의 도래일에 맞추어
놀이를 벌인다는 역사적 동기만이 강하게 남아 있다. 이처럼 의미와 기호
사이의 관계가 자의적이기만 한 상징체계 속에서, 그 본래적 의미를 규명
하기 위하여 일본의 신화와 중국의 기록을 비교 고찰하는 방식을 원용하
고, 여타 건국신화 주변에 놓여 있는 모계신화를 보조자료로 활용함으로써,
가야국 허 왕후 신화의 실상을 찾으려 노력했고, 다음의 네 가지 신화적
성격을 밝혀낼 수 있었다.

1) 가야의 모계신은 正見母主인데 그를 가야산 산신으로 숭배하고, 聖母
라고 한 점을 들어 지모신적 성격을 지니고 있으며, 허 왕후는 도래 후
바로 산령에게 제를 드림으로써 생산과 풍요를 주재하는 지모신적 권위를
계승한다. 또한 토지신에 제의를 드림으로써 가야 토지의 지배권을 획득하
게 됨을 일본 제의와의 비교를 통해 알 수 있었다. 남성신 수로가 천신족으

로서 구지봉에 제를 드림으로써 가야의 지배력을 갖게 되었듯이, 여성신 허 왕후는 가야산신에 제를 드림으로써 가야의 지배력을 갖게 되고, 토지 신으로의 권위를 지닌다.

2) 토지신에 대한 제사가 인간과 땅을 통치하는 것이라는 의미가 잊혀져 가면 인간과 땅을 매개하는 새로운 연대가 요구된다. 이때 '희락사모지사' 와 같은 국가단위의 의례가 필요하게 된다. 이 행사는 단순한 놀이가 아니 다. 양파로 나뉘어 겨루기를 하는 것은 풍요와 다산을 예축하는 의례의 의미를 갖고, 여기에 각저희나 잡기 같은 연희적 요소도 가미되어, 제의성 과 놀이성을 함께 드러낸다.

3) 양편이 나뉘어 배를 타고 경주를 하는 '희락사모지사'는 일본의 '競漕 民俗'과 비견되는데, 이는 신의 도래를 재연하는 행사다. 허 왕후는 지모신 으로서 풍요를 주재하는 신으로 숭앙되었고, 그래서 1년에 한번씩 허 왕후 의 도래를 경축하는 행사를 벌이는데 이는 계절제의적 성격이 짙다. 허 왕후의 出自處인 아유타국을 인도나 중국의 普州, 혹은 낙랑으로 비정하 는데 모두 타당성이 없다. 허 왕후는 '아유타국'이라는 이상국에서 인간에 게 귀한 것을 가지고 온다고 여겼다. '희락사모지사'는, 신성한 나라에서 신이 1년에 한 번 내방하여 풍요를 주고 간다는 관념 하에서 '풍요신의 내방'을 맞이하는 행사다.

4) 허 왕후는 각종 비단을 가져왔고, 그 중 입고 있던 비단바지를 산령에 게 바쳤다. 渡來人은 대개 철기문화·직조문화·농경문화와 같은 선진문 물을 들여온다. 신라의 모계신인 선도성모가 직조술을 지내고 있듯이, 허 왕후가 가져왔다는 비단도 이 직조술과 관련이 있다. 직조술은 바로 고대 국가 건설의 중요한 문화기반이 되었다.

허 왕후의 도래는 풍요신의 내방이란 의미를 담고 있고, 가야인은 오랫 동안 이 풍요신의 내방을 사모하는 '희락사모지사'의 행사를 거행했다. 그 러므로 '희락사모지사'는 단순한 놀이에 그치지 않고 오락성과 제의성을 함께 지니는 행사라 하겠다. 허 왕후는 비단의 직조문화를 가지고 와서, 가야의 고대국가 기반을 마련하는 데 일조를 하기도 하였다. 또한 고대국가 건국주의 모계신인 정견모주의 토지신적 성격을 계승하여, 시조모로서 토지신의 성격을 지니고 있다. 우리나라의 건국신화는 남성신 위주로 강화되었고, 그 과정에서 여성신의 의미가 위축되었다. 가야뿐만 아니라 신라도 사정은 마찬가지다. 박혁거세의 모계신인 선도성모의 신화적 위상이나 시조모인 알영의 지모신적 성격은 그 실체를 명료하게 알 수 없을 뿐만 아니라 연구성과도 미흡하다. 다만 고구려의 경우 <동명왕편>이 남아 있어 모계신인 유화의 지모신적 성격이 확연히 드러나고 연구도 진척된 편이다. 앞으로의 과제는 건국영웅의 모계신과 시조모의 신화적 성격을 규명하는 일이다. 지모신 신앙를 고찰함으로써 우리의 보편적 농경문화의 의례를 확연히 밝힐 수 있길 기대하며 이 글을 맺는다.

일본신화와 한일고대가요

1. 서

  서로 다른 문명권 간의 갈등뿐만 아니라, 앞 시대의 문명과 뒷 시대의 문명이 서로 갈등을 벌이는 것도 문명의 출동이라 할 만하다. 원시적인 정령신앙이나 무속신앙이 있던 곳에 천신신앙이 도래하면 서로 갈등을 빚고 힘센 것이 다른 것을 밀어낸다. 청동기문명은 철기문명에 의해 밀려난다. 혹은 두 문화가 습합되기도 한다. 이러한 문화 혹은 문명의 도래와 충돌과 습합의 과정을 보여주는 것이 바로 신화이다. 특히 새로운 渡來族의 천강신화(천신신앙)가 나타나는 시기를 전후하여 도래족이 토착족을 제압하거나, 혹은 도래족과 토착족이 혼인을 통해 결합하여 고대국가를 만들어 간다.

  우리의 건국신화에 이런 양상이 잘 나타나 있다. 신라의 혁거세는 기존의 6부족을 제압하고 가야의 수로가 기존의 9간을 복속시켜 고대국가를 건설하였거나, 고구려의 주몽이 유화를 아내로 맞아 토착족을 회유하여 고대국가의 기틀을 마련한 예는 이미 잘 알려져 있다. 일본도 고대국가의 기반이 마련되는 시기에 토착족과 도래족의 교체가 명료하게 드러나고 있다. 일본의 『古事記』와 『日本書紀』의 신화는 대체로 야요이(彌生)時代에서 야마토(大和) 건국시기를 주로 다루고 있는데, 토착족 이즈모(出雲)계에서 다카마노하라(高天原)계로 그 정권이 바뀌고 있다. 이즈모계 신화의 주역인 스사노오와 그 7대 손인 大國主神에서부터 다카마노하라계의 니니기노미코토의 출현을 즈음한 시기가 토착족(지신계) 신화와 도래족(천신계) 신화의 교체시기이다. 그 후 니니기노미코토의 손자뻘인 神武天皇 대에 비로소 고대국가가 열리는 것으로 보이는데, 우리나라 3국의 건국시기보다 다소 늦은 시기였다.

애초 이즈모계도 도래족으로서, 토착족과의 혼인을 통해 그 기반을 형성하고 있다. 그들은 아직 강력한 고대국가의 건설에는 미치지 못하였고 선주족과의 결혼을 통해 부족연맹국가를 만든 것으로 보인다. 이 시기에는 그들도 천신족으로 행세하고 있는데, 스사노오가 지신족의 여성을 만나는 신화와 노래, 스사노오의 7대 손인 大國主神이 지신계의 여인을 만나는 신화와 神語歌를 우선 주목하고자 한다.

이들의 결혼에는 神婚의 의미가 있다. 신혼은 신을 맞아들여 풍요를 기원하는 의례인데, 원래는 멀리서 도래하는 신격이 인간세계에 필요한 곡식이나 불과 같은 문명을 전해준다고 믿는 신앙에서 비롯되었고, 바로 도래계가 토착족보다 선진한 문명을 가지고 들어가 나라를 풍요롭게 하였다는 역사적 의미를 반영한 것으로 보인다. 신혼과 풍요의례, 이는 한국과 일본 양국에 보편적으로 나타나는데, 가야의 수로가 허 왕후를 맞아들이는 신혼과 풍요의례적 측면에 대한 논의는 풍부한 편이다. 그런데 일본의 경우는 신혼의례와 더불어 노래가 전해진다는 점이 특이하다. 그 노래는 남녀신의 사랑을 내용으로 하고 있고, 성적(性的)인 표현을 거침없이 드러낸다. 그 대표적인 노래가 신어가이다. 이 노래는 신화와 함께 궁중가요로 전승되었다. 원래 신을 찬양하던 관습이 왕을 찬양하는 관습으로 변하더라도 궁중의 전통은 쉽사리 변하지 않는다. 특히 궁중가요가 그렇다.

우리의 경우 신화와 함께 전하는 가요는 흔치 않다. 특히 신혼과 덧붙어서 전하는 가요가 거의 없다. 원래 이런 전통이 있었는데, 유교적 합리주의와 같은 새로운 이념의 정착과 더불어, 이성보다 감성을 위주로 하는 신혼가요 같은 것들이 사라진 듯하다. 혹은 의례체계의 변화와 더불어 남녀신의 사랑을 주로 하는 노래가 왕을 찬미하는 노래로 독립되어 불려지는 경우도 있었을 것이다. 나중에 이 노래는 남녀의 사랑을 환기시키는 노래로 수용되기도 하였을 것이다. 그렇다면 우리 궁중가요 중에서 남녀의 사랑을 드러내는 노래 중에는 원래 남녀신의 사랑을 노래하던 신혼가요는 없었을까. 이런 추측의 발단은 남녀의 노골적인 사랑을 위주로 하는 노래가 왜 궁중에 남아 있는가 하는 의문에서부터 시작되었다. 나름의 예악과 준거의 틀을 지니고 있는 궁중에서 성적(性的) 노출이 심한 노래가 불린 이유는 무엇일까. 그 시대가 타락해서 일시적으로 음란한 노래를 허용했기 때문일까. 일시적으로 그런 궁중의 상황이 전개되었다면 그 다음 시기에 그 음악이 배제되어야 옳을 텐데, 궁중 음악서에 그대로 존속한 이유는 무엇이었을까. 아마도 오랜 궁중의 전통 때문이었다고 보아야 하지 않을까.

우리 궁중가요의 실마리를 찾고자 하는 이유 때문에 우리의 문화적 주변으로서, 음악적 영향을 지대하게 입은 일본의 궁중가요를 고찰 대상으로 삼게 되었고, 궁중가요와 밀착해 있는 신화 중에서 신혼과 관련이 있는 것들을 먼저 언급하려고 한다. 우리 신화에 대한 논의는 최소한으로 줄이고 일본 신화와 이에 결부된 신혼가요에 대해 집중적인 논의를 펼칠 생각이다. 그리고 신혼과 신상제의 의미, 신혼가요로서의 천어가(天語歌)와 신어가(神語歌)를 비교하고, 신어가를 깊이 있게 살펴보겠다.

2. 신혼(神婚)과 신혼가요(神婚歌謠)

1) 천신(天神)과 지신(地神)의 신혼(神婚)

일본신화의 큰 흐름은 이즈모계(出雲系)에서 다카마노하라계(高天原系)로 권력이 이동되는 것이다. 이를 두고 지신계에서 천신계로의 왕권 교체라고 하였다. 천신계가 이객신(異客神)인 반면 지신계는 토착신이다. 지신은 국신(國神)으로도 불린다. 국신은 지상의 신으로 천신이 천강하기 이전부터 토착했던 先住神 또는 지방호족이 제사하는 신을 말하는 것이라고 한다.1) 그런데 이즈모계가 단순하게 지신계로만 나타나지 않는다. 다카마노하라계가 등장하기 이전까지 이즈모계가 천신계로 존재하고 있었다. 이즈모계가 천신계라는 것은 다음의 이즈모계 스사노오가 등장하는 신화를 보면 그런 점을 알 수 있다.

　　이에 "너희들은 누구냐" 하고 물었다. 그러자 그 노인이 대답하기를 "저는 국신인 오야마쓰미노카미의 아들입니다. 저의 이름은 아시나쓰치라고 하고 아내의 이름은 데나쓰치라 하며, 딸의 이름은 구시나타히메라고 합니다"라고 하였다.…(스사노오가) "나는 아마테라스오미카미의 동생이다. 그래서 방금 하늘에서 내려왔다."고 하였다. 이에 아시나쓰치와 데나쓰치 두 신이 말하기를 "그렇다면 황공하지만 (저희 딸을) 바치겠습니다"라고 하였다.
　　(爾問賜之汝等者誰 故其老夫答言 僕者國神大山津見神之子焉 僕名謂足名椎 妻名謂手名椎 女名謂節名田比賣…吾子天照大御神之伊呂勢者也 故今自天降坐也 爾足名椎手名椎神白 然坐者恐立奉. (『古事記』)2)

---

1) 『日本文學辭典』, 國神條.
2) 고사기는 노성환 역주, 『古事記』(예전사, 1987)를 참조하였다. 그리고 일본서기 원문은 井上光貞 共校注, 『日本書紀』(岩波書店, 1967), 강현구 외, 『일본서기 한일관계기사 연구』 I (일지사, 2002), 번역은 전용신 역, 『일본서기』(일지사, 1997)을 참조하였다.

스사노오가 다카마노하라에서 문제를 일으켜 추방되고 이즈모로 하강하였을 즈음, 아시나쓰치 등이 울고 있는 모습을 발견하고 그 이유를 묻자, 큰 뱀에 의해 딸들이 모두 잡혀 먹고 하나만이 남은 사연을 말한다. 이에 스사노오가 그 뱀은 물리쳐 주는 대신 딸을 바치겠느냐고 묻는 장면이다. 여기서 천강(天降)한 스사노오가 이즈모의 국신의 딸을 뱀으로부터 구한 후 결혼하는 것은 천신과 국신(地神)의 결합이라 하겠다. 궁궐을 지은 후 아시나쓰치를 불러 궁궐의 수장으로 임명하는 것을 보면, 천신과 국신이 힘을 합하여 나라를 열게 되는 사연으로 보인다. 이처럼 스사노오는 본래 천신계통에 속하는 것으로 되어 있으나, 천손강림에 즈음해서는 지신을 따라 그것을 배경으로 다카마노하라에 대항하는 자세를 취하고 있다.[3] 이즈모계를 제압한 다카마노하라계는 이즈모계와 결혼을 통한 결합을 하지 않고 대신에, 이즈모계 이전의 국신인 大山津見의 딸과 결혼하여 국가 기틀을 마련하게 되는 점이 매우 흥미롭다. 니니기노미코토는 아사하라(葦原中國)의 산신(大山津見)의 딸인 神阿多都比賣(木花知流比賣, 木花の咲くや姬)와 결혼하게 되는데, 이는 결혼을 통해 阿多 지방을 복속시켰다는 뜻이다. 그리고 딸의 이름은 신성한 阿多의 여인이란 의미이고, 산신이 거느린 나무꽃의 신격화라 하겠으며, 그 꽃의 대표는 '사쿠라'인데 농경의 시기를 알려주는 꽃이기 때문에 풍요와 연관된다.[4] 결국 다카마노하라계와 지신계의 성혼(聖婚)은 국가의 풍요와 연관된다.

이즈모계도 국신계 大山津見의 손녀와 성혼(聖婚)하여 국가를 열고, 다카마노하라계도 국신계 大山津見의 딸과 성혼하여 국가를 열었는데, 다카마노하라계는 철저히 이즈모계를 배제하고 경계한다. 다음은 다카미무스히노카미가 귀순해 온 오모노누시노카미에게 회유시키는 말이다.

---

3) 김화경, 『일본신화의 연구』, 문학과지성사, 2002, 51쪽.
4) 櫻井滿, 『古代의 山河와 傳承』, おうふう, 1996, 191쪽.

만약 네가 국신을 아내로 맞이한다면, 나는 네가 아직도 나를 소홀히하
는 마음이 있다고 생각할 것이다. 그래서 지금 나의 딸인 미호쓰히메를 너
의 아내로 줄 것이다. 그러니 많은 신을 거느리고 영원히 황손을 위해 지키
고 받들어라.

　(時高皇産靈尊勅大物主神 汝若以國神爲妻 吾猶謂汝有疏心 故今以吾
女 三穗津姬配汝爲妻 宜領八十萬神 永爲皇孫奉護.『日本書紀』)

다카마노하라계는 명령에 복종하지 않는 이즈모계를 다 참살하고, 귀순
하는 자에게는 상을 내리면서 지상의 세계를 평정한다. 그리고 귀순해 온
이즈모계 오모노누시노카미에게 충성을 다짐하도록 하고, 천신계인 자신
의 딸을 아내로 삼아 회유시키면서 ‘國神’을 처로 삼지 말 것을 당부하고
있다. 이 국신이라는 칭호가 앞의 大山津見의 무리가 아니고, 이즈모계를
두고 국신이라 하고 있다. 이 大物主神系는 후에 천신계와 대립하고 있다.
「崇神記」를 보면, 三輪山의 大物主神을 모시는 신사의 보물을 이즈모계
후손이 大和朝廷에 바친 사건이 있었는데, 이즈모계는 제사의 부활을 위
해 신보(神寶)의 반환요구를 하게 된다. 이는 이즈모계가 제사권의 반각(返
却)을 요구하며, 大和朝廷과 대립하는 양상이다.5) 다카마노하라계가 이즈
모계를 제압한 후에도 오랜 동안 상호 대립하는 양상을 띈다.

　신혼(神婚)은 천황가의 통치방식이었고, 신혼의례를 내용으로 하는 신화
창조를 통해 지배를 공고히 하고 있다. 다음은 萬葉集에 첫 번째로 실려
있는 雄略天皇의 노래인데, 國神系(地神系) 여인과의 신혼을 통해 땅의
지배를 강화하고 있다.

　바구니야 바구니를 가지고, 꼬치야 꼬치를 가지고 이 언덕에서 나물 캐
는 처녀야, 네 집이 어디에 있는지 묻자. 이름을 알려다오. 야마토의 나라에

---

5) 多田一臣,『古典文學表現史論』, 東京大出版會, 1998, 126-127쪽.

는 내가 있고 모든 것을 내가 다스리고 있도다. 내가 있도다. 나야말로 밝히
자, 이름과 가문도.

(籠もよみ籠持ちふくしもよみぶくし持ちこの丘に菜摘ます兒家聞かな
名告らさねそらみつやまとの國はおしなべて吾こそをれしきなべて吾こそ
ませ我こそは告らめ家をも名をも:『萬葉集』卷一)

이 노래의 말건넴의 방식은 위에 소개한 스사노오가 大山津見의 손녀인
구시나타히메에게 구혼하는 방식과 유사하다. 여인의 이름을 묻고 자신의
가문과 이름을 밝히는 과정이, 단지 한 여성을 취하는 방식에 그치지 않고,
바로 신혼의례의 유형적 특징에 해당함을 알 수 있다. 이 노래는 雄略天皇
이 國見하러 갔을 때, 내방신으로서의 천황과 토착민 처녀와의 신혼 모습
을 표현하고 있다. 외부에서 땅을 찾아온 아마쓰신(天神)으로서의 천황이
구니쓰신(國神)으로서의 토착민 처녀와 하룻밤 결혼(一夜妻)하는 것이다.[6]
이 과정은 토착민의 천황가에 대한 복종을 의미한다고 한다.

천신과 지신의 결합을 지배와 복종이란 정치적 의미로만 해석할 수는
없다. 애초 토착민이 살던 곳에 도래족이 오게 된다는 것은 그들에게 복속
된다는 부정적인 결과만을 낳는 것이 아니다. 새로운 문물의 도래와 함께
생활의 향상도 가져왔기 때문이다. 벼를 가지고 들어와 논농사가 시작되었
다거나, 양잠 기술을 가지고 들어와 의복생활이 윤택해졌다거나, 철기문명
을 가지고 들어와 농업 생산력이 증대되는 결과를 낳기도 하였다. 시대를
거슬러 올라가면 불을 가지고 들어온 도래족도 있었을 것이다. 어떤 경우
에는 토착족을 위기에서 구원해주는 경우도 있었을 것이다. 스사노오가
구시나타히메의 목숨을 뱀으로부터 구해준 경우가 그 예가 된다. 이런 이
유로 인해 새로운 문명을 가지고 들어오는 이주족을 반기는 풍속도 있었
다. 沖繩의 경우 니라이가나이라는 곳에서 불과 볍씨를 가지고 내방한

---

6) 矢野尊義, 『한일고대혼인설화와 정조관』, 보고사, 2002, 108-109쪽.

신을 맞이하는 풍속이 대표적인 예이다. 그래서 사람들은 1년에 한 번 이 내방신을 맞이하는 축제를 벌여 풍요와 다산을 기원하게 되었다. 신을 잘 맞이함으로써 풍요를 가져오게 된다는 사고가 바로 이 신혼신화 속에 풍부 하다. 다음은 이런 신혼과 풍요의 관계를 다루고자 한다.

2) 신혼(神婚)과 풍요의례

신이 지상에 도래하는 방식은 크게 두 가지이다. 하나는 바다 먼 곳에서 방문하는 신이고, 다른 하나는 천상에서 하강하는 신이다. 하늘에서 산악 을 통해 하강하는 방식이 있고, 바다에서 강을 통해 도래하는 방식이라 하겠다. 천상에서 하강한 신이라 하더라도 바다 건너 먼 곳에서 왔다고 표현되는 경우도 있다. 한일 양국에서는 지리적인 유사성 때문인지 이 두 가지 도래방식이 함께 나타나고 있다. 신혼설화를 역사 사회적 견지에서 보면, 이주민인 지배세력과 토착민 세력이 결혼으로 결합하여 부족연맹체 를 결성하거나 새로운 국가를 건설한 것으로 해석할 수 있고, 신화적 견지 에서 본다면 천상에서 내려온 것으로 신격화된 남자 주인공과 토지신인 여자 주인공이 결합하여 신성국가를 건설한 것으로 해석할 수 있다.

도래신은 鍛冶術, 緋染, 織造, 農耕 등 선진 문화와 기술을 가지고 들어 와, 토착민의 추대를 받고 토착민의 여성과 결혼하게 된다. 때때로 하루 밤의 신성결합으로 나타난다.(一夜妻) 신은 1년에 한번, 혹은 봄 가을 일년 에 두 번 내방한다. 이 신을 잘 맞이하여 즐겁게 만들어야만 풍요가 약속된 다. 그래서 神妻를 두어 신을 맞이하고, 신을 위한 놀이를 벌이고 노래를 부른다. 다음은 스사노오의 神婚을 내용으로 하는『古事記』『日本書紀』 의 첫 번째 가요를 들어 그 구체적인 사례를 살펴보겠다.

八雲立つ 出雲八重垣 妻ごみに 八重垣作る その八重垣を (記紀 1, 須佐

之男命)

이 노래는 여덟 겹의 담장을 만든다고 반복하고 있고, 出雲系의 궁성을 짓는 과정이 연상된다. 여기서 '八重垣'은 신이 來臨하여 鎭座하는 장소이고 神婚의 장소이다. 이 노래는 '신이 神妾으로서의 巫女를 맞는다는 의미'라고 한다.[7] 多田은 내방하는 신 측의 노래가 있으니, 始原的으로 보아 신을 맞이하는 巫女의 노래도 있었을 것이나 탈락된 것으로 추측하였다. 記紀歌謠(고사기와 일본서기에 실린 가요) 중에서 이 노래 뒤에 나오는 2 -5번 가요(神語歌)가 모두 남녀신의 唱和로 되어 있으므로 이런 유추는 설득력이 있다. 더구나 伊邪那岐와 伊邪那美의 唱和까지 염두에 둔다면 <伊邪那岐-須佐之男命-八千矛神(神語歌를 지은 神, 뒤에 상술)>의 신의 계보가 자연스럽게 이어지고, 이들의 唱和 또한 자연스럽다고 하겠다.[8] 이 노래를 스사노오와 구시나타히메의 혼례를 축하하는 祝婚歌 혹은 新婚歌로 보는 中西進의 견해도 있으나, <神의 巡行-來臨-鎭座>라는 神婚傳承의 양식으로 보는 것이 타당할 듯하다. 이 노래는 우타가키(歌垣)의 전통과 맥락이 닿아 있기 때문이다.

우타가키는 매년 봄과 가을 일년에 두 번, 일정 지역의 남녀가 모여 서로 노래부르며 놀던 일본 고대의 연중행사이다. 본래 농경의례에 얽힌 神祭인데, 戀歌를 위주로 한 놀이로 변하였다. 즉 신과 미코(巫女) 사이의 神婚儀禮였던 것이 집단놀이로 변하였다. 일본의 제사는 神事와 나오라이(直會)의 2부 형식으로 성립되어 있는데, 神事에서는 신의 降臨이 무녀의 빙의를 통해서 행해지고, 그런 儀式은 외부사람들에게는 神婚幻想을 품게 하고, 신전 밖의 축제의 마당에서 그것을 모방하여 마을 남녀들에 의해

7) 多田一臣,「'八雲立つ' 歌謠を考える」,『國語と國文學』第62卷 10号, 東京大學 國語國文學會, 昭和 60年 10月, 25쪽.
8) 內藤磐,『上代歌謠演劇論』, 治書院, 昭和 62年, 142쪽.

실연되었다고 한다.9) 그 신혼의례의 모방은 남녀의 놀이와 노래, 음주가무로 이어졌다. 그래서 이 우타가키(혹은 嬥歌)와 고대 한국의 제천의례의 유사성을 논한 矢野의 견해는 시사하는 바가 크다.10) 한국의 제천의례가 '終日飮酒歌舞'로 이어졌듯이, 일본의 의례도 '終夜宴樂'(『古語拾遺』)나 '日八日夜八夜遊'(『古事記』)로 이어졌던 점은 매우 유사하다고 하겠다. 환희의 神宴은 酒宴으로 이어지게 마련이다.11)

위의 '八雲立つ' 노래와 우타가키는 신과 인간이 결혼하고 있다는 神婚幻想을 갖는다는 점에서도 유사하다. 우타가키 또는 가가이의 연가는 신혼의례를 모방하는 차원에서 불려졌기 때문에 개인적인 사랑의 노래가 아니라 의례와 연관된 노래라고 한다. 즉 남녀의 연가처럼 보이는 노래들이 사실은 신혼의례를 모방하는 내용이고, 이는 남녀의 교호와 문답을 통해 풍요를 맞이할 수 있다는 관념과 통한다. 이러한 우타가키 혹은 가가이는 고대 東國 지방의 니이나메(新嘗祭)라는 제사풍습과 연관성을 갖는다.

3) 신상제(新嘗祭)

니이나메는 내방신과 무녀의 결합을 계기로 신을 기쁘게 하고, 농사의 풍요를 빌던 의례였는데, 나중에 국가적인 의례로 발전하였다. 이 新嘗祭는 神嘗祭와 다르다. 神嘗祭는 벼의 첫 수확을 마을신이나 가신에게 바치는 제사였고, 田神을 집에 맞이하는 제사였는데, 뒤에 천황이 新穀을 천조대신에게 바치는 제사로 바뀌었다. 이 제사는 10월 15일에서 25일 사이에 행해진다. 반면 新嘗祭도 원래 고대 농촌공동체의 季節祭였는데 국가의례로 바뀌어, 11월 23일에 행해지는 '神威의 更新'을 위한 제사12)라고 함축하

---

 9) 森朝男, 『古代和歌祝祭』, 有精社, 1988, 4-5쪽.
10) 矢野尊義, 『韓日古代婚姻說話와 情操觀』, 89-112쪽.
11) 石母田正, 『日本古代國家論』 1, 岩波書店, 昭和48年, 138쪽.

여 말할 수 있다. 그래서 石母田은 이 제사를 鎭魂祭로 보고, 천자의 혼을 해마다 갱신하여 국토에 봄을 소생시켜, 작물의 풍요를 기원하는 주술종교적 제식이며, 군주의 일종의 즉위식으로 보아야 한다고 했다.[13] 진혼의 제식은 죽음과 동시에 부활함을 의미하고 있고, 그 부활은 농작물의 풍양과 함께 인간의 다산과 성의 해방을 의미하고, 여기에다가 성년식에 의한 남녀의 혼인의 의식이 결부된다고 했다.

三品彰英은 新嘗祭에 대해, 햇곡에 들어 있는 곡령에 대한 제의이고, 그러한 곡령의 생산력을 확보하는 것과 함께, 그것을 성찬으로 먹음으로써 벼의 영혼을 나누어 가지며, 인간의 생성력도 강화할 수 있는 주술적 의례라고 했다.[14] 하지만 신상제를 추수감사제의 성격으로 보아서는 안 되고, 곡식 혹은 식물에 들어 있는 갱신의 힘을 인간세계에 불러들이거나, 영혼의 능력을 부활시키는 진혼제의 의미로 보아야 한다.[15] 그것은 태양신의 영혼을 부활시키는 冬至祭와 같은 맥락이다.

농촌의 중요한 제사인 신상제는 공동체의 행사였고, 남자가 祭에 주로 참가하는 전통 때문에, 남자의 행사에서 神語歌와 같은 노골적인 성 묘사나 유희의 즐거움을 표현했을 듯하다. 신상제에서 불린 노래는 집단생활을 기반으로 하는 고대의 형식이었고, 그래서 神樂歌나 嬥歌처럼 唱和의 형식을 띠고 있다. 萬葉集 3223 노래는 신상제의 관념을 담고 있다고 한다. 여인이 자기가 상상하는 남성에게 황엽을 꺾어 가지고 돌아와, 연인의 머리에 꽂아주고 싶은 마음을 노래한 戀歌이다.

---

12) 所功, 『伊勢神宮』, 104쪽.
13) 石母田正, 『日本古代國家論』 1, 139쪽.
14) 三品彰英, 『神話와 文化史』, 平凡社, 1971, 177-178쪽.
15) 김화경은 신상제를 추수감사제에 연결시키려는 연구 태도를 비판하며 다음과 같이 말하고 있다 "추수감사제가 곡령에 대한 것이라기보다는 햇곡을 추수하게 해준 신에 대한 제의라는 성격을 더 강하게 지니고 있고,..."라고 하여 곡령에 대한 철저한 검증이 필요하다고 했다. (『일본의 신화』, 236-237쪽)

천둥이 울리며 번쩍이는 하늘에
구월달 한 차례 지나가는 비가 오면
기러기도 아직은 와서 울지 않는데
맑고 깨끗한 신께서 지키는 집의 둘러 있는 논의 못
그 둑에 자라 있는 거룩한 느티나무엔
힘차게 뻗은 가지 듬뿍이
가을 단풍이 빛나고 있네.
그 단풍을 손에 감아 쥐고서
작은 방울을 짤랑짤랑 울리며
나는야 얌전한 아가이지만,
끌어 당겨 봉구리어 휘어짐마냥
담뿍 꺾어 이 내 나는 가지고 간다네
그대의 꽃갈을 만들기 위해.16)

　　단순한 연가같지만, 이 노래의 공간적 배경이 신이 지키는 집과 신에게 제사하는 神꼽이고, 시간적 배경이 봄 가을 신을 위한 의례 중 가을 宴의 시기이기 때문에, 송도가의 범주에 든다. 여기에서도 神女가 君(神)을 위해 御衣를 만드는 직조의 노래로 해석하여, 제신가라고 규정한다.17) 연가는 대부분 송도를 주된 내용으로 하기 때문에 그 둘을 구분하는 것이 쉽지 않다. 고대의 연가는 다분히 신에 대한 頌禱의 노래이다. 앞으로 살피게 될 神語歌도 연가의 형식이지만, 新嘗祭에서 불려진 신에 대한 송도의 노래이고, 神婚의 노래이다.

---

16) 김사엽, 『韓譯 萬葉集 – 古代日本歌集』, 成甲書房, 1984.
17) 古橋信孝, 『古代和歌의 發生』, 東京大學出版會, 1988, 80-86쪽.

3. 신어가(神語歌)

1) 신어가(神語歌)와 천어가(天語歌)

記紀歌謠(古事記와 日本書紀에 수록된 가요)는 약 240수가 되는데, 노래의 성격에 대해 다양한 견해가 제시되고 있다. 첫째, 기기가요가 아악에서 유래된 노래라는 견해이다. 중국 시경, 樂記의 예악사상의 영향 측면에서 연구된 바도 있다.[18] 둘째, 異國文學의 영향이라고 보기도 한다. 셋째, 당대보다 후대의 속요, 민요, 후대 양식의 노래가 付會된 것으로 보는 견해가 있다. 넷째, 원래 집단적 가요였다고 추정되는 것이 記紀에 수집된 것이라고 보는 견해이다. 본고는 기기가요 중에서 신어가와 천어가를 다루게 되는데, 집단적 가요에서 온 것도 있고, 예악사상 혹은 이국문학의 영향을 받아 변이된 바도 있는 것으로 추정된다. 또한 후대에 독립된 진혼가의 양식에 영향을 받은 바도 있으니, 매우 복합적이다. 이것들은 종교적 의례와 연관되는 대표적인 노래들이다. 신어가는 노래의 내용에 의한 명칭으로 고사기의 2, 3, 4, 5번 노래이고, 천어가는 전승자에 의한 명칭으로 고사기 100, 101, 102번 노래이다.[19]

신어가와 천어가는 그 형식상 밀접한 관련을 맺고 있다. 특히 가타리의 형식과 가타리데(語り手、歌い手)인 三重采女(천어가)와 天馳使와의 사이에 보이는 역사적 관련성, 궁정가요로서 완성된 장편의 가요라는 점, 神事가요로서의 공통점 등을 지니고 있다. 둘은 궁정신사가요의 두 가지 형식으로 전승되었다는 친근성을 지니고 있다.[20]

---

18) 八十意知男, 『儀禮和歌의 研究』, 京都女子大學, 平成 10년.

19) 『日本文學辭典』天語歌條, 21쪽. '豊御酒'를 勸杯하는 내용이 있는 신어가 5를 雄略天皇條의 天語歌와 동질적인 것으로 보기도 한다.

20) 石母田正, 『日本古代國家論』 1, 142쪽. 石母田正은 語り手로、古橋는 歌い手로 표현하고 있지만 둘 다 신의 언어를 말하는 연기자를 의미한다. (『古代和歌의 發生』, 66쪽)

天語歌는 궁궐의 장엄함과 일광에 밝게 빛나는 모습 속에서 采女의 잘못을 용서하는 천황의 너그러운 모습이 그려지고(100번), 넓고 밝고 높은 궁궐에서 천황의 용서를 태후가 찬미하는 내용이 그려지고(101번), 군신화락하는 연회와 대궁인의 삶이 그려지고 있다.(102번) 술잔을 권하고 獻杯를 재촉하고, 곁에서 讚賀壽祝하는 노래라고 평가된다.[21] 물론 신의 강림을 맞이하는 축제의 장, 新嘗祭에서 불린 노래이다.

神語歌는 八千矛神과 沼河比賣, 須勢理比賣의 사랑노래다. 야치호코가 본처인 스세리비메를 놔두고 누나카와히메에게 구혼하고 그녀와 사랑을 나누는 대목, 스세리비메의 질투와 반목, 그리고 화해하는 장면까지 4수의 노래로 되어 있다. 지극히 골계적이고 관능적인 표현을 보여 준다. 노래는 세 신이 각각 화자로 등장하는 경우도 있지만, 제3자가 신의 말을 대신하는 대목도 노래 속에 포함되어 있다. 이것은 신이 연기자에 내려 인간이 신의 자리에서 노래하고 말하는 장면이다. 연기자가 신의 언어를 말하는 것은 신을 맞이하는 기능이라고 하여 이 노래를 御巫의 迎神歌라 한다.[22]

반면 天語歌는 연애나 사랑의 이야기가 없고 천황의 행위를 物語的으로 말하는 것도 없으며, 천황과 궁정관인, 천황의 궁정이 찬미의 대상이 되고 있다. 이는 천황의 권위를 높이려는 중세적 질서의 표현이 아닐까 생각한다. 즉 신어가에서는 연기자(이야기꾼)가 말하고 연기하고, 1인칭으로 신의 입장에서 말하기도 하는 신들림의 종교적 형식이 나타나는데, 천어가는 3인칭의 객관적 거리에서만 이루어져, 객관적 서술과 황실 찬미의 詞章 형식이라 하겠다. 그래서 천어가에 있는 가타리테(이야기꾼) 三重采女는 의례에 예속된 느낌을 주는 반면, 신어가에 있는 가타리테 天馳使는 매우 활달한 느낌을 주고 있다고 평가한다.[23] 이런 천어가의 형식은 중국 예악

---

21) 森朝男, 『古代和歌의 成立』, 勉誠社, 平成 5年, 58-59쪽.
22) 石母田正, 『日本古代國家論』 1, 134쪽.

의 영향을 받아 궁중악의 전범으로 바뀐 양상이다. 그러므로 이 천어가는 한국시가의 갈래를 예로 든다면, 아악, 악장문학, 궁중찬가와 같은 교술적인 시가군에 해당할 것이다.

천어가에는 골계성이나, 성의 노출, 終夜宴樂의 분위기, 唱和의 편린도 없기 때문에, 신어가보다 질이 떨어진다고 평가한 듯하다. 궁정가인의 의례가가 되어 정형화되면 문학이 화석화되는 법이다. 함께 신상제에서 불린 노래인데도 신어가는 발랄하고 자유 활달한 느낌이 있어, 제의가로서의 제약을 뛰어넘어 문학성을 인정받고 있는 듯하다. 한국의 궁중악 중에서 제의가로 불렸으면서도 남녀의 사랑과 같은 연가형식을 띠고 있는 노래들을 주목해야 하는 이유가 바로 여기에 있다.

2) 연가(戀歌)로서의 신어가

신어가는 신의 말이고, 신의 이야기 속에 있는 노래이다. 신들의 행위를 노래한 가요, 이야기적, 서사적 내용을 지닌 가요라 하겠다. 신어가는 神歌와 구별된다. 신가는 의식을 진행하는 데 중점이 있는 노래이고, 신의 행위나 놀이를 이야기적인 노래로 부르지 않는다. 신어가가 제의에서 불린 노래(연가의 형식)라면 신가는 제의를 부른 노래라고 하겠다. 그런데 신어가를 부른 1차 가창자는 八千矛神과 두 여신이어서, 우리가 통상 알고 있는 서정적 화자와는 다르다.

신어가의 주인공인 八千矛神은 이즈모계 신이다. 신라에서 건너간 天日槍 혹은 아메카히보코(天日之矛)라는 도래신계와 동일인물로 신화학자들은 보고 있다. 그리고 스사노오의 7대손인 대국주신일 것이라고 추정된다.[24] 대국주신은 아주 다양한 이름으로 불린다. 그 중 대표적인 이름이

23) 石母田正, 『日本古代國家論』 1, 142-143쪽.
24) 內藤磐, 『上代歌謠演劇論』, 142쪽. 石母田正, 『日本古代國家論』 1, 144쪽. 櫻井滿,

大己貴神, 大己貴命으로 기록된 '오호나무치'라 하겠다. 이름만큼 신의 성격도 다양하다. 농경신을 핵심으로 하되, 수렵신, 무력신, 艶福神(번식), 巫医神, 海神 등의 성격도 갖는다.[25] 대국주신의 別名이 다양한 것은 대국주신이 많은 신을 흡수 통합하였던 과정을 보여주고 있다고도 하겠다. 여러 이름을 가지고 있는 것은 '종합적 신격'을 보여주는 것이다. 각각의 이름은 별명이 아니고, 별종의 신격을 표현하고 있다고 한다.[26] 이러한 신의 성격은 신화를 창조한 당대 사람들의 역사적 사회적 생활을 반영한 결과일 것이다. 신에게 제사를 드리며 풍요와 건강을 빌었고, 전쟁에서의 승리나 자손의 번성을 함께 기원하였을 것이다. 신화를 창조한 당대 사람들의 그런 기원이 대국주신에 집약되어 있다고 보면 좋을 것이다.

신에게 제사를 드리면 신이 인간에게 바라는 바를 내린다고 생각했던 고대인들은, 신을 즐겁게 하기 위해 신을 모시는 여성을 바치고, 신을 위한 제물을 바치기도 하고, 정성이 깃든 언어로 신을 찬미하기도 하였다. 특히 노래를 통해 신을 찬양함으로써 신을 감동시킬 수 있다고 믿었다. 古事記와 日本書紀에 실린 240여 편의 기기가요는 노래가 신을 감동시킬 수 있다고 생각했던 당대인의 사유를 반영하는 것일 듯하다. 노래는 '感動天地鬼神'의 요체이다. 그러나 민요와 같은 즉흥적인 언어로는 그 감동을 일으키기 부족하다. 잘 조탁하고 미려한 언어로 신을 감동시킬 수 있다고 생각했다. 신어가가 바로 신을 감동시키는 呪力을 지닌 노래이다. 신어가는 민요의 즉흥성과는 달리 세련된 藝謠로서의 성격을 지니고 있다. 이 노래의 밑바닥에는 남녀의 사랑을 소박하게 드러내고 있다. 태초에 남녀의 사랑 문제는 감추거나 은밀한 것이기 전에 가장 대중적이고 공공적인 것이었을

『古代의 山河와 傳承』 등에서 大國主神이라 했다.

25) 荻原淺男, 『上代文學論攷』, 風間書房, 1989, 143쪽. 그도 『播磨國風土記』를 예로 들어 大國主神이 신라로부터 도래한 天日之矛라고 하고, 그곳에 나타나는 농경신, 토지의 점유와 쟁투의 신으로서의 성격을 덧붙였다.

26) 櫻井滿, 『古代의 山河와 傳承』, 191쪽.

것이다. 같은 『古事記』에 실린 伊邪那岐와 伊邪那美의 두 신의 唱和도 노골적이지만 인간 본연의 심성을 드러내고 있다. 일본의 신화와 고대가요는 문명의 옷이 덧입혀지면서도 원초적 모습을 잘 간직하고 있어, 신화와 고대가요 연구의 표본이 된다.

신어가에는 침소에서 우는 새를 그치게 하는 장면이나, 노래를 부르며 옷을 벗는 장면과 같은 골계의 요소를 지니고 있고, 여성의 노골적이고 관능적인 性的 묘사 장면이 있어 앞의 골계의 요소와 상응하고 있다. 특히 신어가 5는 신어가 3을 흉내내는 것(패러디)이어서 웃음을 자아내게 한다. 신을 부르기 위한 신놀림의 과정(神遊び)은 歌舞奏樂의 神宴을 벌이는데, 신을 즐겁게 해서 신을 맞이하기 위한 필수의 의식이라 하겠다. 한국의 마을굿에서도 신을 부르기 위해 신을 놀리는 장면을 쉽게 찾아볼 수 있는데, 여기서도 난장판의 웃음이 유발되고 관능적인 언어들이 거침없이 표현된다. 이런 신어가의 性的 표현은 아마테라스가 석실에 유폐되었을 때 아마테라스 신의 재현을 위해 음부를 드러내며 춤을 추고 노래 부르던 아메노우즈메(天鈿女命)의 행동과 비슷하다고도 하겠다. 그러나 아메노우즈메의 행동같은 원시적인 연기에서부터 탈각하여 세련된 시적인 표현을 드러내고, 그러면서도 神事歌謠의 특징인 웃음과 환희의 요소를 상실하지 않고 있다.[27] 특히 「눈같이 젊은 가슴…흰 팔을 베고…옥같은 팔을 베고 편히 주무세요」라는 표현은 한국의 「만전춘」과 닮아 있어 주목된다.

> 드리워진 장막이 한들한들 흔들리는 아래에서
> 부드러운 비단 이불 아래에서
> 스삭스삭 소리를 내는 닥나무로 짠 이불 아래에서
> 가랑눈처럼 희고 젊은 나의 가슴을,
> 닥나무로 짠 베처럼 희고 흰 나의 팔을

---

27) 石母田正, 『日本古代國家論』 1, 137쪽.

꼭 껴안고 사랑하시어
구슬처럼 예쁜 나의 팔을 베개로 삼고
두 다리를 쭉 펴고 편안히 쉬세요.(「神語歌 5」)[28]

南山애 자리 보아 玉山을 벼여 누어
錦繡山 니블 안해 麝香각시를 아나 누어
藥 든 가슴을 맛초옵사이다 맛초옵사이다.(滿殿春 5연)

장막이 드리워 있는 곳의 비단 이불 아래에서, 희고 젊은 가슴을 안고,
여인의 팔베개를 하고 있는 점이 같다. 南山은 방안에 있는 장막 같은
것이고, 玉山은 여인의 흰 팔을 의미하는 듯하다. 여인의 팔을 베고 부드러
운 비단 이불 아래에서 여인의 희고 젊은 가슴, 향기로운 여인의 가슴을
껴안고 있는 장면이 전개되고 있다. 여성의 노골적이고 관능적인 性的
묘사 장면이란 측면에서 두 노래는 매우 유사하다.
    신어가의 전체 연의 흐름을 보면 다음과 같다. 야치호코가 누나카와히메
에게 구혼하기 위해 행차하여, 그녀의 집 앞에서 노래를 부른다. 그러나
누나카와히메는 문을 열지 않고 방안에서 거절하는 노래를 부르며 다음
날 만날 것을 기약한다. 그리고 다시 찾아와 자신과 함께 잠자리에 들
것을 기대하겠다고 노래한다.(1-2) 아내 스세리비메는 질투가 심한데, 야치
호코는 당황하여 이즈모에서 야마토로 떠날 준비를 하고 노래를 부르는데,
자신이 새처럼 떠나버리면 당신은 울게 될 것이라는 연민의 정을 표현한
다. 그러자 스세리비메가 술잔을 바치며 남편 곁에서 함께 잠자리에 들
것을 청하는 노래를 부른다.(3-4) 만전춘별사에서는 각 연이 계기적인 흐름
을 보여주는 것은 아니지만, 그 시상이 대체로 위의 신어가와 상통하고
있음을 발견할 수 있다. 첫째, 신어가에서 남신이 자신을 새에 비유하고
있는데, 만전춘 4연에서도 여성화자가 남성을 오리에 비유하고 있다.(올하

---

28) 노성환 역주, 『고사기』, 125쪽.

올하 아련 비올하/ 여흘란 어듸 두고 소해 자라온다/ 소콧 얼면 여흘도 됴ᄒ니)
'소'와 '여흘'을 여성으로 볼 수 있는데, 한 남성과 두 여성 사이에서 벌어지
는 애정행각도 아주 흡사하다. 둘째, 신어가의 남신이 누나카와히메에게
구혼하였으나 거절당하고 재회를 기다리는데(구혼-거절-재회), 그 기다림
의 심정이 만전춘 2연에는 세밀하게 그려져 있다.(耿耿孤枕上애 어느 ᄌ미
오리오) 여자가 최초의 청혼을 거부하는 것은 보편화된 고대 일본의 婚俗이
었다[29]고 한다. 그래서 야치호코는 다음 날을 기다리면서 밤에 잠 못 들어
하는 듯한데, 만전춘의 화자도 불을 밝히고 외로운 잠자리를 탓하며 잠
못 이루고 있는 점이 같다. 셋째, 신어가에서 남신에게 자신의 진실을 하소
연하는 여신의 심정이 절박하게 나타나고 있는데("당신 이외의 남자는 없으며
당신 이외의 남편은 없습니다"), 만전춘에서도 그렇다.

    넉시라도 님을 ᄒ단 녀닛景 너기다니
    넉시라도 님을 ᄒ단 녀닛景 너기다니
    벼기더시니 뉘러시니잇가 뉘러시니잇가(만전춘 3연)

    넋이라도 님과 함께 하겠다는 매운 생각을 하고 있는 화자는, 자신의
사랑이 오해된 처지를 변명하면서 그런 억지의 말은 사실이 아니고, 자신
은 님만을 사랑하고 있다고 다짐하고 있다. 여성화자가 남성에게 건네는
생각이 또한 일치하고 있다. 그러므로 전체적인 시상이 매우 유사하여 비
교의 대상이 된다.
    신어가는 新嘗祭와 같은 神事儀式의 절차에서 불린 궁중찬가임을 앞에
밝힌 바 있다. 이 신어가는 정작 讚歌로서 지녀야 할 神聖性이라든지 英雄
性을 문면에 담은 것은 매우 희박하며, 오히려 남녀 간의 애정 등 인간적인
정서를 주조로 하고 있다. 그렇다면 「滿殿春」도 원래는 신을 찬양하던

29) 노성환 역주, 『고사기』, 121면, 주7.

관습에서 근원하였던 것이, 후대에 왕을 찬양하는 관습으로 변하였다고 볼 수 있으며, 그 문면에는 남녀간의 사랑을 담고 있지만 신 또는 왕을 찬양하던 찬가의 기능을 지닌 것이 아닐까 추정해 본다. "아소 님하 遠代平生애 여흴술 모르읍새"라는 만전춘의 마지막 연을 다시 주목하자. '先王盛代'(정석가)나 '太平聖代'(가시리)의 속요의 표현과, '祝壽萬年' '天下大平' '三呼萬歲'(가성덕)나 '萬福無疆'(엄연곡)의 경기체가 표현은 모두 궁중음악의 전형적 공식구이다. '遠代平生'에 님을 모시고 함께 하겠다는 의지의 표현 속에서, '遠代平生'이란 구절은 儀典性과 頌禱性을 함께 드러내고 있다. 이런 송도의 노랫말은 대체로 왕을 찬양하는 노래에서 자주 등장하고 있음을 볼 때, 만전춘도 문면에는 남녀의 사랑을 담고 있지만[30), 그 근원에는 왕을 찬양하던 노래일 가능성이 있다.

일본의 고대시가에는 서사적 문맥이 함께 전하는 전통 때문에, 그 제의성과 神事歌謠的 성격을 분명하게 알 수 있다. 즉 이야기가 노래의 신성함을 명확히 해주고 있다. 그러나 한국의 가요는 서사문맥과 단절되어 전해지기 때문에 그런 파악이 쉽지 않다. 이런 측면에서 일본 고대가요는 한국 시가의 의미와 기능을 푸는 실마리가 된다. 이 신어가는 '海人部'의 상류층이 관장하여 가창·연주한 것으로 알려졌는데, 이들이 한국계 도래인에 속한다고 한다.[31) 이런 측면도 두 노래의 대비를 가능하게 한다. 신어가

---

30) 만전춘이나 쌍화점과 같은 노래를 두고, 음란한 술자리에서 불리는 노래라 하고, 이런 노래들은 고려말 타락한 시대상 속에서 오잠·김원상과 같은 간신이 만들었거나, 민간의 음탕한 노래들이 궁중에 상승한 것으로 보는 견해도 있다. 그런 불순한 동기에서 만들어졌다면 이 노래들은 고려 왕조의 멸망과 더불어 사라져야 했을 노래들이다. 그런데 이 노래들은 조선조 중엽까지 궁중악으로 소용되었고, 『악장가사』에까지 실렸다. 이들 노래가 나름의 의미와 기능을 지녔으리라 추정된다. 그리고 남녀의 사랑타령이 나오면 무조건 음란으로 보는 태도는 지양되어야 한다. 신화와 연관된 노래, 풍요 기원의례와 연관된 노래에는 자주 남녀의 성이 드러나고 있음을 일본의 궁중찬가를 통해서도 알 수 있을 것이다.

31) 김종규, 「사뇌가와 신어가의 형식 비교」, 『어문론집』 21집, 중앙대 국어국문학과, 1989, 72-73쪽. 海人部의 조상 '韓海部首'는 전형적인 한국계 도래인 계열인 '蘇我氏'들이 자기

계열이 한국에서 건너간 노래라 하더라도, 두 노래의 시간차가 크다. 하지만 일본의 궁중가요가 큰 변화 없이 전승된 측면을 고려해 본다면[32] 이와 같은 대비가 어느 정도 가능하다고 본다. 시간적·공간적 차이의 부담을 떠나서, 궁중가요의 전통이란 측면에서만 두 노래를 바라본다면, 성을 과감하게 노출시킨다거나 남녀의 사랑을 노래하는 것이 단순히 남녀의 애정 관계만을 의미하는 것이 아니라, 왕을 찬양하던 관습과 의례가 담겨 있음을 알 수 있다. 더 나아가 남녀신의 사랑을 담고 있는 신혼(神婚)의례의 전통과 맥이 닿아 있음을 알 수 있다.

3) 신어가의 창화형식

神婚의 노래는 唱和형식으로 되어 있다. 4편으로 되어 있는 신어가는 八千矛神과 沼河比賣의 唱和, 八千矛神과 須勢理比賣의 唱和로 되어 있다. 신이 여인에게 구혼하거나, 巫女인 여인을 찾아가 鎭座 하는 노래에 대해, 무녀로서의 여인이 신을 맞이하는 노래의 화답으로 되어 있는 것이 신혼가의 보편적인 모습이다. 그리고 야치호코가 누나카와히메와 成婚하게 되는 과정은, 새로운 이주족과 토착족의 통혼을 의미하기도 하고, 이주족의 입장에서는 새로운 영토의 확장 또는 무력 정복을 의미하기도 하며, 내방신(まれびと)을 맞이하는 무녀의 풍요의례의 의미로 해석될 수도 있다.

들의 시조로 받들던 인물이라고 한다.

32) 일본이 삼국의 음악을 접촉하기 시작한 것은 4세기 말 즈음인 것으로 본다. 그후 允恭天皇 때(453년) 장례식에 신라왕이 악인 80여 명을 파견하면서 공식적 접촉이 보이고, 백제, 고구려의 음악적 영향도 받게 된다. 그 즈음 당악의 전래는 보이지 않는다. 8세기 초반에 이르러야 중국음악(아악)의 영향을 받게 된다. 平安時代에 삼국의 음악은 고려악으로 통합된다. 현재 宮內廳 악부 편성을 보면, 左方唐樂과 右方高麗樂으로 이루어져 있는데, 한국(삼국과 고려)의 음악이 지속적으로 쓰였으며 高麗笛 같은 악기는 지금도 쓰이고 있다. 그 전통의 지속성을 가늠하게 한다.(岸辺成雄, 「古代の音樂」, 『日本の音樂』, 日本藝術文化振興會, 소화 49년, 9-16쪽)

즉 역사적인 측면에서는 이즈모(出雲)가 고향인 야치호코가 누나카와히메의 고향인 高志國(越の國)을 정복한 것으로 볼 수 있다. 그리고 신화가 제의의 口述相關物이란 원론에서 본다면, 이는 신과 神妾의 神婚이다.

신이 내방하는 시기가 되면, 신이 연기자(무녀, 尸童 혹은 語り手)에게 내린다. 신의 말은 神意를 표명하는 것인데, 무녀나 尸童의 입을 통해서 일인칭으로 발설된다.[33] 신어가 2를 보면, 3인칭으로 시작되던 노래가 1인칭으로 바뀌게 된다.

신어가의 전반부는 神代에 일어난 일을 연기자(무녀)가 裝飾的인 언어로 말하는데[34], 3인칭의 物語体(이야기체) 서술이다가, 후반부는 1인칭에 의해 노래 불린다. 신어가 3도 마찬가지로, 도입부는 "누나카와히메는 아직 문을 열지 않고, 안에서 노래하는데…"의 설명부분이 전개되다가 1인칭으로 바뀐다. 신어가 4에서도 전반부는 주인공의 설명부분인데, 이는 연기를 지탱하기 위한 노래로서의 성격을 지니고, 후반부는 본체 부분으로서의 노래이다.[35] 경어체의 어법은 제3자의 설명부분(설명적 서술)이고, "내가…"의 부분은 발화자가 다른 부분인데, 신의 언어를 연기자가 발화하는 것이다. 이러한 1인칭의 말, 즉 일상의 성격을 초월한 특별한 말–神語–를 多田은 '託宣'이라고 했다.[36] 탁선은 인간이 묻고 신이 대답하는 형식이다.

이것을 향가에 적용해 본다면 그 동안의 난제를 해결할 수도 있을 것 같다. 예를 들면 鄕歌「祭亡妹歌」를 보면 계속해서 화자 '나'의 독백처럼 서술되어 있는데, 그렇게 하나의 목소리로 전 작품을 보면 전체 의미를 파악하는 게 어렵다.

---

33) 多田一臣, 『古代文學表現史論』, 東京大學出版會, 1998, 110쪽.
34) 古橋信孝, 『古代和歌의 發生』, 66쪽.
35) 內藤磐, 『上代歌謠演劇論』, 125쪽.
36) 多田一臣, 『古代文學表現史論』, 195-196쪽.

生死 길은
예 있으매 머뭇거리고
나는 간다는 말도
못다 이르고 어찌 갑니까
어느 가을 이른 바람에
이에 저에 떨어질 잎처럼
한 가지에 나고
가는 곳 모르온저
아아, 미타찰에서 만날 나
道 닦아 기다리겠노라(제망매가, 김완진 현대어역)

　누이의 죽음 앞에서 슬퍼하는 작가 月明의 심정이 전 4구에 나타나고
있다. 불법을 닦는 승려이긴 하지만 누이가 죽어 어느 곳으로 가는지 암담
한 심정이 후 4구에 이어진다. 그런데 후소절(9-10구)에서는 '미타찰에서
만날 나'라고 하니, 그 확신이 앞의 고뇌와 너무 상반된다. 이 때문에 여러
학자들은 전대절과 후소절의 의미상 단절을 논한 바 있다.[37) 향가는 前大
節과 後小節로 나눌 수 있고, 이것은 한국시가의 큰 특징이다. 한국시가에
서 전대절과 후소절의 화자가 다른 경우가 종종 있다. 속요의 경우 후소절
은 후렴에 해당하여 다수의 후창자의 목소리로 볼 수 있다. 향가의 후소절
을 公衆의 합창으로 본 경우도 있다.[38)

　그렇다면 향가의 후소절도 전대절과 화자가 다른 경우가 있지 않을까.

---

37) 박노준 교수는 제망매가에서 전 8구와 결사 부분과의 단절 현상을 논하면서, 의미나
　　내용에서 별개의 것으로 나타나 있다고 한 바 있다.(『신라가요의 연구』, 열화당, 1982,
　　195면) 김승찬 교수도 전 4구가 화자 지향, 후 4구가 화제지향이라면, 후소절은 화자지향
　　으로 바뀐다고 하였다.(『향가문학론』, 새문사, 1986, 323면) 물론 그는 후소절에서 중생의
　　무지함에 대비되는 월명의 왕생관이 나타난다고 하여, 화자를 달리 보지는 않았다.
38) 이재선, 「신라향가의 어법과 수사」, 『향가의 어문학적 연구』, 서강대 인문과학연구소,
　　1972, 141쪽. 그는 인도의 여러 종교찬가를 방증으로 들면서 향가를 종교시의 차원에서
　　논하였는데, '아으'의 감탄사가 종교적인 필요성이 의해 이루어진 '신성절규'라고 하였다.
　　여기서는 인도의 종교시 대신에 일본의 종교가요를 통해 방증하는 예라 하겠다.

최진원 교수는 후소절을 화자(월명)의 목소리로 보기 보다는 '신령의 託宣'이라고 하면서, <우물 지신풀이>를 예로 들었다.

선쇠: 어히여루 地神아 용왕지신 올리자
잽이: (장단)
선쇠: 東方靑帝 용왕님 南方赤帝 용왕님
잽이: (장단)
선쇠: 西方白帝 용왕님 칠년 대한 가뭄에 물이나 철철 실어주소
잽이: (장단)
선쇠: 구년 장마 홍수에도 물이나 철철 맑아주소
잽이: (장단)
선쇠: 잡귀신은 물 알로 만복은 이리로
全員: 잡귀신을 물 알로 만복은 이리로

여기서 끝의 대사 "잡귀신은 물 알로 만복은 이리로"는 형식상 분명히 '公衆의 합창'이고, '交唱의 기도'(선쇠, 전원)라 하고, "선쇠의 대사는 水靈=용에게 바치는 「告祀」이고, 전원의 대사는 이 고사를 가납한 水靈의 「탁선」이라고. 즉 전원의 대사는 실은 수령의 말이다"39)라고 추론하였다.

제망매가가 제의에서 불린 노래라고 한다면, 후반부는 탁선의 노래라고 볼 수도 있다. 전대절은 작자 月明이 죽은 누이를 그리며 "간 곳을 모르겠구나"라고 탄식한다. 이렇게 인간세계의 월명이 정성스럽게 재를 올리자, 탁선의 말이 들린다. "미타찰에서 만날 나, 道 닦아 기다리겠노라"라고 하는 말인데, 神意이다. 이 때 후소절은 죽은 누이(혼령)의 탁선의 말인 듯하다. 인간이 묻고 신이 대답하는 형식이라고 할 만하다. 그러나 일본의 신어가는 神婚歌謠이고, 한국의 향가는 다르다. 신어가는 3인칭-1인칭의 결합인데, 향가는 1인칭-1인칭의 결합이어서 다른 면이 있다. 그리고 과

---

39) 최진원, 『한국고전시가의 형상성』, 성균관대 대동문화연구원, 1986, 227-228쪽.

연 향가의 몇 작품에서 전대절과 후소절의 화자가 다르게 나타나는지, 화자가 다르면 그것은 늘 탁선의 말인지는 좀더 고찰해야 할 부분이다. 그 유사성 여부는 좀더 긴밀한 고찰을 한 연후에 가능할 것으로 보기 때문에, 제망매가와 같이 제의에서 불린 노래를 제외하고, 향가의 후소절이 '탁선'이라는 결론에 쉽게 도달할 수는 없을 것이다.

신어가 도입부의 3인칭 서술부분을 두고, 이는 주인공의 연기(演技)라고 하면서 '연기를 지탱하기 위한 노래로서의 성격'이 있으니, 원시연극 혹은 '원시적인 가극(歌劇)'[40]이라 한 바에 다시 주목해야 할 것 같다. 신어가는 '거절-화합' '질투-화해'의 구성을 토대로 한, 두 신의 창화극(唱和劇)의 성격을 드러내고 있는데, 고려 속요 쌍화점에 비견된다. 쌍화점에 가극의 성격이 있음은 몇몇 학자에 의해 논의된 바 있다.[41] 쌍화점은 4연으로 구성되어 있는데, 그 무대는 쌍화점·절·우물·술집이다. 각 장소에서 일어나는 일은 똑같다. 화자 '나'가 그 장소에 가서 손목을 잡히고 이 일이 소문나지 않길 바란다. 그런데 '제2의 나'가 나타난다.

> 雙花店에 雙花 사라 가고신딘
> 回回아비 내 손모글 주여이다
> 이 말슴이 이 店밧긔 나명들명
> 다로러 거디러
> 죠고맛감 삿기광대 네 마리라 호리라
> 더러둥셩 다리러디러 다리러디러 다로러 거디러 다로러
> 긔 자리예 나도 자라가리라
> 위위 다로러 거디러 다로러

40) 內藤磐, 『上代歌謠演劇論』, 124-128쪽.
41) 여증동, 「쌍화점 노래 연구」, 『고려시대의 가요문학』, 새문사, 1982, 91-103쪽. 그러나 여증동 교수가 정의한 바 '음란가극'이란 점에는 동의할 수 없다. 그리고 몽고풍의 가극이란 점도 수긍할 수 없다.

긔 잔듸 ᄀ티 덦거츠니 업다(1연)

대부분의 학자들은 '제2의 나'를 성적 욕망이 있는 또 다른 여인으로 상정하고 있다.[42] 그러나 제2의 인물을 남성으로 볼 수는 없을까. 우선 우리는 '삿기 광대'에 주목해야 한다. 여기서 '삿기'는 어린, 어릿어릿한, 바보스런의 의미를 지니고 서양의 어릿광대에 해당한다. 이 인물은 상층의 권위를 비판하고 폭로하는 기능도 갖지만, 원래는 '웃음을 봉납하는 사제, 告天祭儀의 주재자의 또 다른 일면'[43]을 지니고 있다. 어릿광대가 등장하여 성적 결합이 이루어진 사건을 들추어내고 있으며, 이를 통해 골계적인 장면이 연출된다. 사제가 웃음을 봉납하자 신령이 이 제의에 감응하게 된다. 이때 등장하는 '제2의 나'는 신령이고, "긔 자리예 나도 자라가리라"라는 託宣의 말을 한 후, 神妾의 봉납을 받아들이는 장면으로 볼 수 있다.

이 노래를 두고, 도처에서 벌어지는 타락의 장면이라 하거나, 화자 '나'를 비롯한 제2의 여인까지 성적인 음란을 보여준다고도 한다. 그러나 우리는 가면극을 염두에 두면 그 음란과 무질서를 달리 볼 시야가 열린다. 쌍화점에도 삿기광대와 삿기상좌, 그리고 드레박과 싀구박이 보조역으로 등장하는데, 이들은 모두 탈을 쓴 어릿광대들이고 탈춤의 말뚝이에 비견된다. 탈춤의 파격적인 놀이라 할 수 있는 무질서와 성적인 유희(취발이와 소무의 섹스)는 실제로 성적 의례의 측면을 지닌다. 그러나 이러한 성적 의례는 타락한 승려, 타락한 양반, 세속화된 성으로 나타나고, 풍요를 기원하던 농경의례의 한 단면이 대립과 갈등의 극적인 구조 속에 용해되고 말았다.[44] 쌍화점에서도 마찬가지로 성적 의례와 풍요 기원이라는 측면보다는 타락과 갈등의 측면만이 문면을 차지하고 있게 되었다. 그러나 그 본질은

---

42) 박노준, 『고려가요의 연구』, 새문사, 1990, 195-200쪽.
43) 이상일, 「말뚝이像의 어릿광대론과 코스몰로지」, 『외국문학』 1985년 가을호, 241쪽.
44) 김화경, 「가면극의 기능체계」, 『천봉 이능우박사 칠순기념논총』, 1989, 101쪽.

의례의 봉납과 신령의 응대라는 풍요의례의 의미를 지니고 있고, 여기에서
도 '탁선'의 목소리를 들을 수 있다.

신어가에서 골계성과 관능성이 표출되듯이, 쌍화점에서도 골계성과 관
능성이 두드러진다. 그리고 상황을 설명하는 제3자의 목소리와 화자 '나'의
목소리가 혼용되어 있고, '탁선'의 목소리도 느낄 수 있다. 그러므로 일본의
궁중가요에 비추어, 쌍화점을 단순한 성적 노출로 보지 말고, 좀더 원초적
이고 근원적인 심층을 들여다보아야 할 것이다. 우리나라 궁중가요 전반에
서 이런 예를 발견할 수 있는 것은 아니다. 일부 궁중가요 중 골계성과
관능성이 두드러진 작품 속에서 신어가의 '창화형식'과 같은 구조와 의미
를 재구해낼 수 있을 것이고, 이런 경우 일본의 기기가요가 한국 시가의
난맥을 해결할 실마리를 제공할 것으로 본다.

4. 결

지금까지 천신족과 지신족의 결합인 神婚이 지니는 의미와 神婚歌謠에
나타나는 고대문학의 특징을 살펴보았다. 이즈모계의 스사노오는 국신의
딸과 신혼을 하게 되는데, 토착민의 지배라는 정치적인 이유 외에 기존의
생활방식에 철·염직·양잠과 같은 새로운 문물을 결합하는 문화적인 측
면도 있었다. 시간을 거슬러 올라가면 오곡종자나 불과 같은 문물을 가져
다주는 풍요의례적 측면도 있었다. 이 내방신 신앙은 1년에 한번 인간세계
에 내방하여 풍요를 주고 간다는 믿음인데, 그 신을 맞이하는 풍속이 민간
에 널리 퍼져 있음을 볼 수 있었고, 그 대표적인 것이 우타가키였다. 우타가
키와 같은 연중행사는 농경의례에 얽힌 神祭였는데, 연가(戀歌)를 위주로
하는 놀이로 변하고, 신혼의례를 모방하는 남녀의 놀이로 변하여, 음주가
무를 위주로 하는 주연(酒宴)이 주가 되었다.

이 내방신을 기쁘게 하여 농사의 풍요를 빌던 민간의례가 국가적인 의례로 발전하였다. 이를 新嘗祭(니이나메)라 하는데, 부활제의로서 천자의 혼을 해마다 갱신하여 국토의 봄을 소생시켜, 작물의 풍요를 기원하는 국가적인 의례였다. 이런 우타가키나 니이나메의 의례에서는 남녀의 성적인 표현을 위주로 한 관능적이고 희극적인 노래가 주로 불렸다. 본고의 궁극적인 목표는 이 의례와 결부된 노래를 우리나라의 노래와 비교 고찰하는 것이었다. 그 대표적인 노래가 신어가이다.

신어가와 천어가는 둘 다 이야기(가타리)가 들어 있고 神婚을 위주로 하는 궁정신사가요인데, 천어가는 중국 예악의 영향을 받아 천황과 황실을 찬양하는 경직된 의례가인 반면, 신어가는 관능적 골계적 표현을 위주로 하는 세련된 예요로서의 성격을 지니고 있었다. 그래서 천어가를 한국의 장르개념으로 본다면 교술적 서사이고, 신어가는 서정적 서사라고 규정해 보았다. 신어가에 담긴 관능적 표현은 한국의 속요와 비교될 수 있는데, 신혼가요가 연가(戀歌)의 형식을 띠고 있다는 점은 한국시가 해석에 큰 시사점을 던져주는 것으로 보았다. 그래서 신어가와 시상과 표현이 유사한 만전춘을 대상으로 삼아 다각적인 비교를 시도해 보았다. 시어, 시상의 전개, 관능적 표현, 주제의 전달방식 등에 있어 유사성을 가늠할 수 있었고, 궁중가요라는 음악적 환경과 고려악을 고수하는 일본악의 전통을 염두에 두었을 때 그 관련성도 충분히 논할 수 있었다.

그리고 신어가의 창화형식에 주목해 보았는데, 한 편의 노래 속에 3인칭의 화법과 1인칭 화법이 공존하고 있었다. 1인칭은 바로 神懸된 巫가 말하는 신령의 말이라고 했는데, 하나의 노래 속에서 화자가 바뀌는 현상을 제망매가에서도 찾을 수 있었고, 전대절이 화자(월명)의 목소리라 한다면, 후소절은 죽은 누이의 託宣의 말일 가능성을 타진해 볼 수 있었다. 그러나 모든 향가에 적용되는 예는 아니다. 속요 쌍화점도 여러 화자가 등장하는 노래인데, 이 노래가 지닌 골계성과 관능성은 신어가와 아주 유사하였고,

웃음을 봉납하는 사제와 이에 응대하는 제2의 화자의 발화(탁선)는 신어가의 창화형식과 유사함을 확인할 수 있었다.

성적(性的) 노래는 풍요를 기원하는 데에서 시작하였다. 일본에서는 민간의 풍요의례가 궁중의례로 발전하였고, 의례가도 궁중의례가요로 상승하여 지속성을 갖고 전승되었다. 그러나 우리는 일본과 달리 유교의례가 국가제도로 고착되면서 기존의 전통적인 의례가 변질될 수밖에 없었다. 의례를 잃어버린 노래는 표류하게 되어, 신을 찬양하던 노래가 왕을 찬양하던 노래로 전화되고, 남녀신의 사랑을 노래하던 것은 남녀의 사랑으로 인지되는 상황으로 내몰렸고, 남녀의 성적인 장면은 음란과 퇴폐로 해석되기에 이르렀다. 이런 남녀의 정을 드러내는 궁중가요가 애초에는 신어가와 같은 맥락에서 신혼가요의 의미를 지니는 것이 아닐까 하는 시도를 해 보았다. 딱 맞아떨어지는 근거로 활용할 수는 없지만, 우리 시가 해석의 새로운 지평을 열어 본 것으로 본고의 의의를 두고자 한다. 다만 좀더 다양한 기기가요와 만엽집의 가요를 대상으로 했을 때, 우리 시가를 심도 있게 고찰할 방도가 열릴 것이라는 기대와 더불어 본고의 한계를 실감한다.

한일고대신화의 산악숭배

1. 서

　일본인의 고향이라 하면 飛鳥와 京都를 일반적으로 떠올린다. 그러나 京都와 飛鳥는 왕성과 궁궐과 사원과 遺址가 있어 직접적으로 향토의식과 결합되는 것은 아니다. 그럼에도 불구하고 京都와 飛鳥가 고향이라고 하는 것은 이천년의 자연과 이를 입증하는 문화가 존재하기 때문이다. 京都의 東山・鴨川・桂川, 飛鳥의 畝傍・耳成・香久의 大和三山・飛鳥川이 있고, 萬葉의 노래와 여러 문화재가 그 역사성을 증명하고 있다. 일본인의 마음의 고향으로 지키려고 하는 것은, 분명 山과 河로 교직된 自然的 景觀이다.

　그런데 이 山川과 결부된 신화의 출발점은 큐슈 지역이다. 福岡와 大分 지역의 山川信仰이 이를 증명해 줄 것이다. 여기는 筑紫와 豊前 등 고대 신화의 중심지다. 그리고 이 지역은 한반도 남쪽의 신라, 백제, 가야와 문화적 교류가 빈번한 곳이고, 三韓의 渡來人이 그들의 신앙을 갖고 표착한 곳이기도 하다. 그래서 이 지역의 산천신앙은 한반도의 산천신앙을 토대로 이루어졌을 것이다.

　일본문화의 시발점이라 할 신화는 山岳崇拜와 직접적으로 결부되어 있다. 사람들이 사는 주변의 숲은 신성한 것으로 여겼고, 숲에는 社가 있으며,

이를 産土神으로 사유하였다. 社에는 높은 나무가 있고, 이것이 神体였다
가 신의 依代(요리시로)로 변했다. 다음에는 天神은 산으로부터 내려오게
되니, 山神이라는 사유도 연쇄적으로 성립되었다. 산신 신앙은 산 주위의
토지에 전해지다가, 바다 주변에도 파급된다. 일본열도가 산악과 해양으로
성립되어 있기 때문이다. 사람들에게 있어 농경과 함께 어로 생활도 밀접
한 연관을 지니고 있다. 그래서 야요이 시대에는 天降의 신화와 渡來 신화
의 두 가지가 사유되었다. 하늘에서 내려오는 신은 높은 산에 하강하고,
바다를 건너오는 신은 강을 따라 올라와 인간세계에 내방한다. 산과 강은
신의 교통로이자 신을 맞이하는 장소가 된다.[1]

신들은 1년에 한 번 먼 곳으로부터 마을에 내방하는데, 이 來訪神을
折口信夫는 '마레비토'라고 命名하였다. 일본 신화체계는 이 '마레비토'를
이해해야 비로소 그 全貌를 알 수 있다. 來訪神은 하늘에서 山으로 下降하
거나, 먼 바다에서 川을 따라 들어 온다. 이 神이 깃드는 곳은 山中의 巖石
이나 樹木이고, 바다를 통한 경우는 舟인데, 神이 내리는 대상물, 憑依되는
곳을 '요리시로'라고 한다. 이 요리시로가 神體이면서 祭祀의 장소가 된다.
사람들은 1년에 한 번 신의 來訪을 맞이하고, 신에게 풍요와 복을 빌었고,
이것이 일본 축제의 根幹이다.[2]

이 내방신 신앙은 일본의 토착신과 새로운 문명을 지닌 移住族의 결합
에서 비롯되었다. 역사가 신화가 되고 신앙이 된다. 역사적 리얼리티는
天降神話, 혹은 渡來神話를 낳았다. 그리고 신의 來訪을 맞이하는 豊饒儀
禮가 성립되었다. 그렇다면 고대 풍요의례의 근원인 일본의 天降神話와

---

1) 자연환경과 신화의 연관성을 담고 있는 이 서두는 石母田正, 『日本古代國家論』 2, 岩
   波書店, 昭和 48年, 3-12쪽을 요약 정리하였다.
2) 伊藤好英, 『折口學が讀み解く韓國芸能』, 慶應大學出版會, 2006. マレビト는 58-59
   쪽, 依代는 79-81쪽.
   이토요시히데, 「오리구치 시노부의 예능학을 통해 본 한국의 민속」, 고려대 박사논문,
   2003, 39-42면, 128-131쪽.

渡來神話의 의미는 무엇이고 그 속에 담긴 역사적 리얼리티는 무엇인가. 그것은 일본만의 고유한 신화체계라고 할 수 없으며, 신의 出自處인 산악과 해양은 추상적 공간이 아니다. 일본의 신화체계는 인접한 한반도의 신화체계와 비교해 규명해야 하고, 신의 출자처는 한반도와 연결시켜 볼 필요가 제기된다.

일본의 來訪神信仰은 한국과 유사하다. 한국에서도 고대국가 이전에 신이 깃든 신성한 장소를 蘇塗라 하였고, 그곳에는 솟대라는 큰 나무를 세워 신에게 제사하였다. 그리고 新羅 김씨 왕조의 시조인 알지가 태어난 곳도 鷄林이라는 숲이다. 무속에서도 큰 나무를 신당으로 삼는 것은 상식이다. 이처럼 숲과 나무를 신이 깃든 장소로 사유하였다. 그리고 일본에서 신이 下降하거나 渡來하는 山川이 중요한 儀禮處가 되었듯이, 한국에서도 古代祭儀의 장소는 '名山大川'이다. 신라의 통일 이전까지 三山은 大祀, 五嶽은 中祀, 名山大川은 小祀로 치제되었다. 신라의 박혁거세, 고구려의 주몽, 가야의 수로는 하늘에서 산으로 하강한 주인공이고, 신라의 脫解, 수로 왕후인 허황옥, 탐라국 三女神은 바다에서 도래한 주인공이다. 이 神話體系와 儀禮體系가 바로 古代國家의 支配理念과 통하는 것 같다. 본고는 일본의 天降神話와 渡來神話 중에서 신이 산으로 하강하는 천강신화에 초점을 맞추어 서술하고자 한다.

2. 쿠시후루와 구지봉(龜旨峰), 천(天)의 향구산(香久山)

1) 쿠시후루와 구지봉

야마토 황실의 계보는 니니기노미코토(邇邇藝命)에서 시작한다. 아마테라스(天照大神)의 손자인 그는 아시하라노나카스쿠니(葦原中國)에 내려와 기존의 오쿠니누시노카미(大國主神)를 제압하고 이 땅의 권력을 이양받는 다. 天神族에 의해 地神族이 권력을 상실하게 되는 현실을 반영한 것이다. 天神은 야마토 조정의 제사와 전통 속에서 형성된 신격이고, 地神은 야마 토 조정 이전의 지방호족의 성격을 갖는다.3) 많은 학자들에 의해 보편화되 었듯이, 천신 계열은 아마테라스의 후손이고, 지신 계열은 스사노오(須佐之 男命)의 후손이다. 그리고 아마테라스 계열의 신화를 다카마노하라(高天原) 계 신화라 하고, 스사노오 계열의 신화를 이즈모(出雲)계 신화라고 한다. 다카마노하라계 신화는 다카미무스히노카미系 신화와 아마테라스系 신화 가 합쳐진 형태를 띤다.

니니기노미코토(邇邇藝命, 瓊瓊杵尊)는 천상에서 지상으로 하강한다. 그 장소는 山 頂上이다.『古事記』에는 「筑紫日向之高千穗之久士布流多氣」 (쓰쿠시 히카무 다카치호의 쿠시후루타케)라 했고,『日本書紀』에서는 「筑紫日 向之高千穗之槵觸峰」(쿠시후루타케)이라 했다. 그리고는 다음과 같은 수식 어로 그 장소를 표현하고 있다.

> 이곳은 가라쿠니를 바라보고 있고, 가사사의 곶과도 바로 통해 있어 아 침 해가 바로 비치는 나라, 저녁 해가 비치는 나라이다. 그러므로 여기는 정말 좋은 곳이다.
> 此地者 向韓國 眞來通笠沙之御前 而朝日之直刺國 夕日之日照國也 故 此地甚吉地(『古事記』)

그래서 니니기노미코토는 이곳에 궁궐을 짓고 다카마노하라를 향해 치 기를 올리고 그곳에 살았다고 한다. 니니기노미코토가 개국한 이 땅을 「쿠 시후루」라고 하는데, 이는 한국의 首露王 降臨神話에 전하는 龜旨峰과

---

3) 김화경,『일본신화의 연구』, 문학과지성사, 2002, 51쪽. 上田正昭, 日本神話의 世界, 創元社, 1967, 141-142쪽. 이하 고사기와 일본서기 원문의 번역은 이 책을 참조하였다.

유사한 이름임을 알 수 있다. 한국의 여러 학자들이 니니기노미코토의 신화와 한국신화와의 연관성을 이미 말한 바 있다. 金錫亨은 야마토 정권을 수립한 집단이 가야에서 바다를 건너 큐수에 이주하였고, 그 후에도 자기들의 개국신화를 보존하였다고 하면서, 「그들이 나중에 야마토 지방을 중심으로 한 연합세력 내에서 유력한 귀족 세력으로 된 때가 있었기 때문에 그것이 바로 야마토 지방의 건국신화의 가장 중요한 대목에 들어갔던 것」[4]이라고 하였다. 金和經도 이런 이론을 그대로 이어받아, 두 나라의 건국주 또는 그 조상의 탄강 모습이 비슷하게 형상화되어 있는 것은 결코 우연의 일치가 아니라고 하면서, 다카마노하라계 신화를 두고 「특히 천손강림 신화는 가락국의 수로왕 신화와 아주 가까운 친연관계가 있다」[5]고 하였다.

　일본 학자 가운데 松埼壽和도 「구시후루」와 龜旨峰(구시후루, 구지부리)과의 연관성을 논한 바 있다. 그런데 그는 駕洛國이 任那일 것이라는 가설을 제시하여, 한계를 드러내기도 하지만, 니니기노미코토가 기마민족을 이끌고 큐슈지방에 상륙하였던 것으로 해석하고, 특히 역사적으로는 崇神天皇이었을 것이라고 추정하고 있다.[6] 좀더 진전되고 객관적 논의는 櫻井滿에게서 볼 수 있다. 그는 「韓國」을 조선반도로 보는 설 이외에 「空虛國」으로 보는 경우가 있지만 잘못된 해석일 것이라고 한다. 그리고 중국대륙이나 조선반도 등의 외국으로 보는 경우가 있는데, 文武天皇(702年) 이전에 한국은 弁韓諸國이 발전한 「加羅國」이라고 하고, 加羅國의 首露王 강림신화에 보이는 「龜旨峰」과 「구시후루」를 주목해야 한다고 했다. 아울러 『日本書紀』에 「日向之高千穂之峰」만 전하고 「한국」 관련 기사가 없는 것은, 일본서기에서 의도적으로 한국 관련 기사를 제거하려 한 듯하다고 비판하였다. 그는 두 나라의 천강신화를 두고, 하늘에서 산의 봉우리로

---

4) 김석형, 『고대한일관계사』, 한마당, 1988, 146쪽.
5) 김화경, 『일본신화의 연구』, 282쪽.
6) 松埼壽和, 『倭人傳』, 學生社, 昭和 45年, 31-32쪽.

하강하는 발상은 아시아의 알타이 부족에게 보편적인 것이기는 하지만, 신화의 발상이 통한다는 정도의 문제가 아니라고 단언하고, 둘 사이에 「교류와 영향」이 있음을 명확히 하였다.[7]

위의 두 일본 학자는 니니기노미코토와 首露王의 탄생과정이 유사함도 함께 거론하고 있다. 니니기노미코토는 하늘에서 眞床覆衾에 싸여서 강림하고 있는데, 首露王은 붉은 보자기에 싸여서 내려오고 있는 점을 주목하였다. 그리고 首露王이 바다 먼 곳에서 緋帆을 타고 온 아유타국 공주와 神婚을 하게 되는데, 니니기노미코토는 海宮의 豊玉妃를 맞아 神婚을 하는 점도 유사하다고 지적한다.[8] 神井으로서 玉池(首露王)와 「玉の井」(邇邇藝命)이 있는 점도 주목할 만하다. 가락국에서 3월3일 禊浴之日에 祓除하는 풍속이 있는데 이는 이 玉池와 연관된 것 같다. 이 神井은 신라 시조가 태어났다는 蘿井에 比見된다.

이즈모계(出雲系)의 국가를 정복하고 새로운 주인이 된 다카마노하라계(高天原系)의 니니기노미코토 세력이 북방에서 하강한 기마민족의 후예일 것이고, 이들은 駕洛國(加羅國)과 깊은 연관성을 맺고 있음을 알 수 있다. 여기서 필자는 일본의 강력한 지배세력이 한반도에서 건너간 것이고, 일본 신화는 한국신화에 연원을 두고 있음을 언급하려 함이 아니다. 우리는 이 천강신화가 어떤 의미를 지니고 있으며, 역사 발전과 어떤 관계를 맺고 있는가에 주목해야 한다. 일본신화에서 이즈모계 신화로부터 다카마노하라계 신화로 바뀐 신화문맥에 대해, 지신계와 천신계 신화의 역사적 배경에 관심을 두고, 야마토(大和) 국가건설의 의미를 탐구했듯이, 한국신화에서 고대국가를 건설한 세력이 그 이전의 지배세력과 어떤 차별적인 문화를 지니고 있는가를 살펴야 한다. 아울러 두 나라에서 함께 나타나는 천강신화가 고대국가를 건설하고 유지해 나가기 위해 「하늘의 권위」를 확보하고

---

7) 櫻井滿, 『古代의 山河와 傳承』, おうふう, 1996, 188-190쪽.
8) 松埼壽和, 『倭人傳』, 33쪽. 櫻井滿, 『古代의 山河와 傳承』, 190쪽.

「지배의 정당성」을 지탱하기 위해 「하늘 제사(天祭)」를 드린 문화적 의미를 찾아야 한다.

이를 위해 다시 일본의 대표적인 천강신화를 든다. 바로 香久山 傳承이다. 하늘에서부터 신이 내려온 곳이 바로 산이니, 산이야말로 천강신화의 중요한 모티프이다.

2) '天の香久山'과 구지봉

山岳信仰에서 숲과 나무는 신이 내려오는 길목이 된다. 숲에 神社가 있다. 마을의 안녕과 풍요를 지켜주는 신이 깃든 곳이다. 일본인들은 바로 그 숲에, 나무에 신이 깃들어 있다고 믿었고, 그래서 高木을 神体로 여겼다. 이것이 신 그 자체였다가 신의 요리시로로 변했다. 나무와 山頂의 盤坐(いわくら)는 신이 머무는 곳이고 하늘에서 하강한 신이 산과 나무를 거쳐 인간에게 다가간다. 이와 장면을 한 편의 수필처럼 차분하게 그린 이가 石母田正이다.[9] 그는 신의 탄강을 쉽게 설명하는데, 산으로부터 社에 신을 맞이하고, 물가에서 禊浴한 乙女에 의해 맞게 된다고 했다. 하늘에서 하강한 신은 산으로부터 마을에 내려왔으므로 산신이라고도 하니, 일련의 연쇄적 사고가 성립된다. 하늘의 신을 아버지로, 물의 신을 어머니로 해서, 田神이 탄생된다고 한다.[10] 그래서 이러한 신앙은 풍요의 신격이 된다고 했다. 비와 농경, 풍요기원과 연관되는 天神 山神信仰은 彌生時代(BC.200-AD.300)에 마련되었다고 한다. 이렇게 마을에 來訪하는 신을 折口信夫는 「마레비토(まれびと)」라고 했고, 신이 머무는 산과 나무를 「요리시로(よりしろ)」라고 하였다.[11] 일본신화는 내방신인 마레비토와 신이 憑依

---

9) 石母田正, 『日本古代國家論』 2, 岩波書店, 昭和 48年, 3-7쪽.

10) 石母田正, 『日本古代國家論』 2, 9쪽.

11) 折口信夫全集刊行委員會 編, 『折口信夫全集』(新全集) 第1卷, 中央公論新社, 1995, 12-13쪽.

되는 대상물 혹은 매개물인 요리시로를 이해해야 풀린다.

신의 요리시로는 산중의 암석, 수목인 경우가 많은데, 이것들은 御身體이면서 동시에 제사의 장소이기도 하다.[12] 그 중에 특히 산이 중시된 것은 야마토 시대에 접어들면서부터이다. 그리고 彌生時代 이래로 지속된 농경의 풍요와 관련되는 면보다는 천황의 지배력을 상징하는 측면이 강하게 부각되었다. 즉 고대국가의 지배력이 산으로부터 창출되는 것이다. 야마토 시대의 대표적인 요리시로- 산은 바로 香久山이다. 특히 하늘과 연관되기 때문에 天香山이라고도 한다.

『日本書紀』에 의하면 神武天皇은 天香山의 社의 가운데 흙을 취하여 平瓮 80枚를 만들어 天神地祇에 제사를 드리고 천하를 평정할 수 있었다. 꿈에 천신이 나타나 天香山의 흙으로 平瓮(かわらけ, 토기나 술잔)을 만들어 제사하면 적을 물리치고 평정하여 東遷할 수 있다고 가르쳐 주었고, 神武는 그대로 실행하여 천하의 주인이 되었다. 崇神天皇은 武埴安彦이 모반하였을 때, 妻에게 香久山의 흙을 취하게 하여, 「이것은 倭國의 物實(ものしろ)이다」라고 呪言을 하여 문제를 해결하였다고 한다.[13] 향구산 정상의 흙의 呪力을 믿었기 때문이다. 그리고 그 산의 흙은 야마토의 상징이다. 物(もの)는 물체의 뜻이고, 정령의 뜻이다. 實(しろ)은 依代의 뜻인데, 합하여 倭國의 精靈이 깃들어 있는 물질, 大和를 상징하는 물질이라고 한다. 이처럼 향구산은 일본 全國土의 중심 산이다.

향구산은 148m의 작은 산에 불과하다. 萬葉集 내에도 많은 산이 표현되었지만, '天の'의 수식은 향구산이 유일하다. 「天の」라는 말이 붙은 것은 이 산이 신이 내려오는 곳으로 神聖視된 때문이다.[14] 또한 신이 많은 산 가운데 이 산을 선택하여 강림하여, 나라를 둘러보니(國見) 「天의 香久山」

---

12) 森淳司 編, 『萬葉集研究入門』, 雄山閣, 1994, 214쪽.
13) 櫻井滿, 『古代의 山河와 傳承』, 9쪽.
14) 森朝男, 『古代和歌의 成立』, 勉誠社, 1993, 19쪽.

이라 하였다. 이 산에 깃들어 있는 神聖性과 國土 支配의 상징성은 앞에서
논의한 駕洛國의 龜旨峰과 비교될 만하다. 神武天皇이 이 산에서 천지신
에게 제사를 드린 내용을 간추리면 다음과 같다.

    1) 꿈에 천신이 나타나 天香山의 흙으로 그릇을 만들어 제사하면 적을
물리치고 東遷할 수 있다고 가르쳐 주었다.
    2) 呪言(のろいでと)을 창하게 하였다.
    3) 天香山 정상의 흙을 취하여 神託을 지키고 천하를 평정하였다.

駕洛國 首露王 전승에서도 유사한 구조를 발견할 수 있다.

    1) 天上에서 地上의 사람들에게 왕을 맞이할 수 있는 방법을 가르쳐 주었다.
    2) 정상의 흙을 파면서 주술적 노래(구지가)를 부르게 하였다.
    3) 龜旨峰 정상의 흙을 파면서 神託을 지키고 천하의 주인이 되는 首露
王을 맞이하였다.

神武天皇의 전승에서는 산 정상의 흙으로 그릇을 만들어 제사하는 것으
로 되어 있고, 崇神天皇의 전승에서는 산 정상의 흙을 취해 제사를 드렸다
고 한다. 首露王 전승에서는 산 정상의 흙을 파면서(堀峰頂撮土) 의례를
거행하였다고 하는데, 그 心象이 유사하다고 하겠다. 天香山의 흙에는 이
것을 거느리는 자가 大和를 지배한다는 신앙이 있듯이, 구지봉의 흙에는
이것을 이용하여 제사를 드리는 자가 천하의 주인이 되거나, 천하의 주인
을 맞이할 수 있다는 신앙이 있는 듯하다. 일본신화를 통해 본다면 首露王
전승의 「堀峰頂撮土」는 駕洛國 全國土의 중심 산인 구지봉의 흙을 취해
제사를 드림으로써, 천하를 지배하게 된다는 문맥15)으로 해석할 수 있겠

---

15) 撮土의 撮을 '파다' 혹은 '집다'로 해석해 왔는데, 이를 명사적인 의미로 보아 '한 줌
   흙'으로 해석하고, '堀峰頂撮土'를 '峰 頂上의 한 줌 흙을 파다'라 했으며, 그 행위는 가락

다. 일본신화는 이렇게 한국신화 해석의 열쇄가 되기도 한다.

그렇다면 두 나라에 함께 나타나는 천신의 하강과 산에 대한 신앙은 어떤 역사적 문화적 의미를 지니는가. 그것은 아마 고대국가의 건설과 연관된 중요한 단서가 될 것이다.

3. 천강신화와 삼산신앙

1) 고대국가의 형성과 신궁

다시 논의를 니니기노미코토의 천강으로 돌아가 보자.

> 아시하라의 치이호아키의 미쓰호라는 나라는 나의 자손이 임금이 될 나라이다. 이에 황손은 가서 다스려라. 가거라. 하늘 자손의 융성이 천지와 더불어 영원무궁하리라. (葦原千五百秋之瑞穗國 是吾孫可王之地也 宜爾 皇孫 就而治焉 行矣 宝祚之隆 當與天壤無窮者矣,『日本書紀』)
>
> (다카미무스가) "대저 네가 지금 다스리고 있는 지상의 정치는 나의 자손이 다스릴 것이다. (그러니) 너는 제사를 관장하여라."라 하니...... 이에 오아나무치는 "내가 지금 다스리고 있는 지상의 일은 황손이 마땅히 다스리십시오. 나는 물러나 幽界의 제사를 관장하겠습니다"라 했다. (夫汝所治 顯露之事 宜是吾孫治之 汝則可以治神事 ...... 於是 大己貴神報曰 吾所治 顯露之事者 皇孫當治 吾將退治幽事,『日本書記』)

위는 천신 니니기노미코토가 아마테라스의 명을 받고 지상에 대려오게 되는 내력이다. 니니기노미코토는 아마테라스가 준 세 가지 보물, 즉 옥(曲 玉) 거울(八咫鏡) 칼(草薙劍)을 가지고, 5부신을 거느리고 지상에 내려온다.

국 전 영토에 대한 소유와 지배를 상징한다고 보았다. (최진원,『韓國神話考釋』, 성균관대 대동문화연구원, 1994, 132-136쪽.)

아래는, 高天原의 神인 다카미무스가 황손이 지상에 내려가게 되는 사연
을 오아나무치(大國主神)에게 말하니, 오아나무치는 순순히 응한다. 사실은
엄청난 반발을 하고 천신족에 대항하였을 것이고, 역부족이었기에 다카마
노하라 세력에게 굴복하는 것일 게다. 앞에서 언급하였듯이 오아나무치(大
國主神)는 그 땅을 먼저 다스리던 이즈모계 신이었다. 오아나무치는 지상을
다스리는 일을 황손에게 물려주고, 자신은 제사를 관장하겠다고 물러난다.
여기서 정치와 제사가 분리되는 상황을 눈여겨보아야 한다. 이제 천황은
더 이상 제사와 정치를 관장하는 원시적인 지배자가 아니다. 천황은 통치
자로서 분립하고, 제사장의 역할은 다른 쪽에 맡기는 고대국가의 출발을
의미하는 문맥이 아닐까. 그런데 제정분리가 고대국가의 출발을 의미하지
만, 그렇게 이른 시기에 성취된 것은 아닐 것이다.

　이보다 뒤의 일이지만, 伊勢神宮의 경우 제사장의 역할을 황실의 여성
에게 맡기게 된다. 물론 제사권은 황실이 專有하면서 독점적인 권위를
누리기는 하지만, 천황 자신이 제사장의 역할을 專擅하지 않게 된다. 土橋
寬에 의하면 천황이 제사권을 장악했다는 것은 사제자가 천황가 출신자인
것, 또는 그것을 천황이 임명한다는 것을 의미한다. 천황가의 제사방식은
천황가의 여성을 신의 아내로 삼는 방식이다.16) 이 천황가의 司祭者를
齋王(いつきのひめみこ, 伊勢神宮의 경우는 齋宮, 賀茂神社의 경우는 齋院이라 함)
이라 했다. 일본 천황가는 예로부터 제사를 통해 신과 천황가를 관련시켜
국가 통치를 공고히 하였음을 알 수 있다.

　한국에서도 고대국가의 출발은 제정분리로 시작된다. 신라의 경우, 제2
대 남해왕은 제사(始祖廟祭祀)를 누이인 아로에게 넘기고 통치자로서의 역
할만을 맡게 된다.17) 1세기 초에 제사와 정치가 분리되고 고대국가의 기반
이 마련된 사연이라 하겠다. 그렇다면 일본의 경우 제정분리의 시기는 언

---

16) 日本文學硏究資料刊行會 編, 『日本神話Ⅱ』, 有精堂, 1977, 25쪽.
17) 始立始祖赫居世廟 四時祭之 以親妹阿老主祭(『三國史記』 雜志 第一, 祭祀 樂)

제인가.

제1대 神武天皇은 大和平定, 卽位建國의 大業이 皇祖의 神靈의 冥助에 의해 성취되었다고 여기고, 皇祖大神에게 제사를 드리게 된다.[18] 이 시기가 대략 기원전후라고 하니, 신라나 가락국의 건국과 비슷한 시기에 꿰어 맞춘 느낌이 든다. 그리고 崇神天皇이 祭政分立을 이루었다고 한다. 제10대 崇神天皇의 시대는 AD 3세기 후반으로 추정되는데, 이 시기에 역병이 돌고 백성이 동요하자 종래의 제사방식을 고쳐, 皇女를 專任의 奉仕者로서 天照大神과 地主神(倭大國魂神)을 제사하였다고 한다.[19] 그렇다면 신라 제2대 남해왕대(1C)에 누이 아로에게 제사권을 넘기면서 고대국가 기반이 마련되었듯이, 일본은 이 시기보다 조금 늦게 3세기 후반 경 제정분립이 이루어지고 본격적인 고대국가 체제의 기반을 마련한 것으로 볼 수 있겠다.

그러나 고대국가 체제를 정비하는 데 무엇보다 중요한 것으로 神宮祭祀의 성립을 주목하고 있는데,[20] 최광식 교수는 제의의 신앙적인 측면을 중시하여 제천의례와 시조묘 제사 그리고 신궁제사의 성립에서 국가 체제의 정비와 왕권강화가 이루어진 것으로 본다. 신라의 경우 지증왕대에 시조의 탄생지인 奈乙에다 神宮을 창립[21]하여 자기중심적 문화를 강화한 예를 볼 수 있다. 21대 소지왕 9년(487년)에 신궁을 창립하였다고 했는데, 제사지에는 지증왕대에 창립하였다고 했으니, 신궁이 설치되고 제도화한 것이 지증왕대(6세기 초)였다고 보면 좋다. 신궁의 주신은 天地神이라고 본다. 애초 지배권을 다투는 취프덤의 단계에서는 지배의 정당성을 하늘로

---

18) 所功, 『伊勢神宮』, 講談社, 1993, 52-53쪽.
19) 所功, 『伊勢神宮』, 55쪽.
20) 최광식, 「한국 고대국가의 지배이데올로기」, 『한국사의 시대구분』, 신서원, 1995, 135-142쪽.
21) 第二十二代智證王 於始祖誕降之地奈乙 創立神宮以享之(『三國史記』 雜志 第一, 祭祀 樂)

부터 얻으려고 하기 때문에 天神 祭祀를 중시하다가, 초기 국가단계에서
는 天神과 始祖廟에 대한 제사를 중시하고, 정복국가 단계에서는 天神과
始祖神, 그리고 地神을 함께 중시한다고 한다.[22]

　일본의 경우는 어떤가. 伊勢神宮의 齋王制度를 보면 미혼의 황녀가 신
궁의 최고 무녀인 齋王으로 임명되어 이들만이 제사를 지내는데, 이는
중국의 제천의례의 독점과 같은 의미를 지녔다. 伊勢神宮의 內宮은 天照
大神 奉祭宮으로 皇祖神과 太陽神을 모시는데 崇神年間(3C 말)에 성립된
것으로 본다. 外宮은 豊受大神을 모시는데 應略年間(5C 말)에 늦게 성립된
것으로 보기도 한다.[23] 그러나 天武·持統 즈음(7C 후반) 아마데라스(天照
大神)의 皇祖神化가 이루어지고 절대적 독점적 권위가 마련된 것으로 보는
것[24]이 온당하다. 일본은 이러한 신궁제도를 신라보다 약 100년 후 수용하
여 천황의 중앙집권화 과정에서 지배이데올로기화 하였을 것[25]이라는 견
해를 참조한다면 일본 신궁제사의 정립은 7세기 후반일 것이다. 이 신궁제
사를 신라와 비교하면 다음과 같다.

<新羅의 神宮>　　<日本의 神宮>
6C初　　　　　7C末
天神　　　　　太陽神
始祖神　　　　皇祖神
地神　　　　　豊受大神

22) 최광식,『고대 한국의 국가와 제사』, 한길사, 1994, 194-216쪽.
23) 所功,『伊勢神宮』, 68쪽.
24)『日本文學辭典』(弘文館), 伊勢神宮條, 57-58쪽.
25) 최광식, 위의 책, 340쪽.

2) 삼산신앙

한일 양국의 천신제의의 경우, 建國主가 天降한 산을 비롯한 중요한 산에 대한 제사가 중시되고 있다. 신라의 경우 중국의 중세보편주의 문화를 토대로 국가적인 질서를 정비하기 전까지, 三山五嶽에 대한 신앙이 절대적이었다. 물론 신이 바다로부터 내천을 따라 渡來하는 경우도 있기 때문에 山川이 함께 중시되었던 점도 두 나라에 공통이다. 그래서 신라에서는 名山大川에 대한 제사가 중시된다. 그러나 고대국가 건설기의 주된 제의는 산악이다. 建國主가 하늘에서 내려왔으니 天神에 대한 신앙이 있고, 下降處가 산악이니 山神에 대한 신앙이 있고, 여기서 조상신 신앙까지 결부된 고대국가 이념이 탄생한다. 신라 초기에는 三山에 대한 제사를 大祀, 五嶽에 대한 제사를 中祀, 名山大川에 대한 제사를 小祀라고 했는데, 일본에도 香久山을 비롯한 大和 三山(畝傍山, 耳成山)의 관념이 있었다. 즉 三山을 이상으로 여기는 사상이 새로이 성립된다. 삼산 신앙은 한국으로부터 일본에 건너간 것으로 보인다. 신라에는 奈歷・骨火・穴禮 등의 삼산을 大祀로 지정해 제를 올렸고, 백제에는 日山・吳山・浮山의 삼산 신앙이 있었던 점에서 알 수 있다. 그리고 일본 香春岳(카와라다케)의 삼산 신앙이 신라의 귀족이었던 망명객에 의해 수립되었으며, 이는 일본의 대표적 신앙인 八幡祭信仰으로 발전하였다는 데에서도 여실히 드러나고 있다.[26]

김문태 교수도 三山信仰에 대해 간략히 언급한 바 있다. 그는 신라에서 香春 지역으로 삼신신앙이 건너갔고, 國仙信仰이 일본의 八幡信仰으로 정착하였다고 한다. 신라 神文王代 귀족들의 대대적인 반란이 있었고, 이에 다수의 귀족들이 처형당하거나 국외로 도망할 수밖에 없었고, 이들이 신라를 떠나며 가지고 간 것은 그들의 정신적 지주였던 三山信仰이었다.[27]

---

26) 최진원, 『韓國神話古釋』, 성균관대출판부, 1994, 171쪽. 일본 福岡縣 田川郡 香春町에 있는 香春神社는 현재의 彦山(히코산가와) 하류에 있는 세 개의 나란히 솟아 있는 거대한 암석산인 香春岳의 중턱에 있다.

中野幡能 교수는 일본의 八幡信仰에 대해 깊이 고찰한 바 있다. 후쿠오카의 豊前市에서 오이타의 宇佐市에 이르는 지역이 豊國이고, 宇佐氏가 國造로서 제사와 정치를 맡았는데, 여기에 신라의 신이 들어왔고, 그것은 辛嶋氏가 섬기던 신이었다고 한다. 여기에 샤머니즘, 應神天皇의 신앙과 미륵신앙이 차례로 습합되었다고 하고, 八幡神은 이 복합적인 성격을 갖고 있다고 한다.[28) 신라의 신이 들어왔고 花郎道와 연관된다고 하는 것은, 화랑들이 산천을 두루 돌아다니면서 致祭했던 '遊娛山水'의 遺風 때문이었을 것이다.[29) 화랑도 역시 '三山'의 신앙과 긴밀하게 연결되고 있음은 주지의 사실이고, 일본의 학자도 이런 부분에 세심한 관심을 기울였다.

香春神社는 三山信仰이 胚胎한 곳이다. 新羅로부터 온 渡來人은 香春에 살며 광물을 채취하여 精鍊하는 일을 한 것으로 본다. 大和岩雄은 이 小國을 건설한 집단의 秦王國을 豊國으로 비정하고 있다. "秦氏 그룹은

---

27) 김문태, 「三山信仰의 성립과 전개」, 『한국민속학보』 11호, 한국민속학회, 2000, 23-24쪽. 그는 大和 三山信仰도 연관된다고 하였으나 구체적 추정은 없다. 그는 中野의 논문을 인용하여 豊前國(大分縣) 宇佐 八幡宮 신앙을 소개한 바 있다.(中野幡能, 「八幡信仰과 韓國과의 關係」, 한일문화국제학술대회 발표요지 『古代 韓國文化의 日本傳播』, 민족사바로찾기국민회의, 1992, 54-56쪽)

28) 今の行橋市から豊前市・中津市・宇佐市・豊後高田市あたりまでは「豊の國」である。古代、宇佐氏が國造として祭政を司った。ここに新羅の神が入ってくる。それが辛嶋氏の仕える神。兩神は共存して他にない文化を生んだ。「豊國奇巫(とよくにのあやしきかんなぎ)」という道術師である。次ぎに弥勒菩薩が入った。何やら花郎道との繋がりがありそうである。豊國奇巫の伝統と重なり「豊國法師」という新しいシャーマンが生まれる。雄略帝が病氣の時、参内し祈禱して全快させた。呼んだのは物部氏であった。その後、大和新羅の兩邦の緊張の時代に入る。朝廷は大神氏を宇佐に送りこんだ。そのときから応神天皇が神となった。「廟」としての神社の走りである。8世紀、「隼人等多く殺す報い」として毎年修法をするようになった。これが放生會の始まりとなった。弥勒禪院も建つ。神宮寺の始まりである。八幡神は、応神であり弥勒であり藥師であると名乗った。(中野幡能「八幡信仰」、 塙書房, 1985)

29) '遊娛山水'에서 山水는 이기백 교수가 지적하듯이 신라의 三山五嶽 名山大川의 의미이며,(이기백, 「新羅五嶽의 成立과 그 意義」, 『신라정치사회사연구』, 일조각, 1974, 206쪽) 화랑은 산천을 다니며 제사를 드리는 신앙 기능을 갖는다.

採鑛, 製鍊, 金屬工藝(예를 들어 鏡)을 하고, 蠶産과 織物을 業으로 하는
先端技術者 集團이었다. 香春山은 銅을 생산하던 聖地였고, 香春神社를
세웠던 '原八幡神'을 제사했다. 이것을 宇佐에 分靈했던 것이 宇佐神宮이
다. 처음에 辛嶋氏가 제사를 모셨다가, 중앙에서 파견된 大神氏가 계승하
고, 應神에 제사하는 것으로 변경했다. ……또한 大和지방의 '天の香具山'
도 진씨의 入植地였다"30)고 한다. 渡來人 秦氏 집단은 銅을 다루는 金屬
技術者 집단이었고, 이뿐만 아니라 染織技術을 들여왔다. 그래서 香春社
의 제관이었던 집단을 赤染氏라 하기도 했고, 그들이 오래 전부터 宇佐의
八幡宮에 납품하는 神鏡을 鑄造하였다고 한다. 그래서 원래 八幡神은 新
羅의 神이었을 것이라고 추정하고 있다.31)

香春神社의 신앙이 있었는데, '宇佐에 分靈했던 것이 宇佐神宮'라 했고
宇佐의 八幡宮에 납품하는 神鏡을 香春社의 제관이었던 秦氏 집단 혹은
赤染氏가 만들어 제공하였다고 한다. 香春의 신앙이 宇佐의 八幡宮으로
확산되는 과정이 아닐까 한다. 여기서 주목할 것은 이곳 香春神社의 三山
信仰에서 發源하여 香具山을 비롯한 大和의 三山信仰이 형성되었을 것이
라는 추정 부분이다. 九州의 집단이 나라 지역으로 들어가 大和 정권을
세웠다는 것은 이미 알려진 사실이다. 宮崎 지역의 實勢뿐만 아니라 大分
의 세력가들도 함께 옮겨가면서 이곳의 三山信仰도 大和로 전파되었을
것이고, 이 신앙의 기원이 新羅의 渡來人이었다고 한다면, 日本의 三山信

---

30) 大和岩雄, 『日本にあった朝鮮王國- 謎の「秦王國」と古代信仰』, 白水社, 1993.

31)   神名の辛國は韓國であるとともに、香春社の祠官赤染氏は新羅系渡來人であるか
    ら、香春神社は彼ら渡來人の氏神であったに相違ない。また採銅所村というのは、
    名の通り銅の産地で、そこにある淸祠殿では、古來宇佐八幡に納める神鏡を鑄造し
    ていた。だから、あるいは八幡神の本處はこの香春だったのかも知れない。宇佐の
    祠官の一人である辛島氏「勝（すぐり）」姓も渡來人で、新羅系と推測され、古く
    豊前の屯倉（みやけ）の民秦部（はたべ）を率いて大和の秦氏と結んでいた。八幡
    神は、新羅の神ではなかったかとも考えられているのである(中野幡能, 『八幡信仰史
    の研究』上・下, 吉川弘文館, 2006)

仰은 한반도의 三山信仰과 매우 밀접한 관련성을 지닌다고 하겠다.

니니기노미코토가 筑紫(福岡)의 '구지후루'에 내려왔다는 것은 앞에서 언급한 바 있다. 이 전승을 가진 집단(伽倻)이 이곳에 상륙하여 三山을 성립하였는데, 大和 三山의 모델은 福岡에 있다고 주장하는 견해도 있다. 筑紫에는 叶岳 片繩山 大城山의 三山이 있다. 叶岳은 'かのうだけ'로서, かぐやま(天香久山)와 같은 의미이고 耳成山(ミミナシヤマ)은 片繩山에, 畝傍山(ウネビヤマ)은 大城山에 대응한다고 한다. 筑紫가 倭國의 중심이고 여기에 본래 大和가 있었는데, 福岡의 지명이 이동하였다고 본다. 그렇다면 앞의 신라 도래인 집단이 三神信仰을 가져왔다는 것과 伽倻 세력이 大和 三山을 福岡에 두었다는 두 견해가 있는데, 이는 추후의 과제로 삼고자 한다. 山形 지방의 '出羽三山'도 平安시대부터 三山이라 칭했다고 하고, 신성한 산으로 사유되었던 흔적[32]이 있지만 이 또한 별도의 논문으로 다루고자 한다.

지금 福岡 田河郡 香春町에 있는 香春岳(かわらだけ)은 '一の岳' '二の岳' '三の岳'의 산으로 구성되어 있다. 香春神社에서는 三山의 神인 辛國息長大姫大目命와 豊比口羊命와 忍骨命의 세 신을 제사한다. 崇神天皇 때 香春山頂에 分祀했던 세 개의 神社를 天明天皇(709년) 때 현 위치에 合祭했다고 한다. 『古事記』와 『日本書紀』에 있는 「天目一箇神」은 「目一つの神」을 의미하고, 이는 첫 번째 神인 辛國息長大姫大目命을 지칭하는 것으로 보인다. 辛國은 韓國을 의미하고, 息長은 풀무의 바람이 잘 통하는 것을 의미하고, 大姫는 神人이며 巫女的 존재를 의미하며, 大目은 '一つ目'를 의미한다고 한다. 辛國息長大姫大目命은 신라로부터 香春에 와서, 풀무를 사용해 銅을 주조하는 기술자들이 신봉하는 '一つ目の神'(金屬 精鍊의 神)에 봉사하던 巫女를 지칭하는 것으로 보고 있다.[33]

---

32) 岩鼻通明, 「出羽三山信仰の 圈構造」, 京都大學 博士學位論文, 2003, 237쪽. 그는 이 논문에서 山頂을 신성지역으로, 평지촌락을 신앙권으로 보는 공간구조를 설명하고 있다.

香春岳의 神은 여신으로 나타난다. 도래인 기술자들이 모시는 이 여신은 처음에 三の岳에 있다가 '一の岳'의 香春神社에 옮겨왔다고 하고, 豊比口羊命도 여신이었다고 한다.[34] 忍骨命은 남신인지 여신인지 불분명하지만, 天照大神의 제1皇子라는 기록도 있어 남신으로 추정되는데 이 신도 香春神社에 合祭되었다.

大和 三山의 香具山 등도 이 香春岳과 同樣으로 금속(銅)을 취급하는 지역인 듯하다. 大和 三山의 전설에 의하면 이곳의 三神도 여신과 남신으로 구성되어 있다. 中西進은 향구산과 관련된 만엽집 노래(13번)를 해석하면서 여신인 향구산이 새롭게 나타난 畝傍山(남신)에 마음이 끌려 옛 연인이었던 耳成山(남신)과 언쟁을 벌이는 내용으로 보았다.[35] 그러나 다른 전설에 의하면 향구산은 남성이고, 무방산과 이성산은 여성으로 나타난다. 처음 이성산의 桂子(かづらご)와, 다음엔 무방산의 櫻子와 통하였는데, 결국엔 젊은 櫻子에 마음을 옮겼고, 이를 슬피 여긴 桂子는 이성산의 못에 빠져 죽었다고 한다. 혹은 향구산과 이성산은 남신이고 무방산은 여신이라

33) 谷川健一、「豊前國の秦氏と宇佐神宮」、第17回熊本地名シンポジウムin多良木、2004. 辛國は韓國、息長は息が長いということで、ふいごの風がよく通るという説が一番有力である。大姫は神と人との間を取り持つ巫女的な存在である。大目は、たんに大きな目という意味ではない。大目はダイマナコと呼ばれる。ダイマナコはヒトツメコゾウ、あるいはイチョメドンとも呼ばれて、一つ目を云う。いわゆる金属技術者を指す「目一つの神」である。そうすると、辛國息長大姫大目命は、新羅から香春にやってきて、ふいごを使って銅を採掘し鑄造する技術者たちの信奉する「一つ目の神」に仕える巫女ということになる。
34) 谷川健一、「豊前國の秦氏と宇佐神宮」、第17回熊本地名シンポジウムin多良木、2004. この渡來人技術者たちは、香春岳に山の女神を祀った。その山の女神ははじめ三ノ岳の中腹の阿曾隈にあったが、やがて山の近くの古宮鼻に移し古宮社と称した。ところが和銅二年（７０９）に阿曾隈の女神は、一ノ岳のふもとの香春神社に勸進された。また古宮鼻の地で祀られていた古宮社のほうは、慶長年間に香春町大字の採銅所字鷹巣山に移された。かくして慶長年間以降は、香春には山の女神である豊比口羊命を祀る神社が二つ並び存したことになる。
35) 中西進、『万葉集』、講談社. www.biglobe.ne.jp 참조.

고도 한다.[36]

新羅의 三山은 모두 여신으로 등장한다. 김유신이 高句麗의 白石에게 유인당하여 위험한 처지에 빠지게 되자 이를 구하기 위해 新羅 三山의 女神들이 나타난다.

> 김유신이 기뻐하여 친히 백석을 데리고 밤에 떠나서 고개 위에서 막 쉬고 있을 때, (어떤) 두 여자가 나타나 郎을 따라왔다. 骨火川에 이르러 유숙하매, 또 한 여자가 홀연히 나타났다. 郎이 三娘子와 더불어 기쁘게 이야기하였다.
>
> 그때 娘들이 좋은 과일을 드리니 郎이 받아먹고 마음으로 서로 허락하고 그 실정을 이야기하였다. 娘들이 고하되, "公의 말하는 바는 이미 알고 있다. 원컨대 公은 (잠깐) 백석을 제쳐두고 우리와 함께 수풀 속에 들어가면 다시 실정을 말하겠습니다." 하고 이어 함께 들어갔다. 娘들이 문득 귀신이 되어 말하기를 "우리들은 奈歷·骨火·穴禮 등 三所의 護國神인데 지금 적국 사람이 郎을 유인하는 것을 아지 못하고 따라가므로 우리가 郎을 만류하려고 이곳에 온 것입니다."라고 말을 마치자 보이지 않았다.[37]

奈歷·骨火·穴禮의 三山의 여신들이 김유신을 구하는 이야기다. 그들은 자기들이 三所의 호국신이라고 했다. 결국 三山은 新羅를 지키는 호국신이 거주하는 곳이다. 그래서 김유신과 같은 花郎을 도왔고 신라의 삼국통일을 도왔고, 태종무열계의 왕통을 지켜주는 호국신이었다. 그런데 29대

---

36) 한 남성을 가운데 둔 두 여성의 싸움(혹은 한 여성을 가운데 둔 두 남성의 싸움)은 계절제의적 사유를 담고 있다. 두 여성 중 하나는 물러가야 할 존재라고 하고, 다른 하나는 물리치는 역할을 하는 존재라고 하는 것은 겨울과 여름의 싸움의 전형적인 구성이다.(조동일, 「처용가무의 연극사적 이해」, 『탈춤의 역사와 원리』, 기린원, 1988, 24쪽; 『탈춤의 원리 신명풀이』, 지식산업사, 2006, 43쪽) 大和三山을 의인화한 이 이야기는 후대에 덧붙여진 것이겠지만, 농경의 풍요를 기원하는 의례적 측면이 강한 고대적 사유의 잔재라고 할 수 있다.

37) 강인구 외, 『譯註 三國遺事』 1, 이회문화사, 2002, 330쪽.

무열왕부터 36대 혜공왕까지로 무열계는 끝나고 내물계가 등장한다. 혜공왕은 내물계의 김경신과 김양상 세력에 의해 살해되었다. 무열계는 자신들의 三山信仰을 가지고 일본 망명길에 올랐던 것은 아닐까.

奈歷·骨火·穴禮는 어떤 의미일까. 奈歷은 '나 +ㄹ = 날(日)'의 의미일 듯하다.[38] 三山이 태양 등 천체를 상징하는 것은 아닐까. 신라에도 태양숭배 혹은 日神의 흔적이 여럿 보인다. 범일국사가 感陽孕胎하였다거나 <연오랑과 세오녀> 설화에서 연오랑과 세오녀가 일본으로 떠나자 해와 달이 사라졌다는 것이 대표적이다. 일본의 香具山(天香久山)은 天照大神과 연관이 있다. 天照大神은 스사노오의 난폭한 행동 때문에 석굴의 문을 닫고 숨자, 천상계가 어두워졌고 아시하라(葦原中國)도 암흑의 세상으로 변했다. 그러자 모든 신들이 모여 대책을 구하는데, 香具山의 하하카(波波迦)라는 나무를 뽑아다 제의를 준비하고, 香具山의 여러 식물과 도구를 이용하여 光明이 다시 비추기를 기원한다.[39] 香具山은 아마테라스 즉 태양신과 직결되어 있다. 일본의 三神 중에서 쯔기유미(月尊)는 달을, 스사노오는 海原을 상징한다고 한다. 이것도 애초에는 해, 달, 별을 상징하는 것이었을지도 모른다. 骨火는 '뼈 + ㄹ =별(星)'일 것으로 보인다. 그렇다면 穴禮는 달(月)일 가능성이 높다.[40] 물론 신라에는 三山五嶽 名山大川에 대한 祭祀 이외

---

38) 몽고어에도 '해'는 'nara' 혹은 'naran'이다. 몽고 바이칼의 <게세르 신화>에서 '나란고혼'은 태양의 영광이란 의미인데, 지상에 하강하여 게세르를 회임한다. 게세르는 지상의 혼돈을 해결하고 평화를 가져다주는 위대한 영웅이 된다.(일리아 마다손, 양민종 역, 『바이칼의 게세르 신화』, 솔출판사, 2008)

39) 노성환 역, 『古事記』, 예전사, 1987, 85-87쪽.

40) 신라의 삼산은 奈歷·骨火·穴禮인데, 나력은 해, 골화는 별, 혈례는 달을 상징하는 산으로 파악된다. 歷·火·禮는 모두 'ㄹ'의 받침이고, '穴'은 일본어에 '血' '月'과 함께 '켓' 'けつ'로 읽히는 것으로 보아, 달로 볼 수 있다. 奈歷은 習比部에 속하는데 6촌의 하나로서 薛氏가 우두머리이다. '설'은 '元旦'이며 이는 '元曉'와도 연관되는데, 첫 아침의 햇빛을 의미하니, 이 습비부는 태양신 숭배와도 연관되는 지역이라 할 만하다. 穴禮는 大城郡에 있으며 中祀의 吐含山도 대성군에 속해 있다. 탈해가 토함산에 석총을 쌓고 머물며 三日月 같은 지역을 엿보아 호공의 집을 빼앗는데, 이 지역을 후에 月城이라

에 日月祭와 五星祭가 있었다. 四川上祭가 열리는 文熱林에서 日月祭가 있었고, 靈廟寺 남쪽에서 五星祭를 지냈다고 한다. 그러나 三山 중에서 奈歷은 奈林 혹은 奈乙과 동일[41])하다고 하는데, 奈乙은 신라 시조의 탄생지였고, 신라 시조는 하늘에서 하강하였으니 하늘(天) 혹은 해(日)에 대한 신앙을 가졌을 것임에 틀림없다.

三山信仰을 요약하면 다음과 같다. 첫째, 天降의 모티프를 지니고 있는데 이는 철기문명과 같은 고대문명의 전래를 의미하고, 아울러 고대국가 초기 하늘에서 내려왔다는 신화를 통해 지배의 정당성을 확보하려는 의도가 담겨 있다. 둘째, 삼신이 남녀의 쟁투로 나타나는 경우는 농경의 풍요를 기원하는 계절제의적 성격이 담겨 있다. 셋째, 삼산에는 해·달·별을 상징하는 사유가 담겨 있어 고대인의 우주관을 가늠하게 한다. 넷째, 삼산은 호국신의 기능을 함께 갖추고 있다.

4. 고대국가 지배이념

祭天, 祭山川, 祭祖上神의 이 이념은 이전의 巫的 信仰과 변별된다. 왕이 통치와 제사를 함께 管掌하고, 무당으로서 존재하던 부족국가와는 다른 양상이다. 고대국가 시기에 민간에 巫的 信仰이 殘在하고, 왕실에도 巫的 信仰이 편린으로 남아 있는 것은 당연하다. 그러나 이 시기의 통치는 과거와는 다른 이념으로 구축되었다. 중세 보편주의 문화인 불교와 유교가 전래하여 위력을 발휘하기 전까지 한일 양국의 고대국가를 지탱하던 이념은 바로 천신사상을 위주로 한 것이었다. 하늘에서 내려왔다는 사실은 지

하였다고 한다.(其地後爲月城, 『三國史記』新羅本紀, 脫解王條) 대성군이 月城과 관련됨을 볼 때, 이 지역은 달과 관련되는 땅이 아니었을까.

41) 三品彰英, 『三國遺事考證』上, 1975, 430쪽, 600쪽.

배의 정당성을 확보하는 계기가 되고 왕실의 권위를 계속 유지할 수 있었다. 또 하나 중요한 것은 인격신 신앙이 성립되었다는 점이다. 과거 농경문화를 가지고 도래한 농경신이자 풍요신이고 穀靈神인 왕은 인격신으로의 성격을 더욱 강화하는 쪽으로 변모한다.[42] 이런 성격이 前時代에 있었던 무속신앙과 구분되는 점이라 하겠다.

　일본의 신화 연구는 북방 영향설을 부정하는 쪽으로 흐르기도 하였다. 중국 혹은 한반도의 영향관계를 이야기하기 싫은 측면이 있었던 것이다. 그래서 남방 영향을 강조하게 되고, 자주 黑潮를 들먹인다. 그러나 한반도와의 영향 관계를 부정할 필요는 없다. 문화의 변동 요인은 전란이나 자연재해와 같은 內的인 것과, 새롭고 강한 외래 문명의 도래와 같은 外的인 것이 있는데, 원시부족국가의 형태를 벗어나 고대국가를 건설하는 시기의 큰 변동은 대체로 새로운 문명의 도래에서 비롯되었다는 것이 상식이다. 고대국가를 형성하는 강한 북방문화가 일본에도 도래하여 거대한 역사적 변동을 마련하였고, 한반도가 그 문화의 통로였던 것이다. 중세와 근대의 문화 흐름을 보아도 이런 점은 명백하다. 한국은 중국의 주자학을 받아들이는 데 적극적이었기 때문에 유교적 국가가 탄생하여 강력한 유교의 지배이념 하에서 중세 국가가 탄생하였던 것이고, 일본은 주자학의 수입에 다소 소극적인 반면, 서구의 근대문화를 받아들이는 데는 적극적이었기 때문에 동아시아에서 일찍 근대국가를 마련하고, 근대자유주의 이념에 근거한 발전을 거듭했던 점을 상기하면, 고대국가의 문화변동과정을 이해할 수 있을 것이라고 확신한다.

　한국에서는 고대국가 성립의 지배이념에 대해 무관심한 편이다. 과거에

---

42) 한국의 경우, 중세가 시작되면서 불교의 국교화는 인격신 신앙을 관념신으로 바꿈으로써 시조신 신앙을 위축시키고, 유교이념에 의한 왕권강화 등 국왕을 정점으로 하는 강화된 중세적 통치권이 형성되기에 이른다. (허흥식, 「불교사상사에서 본 고대의 기점과 종점」, 『한국사의 시대구분』, 124쪽) 그러나 일본의 경우는 시조신 신앙이 불교나 유교에 의해 크게 위협받지 않는다.

서부터 이어졌던 무속적인 이념을 고대국가 건설의 주된 배경으로 논하는 학자가 있는 반면, 중국으로부터 유교와 불교가 전래되면서 고대국가의 면모를 갖추게 되었다고 논하는 학자도 있다. 그러나 일본 고대신화를 보면서 한일 양국의 고대국가 성립에 깊게 관여한 고대국가 지배이념에 대한 확신을 갖게 되었다. 과거 미미하다고 여겨졌던, 천신사상을 위주로 한 산신숭배, 조상신 숭배의 신앙이 강력한 고대국가 성립의 에너지였던 점을 일본신화를 통해 확인할 수 있었다. 초기 국가단계에서 정복국가 단계에 이르면, 천신과 시조신, 지신을 모시는 신궁제가 성립되고 완전한 국가체제가 확립된다. 한일 양국의 신궁설치가 고대국가 기반을 마련하는 과정의 마무리 단계였다. 물론 유교와 불교라는 중세 이념이 고대국가의 정립에 도움을 주었던 방향과 서서히 고대국가를 허물고 중세국가로 이행시켰던 점을 고려하면서 고대국가 이념을 살펴야 할 것이다.

5. 결

신화는 인간의 삶과 환경과 깊은 유대를 맺는다. 한국과 일본의 경우 산악과 해양이라는 자연환경과 뗄 수 없는 관계를 지녀 산악과 해양은 신이 오는 길목이 된다. 신이 하늘로부터 하강하는 경우와 바다로부터 도래하는 경우, 신은 높은 산의 정상에 하강하고 바다를 건너 내를 따라 올라오게 된다. 그래서 산악, 내와 함께 배와 섬을 중시하는 경향이 있게 된다. 신이 하늘에서 하강하는 것은 고대 신화의 특징이고, 바다를 건너 도래하는 것은 중세 신화의 특징이라는 견해도 있다. 그러나 고대 도래신화도 있고, 중세 문명의 중심부에서 고급 문명을 전해주는 중세 도래신화도 있다고 본다.

초기 일본신화의 형성이 한국과 큰 관련이 있다고 보는 것은 일반적이다. 본고는 신이 산에 하강하는 산악신앙에 주목하여 둘의 관계를 살폈다. 아마테라스의 후손 니니기노미코토가 가라쿠니의 쿠시후루에 하강하는데, 이는 가락국의 구지봉일 것으로 보고, 가락국에서 출자한 집단이 큐슈에 이주한 후 야마토 정권을 수립하게 된 것으로 보고 있다. 가락국의 구지봉과의 연관성은 이에 그치지 않고 나라 지역의 香久山에까지 미치고 있다. 이 산은 天과 연관되어 있기 때문에 '天の香久山' 혹은 '天香山'이라 불리는데, 일본의 중요한 三大天皇 神武・崇神(혹은 神功王后) 중에서 神武・崇神과 연관이 있다. 神武・崇神 두 천황이 산 정상의 흙을 취하여 의례를 드리고 주술적 행위를 통해 천하를 평정하는 과정은 구지봉 전승과 매우 흡사함을 고증해 보았다. '쿠시후루'와의 연관성 위에 이와 같은 방증을 보탬으로써 야마토(大和) 정권과 가락국과의 역사적 문화적 관련성이 깊음을 제시하였다.

천신이 하강하여 나라를 세우고 지상을 다스린 신화가 초창기의 것이라면, 그 다음에는 고대국가의 기반이 마련되는 시기에는 제정분리의 신화가 우세하다. 고대국가 통치자와 天神 제사를 드리는 사제자가 나뉘어지고, 완전한 국가체제를 확립하는 단계에 이르면 天神・祖上神・地神(豊饒神)을 함께 제사하는 神宮의 건립이 있었다. 신라의 경우 6C 초반에, 일본의 경우 이보다 조금 늦은 7C 후반에 신궁 건립이 이루어졌다.

천신과 지신에 대한 신앙은, 하늘로부터 정당성을 부여받고 땅을 다스리며 풍요를 가져오는 조상신 신앙으로 수렴된다. 그 조상신이 하늘로부터 지상의 산악에 하강하는 과정이 중시되기에 특히 山岳信仰이 한일 양국에서 중시되었다. 그 중에서 三山信仰이 철기문명을 지닌 신라 도래인 집단의 일본 이주와 함께 옮겨온 것으로 보인다. 그 대표적인 것이 香春岳의 三山信仰이었고, 여기에서 宇佐神宮의 八幡信仰이 형성된 것으로 보인다. 이 세력은 큐슈 지역에 머무르다가 야마토 지역으로 이주하였고 大和의 三山信仰을 형성시킨 것으로 보이고, 그 대표적인 산이 '天の香久山'이었다.

삼산신앙은 단순한 산악숭배에 그치지 않고, 해·달·별 우주론과 연관되기도 하고, 풍요신앙과 연관되기도 하며, 고대국가 지배집단의 호국신 기능으로까지 확대된 것으로 보인다. 특히 산악숭배와 태양신 숭배의 사상이 결부된 점은 한일 공통임을 확인할 수 있었다.

한국에서 일본으로 영향을 준 내력은 문화·문명의 흐름일 뿐, 고대국가 형성기에 한국이 우월했음을 밝히려는 것이 이 논문의 목표는 아니다. 근대국가 형성기에 일본으로부터 한국으로 근대문명이 흘러들어온 것 또한 국가적 우월론으로 재단할 일이 아님이 분명하다. 다만 자연환경과 사유의 유사성 속에서 영향관계까지 있는 한일신화를 상호 비교함으로써 한국 신화에 잊혀진 부분을 보완하여 좀더 합리적인 해석이 가능하도록 하였고, 아울러 일본 신화의 근원적 사유체계를 한국 신화에서 재구할 수 있었기에 남다른 의의를 발견한 셈이다.

특히 한일 고대국가의 건국 이념을 밝힌 점은 양국 신화 비교에서 얻어낸 값진 결과다. 고대국가 형성 이전의 巫俗과 중세의 유교·불교 문화 사이에 존재하는 고대국가 지배이념이 산악숭배를 토대로 이루어졌음을 제시한 것으로 의의를 삼고자 한다.

참고문헌

1장

『高麗史』

『三國志』魏書, 東夷傳.

『新唐書』, 東夷列傳 儋羅條.

권태효, 「건국신화와 당신신화의 상관성 연구」, 경기대 박사학위논문, 1990.

김헌선, 『한국의 창세신화』, 도서출판 길벗, 1994.

_____, 「무속신화 연구의 방향과 과제」, 『인문과학』 28집, 성균관대 인문과학연구소, 1998.

박종성, 『한국창세서사시 연구』, 태학사, 1999.

서대석, 「제석본풀이 연구」, 『한국무가의 연구』, 문학사상사, 1980.

신용하, 「탐라국의 형성과 초기 민족이동」, 『한국학보』 제90집, 일지사, 1998년 봄.

이수자, 「제주도의 무속과 신화 연구」, 이화여대 박사학위논문, 1989.

이청규, 「제주도와 남해안지방의 초기 철기문화 교류」, 『동아시아의 철기문화』 제5집, 문화재관리국 문화재연구소, 1996.

장주근, 「구전신화의 문헌신화화 과정」, 『한국신화의 민속학적 연구』, 집문당, 1995.

조동일, 『한국문학통사』 1, 지식산업사, 1982.

_____, 『동아시아 구비서사시의 양상과 변천』, 문학과지성사, 1997.

진성기, 『제주도무가 본풀이사전』, 민속원, 1991.

진영일, 『고대 중세 제주 역사 탐색』, 제주대학교 탐라문화연구소, 2008.

편무영, 「생불화를 통해 본 무불습합론」, 『비교민속학』 13집, 비교민속학회, 1996.

제주대학교 한국학협동과정 편, 『이용옥 심방 본풀이』, 제주대학교 탐라문화연구소, 2009.

허남춘, 「삼성신화의 신화학적 고찰」, 『탐라문화』 14호, 탐라문화연구소, 1994.

현용준, 「삼성신화연구」, 『탐라문화』 2호, 제주대 탐라문화연구소, 1983.

_____, 「삼성신화연구」, 『무속신화와 문헌신화』, 집문당, 1992.

현용준·현승환, 『제주도무가』, 고려대 민족문화연구소, 1996.

현평효, 「지명을 통해서 본 탐라언어의 원류」, 『濟友文化』 4호, 한국방송통신대 제주총학생회, 1990.

2장

제주대학교 한국학협동과정 편, 『이용옥 심방 본풀이』, 제주대학교 탐라문화연구소, 2009.

_____, 『양창보 심방 본풀이』, 제주대학교 탐라문화연구소, 2010.

제주전통문화연구소 편, 『제주도큰굿자료』, 도서출판 각, 2001.

_____, 『제주큰굿』, 도서출판, 각, 2010.

진성기, 『제주도 무가 본풀이 사전』, 민속원, 1991.

현용준, 『제주도 신화』, 서문당, 1996.

현용준·현승환, 『제주도 무가』, 고려대 민족문화연구소, 1996.

3장

1. 역사

강정식, 「제주도 당신본풀이의 전통과 변이 연구」, 한국학대학원 박사학위논문, 2002.

권순긍, 「민중의식의 성장과 판소리 문학」, 『민족문학사강좌』 상, 창작과비평사, 1995.

김민찬, 「제주 서사무가의 전승 양상」, 제주대학교 석사학위논문, 2007.

김융희, 『예술, 세계와의 주술적 소통』, 책세상, 2000.

김정이, 「제주 설화의 생태학적 인식」, 제주대학교 석사학위논문, 2009.

김헌선, 『한국의 창세신화』, 길벗, 1994.

_____, 「태평양 신화의 구조적 지형학 소묘」, 『탐라문화연구』 37호, 제주대학교 탐라문화연구소, 2010.

나카자와 신이치, 김옥희 역, 『신화, 인류 최고(最古)의 철학』, 동아시아, 2003.

노성환 역, 『고사기』, 예전, 1990.

大林太郎, 권태효 외 역, 『신화학입문』, 새문사, 1996.

레비 스트로스, 임봉길 역, 『신화학』 1-날것과 익힌 것, 한길사, 2005.

문무병, 『제주도 본향당 신앙과 본풀이』, 민속원, 2008.

윤순희, 「제주도 와산리 멩감제 연구」, 제주대학교 한국학협동과정 석사학위논문, 2010.

이수자, 「제주도 창세신화를 통해 본 민족문화의 정체성」, 『한국신화의 정체성을 밝힌다』, 비교민속학회 학술대회 발표집, 2007.

일리야 마다손, 양민종 역, 『바이칼의 게세르 신화』, 솔출판사, 2008.

전경수, 「사멸위기의 문화유산과 토속의 재발견」, 『사멸위기의 문화유산』, 민속원, 2009.

제주대학교 한국학협동과정 편, 『이용옥 심방 본풀이』, 탐라문화연구소, 2009.

조동일, 『동아시아구비서사시의 양상과 변천』, 문학과지성사, 1999.

_____, 『세계·지방화 시대의 한국학』 5, 계명대출판부, 2007.

_____, 『세계·지방화 시대의 한국학』 6, 계명대출판부, 2007.

_____, 「세계서사시의 중세화 비교연구」, 『비교민속학』 33집, 비교민속학회, 2007.

_____, 『동아시아 문명론』, 지식산업사, 2010.

카렌 암스트롱, 이다희 역, 『신화의 역사』, 문학동네, 2005.

허남춘, 「음사로 정의된 기층신앙의 실태 연구」, 『인문과학』 31집, 성균관대학교 인문과학연구소, 2001.

_____, 「제주서사무가에 담긴 과학과 철학적 사유 일고찰」, 『국어국문학』 148호, 2008.

현용준, 『제주도 신화』, 서문당, 1996.

_____, 『제주도 신화의 수수께끼』, 집문당, 2005.

2. 과학과 철학

『고려사』

강등학 외, 『한국 구비문학의 이해』, 월인, 2000.

강봉수, 「제주도 무속신화에 나타난 도덕질서」, 『제주도연구』 24집, 제주학회, 2003, 29-61쪽.

권태효, 「거인설화의 전승양상과 변이유형 연구」, 경기대 박사학위논문, 1998.

_____, 『한국의 거인설화』, 역락, 2002.

노성환 역주, 『고사기』 상권, 예전사, 1987.

김헌선, 『한국의 창세신화』, 도서출판 길벗, 1994.

_____, 「구비문학과 철학의 상관성」, 『구비문학연구』 13, 한국구비문학회, 2001, 61-98쪽.

김헌선·현용준·강정식, 『제주도 조상신본풀이 연구』, 보고사, 2006.

서대석, 『한국 무가의 연구』, 문학사상사, 1980.

_____, 『한국 신화의 연구』, 집문당, 2001.

안진태, 『신화학 강의』, 열린책들, 2001.

이수자, 『큰굿 열두거리의 구조적 원형과 신화』, 집문당, 2004.

_____, 「제주도 창세신화를 통해 본 민족문화의 정체성」, 『한국신화의 정체성을 밝힌다』, 비교민속학회 학술대회 발표집, 2007, 229-277쪽.

장주근, 『제주도 무속과 서사무가』, 역락, 2001.

장회익·최종덕, 『이분법을 넘어서』, 한길사, 2007.

조동일, 『동아시아 구비서사시의 양상과 변천』, 문학과지성사, 1997.

_____, 「탐라국 건국서사시를 찾아서」, 『제주도연구』 19집, 제주학회, 2001, 71-108쪽.

조동일, 『세계·지방화 시대의 한국학』 5, 계명대출판부, 2007.

_____, 『세계·지방화 시대의 한국학』 7, 계명대출판부, 2008.

허남춘, 「제주 서사무가와 한국 신화의 관련성 고찰」, 탐라문화』 21, 탐라문화연구소, 2000, 19-38쪽.

현승환, 「삼공본풀이 형성과정 연구」, 『민요·무가·탈춤 연구』, 국어국문학회, 1998, 387-422쪽.

현용준·김영돈, 『구비문학대계』 9-2, 제주도 제주시편, 한국정신문화연구원, 1981.

현용준·현승환, 『제주도무가』, 고려대 민족문화연구소, 1996.

현용준, 『제주도 신화』(개정판), 서문당, 1996.

_____, 『제주도 무속과 그 주변』, 집문당, 2002.

_____, 『제주도 신화의 수수께끼』, 집문당, 2005.

나카자와 신이치, 『신화, 인류 최고의 철학』, 동아시아, 2003.

앤서니 애브리, 『시간의 문화사』, 북로드, 2007.

자크 르고프, 『연옥의 탄생』, 문학과지성사, 1995.

4장

1. 삼성신화

『高麗史』

「東明王篇」

『三國遺事』

『長興高氏家乘』, 「瀛洲誌」

김승찬, 「龜旨歌攷」, 『韓國上古文學研究』, 제일문화사, 1978.

김열규, 『한국민속과 문학연구』, 일조각, 1971.

金用淑, 「韓國女俗史」, 『韓國文化史大系』4, 고대 민족문화연구소, 1970.

양중해, 「삼성신화와 혼인지」, 『국문학보』3집, 제주대 국어국문학과, 1970.

윤철중, 「脫解神話의 研究」, 성균관대 박사학위논문, 1987.

장주근, 「제주도 당신신화의 구조와 의미」, 『민족과 문화』1, 정음사, 1988.

전규태, 『한국신화와 원초의식』, 이우출판사, 1980.

조동일, 『한국문학통사』1(개정 4판), 지식산업사, 2005.

최진원, 「동동고」, 『국문학과 자연』, 성균관대출판부, 1977.

_____, 「한국신화고석」2, 『대동문화연구』제 24집, 대동문화연구원, 1990.

카렌 암스트롱, 이다희 역, 『신화의 역사』, 문학동네, 2005.

현용준, 「삼성신화연구」, 『탐라문화』제2호, 제주대학교 탐라문화연구소, 1983.

Georges Dum zil, Myth et epop e I.L'id ologie des trois fonctions dans les peuples indo-europ ens, Editions Gallimard, Paris, 1968.

G. S. Kirk, Myth: Its Meaning and Functions in Ancient and Other Cultures, Turtle Co, 1971.

2. 삼여신 도래신화

『古事記』

『南槎錄』

『三國史記』

『三國遺事』

『新增東國輿地勝覽』

『溫坪里誌』(경신인쇄사, 1991)

『日本書紀』

강소전, 「제주도 잠수굿 연구 - 북제주군 구좌읍 김녕리 동김녕 마을의 사례를 중심으로」, 제주대 석사학위논문, 2005.

문무병, 「마을의 설촌과 당본풀이 - 성산읍 온평리의 경우」, 『백록어문』7집, 제주대학교 국어교육과, 1990.

윤철중, 「탈해신화의 연구」, 성균관대 박사학위논문, 1987.

_____, 「사소신화의 성립에 관한 고찰」, 『반교어문연구』 제 7집, 반교어문학회, 1996.

이청규, 『제주도 고고학연구』, 학연문화사, 1995.

전경수, 「상고 탐라사회의 기본구조와 운동방향」, 『제주도연구』4, 제주도연구회, 1987.

조동일, 『동아시아 구비서사시의 양상과 변천』, 문학과지성사, 1997.

_____, 「시조도래건국의 중세 인식」, 『하나이면서 여럿인 동아시아문학』, 지식산업사, 1999.

_____, 「탐라국 건국서사시를 찾아서」, 『제주도연구』19집, 제주학회, 2001.

진영일, 「고대탐라의 교역과 '國' 형성고」, 『제주도사연구』3, 제주도사연구회, 1994.

_____, 「고려기 참라의 星主와 三神人 탐색」, 『탐라문화』26, 탐라문화연구소, 2005.

현용준, 『제주도무속자료사전』, 신구문화사, 1980.

_____, 「삼성신화연구」, 『무속신화와 문헌신화』, 집문당, 1992.

_____, 「고대 한국민족의 해양타게」, 『무속신화와 문헌신화』, 집문당, 1992.

_____, 「약마희고」, 『제주도 무속과 그 주변』, 집문당, 2002.

伊藤幹治, 「神話・儀禮の諸相からみた世界觀」, 『沖繩の民族學的研究』, 日本民族學會, 1973.

5장

『탐라문화』11호(1991)

『탐라문화』12호(1992)

『탐라문화』13호(1993)

『탐라문화』14호(1994)

『탐라문화』15호(1995)

『탐라문화』16호(1996)

『탐라문화』17호(1997)

『탐라문화』18호(1998)

『탐라문화』19호(1999)

『탐라문화』20호(2000)

『탐라문화』21호(2001)

『탐라문화』22호(2002)

『탐라문화』23호(2003)

『탐라문화』24호(2004)

『탐라문화』25호(2004)

『탐라문화』26호(2005)

『탐라문화』27호(2005)

『탐라문화』28호(2006)

『탐라문화』29호(2006)

『탐라문화』30호(2007)

강명관, 『국문학과 민족 그리고 근대』, 소명출판, 2007.

강문규, 『제주문화의 수수께끼』, 도서출판 각, 2006.

강수경, 「제주지역 돼지고기 음식문화의 전통과 변화」, 제주대학교 석사학위논문, 2011.

김동윤, 『4·의 진실과 문학』, 도서출판 각, 2003.

_____, 「4·3문학의 전개양상과 그 의미」, 『기억 투쟁과 문화운동의 전개』, 역사비평사, 2004.

김동전, 「제주 지방사 연구현황과 과제」, 『한국 지방사연구의 현황과 과제』, 경인문화사, 2000.

김승연, 「제주도 송당마을 본향당의 굿과 단골신앙 연구」, 제주대학교 석사학위논문, 2011.

변성구, 『제주민요의 현장론적 연구』, 제주대학교 탐라문화연구소, 2007.

성기옥, 「국문학과 민족미학」, 『국문학과 문화』, 월인, 2001.

양영자, 『제주민요의 배경론적 연구』, 제주대학교 탐라문화연구소, 2007.

이성훈, 『해녀의 삶과 그 노래』 민속원, 2005.

_____, 「해녀 노젓는 소리」, 숭실대 박사학위논문, 2007.

이청규, 『제주도 고고학연구』, 학연문화사, 1995.

임재해, 『지역문화 그 진단과 처방』, 지식산업사, 2002.

전경수, 「상고 탐라사회의 기본구조와 운동방향」, 『제주도연구』4, 제주도연구회, 1987.

_____, 『탐라·제주의 문화인류학』, 민속원, 2010.

전경수 엮음, 『사멸위기의 문화유산』, 민속원, 2009.

조동일, 「탐라국 건국서사시를 찾아서」, 『제주도연구』19집, 제주학회, 2001.

_____, 『동아시아 구비서사시의 양상과 변천』, 문학과지성사, 1999.

좌혜경, 『한국·제주·오끼나와 민요와 민속론』, 푸른사상, 2000.

좌혜경 외, 『제주해녀와 일본의 아마』, 민속원, 2006.

진영일, 「고대탐라의 교역과 '國' 형성고」, 『제주도사연구』3, 제주도사연구회, 1994.

_____, 「고려기 참라의 星主와 三神人 탐색」, 『탐라문화』26, 탐라문화연구소, 2005.

한진오, 「제주도 입춘굿의 연행원리 연구」, 제주대학교 석사학위논문, 2007.

허남춘·주영하·오영주 공저, 『제주의 음식문화』, 국립민속박물관, 2007.

6장

1. 수로신화와 일본신화

『古事記』

『三國史記』

『三國遺事』

『新增東國輿地勝覽』

『日本書紀』

『漢書』

가와사키 쓰네유기 외, 『日本文化史』, 혜안, 1994.

김두진, 『韓國 古代의 建國神話와 祭儀』, 일조각, 1999.

김영수, 「智異山 聖母祠에 就하야」, 『民俗의 研究(1)』, 정음사, 1985.

김태식, 「가락국기 소재 허왕후 설화의 성격」, 『韓國史研究』102호, 1998.

_____, 「김해 수로왕릉과 허왕후릉의 보수과정 검토」, 『韓國史論』40·41집, 1999.

노성환 역주, 『古事記』, 예전사, 1987.

성은구 역주, 『日本書紀』, 정음사, 1987.

윤철중, 「脫解神話 研究」, 성균관대 박사학위논문, 1987.

_____, 「회소곡과 사소신모의 織羅」, 『林下 崔珍源敎授 停年論叢』, 대한, 1991.

_____, 「사소신화의 성립에 관한 고찰」, 『泮橋語文研究』 제 7집, 반교어문학회, 1996.

이강옥, 「수로신화의 서술원리의 특수성과 그 현실적 의미」, 『加羅文化』15집, 경남대 가라문화연구소, 1987.

伊藤幹治, 「神話·儀禮の諸相からみた世界觀」, 『沖繩の民族學的研究』, 日本民族學會, 1973.

이상일, 『民族心象의 藝能學』, 시인사, 1984.

_____, 《祝祭의 精神》, 성균관대출판부, 1998.

이지영, 『韓國 建國神話의 實相과 理解』, 월인, 2000.

조동일, 『동아시아 구비서사시의 양상과 변천』, 문학과지성사, 1997.

최진원, 『韓國神話考釋』, 성균관대 대동문화연구원, 1994.

허남춘, 『古典詩歌와 歌樂의 傳統』, 월인, 1999.

현용준, 「삼성신화연구」, 『耽羅文化』, 제 2집, 탐라문화연구소, 1983.

_____, 『巫俗神話와 文獻神話』, 집문당, 1992.

_____, 『濟州島 巫俗과 그 周邊』, 집문당, 2002.

2. 일본신화와 한일고대가요

강현구 외, 『일본서기 한일관계기사 연구』I, 일지사, 2002.

김사엽, 『韓譯 萬葉集 - 古代日本歌集』, 成甲書房, 1984.

김승찬, 『향가문학론』, 새문사, 1986.

김종규, 「사뇌가와 신어가의 형식 비교」, 『어문론집』21집, 중앙대 국어국문학과, 1989.

김화경, 「가면극의 기능체계」, 『천봉 이능우박사 칠순기념논총』, 1989.

_____, 『일본신화의 연구』, 문학과지성사, 2002.

노성환 역주, 『古事記』, 예전사, 1987.

박노준, 『신라가요의 연구』, 열화당, 1982.

여증동, 「쌍화점 노래 연구」, 『고려시대의 가요문학』, 새문사, 1982.

이상일, 「말뚝이像의 어릿광대론과 코스몰로지」, 『외국문학』1985년 가을호.

이재선, 「신라향가의 어법과 수사」, 『향가의 어문학적 연구』, 서강대 인문과학연구소』, 1972.

전용신 역, 『일본서기』, 일지사, 1997.

최진원, 『한국고전시가의 형상성』, 성균관대 대동문화연구원, 1986.

內藤磐, 『上代歌謠演劇論』, 治書院, 昭和 62年.

多田一臣, 『古典文學表現史論』, 東京大出版會, 1998.

_____, 「'八雲立つ' 歌謠를 考える」, 『國語と國文學』第62卷 10号, 東京大學 國語國文學會, 昭和 60年 10月.

森朝男, 『古代和歌祝祭』, 有精社, 1988.

_____, 『古代和歌의 成立』, 勉誠社, 平成 5年.

三品彰英, 『神話와 文化史』, 平凡社, 1971.

石母田正, 『日本古代國家論』 1, 岩波書店, 昭和 48年.

矢野尊義, 『한일고대혼인설화와 정조관』, 보고사, 2002.

岸辺成雄, 「古代의 音樂」, 『日本의 音樂』, 日本藝術文化振興會, 소화 49년.

櫻井滿, 『古代의 山河와 傳承』, おうふう, 1996.

『日本文學辭典』

荻原淺男, 『上代文學論攷』, 風間書房, 1989.

八十意知男, 『儀禮和歌의 研究』, 京都女子大學, 平成 10년.

3. 한일 고대신화와 산악숭배

『三國史記』

『三國遺事』

『古事記』

『日本書紀』

강인구 외, 『譯註 三國遺事』 1, 이회문화사, 2002.

노성환 역, 『古事記』, 예전사, 1987.

김문태, 「三山信仰의 성립과 전개」, 『한국민속학보』 11호, 한국민속학회, 2000.

김석형, 『고대한일관계사』, 한마당, 1988.

김화경, 『일본신화의 연구』, 문학과지성사, 2002.

이기백, 「新羅五嶽의 成立과 그 意義」, 『신라정치사회사연구』, 일조각, 1974.

이토 요시히데, 「오리구치 시노부의 예능학을 통해 본 한국의 민속」, 고려대 박사논문, 2003.

일리아 마다손, 양민종 역, 『바이칼의 게세르 신화』, 솔출판사, 2008.

조동일, 「처용가무의 연극사적 이해」, 『탈춤의 역사와 원리』, 기린원, 1988.

_____, 『탈춤의 원리 신명풀이』, 지식산업사, 2006.

최광식, 『고대 한국의 국가와 제사』, 한길사, 1994.

_____, 「한국 고대국가의 지배이데올로기」, 『한국사의 시대구분』, 신서원, 1995.

최진원, 『韓國神話考釋』, 성균관대 대동문화연구원, 1994.

허흥식, 「불교사상사에서 본 고대의 기점과 종점」, 『한국사의 시대구분』.

谷川健一, 「豊前国의 秦氏와 宇佐神宮」, 第17回熊本地名シンポジウムin多良木, 2004.

大和岩雄, 『日本에あった朝鮮王國- 謎의 「秦王國」과古代信仰』, 白水社, 1993.

森淳司 編, 『萬葉集研究入門』, 雄山閣, 1994.

森朝男, 『古代和歌의 成立』, 勉誠社, 1993.

三品彰英, 『三國遺事考證』 上, 1975.

上田正昭, 日本神話의 世界, 創元社, 1967.

石母田正, 『日本古代國家論』 2, 岩波書店, 昭和 48年.

所功, 『伊勢神宮』, 講談社, 1993.

松埼壽和, 『倭人傳』, 學生社, 昭和 45年.

岩鼻通明, 「出羽三山信仰의 圈構造」, 京都大學 博士學位論文, 2003.

櫻井滿, 『古代의 山河와 傳承』, おうふう, 1996.

伊藤好英, 『折口学が読み解く韓國芸能』, 慶應大學出版會, 2006.

『日本文學辭典』(弘文館), 伊勢神宮條.

日本文學研究資料刊行會 編, 『日本神話 II』, 有精堂, 1977.

折口信夫全集刊行委員會 編, 『折口信夫全集』(新全集) 第1卷, 中央公論新社, 1995.

中野幡能, 「八幡信仰과 韓國과의 關係」, 한일문화국제학술대회 발표요지 『古代 韓國
　　　文化의 日本傳播』, 민족사바로찾기국민회의, 1992.

中野幡能, 「八幡信仰」, 塙書房, 1985.

_____, 『八幡信仰史の研究』上·下, 吉川弘文館, 2006.

찾아보기

▒ 저자 허남춘(許南春)

제주대학교 국어국문학과 교수
제주대학교 탐라문화연구소장, 한국학협동과정 주임교수 역임
저서 : 『고전시가와 가악의 전통』(월인, 1999)
      『황조가에서 청산별곡 너머』(보고사, 2010)
      『제주의 음식문화』(공저, 국립민속박물관, 2007) 등 다수.

탐라문화학술총서 11집
제주도 본풀이와 주변 신화

2011년 3월 3일 초판 1쇄 펴냄
2012년 8월 30일 초판 2쇄 펴냄
2013년 9월 3일 초판 3쇄 펴냄

지은이 허남춘
펴낸이 김흥국
펴낸곳 도서출판 보고사

책임편집 이경민
표지디자인 윤인희

등록 1990년 12월 13일 제6-0429호
주소 서울특별시 성북구 보문동7가 11번지 2층
전화 922-5120~1(편집), 922-2246(영업)
팩스 922-6990
메일 kanapub3@chol.com
http://www.bogosabooks.co.kr

ISBN 978-89-8433-874-6 93380
ⓒ 허남춘, 2011